Karl-Josef Kuschel

Streit um Abraham

SERIE PIPER

Zu diesem Buch

Weltweite Spannungen und blutige Kämpfe zwischen Juden, Christen und Muslimen waren für Karl-Josef Kuschel der Anlaß, über die gemeinsamen Wurzeln der widerstreitenden Religionen nachzudenken. Alle drei Religionen beanspruchen Abraham als Stammvater. An ihm kann man demonstrieren, was die Religionen trennt, aber auch, was sie vereint. Abraham könnte als Vater des Glaubens, als Archetyp gläubiger Existenz, als Leitfigur einer Ökumene gelten, die Juden, Christen und Muslime zur Besinnung auf ihre Wurzeln und ihre Fundamente einlädt und auf diese Weise einander näherbringt.

Karl-Josef Kuschel, 1948 in Oberhausen geboren, ist Professor an der Katholisch-Theologischen Fakultät der Universität Tübingen und lehrt dort Theologie der Kultur und des interreligiösen Dialogs. Zahlreiche Veröffentlichungen zur systematischen, interkulturellen und interreligiösen Theologie.

Karl-Josef Kuschel

Streit um Abraham

Was Juden, Christen und Muslime trennt – und was sie eint

Piper München Zürich

Von Karl-Josef Kuschel liegen in der Serie Piper außerdem vor:
Weil wir uns auf dieser Erde nicht ganz zu Hause fühlen (414)
Der andere Jesus (Hrsg., 625)
Lust an der Erkenntnis. Die Theologie des 20. Jahrhunderts (Hrsg., 1063)
Ich glaube nicht, daß ich ein Atheist bin (1561)
Hans Küng: Denkwege (Hrsg., 1670)
Weltfrieden durch Religionsfrieden? (Hrsg., 1862)
Erklärung zum Weltethos (Hrsg., 1958)

Unveränderte Taschenbuchausgabe
Juli 1996

Umschlag: Büro Hamburg
Simone Leitenberger, Susanne Schmitt, Andrea Lühr
Satz: Grafik- & Satzstudio Schlensog, Tübingen
Druck und Bindung: Clausen & Bosse, Leck
Printed in Germany ISBN 3-492-22288-9

Inhalt

Meinen jüdischen, christlichen und muslimischen
Partnerinnen und Partnern
im »International Scholars' Annual Trialogue«,
gefördert vom
»National Council of Christians and Jews« (New York),
in Dankbarkeit gewidmet
für konkrete »abrahamische Ökumene«

»Abrahams Haus stand allen Menschenkindern offen,
den Vorbeiziehenden und Heimkehrenden,
und Tag für Tag kamen welche,
um bei Abraham zu essen und zu trinken.
Wer hungrig war, dem gab er Brot,
und der Gast aß und trank und ward gesättigt.
Wer nackend in sein Haus kam,
den hüllte er in Kleider
und ließ ihn von Gott erfahren,
dem Schöpfer aller Dinge«

Die Sagen der Juden[1]

»Nach dem Schriftwort: ›Ich habe dich
zum Vater vieler Völker bestimmt‹
ist Abraham unser aller Vater vor Gott, dem er geglaubt hat,
dem Gott, der die Toten lebendig macht
und das, was nicht ist, ins Dasein ruft.«

Der Brief an die Römer: 4,17

»Ihr Leute der Schrift! Warum streitet ihr über Abraham,
wo doch die Tora und das Evangelium
erst nach ihm herabgesandt worden sind?
Habt ihr denn keinen Verstand? ...
Abraham war weder Jude noch Christ,
er war vielmehr ein (Gott) ergebener Hanif,
und kein Heide.«

Der Koran: Sure 3,65-67

Wozu dieses Buch geschrieben wurde

Es mag etwas Abenteuerliches haben, in dieser Zeit ein Buch über die Ökumene zwischen Juden, Christen und Muslimen zu schreiben. »Zu spät« rufen die einen. In Deutschland brennen Häuser von Muslimen, werden jüdische Friedhöfe wieder mit Nazi-Symbolen geschändet, werden Juden und Muslime mit Gewalt überzogen. Vielleicht hätte man vor Jahren mit ökumenischen Netzwerken zwischen Christen, Juden und Muslimen diese verheerenden, rechtsextrem motivierten Schandtaten und Ausschreitungen verhindern können. Vielleicht hätte man durch breit angelegte Aufklärungskampagnen in Schulen, Kirchen und Verbänden einen Geist ökumenischer Geschwisterlichkeit herstellen können. Jetzt aber – »zu spät«! Wen interessieren noch idealistische theologische und ökumenische Konzepte ...

»Zu früh« rufen die anderen. »Radikale Moslems, Christen und Juden auf dem Vormarsch« (G. Kepel[2]): das scheint das Signum unserer Zeit. »Rache Gottes« an all dem religiösen Liberalismus, der »knochenweichen« Toleranz, der Auflösung harter religiöser Profile unter Verweis auf die jeweiligen angeblich unfehlbaren Heiligen Schriften und Traditionen: so klingen die Parolen rund um die Welt von politisierenden jüdischen Radikal-Rabbinern genauso wie von fundamentalistischen christlichen Fernsehpredigern oder fanatisierenden islamischen Mullahs. Statt Koexistenz mit der Moderne Bekämpfung der Moderne, statt Aggiornamento Rekatholisierung, statt Modernisierung des Islam Islamisierung der Moderne...

»Bruderzwist im Hause Abraham« statt ökumenischer Geschwisterlichkeit: das ist in der Tat – blickt man sich um in der Welt – die brutale Realität unserer Tage. Man braucht nur die Namen Bosniens, Palästinas und des Kaukasus zu nennen. All diese Schauplätze blutiger Auseinandersetzungen sind gewiß nicht Schauplätze von direkten

Religionskriegen. Aber wer könnte bestreiten, daß die religiöse Dimension in all diesen Krisenregionen eine wichtige, oft verschärfende Rolle spielt? »Katholische« Kroaten, »orthodoxe« Serben und »muslimische« Bosniaken in Europa, Israelis und Palästinenser in Nahen Osten, »christliche« Armenier und »muslimische« Aserbaidschaner im Kaukasus sind in mörderische Konflikte verwickelt, nicht bloß als Nationen, sondern auch als Juden, Christen und Muslime. Sie zerfleischen sich nicht zuletzt, weil sie auch von ihrem religiösen Selbstverständnis her ohnmächtig oder unfähig sind zum Frieden. Noch im Februar 1994 wurden in Hebron – bewußt fanalartig am Grabe Abrahams und Saras – durch einen religiös-fanatisierten jüdischen Siedler 29 Muslime, dort im Gebet versammelt, ermordet, um so den hoffnungsvoll begonnenen Friedensprozeß zwischen Juden und Palästinensern zu torpedieren...

Hier setzt dieses Buch an – in vollem Bewußtsein der abgrundtiefen Schwierigkeiten auf allen Seiten. Es will bewußt einen *Kontrapunkt* setzen. Einen Kontrapunkt erstens gegen einen gewalttätigen und friedensunfähigen Fanatismus, der in den meisten Ländern soziale, ökonomische und psychologische Ursachen hat. Einen Kontrapunkt zweitens auch gegen einen resignativen und lähmenden Fatalismus. Einen Kontrapunkt also insbesondere wider die Einstellung, daß in Sachen Judentum, Christentum und Islam »nichts mehr zu machen« und die »Machtergreifung« von Rechtsextremisten oder Fundamentalisten unaufhaltsam sei.

Dieses Buch setzt stattdessen darauf: Alle drei Religionen haben ihre *Friedensenergien* noch nicht verbraucht, ja vermutlich noch nicht einmal voll entdeckt. Am Ursprung aber aller drei Religionen liegt eine Friedensquelle bereit, welche durch den Fanatismus und Exklusivismus auf allen Seiten immer wieder zugeschüttet wurde und wird. Und diese Quelle heißt: *Abraham.* Diese Quelle heißt: Abraham, Hagar und Sara, Stammeltern der drei Religionen Judentum, Christentum und Islam. Der Jerusalemer jüdische Theologe *Shalom Ben-Chorin* hat deshalb zu Recht festgestellt: »Es ist mir kein politischer Konflikt bekannt, dessen Wurzeln 4000 Jahre zurückreichen; das aber ist der Fall im Land der Verheißung, das unlösbar mit der Erwählung Israels zusammenhängt. Von hier aus, von der Urgeschichte der Juden und Araber, der feindlichen Brüder, ist die Problematik der

Gegenwart zu erfassen, zu zeigen, daß es sich hier nicht nur um archaisches Sagengut handelt, sondern zugleich um fortwirkende Spannung zwischen verwandten Völkern. Ismael und Isaak waren einander nicht hold, aber an der Leiche ihres Vaters Abraham vereinigten sie sich und begruben ihn gemeinsam in der Höhle Machpela in Hebron, die Abraham selbst beim Tod seiner Frau Sara als Erbbegräbnis käuflich erworben hatte.«[3]

In der Tat setzt dieses Buch seine Hoffnung darauf: Der gewalttätige Bruderzwist im Hause Abraham ist nur zu beenden durch Besinnung auf die gemeinsamen Ursprünge. Von daher wagt es dieses Buch, eine *ökumenische Vision* vor Augen zu stellen: die Vision von einer abrahamischen (besser als abrahamitischen[4]) Ökumene von Juden, Christen und Muslimen. Dabei sei von vornherein klargestellt: »Abrahamische Ökumene« ist hier nicht das Zauberwort, das alle Unterschiede zwischen den Religionen zum Verschwinden bringen soll, noch gar ein im Westen erfundener imperialer Zwangsbegriff, der Juden, Christen und Muslimen ihre religiöse Eigenständigkeit rauben soll. Eine Theologie der abrahamischen Ökumene, wie sie hier skizziert werden wird, will die Differenzen zwischen diesen drei großen monotheistischen Religionen ernst nehmen und doch aus theologisch-religiöser Überzeugung heraus für Friedens- und Verständigungsprozesse werben. Hier wird mit Sachlichkeit, Leidenschaft und Augenmaß eine Real-Vision entworfen, keine Phantasmagorie. Denn wir werden von ganz und gar zwiespältigen Strömungen berichten. Von Kälteströmen: Juden, Christen und Muslime verbissen in ihren jeweiligen Exklusivismus und deshalb unfähig zu ökumenischer Geschwisterlichkeit. Aber wir werden genauso von Wärmeströmen erzählen: Juden, Christen und Muslime als Friedenssucher, Friedensstifter, fähig, die Gegenwart des Urvaters und der Urmütter in den je anderen Geschwistern der abrahamischen Familie zu erkennen.

Theologie, wie sie hier betrieben wird, ist kein Selbstzweck-Unternehmen. Der hier vorgelegte Versuch über eine abrahamische Ökumene versteht sich als *Grundlagenforschung* im Blick auf die Praxis. Denn freigelegt werden die Grundlagen der jeweiligen Traditionen, und zwar mit dem Ziel, Verfestigungen zu analysieren, falsche Eigentumsansprüche zu hinterfragen, um dann theologische Perspektiven für die Zukunft zu entwickeln. Die hier praktizierte Theologie also ist *angewandte Grundlagenforschung*. Und die Bibel spielt dabei nun einmal eine Schlüsselrolle, ist sie doch Juden wie Christen »Heilige Schrift« und wird sie auch von Muslimen als »Offenbarung« hoch verehrt. Es wird in keiner der Traditionen eine ökumenische Theologie der jeweils anderen Religionen geben ohne biblische bzw. koranische Grundlagen und Rahmenkriterien. Eine solche *Theologie der Religionen* auf dem Niveau heutiger Bibel- bzw. Koran-Wissenschaft ist ein noch unerfülltes Desiderat ökumenischer Forschung.[5] So wird der interreligiöse Dialog heute beispielsweise von Christen entweder »fundamentalistisch« unter Hinweis auf die Bibel als Anstiftung zum Synkretismus verteufelt oder »pluralistisch« weitgehend auf Kosten biblischer Rahmenbedingungen geführt. Das ist eine Irrsinnsalternative, die es zu überwinden gilt, und dieses Buch will dazu ein erster Vorstoß sein. In nicht allzu ferner Zeit hoffe ich dann, eine umfassende Theologie der Religionen auf biblischer Grundlage vorlegen zu können.

Denn ich bin davon überzeugt: Ohne diese kritische Grundlagenarbeit an den Offenbarungsquellen wird es keinen Frieden zwischen den Religionen geben, der seinen Namen verdient. Insbesondere keinen Frieden zwischen Juden, Christen und Muslimen. Nur aus tiefer religiöser Überzeugung kann es zu einer *Umkehr der Herzen* kommen, bitter nötig angesichts all der politischen, sozialen und religiösen Konflikte. Und diese Umkehr der Herzen kann vor allem aus einem neuen Hören auf die Ur-Geschichte kommen, die Geschichte von Abraham, Hagar und Sara. In ihrem Geist sollten die Religionen der Politik die Fackel vorantragen, statt ständig hinter der Tagespolitik herzustolpern. In ihrem Geist sind Realpolitik und Spiritualität keine Gegensätze, sondern eine fruchtbare Einheit zum Wohle der Völker und Religionen.

Abraham – Hagar – Sara: Wir wollen gerade diesen Sachverhalt ernstnehmen. Es geht uns hier nicht nur um Abraham. Sara und Hagar gehören dazu. Ohne diese *Urmütter* gäbe es keine jüdische, keine christliche und keine islamische Zivilisation. Trotzdem können wir aus pragmatischen und sachlichen Gründen auf die verkürzte Redeweise »abrahamische« Ökumene nicht verzichten, spielen doch die Urmütter in den jeweiligen Offenbarungsschriften nicht dieselbe

Rolle wie Abraham. Nur Abraham ist allen Religionen gemeinsam und von ähnlicher theologischer Relevanz. Hagar und Sara spielen im Neuen Testament eine Randrolle; Hagar wird im Koran noch nicht einmal erwähnt, Sara nicht mit Namen. Dieser Befund ist selbstverständlich seinerseits ideologiekritisch zu hinterfragen. In keinem Fall darf er länger patriarchalisch mißbraucht werden, als seien die Urmütter ein- für allemal von zweitrangiger oder nebensächlicher Bedeutung. Er darf nicht der Marginalisierung von Frauen oder gar der Auslöschung von Frauen-Traditionen weiter Vorschub leisten, so wie dies bei der Rede von den »Vätergeschichten« in der »alttestamentlichen« Exegese leider noch immer geschieht. Wo immer möglich also, wollen wir nicht nur des »Vaters« Abraham gedenken, sondern auch der Frauen und Mütter Hagar und Sara.

Ob es zu einer solchen Ökumene kommt, wird davon abhängen, ob Juden, Christen und Muslime bereit sind, Schluß damit zu machen, sich als »Ungläubige«, »Abgefallene« oder »Überholte« polemisch abzuqualifizieren, ob sie also positiv bereit sind, sich als »Brüder« und »Schwestern« im Glauben an den Gott Abrahams gegenseitig anzunehmen und sich damit auf eine »Pilgrimage of Hope« zu machen, eine Pilgerschaft der Hoffnung, wie sie der britische Ökumeniker Marcus Braybrooke für den gesamten interreligiösen Dialog in diesem Jahrhundert eindrucksvoll beschrieben hat.[6] Das vorliegende Buch, geschrieben ebenfalls von einem christlichen Theologen, kann dabei nur hinführenden Charakter haben. Es will eine theologische Programmschrift sein, die, wissend um ihre Grenzen, so weit wie möglich allen drei Traditionen gerecht werden will. Doch ihr Ziel ist erst erreicht, wenn künftig alle zusammenarbeiten, um so zu einer gemeinsamen Theologie des Friedens und der Verständigung im Geiste von Abraham, Hagar und Sara zu gelangen. Ideal also wäre, wenn dieses Buch ein »Projekt Abraham, Hagar und Sara« auslösen würde, für das sich Juden, Christen und Muslime gemeinsam engagieren – im Blick auf das 3. Jahrtausend.[7]

Tübingen, im Juli 1994 *Karl-Josef Kuschel*

Vorspiel:
Nachdenken mit Nelly Sachs über den Mann aus Ur

Wie anfangen, über Abraham zu reden? Wie Beziehung herstellen zwischen uns und dem Mann aus Ur, dem Ur-Menschen, wie Thomas Mann ihn schon in seinem großen Roman »Joseph und seine Brüder« nannte? Wie die Distanz von rund dreieinhalbtausend Jahren überwinden zwischen der so fernen und fremden Welt des Sohnes des Terach und der uns so nahen und vertrauten Wirklichkeit des 20. Jahrhunderts? Wenn wir den Staub der Jahrtausende abtragen, was wird sichtbar? Kommt er uns aus dem Dunkel der Zeit entgegen?

Niemand unter den großen Autoren des 20. Jahrhunderts hat so bohrend und leidenschaftlich diese Fragen gestellt wie die deutsch-jüdische Dichterin *Nelly Sachs*, Literatur-Nobelpreisträgerin des Jahres 1966, die uns ein einzigartiges lyrisches und dramatisches Werk hinterlassen hat.[8] Keiner hat es wie sie verstanden, in Abraham-Gedichten sowie ihrer »szenischen Dichtung« mit dem Titel »Abram im Salz« das Geheimnis Abrahams gerade auch für unsere Zeit zu beschwören und auszulegen, für eine Zeit, geprägt vom Massenmord an den europäischen Juden und der Rückkehr des Volkes in das einst dem Abraham verheißene Land. Was sichtbar werden kann an Abraham – dem Staub der Jahrtausende zum Trotz – sie, die Berliner Jüdin Nelly Sachs, kann es uns sagen. Folgen wir ihr.

Nelly Sachs beginnt die Arbeit an ihrem Abram-Drama zu einer Zeit, als ihre dichterische Produktivität überhaupt erwacht, wenige Jahre vor Ende des Krieges, 1943, 3 Jahre nach ihrer Flucht aus Nazi-Deutschland. Seither lebt sie in Stockholm, wo sie in Bergsundstrand 23 eine ihr von der jüdischen Gemeinde vermittelte winzige Wohnung mit ihrer kranken und pflegebedürftigen Mutter teilen muß. Von dem grauenhaften Geschehen in den Todeslagern gut unterrichtet, denen sie mit Hilfe der schwedischen Schriftstellerin Selma Lagerlöf selber knapp entrann, beginnt sie jetzt, in zahlreichen Gedichten und kleineren »Spielen« das geheimnisvolle Schicksal, ja den

Auftrag Israels für die Völker auszuloten und zu benennen: »Eli, ein Mysterienspiel vom Leiden Israels«, »In den Wohnungen des Todes«, »Sternverdunkelung« ...

Erstaunlich genug: Die Erfahrung der Shoa wird Nelly Sachs nicht wie anderen Intellektuellen und Schriftstellern zum Anlaß, mit dem Glauben an Gott zu brechen und Israels besonderen Auftrag für einen frommen Selbstbetrug zu halten. Sie weiß, daß die literarische Szene gegenwärtig beherrscht wird von einer jungen Generation von Dichtern, die im Geiste Jean Paul Sartres »sehr skeptisch, fast nihilistisch eingestellt« sei, »gänzlich glaubenslos im religiösen Sinn«.[9] Sie leidet darunter, daß »die Atheisten, das Genie Gide eingeschlossen, den Gläubigen nur als guten Bequemlichkeitsonkel« ansähen, der einmal Gesagtes »schlafmüde« nachspreche. Niemals habe sie in heutiger Zeit von dieser Seite auch nur einen Hinweis gefunden »auf das furchtbare, ja dämonische Hineingebogensein an das Geheimnis.«[10]

Sie aber wollte mit ihren Texten gerade dieses Hineingebogensein zum Ausdruck bringen. Religion war ihr das Gegenteil von »Bequemlichkeit« und »Schlafmüdigkeit«. Bereits im Juli 1944 schreibt sie: »All die Sehnsucht, die wie in der Zeit der Chassidim die jüdischen Menschen wieder zu ihrem Gott aufbrechen ließ, ist neu lebendig geworden bei den wenigen, die vielleicht dieses Entsetzen überleben dürfen.«[11] Oder im Januar 1946: »Ich habe nur das tiefe Gefühl, es müßte so sein, daß jüdische Künstler auf die Stimme ihres Blutes wieder zu hören beginnen müssen, damit die uralte Quelle zu neuem Leben erwache.«[12] Erstaunlich genug in der Tat: Für Nelly Sachs wird das Todes-Schicksal Israels zum Anlaß einer neuen Auseinandersetzung mit dem furchtbaren, weil rätselhaft-geheimnisvollen Gott, Israels Gott, dem Gott der Bibel. Aus religiöser Apathie und Sinnenabstumpfung will sie mit ihren Texten aufwecken und die *Krise als Chance* begreifen, daß Menschen wieder *zu Gott aufbrechen* und die uralte Quelle wieder sprudeln lassen. Leidenschaftlich stemmt sie sich gegen das Auslöschen der biblischen Traditionen durch den modernen Säkularismus, weil Säkularismus zur Gottvergessenheit führt.

Deshalb, weil es ihr um die Freilegung verschütteter uralter Quellen geht, aus denen das Volk Israel seit Jahrtausenden geistige Energien bezog, tauchen in den Texten der Nelly Sachs immer wieder die großen Gestalten der Bibel auf: Jakob, Hiob, Daniel, David, Saul und Jesus. Deshalb, weil es ihr um einen Neuaufbruch zu Gott ging, sucht sie die Verbindung vor allem zu Abraham, dem Ur-Menschen, der der erste Mensch war, der den falschen Götzen absagte und zu dem einen und wahren Gott aufbrach. Abraham war für sie damit auch die Ur-Verkörperung der *Rolle Israels für die Menschheit.* April 1946: »Ich denke so oft, es muß doch irgendwo in der Welt Israels Licht wieder entzündet werden, mit seinen eigenen Kerzen entzündet, seinem eigenen Quellwasser erfrischt werden. Die Länder, wo wir Gastrecht genießen, selbst Palästina mit dem Urväterstaub, alles muß noch einmal zurücktreten vor der ewigen Gottesgemeinschaft, die uns verbindet. Durch sie werden die Juden der Menschheit noch zu schenken haben, an keine andere Zukunft kann ich mehr glauben als an diese«.[13]

»Abram im Salz« nennt Nelly Sachs ihr Drama schließlich (es hieß erst »Mann aus Ur«, dann »Das brennende Haar«), dessen endgültige Form sie fast 10 Jahre Arbeit kostet. Wir können diesen Prozeß der Formgebung aufgrund zahlreicher Briefe teilweise mitverfolgen; er ist selber höchst dramatisch. Denn in die Auseinandersetzung mit Abraham mischt sich bei Nelly Sachs *Autobiographisches und Zeitgeschichtliches* hinein, Privates und Politisches. Nicht nur sind die Erinnerungen an die Todeslager der Nazis allgegenwärtig; die Dichterin erlebt in dieser Zeit auch den Sterbeprozeß ihrer Mutter, die erst 1950 von ihrem Leiden erlöst wird. Und sie erlebt aus der Ferne die politischen Konflikte um die Gründung des Staates Israel mit, um »Palästina mit dem Urväterstaub«. Der religiöse Auftrag Israels und die politische Realität *in* Israel – beides prallt gerade in dieser Zeit hart aufeinander, was Nelly Sachs bedrückt registriert. So schreibt sie im September 1946 einer Freundin, als die Auseinandersetzungen zwischen Juden und Arabern im damaligen britischen Mandatsgebiet Palästina einem neuen Höhepunkt zutreiben: »Du mußt dir denken, mein Herz, daß man auch hier oft einsam ist. Wenn ich nicht das geliebte Muttchen hätte, so möchte ich zuweilen auch die Augen schließen. Das Unglück in Palästina. Ich versuchte es in Worte zu bringen, aber es bricht einem fast das Herz ... Ich habe kein Land und im Grunde auch keine Sprache. Nur die Inbrunst des Herzens, die über alle Grenzen hinwegeilen will.«[14]

Aber Nelly Sachs ließ sich nicht abhalten, dem Unglück zum Trotz die *Quelle Abraham freizulegen*. Es müsse doch, meinte sie, wenigstens *eine* Stimme erklingen; einer müsse doch »die blutigen Fußspuren Israels aus dem Sande sammeln und sie der Menschheit aufweisen können« – und zwar »nicht nur in Protokollform«.[15] Will sagen: Nelly Sachs war sich wohl im klaren, daß es für ihre »Botschaft« mehr brauchte als Protokolle, die das Grauen und die blutigen Fußspuren Israels nur registrierten. Sie wollte literarisch mehr als Statistik. Es brauchte eine andere Form, um dem Ernst und der Würde dieser »Botschaft« Ausdruck zu verleihen. Nelly Sachs wählt die Gestalt des alten »Kulttheaters« und schreibt ein »Spiel für Wort-Mimus-Musik«, wo das Wort, wenn es am Ende sei, durch Gestik und Bewegung oder durch Töne und Klänge abgelöst und ergänzt werden könne. Sie selber wird später über diese Formwahl schreiben: Bezweckt sei gewesen »eine Art Kulttheater, wo die Künste sich verbinden sollen, ohne daß die eine die andere auslöscht. Die Chöre dunkel gewitternd und voraussehend, wie in der Antike das Geschehen von weitem begleitend. Die Dialoge gesprochen..., die Musik immer dort einsetzend, wo das Wort verstummt.«[16] Dabei kannte sie den Abrahamstoff nicht nur aus der Bibel, sondern zog für ihr Stück die bekannte jüdische Legende heran über Abrahams Kindheit in Ur (Chaldäa) unter dem grausamen Despoten Nimrod, die sie in der Übersetzung von Johann Gottfried Herder kennengelernt hatte.[17]

Wie also von Abraham in der Mitte des 20. Jahrhunderts reden, ohne platte Illustration, ohne eine simpel bebilderte Abraham-Story? Wie Abraham zur Rede bringen auf dem Theater des 20. Jahrhunderts, ohne historisierende Naivität, ohne flachen Naturalismus, ohne also so zu tun, als wüßte man, wie es bei Abraham zugegangen sei? Nelly Sachs wählt erstens die Bilder-Sprache des Traums, zweitens eine Nullpunktsituation und drittens die nur dem Kulttheater mögliche radikale Stoffreduktion bei gleichzeitiger mythischer Stilisierung der Legende. Konkret heißt das:

Die Bildersprache des Traums: Das Drama nimmt zu Anfang die Situation des 20. Jahrhunderts auf. Und das Verhältnis unseres Jahrhunderts zu Abraham ist nun einmal für viele ein historisch-archäologisches: Ausgrabungen in Ur. Doch zugleich macht Nelly Sachs klar: Menschen finden auf diese Weise bestenfalls Abdrücke im

Staub der Jahrtausende von Personen oder Gegenständen, die längst verschwunden sind. Man muß schon in die wahre Wirklichkeit vordringen, um von Abraham berührt zu werden. Das aber geht nicht mit Hilfe des Spatens, sondern nur durch den Traum, den Königsweg in die Tiefe der Seele. Einen der Ausgräber läßt denn auch Nelly Sachs zu Anfang ihres Stückes in Schlaf versinken, und dessen staubbedeckte Hand greift in die Luft, als wolle sie etwas festhalten. Aus dem Abstand der beiden Hände steigen wie aus einem Bilderrahmen »gobelinartig«[18] die folgenden sieben Szenen des »Spiels« auf. Der Traum also überbrückt die Jahrtausende und soll zugleich Verbindung herstellen zur Tiefe der Wahrheit, die in der Seele jedes Menschen ruht. Der Ausgräber wird zum Seelenarchäologen, der die inneren Quellen wieder freilegen soll, die so lange verschüttet waren, um auf diese Weise die Annäherung an den unsichtbaren Gott zu ermöglichen. Dargestellt werden soll die Seelengeschichte der Menschheit seit ihren Anfängen, ein neuer Beginn, eine Situation des Durch-Bruchs zu Gott im Bewußtsein: »Und der Weg zu ›Ihm‹ ist nicht hell. Der ist ›furchtbar‹. Und die Erzväter sowohl wie auch die Propheten sind in der Bibel ›Geschlagene‹ Gottes, dafür sind sie in der ›Gnade‹«.[19]

Nullpunkt-Situation: Aufgerissen wird zu Beginn des Dramas eine »Salzlandschaft nach der Sintflut«, in deren Mitte ein Tempelturm und eine riesige Götzen-Statue zu Ehren des Mond-Gottes Sin steht. König des Landes und oberster Diener dieses Menschenopfer fordernden Todes-Gottes ist der blutig-grausame Jäger-König Nimrod. Blutgier herrscht und der Durst nach immer neuem Blut. Vorangetrieben wird die durch Chöre oft mahnend-deutend begleitete Handlung durch Abram. Er ist als 15jähriger Knabe mit 150 anderen Jungen zu einem Menschenopfer im Grab des soeben verstorbenen Königssohnes verdammt. Doch wie durch ein Wunder kann er sich aus dieser Todeshöhle befreien und sich damit der Macht des falschen Gottes entziehen. Abram ist der »Erwählte« von Geburt an. Er allein wagt es, sich aufzulehnen gegen die Herrschaft des Mond-Gottes, allen Warnungen zum Trotz. Mit nichts ist er ausgestattet als der reinen »Sehnsucht« nach dem unsichtbaren Gott.

Gerade das aber wollte Nelly Sachs in ihrem Drama aus der »Urzeit« zeigen: Der Mondkult vermag zwar die Blutgier zu stillen, nicht aber den Durst, der schon in der Bibel selber das Verlangen nach Gott symbolisiert (Ps 42,2f.). Deshalb sollte das »Aufsteigen Abrahams aus der Nacht zu den Überraschungen des Gottesgeschehens« gezeigt werden, das »Erklimmen des Unsichtbaren«[20]: »Ich sah den jungen Abraham, wie es die Sage erzählt, von Nimrod in eine Steinhöhle verbannt, und zugleich stieg mir, aus Steinen und Sternen gewoben, Abrahams also des ersten Menschen Sehnsucht nach der einzigen Gottheit auf, die ihn dann dazu veranlaßt, die Holzmaterie der künstlichen Götter zu zerschlagen, während Nimrod auch als Jäger der Gegen- und Todesspieler wäre, der zur Gestalt des Unholdes unserer Zeit führen könnte.«[21]

»Der Unhold unserer Zeit«? Szene und Handlung des Stückes enthalten unübersehbar Anspielungen auf die Erfahrung Israels mit Nazi-Deutschland. Die »Salzlandschaft nach der Sintflut«? Assoziationen sollen für den Zuschauer des 20. Jahrhunderts an die Shoa-Erfahrung geweckt werden. Nimrod? Er ist eine mythische Figur, die in Adolf Hitler wiedergekommen ist: ein Ur-Tyrann, das Ur-Bild des Todes. Die Abraham-Handlung wird auf diese Weise zur *Vorwegnahme der Ereignisse in Deutschland,* eine Variation zum Thema Henker und Opfer, Jäger und Verfolgte.[22] Gesagt ist damit: Auch heute – wie am Uranfang aller Geschichte in Ur – steht das Volk Israel wieder am Nullpunkt: in einer Salzlandschaft nach einer Sintflut, in einer Landschaft des Todes, nachdem man jahrelang dem Todesgott huldigen mußte und ein Blut-Herrscher seine Macht hatte austoben können. Urzeit und Jetztzeit verschwimmen auf geheimnisvolle Weise: »Ich sehe« – schreibt Nelly Sachs – »unzählige tote Tierleiber am Wege, jenen Ofen, der die Menschen verschlingen muß, die nicht an die Götter des Tyrannen glauben. Der schwache und zweifelnde Vater Abrahams, der gerne alles anbetet, wenn ihm nur die Ruhe seines Alltagsdaseins gewährleistet wird, und der sich erst dann zur Flucht entschließt, als man seinen Sohn in den Ofen werfen will. Und Abrahams, des ersten Heimatlosen, Ausbrechen hin zu Gott und zur ewigen Sendung des jüdischen Volkes.«[23] Womit auch gesagt ist: In dieser Salzlandschaft sind nicht alle dem Wahn verfallen, gibt es wenigstens einen Menschen, den die Sehnsucht nach Gott nicht losläßt und der aus der toten, falschen Welt aufzubrechen in der Lage ist: »Erfüllt ist eine Zeit / die andere beginnt – / Sehnsucht aus Durst«.[24]

Reduktion und Mythisierung: Nelly Sachs erzielt Pathos und Würde durch die radikale Reduktion des Abraham-Stoffes bei gleichzeitiger mythischer Stilisierung. Mit Recht hat die Kritik über ihr Stück gesagt: »Die Legende wird mythologisch gedeutet, Figuren und Gegebenheiten werden als Modelle für menschliche Möglichkeiten zu allen Zeiten und unter der Perspektive der Ewigkeit aufgefaßt. So ist es Nelly Sachs möglich, an der historischen und kulturellen Lokalisierung der Legende festzuhalten und gleichzeitig die Erzählungen in ihre eigene Zeit zu überführen.«[25] Die Reduktion des Abraham-Stoffs auf die Kindheit Abrahams hatte darüber hinaus den Vorteil, zu zeigen: Hier steht nicht schon der fertige Glaubensheld Israels vor uns, der Verheißungsträger und bevorzugte Bundespartner Gottes. Abraham ist bei Nelly Sachs noch »Abram«: ein junger Mensch auf dem Weg zu Gott, der aus Sehnsucht in ein unbekanntes Land aufbricht – so Spiegelfigur des Menschen im 20. Jahrhundert, der seine Gottesbeziehung verloren hat und neu wiederfinden muß. Das Schlüsselwort »Sehnsucht« wird denn auch in der für Abram entscheidenden Szene ohne Rücksicht auf jede persönliche Psychologie mantraartig wiederholt, wie es nur der Traumsprache erlaubt ist und wie es nur das Kulttheater mit seinen Ritualen der Wiederholung zu leisten vermag. Dieses Kreisen hat denn auch fraglos eine meditative Kraft und kann so die Verbindung mit bestimmten Gesetzmäßigkeiten des Unbewußten, der Seele herstellen[26]:

»Du hast mich gerufen, Abram
und ich sehne mich so nach dir!
Sternenzähne durchbissen das Grab
und ich sehne mich so nach dir!
Mit seinen Hörnern fuhr der Widder durch die Wand
und ich sehne mich so nach dir!
Wie eine Schotenhülse
rissest du den Tod auf
und ich sehne mich so nach dir!
Mit dem Blatt der Nacht
schützest du meine Augen vor dem Licht
und ich sehne mich so nach dir«[27]

Das alles zeigt schon, daß es Nelly Sachs nicht um Abraham als eine historisch-individuelle Figur ging, sondern als Verkörperung einer

Grundhaltung des Menschen. *Abraham* wird von ihr als *archetypische Gestalt* begriffen: als *Ur-Mensch der Ur-Sehnsucht* nach dem Göttlichen jenseits von Stein und Stern, ausgestattet mit der Möglichkeit, das Vordergründige und Vergängliche in das Geheimnis des Unsichtbaren und Ewigen hinein zu überschreiten. Kurz: »Abram im Salz« – so Nelly Sachs selber – ist »geschrieben als Versuch, dem uralten Kulttheater, das einst begann, den elementaren Gefühlen der Menschen ersten Ausdruck zu verleihen, aufs neue zu beleben ... Alle versuchen, eine geheimnisvolle Gefangenschaft zu durchbrechen. Nimrod, der Jägerkönig, verkörpert den Jagedurst für die schlafwandlerisch mondgezogenen Chöre. Das Suchen nach einem ›Dahinter‹ hat begonnen. Der irdische Tierkreis, Nimrods blutige Beute, beginnt am Himmel zu glänzen, als der 15jährige Abram aus der Totenhöhle tritt, in die er geworfen war. Es wird gleichsam Blut mit den Sternen gewechselt. Aus einem den Leib fast zerreißenden Heimweh wird er in die bilderlosen Sphären gejagt.«[28]

So ist die Auseinandersetzung mit Abraham für Nelly Sachs beides zugleich:

– *Selbstvergewisserung über die Ur-Bestimmung des Menschen:* Unter der Oberfläche und den falschen Bildern des Lebens gilt es den wahren Gott zu suchen, die Sehnsucht nach einer Heimat zu bewahren, die nicht schon mit der hiesigen identisch ist. Gilt es, bereit sein, Blut- und Schicksalsgemeinschaften (Familie, Volk) aufzukündigen und ins Unbekannte neu aufzubrechen. Abraham? Er ist für Nelly Sachs der »erste Sehnsuchtsentzündete«[29], die »Wünschelrute«, mit der man auf »den ewigen Quell schlagen« kann, »der Tod in Leben verwandelt«.[30] Ihr Abraham-Drama? Es handelt sich bei ihm »nicht um ein in erster Linie äußerlich dramatisches Geschehen, sondern um ein seelisches. Das Aufdämmern eines unsichtbaren Gottesbegriffes inmitten eines noch im Trancezustand suchenden, im Nachtdunkel umzogenen Volkes«.[31]

– *Wachhalten der Bestimmung des Volkes Israels.* Abraham ist Israels Vermächtnis an die Völker der Welt. Denn in diesem Ur-Menschen aus Ur ist das Ur-Bild des Menschen von sich selbst aufbewahrt: Menschsein ist Auf-dem-Weg-Sein zu Gott, ist Exodus aus dem falschen Glauben, Auf-Bruch aus schicksalshaften Bindungen im Vertrauen auf einen Gott, der Menschen in ein unbekanntes Land weist. Es ist Israels Aufgabe, die Völker der Welt daran zu erinnern, daß die Nabelschnur zu diesem ewigen und geheimnisvollen Gott nicht abgeschnitten wird – allen Sintfluten zum Trotz. Die Geschlechter der Menschheit werden an Abrahams Segen Anteil haben, wenn sie selber aufbrechen werden, d.h. wenn sie den in Abrahams Gestalt vorgebildeten Auf-Bruch zu Gott nachvollziehen.[32]

Diesen Abraham-Erfahrungen der großen Poetin Nelly Sachs will auch dieses Buch gerecht werden und zugleich die spezifisch interreligiösen Interessen einbringen, die Nelly Sachs noch nicht vor Augen standen, die aber ganz auf der Linie ihres Denkens liegen:

– Die Sehnsucht nach dem wahren Gott wachzuhalten und alle religiösen Abraham-Traditionen aus ihren Erstarrungen und exklusivistischen Verkapslungen zu befreien.

– Die uralten Quellen wieder zu erwecken, aus denen religiöse Friedensenergien gespeist werden könnten.

– Israels Licht wieder anzuzünden im Bewußtsein, daß trotz aller Sintflut-Erfahrungen Israels Mission für die Völkerwelt noch nicht erledigt ist und dieses Licht in anderen großen religiösen Traditionen wie Christentum und Islam weiterbrennt.

– Im Urväterstaub Palästinas die »Abdrücke« Abrahams wiederfinden, nicht um dieses Land weiter zu spalten, sondern um es im Geiste der Friedfertigkeit Abrahams neu zu versöhnen. Von Abraham ist dabei nichts zu entdecken, was man »ausgraben« und »greifen« könnte. Abraham lebt nur (für Nelly Sachs und für uns), wenn seine von Israel als »Heilige Schrift« bewahrte Geschichte die Seelen der Menschen berührt. Er erwacht zu neuem Leben aus dem Staub nur, wenn das, wofür er steht, die Herzen der Menschen ergreift.

Zum Wohl der gespaltenen Völker also gilt es, die Erinnerung an den Menschen aus Ur wachzuhalten, der den falschen Götzen und Idolen abschwor und sich auf den Weg ins Unbekannte machte. Dies alles im Bewußtsein, daß bei vielen heute Nationalismus, Fremdenhaß, religiöser Fanatismus und Exklusivismus Götzen- und Idolstatus erreicht haben, zu Objekten der Idolatrie wurden, die es um des wahren und lebendigen Gottes willen zu bekämpfen gilt...

Teil A:

Abraham als Eigentum von Judentum, Christentum und Islam

I. Abraham und das Judentum

Warum sind Juden, Christen und Muslime so zerstritten? Eine Antwort lautet: Sie sind auch deshalb so zerstritten, weil es sich bei ihnen um einen echten Familienstreit handelt. Denn Familienstreitigkeiten pflegen bekanntlich mit besonderer Leidenschaft ausgetragen zu werden. Worum geht es bei diesem Familienstreit? Darum, daß jeder glaubt, das väterlich-mütterliche Erbe am reinsten bewahrt zu haben. Und dieses Erbe ist das *Erbe Abrahams, Hagars und Saras.* Der Streit zwischen Juden, Christen und Muslimen ist vor allem auch ein Streit um die *richtige Abrahamskindschaft.*

1. Die Geburtsstunde des Judentums

Kann man aber als glaubender Mensch über Abraham so sprechen wie die Dichter? Sind Abraham-Poesie und Abraham-Theologie nicht zweierlei? Können wir als Menschen des 20. Jahrhunderts – gewöhnt an die historische Verifikation von Ereignissen – einfach davon absehen, ob die Abraham-Geschichten insbesondere des Buches Genesis irgendeinen historischen Wert haben? Hat Abraham überhaupt gelebt? Sind die Geschichten mit ihm wirklich passiert? Genauer gefragt: War Abraham bloß eine geschichtliche Figur (eine Gestalt also mit einer Wirkungsgeschichte, die ja unbestreibar ist), oder war er auch eine historische Figur: eine Person mit einer durch die moderne Historiographie verifizierbaren Biographie? Haben also die Ereignisse, die von ihm berichtet werden, historisch stattgefunden? Abrahams Gespräche mit Gott, Gottes Zusagen auf Nachkommenschaft und Land, Gottes Bund mit Abraham »auf ewig«? Und wenn Nein: Macht es dann überhaupt Sinn, mit Abraham heute noch Theologie, gar ökumenische Friedenstheologie treiben zu wollen? Mit Legenden als Basis? Mit frommen Phantasieprodukten als Ausgangspunkt? Laß die Finger von Abraham, niemand weiß, ob er überhaupt gelebt hat, hat mich ein britischer Freund einmal gewarnt.

Wie über Abraham sprechen?

All diese Fragen müssen ernstgenommen werden, sind aber mit zwei Argumenten zu beantworten:

(1) Lange Zeit hat man in unserem Jahrhundert in der Tat bestritten, daß Abraham überhaupt eine historische Figur gewesen sei. »Abraham« sei vielmehr eine fiktiv-literarische Gestalt, von späterer Volksphantasie in die Urzeit projiziert, typisch für Sippen- oder Clan-Gesellschaften, die keine politische Spitze wie Könige oder Häuptlinge kennen. Diese Zeit radikaler Skepsis scheint in der Forschung heute vorbei.[1] Wir können auf einen weitverbreiteten Konsens verweisen und sagen: Hinter den Geschichten dürfte durchaus eine *konkrete historische Person Abraham* gestanden haben, nicht bloß eine mythische Ahnenfigur. Denn warum sollte man Geschichten dieser Art »erfunden« haben, die sich ja eindeutig von den klassischen Mythen unterscheiden? Die Beweislast jedenfalls liegt bei denen, die den mythischen oder fiktiven Charakter dieser Erzählungen gegen die Texte behaupten, und dieser Beweis ist bis jetzt nicht erbracht. Hinzu kommt: Abrahams Zeit dürfte auf die erste Hälfte des 2. Jahrtausends vor Christus verweisen: 2000-1500. Damals gab es das soziokulturelle Milieu, das hier beschrieben ist – das Berg- oder Kulturlandnomadentum, wozu gehörte: Leben nicht in festen Häusern, sondern in Zelten; Aufzucht von Kleinvieh, von Schafen, Ziegen, Rindern und Eseln, vielleicht sogar Kamelen; Aufenthalt mit den Herden im Kulturland und an dessen Rändern, »und zwar als Nichtseßhafte zwischen den Städten und Dörfern, vorzugsweise in Gebieten, die nicht allzu dicht mit Städten und Dörfern besetzt sind«.[2]

Aber kann man mit diesem dürren Gerippe historisch mehr oder weniger wahrscheinlicher Fakten Abraham-Theologie treiben? Zugegeben: Nein. Streng historisch verbleibt Abraham ein für allemal weitgehend im Dunkel der Geschichte. Und wer zu seinen Geschichten nur ein historisches Verhältnis hat, wer seiner also historisch »habhaft« werden will, dem wird buchstäblich der Staub der Jahrtausende durch die Finger rinnen. Kaum etwas bleibt zurück. Zugleich aber gilt: Die Wahrheit Abrahams ist gerade nicht auf der rein historischen Ebene zu finden. Wer ihn rein historisch »greifen« will, wird nichts von ihm begreifen. Denn was Nelly Sachs poetisch-archetypisch zeigte, zeigt die Genesis in Form von Theologie. Die Abraham-Geschichten sind Glaubensgeschichten eines Volkes, das sich mit diesen Erzählungen Gottes Verhältnis zu sich erklärt. Deshalb gilt:

(2) Die Abraham-Geschichten der Hebräischen Bibel fordern ein Engagement des Glaubens. Sie sind »Verkündigung«, nicht Historiographie. Sie enthalten vor allem *religiöse Tiefenwahrheit*, nur wenig geschichtliche Faktenwahrheit. Sie gehen nur jemanden an, der in ihnen nicht bloß des Menschen zufälliges, sondern Gottes ewiges Wort vernimmt. Israel hat genau dies getan und deshalb diese Geschichten überliefert. Und diese Urentscheidung des Volkes Israel muß man auch heute nachzuvollziehen bereit sein (oder man kann die Abraham-Geschichten vergessen): Diese Texte sind »Heilige Schrift«, Gottes Offenbarung an die Menschen. Christentum und Islam jedenfalls haben diese Urentscheidung des Volkes Israel mitvollzogen. Auch sie haben bejaht: Die Geschichten von Abraham sind Gottes Wort im Menschenwort, nicht bloß unverbindliche Phantasieprodukte. Sie sagen etwas über Gottes Geschichte mit Schöpfung und Menschheit aus und sind nicht bloß beliebige Sagen aus uralten Zeiten. Sie wollen das Herz treffen, damit Menschen die Wahrheit über sich erkennen, ohne etwas historisch zu beweisen.

Was immer also an Abraham umstritten, was immer an Daten, Lebensumständen und Selbstverständnis dieses Mannes unter dem Staub der Jahrtausende ein für allemal verschüttet sein mag – dies eine ist sicher: Abraham war, ist und bleibt in Israel eine *theologiepolitische Figur*. Will sagen: Die Erinnerung an Abraham, die Erinnerungen an eine weit zurückliegende »Vorzeit«, als die »Väter« und »Mütter« noch lebten: Noah und seine Frau, Abraham, Hagar und Sara, Isaak und Rebekka, Jakob, Lea und Rachel sowie Josef und seine Brüder hatten jeweils eine konkrete Funktion im wirren und doch so konsequenten Leben dieses Volkes. Welche? Kurz gesagt: Sie dienten jeweils der Bewältigung von Lebenskrisen und der Vergewisserung des Volkes über seine bleibende Verbindung mit Gott. Mit der Erinnerung an die Geschichten Abrahams wurde stets Theologie für eine konkrete Glaubensgemeinschaft getrieben, d.h. wurde theologisch kreativ reagiert auf immer neue geschichtliche Herausforderungen, die dem Volk Israel in seiner ungeheuren Geschichte nicht erspart blieben. Christentum und Islam werden nichts anderes tun und ihrerseits kreative Abraham-Theologie weiterschreiben.

Fangen wir deshalb nicht »historisch« an. Lassen wir die Frage nach dem »historischen Abraham« auf sich beruhen. Fangen wir dort an, wo wir erstmals den Prozeß theologischer Kreativität in Sachen Abraham historisch fassen können. Fangen wir also dort an, wo die Erinnerungen an Abraham für das Volk Israel buchstäblich überlebenswichtig wurden.

Die Tora als Instrument der Krisenbewältigung

Es gibt in der Geschichte Israels vor dem Holocaust keine größere Katastrophe als die Deportation großer Teile des Volkes von Palästina nach Babylon im Jahre 587 v. Chr. Das *»babylonische Exil«* beginnt und wird fast 50 Jahre dauern. Es bedeutet auf eine Formel gebracht: Mit der Zerstörung der Hauptstadt Jerusalem ist dem Volk Israel sein Zentrum verlorengegangen – politisch und religiös. Denn das Ende Jerusalems war auch das Ende einer fast 500 Jahre alten vertrauten *politischen Lebensform*: der davidischen Monarchie, die es seither in Israel bis auf den heutigen Tag nicht mehr gibt.

Doch schlimmer noch: Das Ende Jerusalems ist auch das Ende des ebenfalls gut 400 Jahre alten großen Tempels, der unter König Salomo erbaut worden war. Und das Ende des Tempels ist auch das Ende einer ganzen *religiösen Lebensform*: das Ende des staatlichen Opferkults, das Ende der Priesterschaft, das Ende derjenigen Gebote, die das Funktionieren des Tempelbetriebs garantiert hatten.

Kein Wunder, daß man nach der Rückkehr aus dem babylonischen Exil als erstes an den *Wiederaufbau des Tempels* ging. Im Jahre 538 hatte der persische Großkönig Kyros, Herrscher jetzt auch über Babylon, durch ein Edikt den Juden die Rückkehr nach Palästina und den Neubau des Tempels gestattet, der denn auch im Jahre 515 eingeweiht werden konnte. Alles sah jetzt nach einer Erneuerung im alten, »verheißenen Land« aus: Der Tempel war nicht mehr länger Eigentum des Königs, sondern des ganzen Volkes, an dessen Spitze jetzt ein »Hoherpriester« stand. Aus Israel war eine Art Kirchenstaat geworden, in dem das Gottesgesetz herrschte, überwacht vom obersten Priester als dem Stellvertreter Jahwes auf Erden.

Als die Reformimpulse zwei Generationen später wieder verpufft waren, kommt es zu einer erneuten Reformwelle. Die persischen Großkönige schicken Kommissare nach Jerusalem, um für innere und äußere Ordnung zu sorgen: *Nehemia* und *Esra*, zwei Juden aus einflußreichen Familien, die sich den persischen Machthabern empfohlen hatten. Beide sorgen denn auch in der Tat für Ordnung, wobei sich der Priester Esra durch besonders hartes Vorgehen profiliert. Fanatisch und gnadenlos geht er gegen »Mischehen« vor, Ehen also, die Israeliten mit Nichtisraeliten eingegangen waren. Mehr noch: Im Jahre 398 v. Chr. läßt Esra das »ganze Volk« in Jerusalem antreten. Er verliest in aller Öffentlichkeit »das Buch mit dem Gesetz des Mose«, das er dem Volk zugleich erklärt: »Man las aus dem Buch, dem Gesetz Gottes, in Abschnitten vor und gab dazu Erklärungen, so daß die Leute das Vorgelesene verstehen konnten« (8,8) – so berichtet uns jedenfalls das Buch Nehemia – wohl einigermaßen authentisch.[3]

Man beachte: Das war im Lande Israel bisher so nicht vorgekommen und entsprach ganz den Erfahrungen des Exils:

– Auf einmal gibt es nicht mehr nur »ein Gesetz« (Tora), auf einmal gibt es dieses Gesetz auch in Form eines »Buches«, aufgeschrieben, schriftlich fixiert. Gottes Willen war auf einmal *Buch* geworden. Wir erleben die *Geburtsstunde der Religion des Buches*, der Religion des schriftlich kodifizierten Gottesgesetzes.

– Auf einmal gibt es nicht mehr bloß den Tempel, in dem man Gott begegnet, sondern eine *öffentliche Lesung* des Gottesgesetzes gerade nicht im Tempel, sondern auf einem öffentlichen Platz, so daß alle, die hören können, ungehindert Zutritt haben. Auf einmal ist Gottesdienst nicht mehr identisch mit Tempelopfer und Tempelkult; auf einmal besteht Gottesdienst in der Lesung von Schrifttexten und deren Auslegung und Anwendung. Wir erleben die *Geburtsstunde des Wortgottesdienstes* in der Versammlung des Volkes, wie er von nun an in Synagogen (entstanden bereits während des Exils) geübt werden wird.

– Auf einmal genügt nicht mehr wie eh und je die Delegierung religiöser Aufgaben an eine beamtete Priesterschaft. Auf einmal wird das *ganze Volk* religiösen Instruktionen unterzogen: der Erklärung des Gottesgesetzes, dem Lernen und Einprägen der vielen Gebote, die von nun an für alle den Alltag strukturieren, d.h. auf Gott ausrichten sollen: bezüglich Schlachten von Tieren und Genuß von Tierfleisch; bezüglich geschlechtlichem Verkehr, Speisevorschriften, Reinheitsgeboten, Heiligkeit des Tempels, Sabbatruhe und Festen im Jahreskreis. Wir erleben die *Geburtsstunde des Tora-Studiums*, des Tora-Lernens, der Tora-Frömmigkeit.

Kein Judentum ohne Abraham

Krisenbewältigung und Krisenprophylaxe wird man diese Maßnahmen nennen können, die man während des Exils eingeübt hatte. Das Volk sollte jetzt ein für allemal wissen, woran es sich zu halten hat. Wissen, daß Einhaltung des Gottesgebotes zum Wohl, Verstoß dagegen zur erneuten Katastrophe führen wird. Mit diesem Schema liest man nun auch die *Geschichte* des eigenen Volkes. Ja, es dürfte wohl der klügste religionspolitische Schachzug der damaligen Reformer gewesen sein, eine Deutung von Geschichte endgültig durchzusetzen, die auch in anderen Kreisen schon vorhanden war, in Kreisen, die hinter dem Buch »Deuteronomium« und dem deuteronomistischen Geschichtswerk standen (die Bücher Josua, Richter, Samuel und Könige). Und dieses Deutungsschema heißt: Gesetzesgehorsam führt zum Segen, Gesetzesabfall zum Fluch, zur Katastrophe, zum göttlichen Gericht. »Komplexitätsreduktion« kann man das aus heutiger Sicht nennen.

Aber dieses Schema war ungemein erfolgreich. Mit ihm konnte man die Geschichte für jeden Menschen gleichsam transparent machen (nachzulesen ebenfalls im Buch Nehemia, Kap. 9): Da sind die »klaren Ordnungen« Gottes auf der einen Seite, die »zuverlässigen Gesetze« und »guten Satzungen und Gebote«, die Gott, der Herr, am Sinai erlassen hatte (9,13). Und da ist auf der anderen Seite der Hochmut der »Väter«, die Mißachtung der Gebote, der Frevel – immer wieder und wieder, allen Warnungen zum Trotz, die schon die Propheten ausgesprochen hatten. Die Folge: ein Elend nach dem anderen. Elend in Ägypten, Elend in der Wüste, Elend im Exil. Und doch hat Gott in seiner Geduld und Barmherzigkeit das Volk immer wieder aus seinem Elend befreit. Warum? Weil Gott an seinen Bund gedacht hat, den er mit Abraham einst schloß!

Abraham: Am Anfang der Geschichtsdeutung in Nehemia, am

Anfang der Geburtsstunde des Judentums steht auch er. Wörtlich heißt es:

> »Du, Herr, bist der Gott, der Abraham auserwählt hat. Du hast ihn aus Ur in Chaldäa herausgeführt und ihm den Namen Abraham verliehen. Du hast sein Herz getreu befunden; deshalb hast du mit ihm den Bund geschlossen (und ihm versprochen), seinen Nachkommen das Land der Kanaaniter, Hetiter, Amoriter, Perisiter, Jebusiter und Girgaschiter zu geben; und du hast dein Wort gehalten, denn du bist gerecht.« (Neh 9,7f.)

Auffällig, wie in diesem frühen nachexilischen Text die Rolle Abrahams in Israel bereits zur unerschütterbaren Gewißheit geworden ist, mit ehernen Formeln jetzt festgeschrieben scheint:

(1) Der Gott, der in Israel angerufen wird, wird identifiziert als *Gott, der an Abraham gehandelt hat.*

(2) Gottes Handeln an Abraham wird näherhin bestimmt als Erwählung sowie als Herausführung aus einem alten in ein neues Land. Abraham wird damit zum *Instrument von Gottes Plan* für Israel. Ja, Abraham ist so sehr Gottes Eigentum, daß er von Gott einen neuen Namen (und damit eine neue Identität) erhält (vgl. Gen 17,5).

(3) Erwählung, Herausführung und Identitätsgewinnung finden ihren Höhepunkt in der Bundesschließung. Abraham wird zum bevorzugten *Bundespartner Gottes.* Der Inhalt des Bundes ist die *Zusage eines Landes,* das Versprechen Kanaans.

Ohne Übertreibung wird man sagen können: Die gesamte Abraham-Theologie des nachexilischen Judentums ist hier wie in einer Nußschale versammelt. Israel versichert sich damit: Weil Abraham am Anfang der Geschichte steht als der Erwählte Gottes, der Partner des Bundes und der Garant des Landversprechens, kann auch die weitere Geschichte des Volkes Israel nicht letztlich scheitern. Mag sich das Volk auch noch so sehr gegen Jahwe und seine Gebote versündigen und dadurch immer wieder neu ins Elend geraten: Gott läßt sich seinen Bund nicht reuen. Gott holt das Volk immer wieder heraus. Warum? Weil er das Versprechen hält, das er dem Abraham dereinst gegeben hat. Die Grundformeln einer kreativen Abraham-Theologie in Israel sind damit für uns erstmals historisch greifbar. Abraham wurde wichtig, weil es die große Katastrophe des Exils, des Landverlustes, geistig zu bewältigen galt. Sehen wir uns dies genauer an.

2. Abrahams Rolle in der großen Katastrophe: Exil

Es ist auffällig, daß die großen Vertreter kreativer Theologie *vor* dem Exil, die Propheten Amos und Hosea im Nordreich Israel sowie Jesaja im Südreich Juda, von Abraham schweigen. Sie kamen für ihr theologisches Programm offenkundig ohne Rückgriff auf die »Väter« und »Mütter« der Vorzeit aus. Und doch ist im Volk bereits das Wissen von der theologischen Bedeutung Abrahams tief verwurzelt – vor allem im Blick auf das verheißene Land. Der Prophet *Ezechiel* jedenfalls berichtet nicht ohne kritischen Unterton von Leuten, die trotz der Zerstörung Jerusalems durch die Babylonier im Jahre 586/87 im »Lande Israel« verblieben und dieses ihr Verbleiben in den »Ruinen« offensichtlich so gerechtfertigt hatten: »Abraham war nur ein einzelner Mann und bekam doch das ganze Land; wir aber sind viele. Um so mehr ist das Land uns zum Besitz gegeben« (33,24; vgl. Jes 63,16).

Auch Propheten greifen zurück

Schon hier kommt ein Schema zum Ausdruck, das dann auch die großen Erzählungen von Abraham prägen wird: am Anfang der einzelne Mann – am Ende das ganze Land. Die Kleinheit und Schwachheit einer Ausgangslage muß noch nichts über das Ende besagen. Hoffnung ist erlaubt. Und diese Hoffnung wird denn auch vom Exilspropheten *Deuterojesaja* (»Zweiter Jesaja«) ausdrücklich genährt: ausdrücklich auch mit Bezug auf Abraham. Denn gerade Deuterojesaia, ein uns nicht weiter bekannter Prophet, dessen Botschaft die Kapitel 40-55 des Jesaja-Buches enthalten, betont kurz vor dem Untergang des babylonischen Reiches mit unerhörter sprachlicher Wucht die Macht und Kraft Gottes, das Schicksal des getretenen und vertriebenen Volkes zum Guten zu wenden. Ja, dieser Prophet scheut sich nicht, in einem Heilsorakel Gott selber die Erinnerung an Abraham in den Mund zu legen, um so den Durchhaltewillen des Volkes anzustacheln. Vom exilierten *Israel* als *»Samen meines Freundes Abraham«* hatte der Gott dieses Propheten zuvor bereits gesprochen (41,8), um dem Volk seine bleibende Treue auch in der Not des Exils zu versichern. Jetzt läßt der Prophet Gott sogar beschwörend ausrufen:

> »Blickt auf Abraham, euren Vater,
> und auf Sara, die euch gebar.
> Er war allein, als ich ihn rief;
> doch ich habe ihn gesegnet
> und ihm viele Nachkommen geschenkt.
> Denn der Herr hat Erbarmen mit Zion,
> er hat Erbarmen mit all seinen Ruinen.
> Seine Wüste macht er wie Eden,
> seine Öde wie den Garten des Herrn.
> Freude und Fröhlichkeit findet man dort,
> Lobpreis und den Klang von Liedern.« (51,2f)

Abraham, der »Freund Gottes«, Abraham und Sara als Vater und Mutter Israels: Deutlich wird, wie sehr ein Prophet wie Deuterojesaja die Erinnerung an Abraham und Sara theologisch wie krisenpsychologisch zu funktionalisieren versteht. Mit der Geschichte von Abraham und Sara sowie der ihnen von Gott gegebenen »Landverheißung« und »Bundeszusage« soll denn auch »der Krisenhaftigkeit und Perspektivlosigkeit der eigenen Situation ein Hoffnungspotential zu deren Überwindung« entgegengesetzt werden.[4] Oder anders gesagt: Die Tatsache, daß »das Interesse an Abraham im exilischen und nachexilischen Zeitalter aufs neue erwachte, spiegelt die Krisenstimmung wider, die durch den Verlust des Landes und durch den Fall der davidischen Monarchie verursacht wurde. Es war natürlich, daß man sich auf die Bundesüberlieferung berief, die Israel den Besitz des Landes durch einen göttlichen Eid versicherte«.[5]

Die Sammlung der »Fünf Bücher Mose«

Dazu paßt, daß man schon während des Exils begonnen hatte, die seit Jahrhunderten kursierenden Geschichten von der Schöpfung und der Erschaffung des ersten Menschen (Gen 1) bis hin zum Auszug des Volkes aus Ägypten und dem Tod des Mose (Dt 34) in fünf

Büchern zu sammeln, schriftlich zu fixieren und endgültig zu redigieren. Wir wissen nicht genau, was in Esras »Buch mit der Tora des Mose« gestanden hat. Viele Exegeten meinen, hier habe bereits der uns vertraute Bestand der fünf Bücher Mose (Pentateuch) fast vollständig vorgelegen. Andere sind zurückhaltender und sehen den gesamten Pentateuch erst mit Beginn des hellenistischen Zeitalters abgeschlossen, also im letzten Drittel des 4. Jahrhunderts vor Christus.[6] Eines jedenfalls wird man mit Sicherheit sagen können: Aus dem Gesetz des Esra »ist bis zum Ende der persischen Periode das geworden, was wir als Pentateuch kennen«.[7] Diese Bücher wurden damit zum ersten kanonischen, d.h. für alle verbindlichen, heiligen Text, dem dann später noch zwei weitere Textkörper (»die Propheten«, hebr.: Nebiim sowie »die Schriften«, hebr.: Chetubim) folgen werden. Sie bilden schließlich die Hebräische Bibel, den »Tenach« (»Tenach«: ein Kunstwort, gebildet aus den Hebräischen Anfangsbuchstaben der drei genannten Textkörper: T = Tora; N = Nebiim; Ch = Chetubim).

Mit dem Pentateuch lag nun auch das *Buch Genesis* endgültig vor, und zwar mit Abschluß der jüngsten Quellenschrift (P = Priesterschrift), die ebenfalls nachexilisch zu datieren ist. Und mit diesem Buch gehörten nun die ursprünglich mündlich tradierten »Väter- und Müttergeschichten« zum kanonischen Bestand des Volkes Israel. Hier war all das ein für allemal schriftlich fixiert, was man von der Vorzeit Israels wußte oder für erinnerungswert hielt. Hier treten sie nun alle endgültig aus dem Dunkel der Geschichte in das Licht der Erinnerung, das so lange brennen wird, wie es das Volk Israel geben wird: Abraham, sein Vater Terach, seine Brüder Nahor und Haran, sein Neffe Lot und seine Frauen Hagar und Sara. Hier hatte man nun alles versammelt, was über die Jahrhunderte zur festen Struktur der Abrahamserzählung geronnen war und worin man den tiefen Sinn der Abrahamsgeschichte für Israel erblickt hatte. Zunächst die Ahnenfolge von den Urzeiten der Schöpfung an, wird doch die Menschheitsfamilie auf die Söhne Noahs zurückgeführt, die mit ihrem Vater als einzige die »Sintflut« überleben: Sem, Ham und Jafet. Dann die Verknüpfung mit Abrahams Sippe, stammt doch Terach, Abrahams Vater, vom Noah-Sohn Sem ab (11,10-24). Schließlich, was Abraham selber betrifft: die Bindung an die *großen Heiligtümer* von Sichem und Bethel, die später in den Jakobserzählungen so wichtig werden; der *Auszug Abrahams* aus seiner Heimat in Mesopotamien als Vorwegnahme des Exodus, der später in den Moseerzählungen seine große Darstellung finden wird; die *Einwanderung Abrahams* nach Kanaan als Vorbild der Landnahme, auf die sich später vieles konzentriert, schließlich der *Bundesschluß Gottes* mit Abraham als Antizipation der Offenbarung Gottes am Sinai, ohne den Israel nicht zu dem geworden wäre, was es ist. Die gesamte Geschichte des Volkes Israel also transparent auf Abraham hin, gleichsam vorweggenommen im persönlichen Schicksal Abrahams: diese »Komposition« (H. Gese[8]) lag nun vor.

3. Was alles an Abraham hängt: Das Buch Genesis

Wir sind nun vorbereitet, die Fäden zu bündeln und die Abrahams-Erzählungen des Buches Genesis im Zusammenhang auszuwerten. Denkt man dabei nicht nur strukturell, sondern genetisch, gerät man heute in eine labyrinthische Forschungslandschaft, ist doch die seit dem 19. Jahrhundert für den Pentateuch weitgehend akzeptierte neuere Quellen- oder Urkundentheorie (mit den vier Quellen: »Jahwist«, »Elohist«, »Deuteronomium«, »Priesterschrift«) völlig ins Wanken geraten, ja von manchen sogar zum Einsturz gebracht worden. Mehr noch: Der zunächst in der Forschung aufgekommene Trend, selbst die älteste Überlieferung im Pentateuch (den »Jahwisten«) möglichst spät zu datieren [9], wurde durch den noch radikaleren abgelöst, auf Quellenhypothesen überhaupt zu verzichten und alles der theologischen Kreativität der Exils- und Nachexilszeit zuzuschreiben.[10]

Wir können diese höchst kontroverse Diskussion hier nicht weiterführen und in hochumstrittenen exegetischen Detailfragen Stellung beziehen. Wir wählen stattdessen einen systematisch-strukturellen Zugang, ohne die historische Dimension völlig auszuschließen. Denn die Texte selber lassen ja noch erkennen (etwa durch zahlreiche Dubletten und widersprüchliche Details), daß sie nicht aus »einem Guß« geschrieben wurden, so sehr sie als spätere »Komposition« eine nachvollziehbare Einheit bilden. Berücksichtigt man also, was die

Texte selber signalisieren, so dürfte die bisherige Quellenscheidungstheorie das beste Erklärungsmodell liefern. Setzt man diese also mit einem nach wie vor beträchtlichen Teil heutiger Exegeten voraus, dann dürften im wesentlichen drei Entstehungsschübe bei den Abraham-Erzählungen zu unterscheiden sein. Älteste Texte dürften nach wie vor auf den sogenannten »Jahwisten« zurückgehen, einen Theologen (oder eine Theologenschule) der Königszeit, den man freilich nicht unbedingt statisch auf die Zeit des davidisch-salomonischen Großreichs datieren muß, kommt doch auch die gesamte Königszeit bis zum Untergang des Nordreiches im Jahre 722 v. Chr. in Frage. Später sind diese und möglicherweise andere (»elohistische«) Texte durch eine deuteronomistische Bearbeitung (»Jehovist«) gegangen, wobei sich der Zeitraum des »Deuteronomium« von der Zeit des Königs Josias (640-609 in Juda) bis weit in die Zeit des Exils erstrecken kann. Die jüngsten Texte im Pentateuch dürften nach wie vor der »Priesterschrift« der Exils- oder frühen Nachexilszeit zuzuweisen sein.[11]

Viele Generationen also haben an dem uns überlieferten Abraham-Stoff mitgewirkt. Daß auf diese Weise ein abgerundetes, völlig konsistentes und glattpoliertes Abraham-Bild nicht entstehen konnte, liegt auf der Hand. Von einer Biographie Abrahams kann denn auch keine Rede sein und sollte aus den vorliegenden Texten auch nicht rekonstruiert werden[12] – trotz der verschiedenen Orts- und Altersangaben, die der Text uns selber verrät: Geburt Abrahams in Ur-Kasdim am Unterlauf des Euphrat (Südmesopotamien), Umzug nach Haran am Belihos, einem Nebenfluß des Euphrat (nordwestliches Mesopotamien). Von dort Auswanderung nach Kanaan mit 75 Jahren (zusammen mit der Ehefrau Sara und dem Neffen Lot), Zeugung des Sohnes Ismael mit 86 Jahren (Mutter: die ägyptische Sklavin Hagar), Beschneidung der Vorhaut mit 99 Jahren, Zeugung des Sohnes Isaak mit 100 Jahren (Mutter: die eigene Ehefrau Sara). Nach Saras Tod Heirat einer zweiten Frau, Ketura, und Zeugung sechs weiterer Söhne. Schließlich Tod mit 175 Jahren sowie Beisetzung in der Höhle von Machpela bei Mamre (heute: Hebron) an der Seite seiner Frau Sara, die mit 127 Jahren gestorben war, beerdigt von den beiden Söhnen Ismael und Isaak. Aber diese Angaben bilden nur die Fixpunkte auf der Karte eines Lebens, die unterschiedlichste

Ereignisse von unterschiedlichstem Gewicht recht unsystematisch verzeichnet.

Es würde dabei für uns zu weit führen, wollte man auf alle Dimensionen der Abrahams-Geschichten eingehen, so wichtig sie für das spätere Judentum geworden sein mögen: auf Abraham den entschlossenen Feldherrn, Abraham den zuvorkommenden Gastgeber oder Abraham den hartnäckigen Händler. Wir wollen stattdessen diejenigen Hauptpunkte herausarbeiten, die Abraham *theologisch* so unverwechselbar und unverzichtbar gemacht haben. Wir wollen in aller Knappheit und Grundsätzlichkeit die Frage beantworten: Warum ist Abraham so zentral? Was alles hängt an seiner Gestalt, so daß schon ein Prophet wie Deuterojesaia ganz selbstverständlich von »unserem Vater Abraham« sprechen kann? Warum kein Volk Israel und folglich auch kein Judentum ohne Abraham?

Die merkwürdige Fremdheit Abrahams

Diese Fragen sind ja umso dringender, je mehr man sich klarmacht: Mit Abraham muß es schon etwas Besonderes auf sich gehabt haben, daß Israel über Jahrhunderte hinweg die Erinnerung gerade an ihn bewahrt hat – trotz des Schweigens so vieler wichtiger Zeugen. Denn schaut man genau hin, so verkörpert Abraham ja in vielem gerade das Gegenteil von einem »frommen Israeliten«, nicht zu sprechen von einem orthodoxen Juden. Ja, alles, was »Judesein« später ausmacht, findet sich bei Abraham gerade nicht. Trotz aller Retuschen an seinem Bild, trotz aller Vereinnahmung für eine spätere jüdische Frömmigkeit: Die Abraham-Texte der Genesis lassen die ursprüngliche Fremdheit Abrahams durchaus noch durchschimmern:

(1) *Abraham war kein Israelit*, sondern ein Mann aus Mesopotamien, der nach Kanaan einwanderte. Zeit seines Lebens fühlt er sich denn auch in diesem Lande als »Fremder und Halbbürger« (23,4), wissend, daß er ein Auswanderer gewesen ist (24,5) und ein Heimatloser blieb, dessen »Heimatland« (24,7) anderswo liegt. Von daher erklärt sich, warum etwa von Abrahams Kauf eines Grundstücks bei Mamre (mit der Höhle, die seine und seiner Frau Grabstätte werden wird) so auffällig lang erzählt wird (Kap. 23). Denn es ist das erste Land, das

der Halbnomade Abraham in Kanaan erwirbt. Und von daher erklärt sich auch, warum die Ehefrau für Abrahams Sohn Isaak, Rebekka, aus Abrahams Heimat geholt werden und sogar aus der eigenen Familie stammen muß: Es soll zu keiner Vermischung mit einem »fremden Volk«, den »Kanaanitern«, kommen (24,3). Nie also hat sich Abraham in Kanaan »heimisch« gefühlt.

(2) *Abraham war Jahwe als der Gott Israels unbekannt.* Nach allem, was die Quellen sagen, verehrte Abraham seinen eigenen Gott, der denn auch stets »der Gott Abrahams« genannt wird (24,27). Zwar geben sich unsere Texte, angefangen vom »Jahwisten«, alle Mühe, Abraham als Jahwe-Verehrer darzustellen, der niemand anderem als Jahwe die Altäre zu Bethel, Sichem und Mamre gebaut habe. Zugleich aber hat der Pentateuch ein Bewußtsein davon bewahrt, daß dies eine nachträgliche theologische Konstruktion ist. Abraham war gerade *kein Jahwist,* kein Jahwe-Verehrer. Jahwe taucht denn auch erst im Buche Exodus auf, im Zusammenhang mit Mose und seiner Offenbarung am Berge Sinai. Jahwe ist nicht der Gott des Berg- und Kulturlandes, in dem die Patriarchen sich aufhalten, sondern der Gott der Wüste. Im Buche Exodus gibt es denn auch eine Stelle, welche die theologische Konstruktion noch nachvollziehen läßt, mit deren Hilfe man später die »Götter« der Väter, den Gott Abrahams, den Gott Isaaks und den Gott Jakobs, mit Jahwe gleichsetzte:

> »Gott redete mit Mose und sprach zu ihm: Ich bin Jahwe. Ich bin Abraham, Isaak und Jakob als El Schaddai (Gott, der Allmächtige) erschienen, aber unter meinem Namen Jahwe habe ich mich ihnen nicht zu erkennen gegeben.« (Ex 6,2f.)

Die Exegese hat denn auch seit der Studie des Alttestamentlers *Albrecht Alt* über den »Gott der Väter« (1929) daraus gefolgert, daß die von Abraham und den anderen »Vätern« vertretene Religionsform »polytheistisch«[13] und »monolatrisch«[14] gewesen sei. Im Klartext: Die Väter Israels setzten ganz selbstverständlich die Existenz mehrerer Götter voraus, verehrten aber in jeder Sippe nur ihren jeweils »eigenen« Gott. Die Götter der »Väter« sind »nicht oder jedenfalls nicht ursprünglich an heilige Stätten gebunden«, sondern »an Personen und ihren Anhang: eben an die Väter, deren Namen sie tragen«.[15]

(3) *Abraham kannte keinen Tempelkult für seinen Gott.* Gewiß: Man wird mit zuverlässigen Aussagen über Abrahams persönliche Frömmigkeit vorsichtig sein müssen. Aber soviel geben die Quellen doch her: Abraham war *kein Priester* und hatte zu Priestern keine Beziehung, was immer die kurze, rätselhafte Episode um den kanaanitischen Priester-König Melchisedek (Gen 14,18-20) bedeuten mag, die völlig aus dem Rahmen fällt. In jedem Fall gilt: Abrahams Verehrung seines Gottes war völlig andersartig als der spätere Tempelkult seit der Königszeit. Von Tempelbetrieb und Priesterschaft in den Urgeschichten keine Spur; keine Spur von einem staatlich organisierten und politisierten Religionsbetrieb. Alles, was die spätere Jahwe-Religion kennzeichnen wird, fehlt gerade hier: alles Nationale und Staatspolitische, jeder offizielle Kult und jede nationale Heilsgeschichte.

Stattdessen? Stattdessen herrscht eine ausgesprochen friedliche religiöse Atmosphäre ohne »Ausschließlichkeit und Unduldsamkeit, die für die Jahwe-Religion später so charakteristisch werden sollten«.[16] Der erwähnte »polytheistische« Religionstyp mit den Patriarchen als Offenbarungsträgern und Theophanien an Kultorten dürfte denn auch die »friedliche Grundstimmung der Genesis« erklären: »Es zucken keine Blitze, und Gott verkehrt mit den Menschen fast so, als wären sie seinesgleichen«.[17] Alles in allem herrscht hier denn auch eine Religiosität, wie sie für Familien charakteristisch ist, eine »typisch familiäre Frömmigkeit«[18], bei der »fast jede religiöse Abgrenzung und Polemik« fehlt.[19] Abraham baut denn auch seinen Altar für seinen Gott neben die Altäre für andere Götter, in Sichem genauso wie in Bethel, die ja ursprünglich Orte kanaanitischer Heiligtümer waren (Gen 12,6-9).

(4) *Abraham kannte noch nicht die Tora.* Was immer die späteren jüdischen Texte aus Abraham machen werden, die Quellen sind hier eindeutig: Nicht Abraham, erst Mose empfing die Tora am Berge Sinai. Abraham war also kein archaischer Tora-Frommer, kein früher Tora-Gelehrter, *kein Ur-Rabbi.* Dabei ist eine der Quellen, die exilisch-nachexilische »Priesterschrift«, durchaus schon an einer »Vergesetzlichung« Abrahams interessiert, indem sie Abraham als den *Träger des Bundeszeichens der Beschneidung* herausstellt (17,24). Aber mehr kann auch dieser Quelle zufolge aus Abraham nicht gemacht werden. Von

weiteren Gebotserfüllungen Abrahams ist denn auch nirgendwo die Rede. Im Gegenteil. Nach Auskunft der Genesis verlangt Gott von Abraham nichts als dies: »Geh deinen Weg vor mir, und sei rechtschaffen« (17,1). Abraham soll nichts als den »Weg des Herrn einhalten und tun, was gut und recht ist« (18,19). Es bleibt dabei: Wie die Offenbarung von Jahwes Namen, so ist auch die Offenbarung von Jahwes Willen in Gestalt der Tora Sache des späteren Israel, nicht schon Sache Abrahams. Man hat deshalb zu Recht festgestellt: Die Religion Abrahams besteht in nichts anderem als »einem Element Glauben (Vertrauen auf Gott), einem Element Ethos (Rechtschaffenheit und Gerechtigkeit) und einem Element Ritus (Beschneidung)«.[20]

Unsere Ausgangsfrage? Sie kommt jetzt mit umso größerem Nachdruck zurück: Wenn Abraham das alles nicht war, was ein frommer Jude zu sein hatte, wenn er so ganz »anders« war, warum hat man in Israel über Jahrhunderte ausgerechnet an Abraham festgehalten? Festgehalten, obwohl man sich spätestens im Exil in seiner Frömmigkeit doch so weit von Abraham entfernt hatte? Und warum hat man sogar nach dem Exil auf ihn zurückgegriffen, obwohl alle Reformer (Nehemia und Esra insbesondere) nur das eine Interesse hatten:

– Exklusivität der Jahwe-Religion: keine kultische Verehrung anderer Götter!
– Reinheit des Volkes: keine Vermischung mit nichtisraelitischen Familien!
– Kulteinheit im Tempel: keine Verehrung Jahwes außerhalb Jerusalems!
– Tora-Gehorsam: Unterwerfung des gesamten Alltags unter Gottes Gebote!

Und von alldem bei Abraham keine Spur! Was also? Warum trotz allem so viel Interesse an dieser seltsamen Gestalt, diesem »Fremden und Halbbürger«? Warum wollte man in Israel die Geschichte des eigenen Volkes nun einmal nicht ohne Abraham (und die übrigen »Väter« und »Mütter«) beginnen lassen – trotz alledem? Antworten darauf gibt es viele.[21] Eine scheint mir besonders wichtig: Von Abraham hing zu viel ab, als daß man auf ihn hätte verzichten können. Was? *Gottes Zusage für ein konkretes Land und für das Aufblühen eines konkreten Volkes.* Denn ohne Abraham kein Isaak, ohne Abraham kein Jakob, ohne Jakob keine zwölf Stämme. Abraham ist unverzichtbar, weil er der Zeuge und Bürge unverzichtbarer, unkündbarer »Verheißungen«, ja Bundesverpflichtung Gottes an Israel ist. Das alles müssen wir uns genauer ansehen.

Bürge von Zusagen Gottes: Volk, Land, Völker

Liest man die Abrahamsgeschichten im Querschnitt, so findet man, daß die Selbstzusage Gottes an Abraham drei Dimensionen hat, die nicht immer schön systematisch gleichzeitig an allen Stellen auftauchen, die aber den Kernbestand, das verbindende, einheitstiftende Prinzip aller Abraham-Erzählungen ausmachen. Alle enthalten damit eine überraschende theologische Pointe, die zeigt, daß wir es hier mit einer höchst durchdachten und tiefgreifenden Abraham-Theologie zu tun haben.

(1) Gott sagt Abraham zu, er werde Nachkommen haben, und diese seine Nachkommenschaft werde »ein *großes Volk*« (12,2) werden. Ausgerechnet Abraham! Ausgerechnet dem »Einzelnen« ohne allen weiteren Familienrückhalt! Ausgerechnet dem alten Ehemann Abraham, dessen Frau Sara ebenfalls unfruchtbar ist und der froh sein kann, wenn er überhaupt nur einen einzigen Nachkommen zu zeugen in der Lage ist. Doch die Spannung der Abrahams-Erzählungen liegt gerade hier: zwischen den sich im Verlauf der Erzählungen steigernden Verheißungen Gottes (zahlreich »wie der Staub auf der Erde«: 13,16; wie die »Sterne am Himmel«: 15,5) und der miserablen Realität des Menschen Abraham: »Können einem Hundertjährigen noch Kinder geboren werden und kann Sara als Neunzigjährige noch gebären?« (17,17) Eine Spannung, die für Abraham selber ins Komische umschlagen kann, so daß er über Gott lachen muß, genauso wie später Sara – ein Lachen des Zweifels an Gott und dessen Verheißungen: »Da fiel Abraham auf sein Gesicht nieder und lachte« (17,17).

Die *theologische Pointe* dieser Verheißung aber liegt gerade hier. Gott wählt sich das augenscheinlich Unmögliche, um seine Ziele zu erreichen: Die Geburt Isaaks wird kommen, aus dem Jakob-Israel entstehen wird. Abraham und Sara sind damit Realsymbole einer Dialektik des Handelns Gottes: Unfruchtbare werden fruchtbar; die

Zweifler werden beschenkt. Gott hält selbst den lachenden Zweifel des Menschen aus und verwandelt ihn in eine gemeinsame Freude, so daß Sara nach Isaaks Geburt sagen kann: »Gott ließ mich lachen; jeder, der davon hört, wird mit mir lachen« (21,6). Ihr Sohn heißt denn auch »Isaak«, was wörtlich heißt: Gott lacht.[22] Der Sinn dieser Geschichte? Israel soll stets daran erinnert werden, daß seine Existenz nicht selbstverständlich ist, nicht eigenem Verdienst entstammt, sondern Gottes Gnade allein, war doch nach »menschlichen Möglichkeiten« Israels Existenz unmöglich gewesen. Israel existiert nur, weil Gott es so will.

Begreiflich, warum Israel gerade in Krisenzeiten diese Geschichte nicht missen wollte: diese Geschichte vom unerwarteten Glück und der großen Zukunft. Denn was Abraham noch nicht wissen konnte, wissen ja die künftigen Geschlechter: Die Nachkommen Abrahams und Saras werden ja wirklich zahlreich wie der Staub auf der Erde und wie die Sterne am Himmel. Gerade in den Katastrophen der Geschichte blieb diese Erzählung deshalb ein *Hoffnungsanker*. So wie Gott Noah zugesagt hatte, die Schöpfung nicht wieder zu vernichten, so hat Gott Abraham ein für allemal versprochen, sein Volk groß zu machen und für alle Zeiten zu segnen, komme, was da wolle. Israel kann darauf vertrauen: In Abraham bleibt das Volk für alle Zeiten bewahrt. Wenn es sich an Abraham hält, wird es nicht untergehen.

(2) Gott sagt Abraham und dessen Nachkommen das *Land Kanaan* zu. Ausgerechnet Abraham! Ausgerechnet dem »Fremden«, dem »Halbbürger«, dem »Hebräer« (14,13). Weniger als andere hat er irgendein Recht auf dieses Land, das nicht einmal seine Heimat ist und das er persönlich nie als solche verstanden oder reklamiert hat. Und »Hebräer« bezeichnet hier noch nicht die Volkszugehörigkeit, sondern die soziale Stufe, eine Stufe minderen Ranges, abgesunkenen Standes. Um so auffälliger die Landzuschreibungen, die sich im Verlauf der Erzählungen – entsprechend den Interessen der verschiedenen Quellen – ebenfalls steigern und präzisieren:

> »Deinen Nachkommen gebe ich dieses Land« (12,7; vgl. 24,7).
> »Das ganze Land nämlich, was du siehst, will ich dir und deinen Nachkommen für immer geben« (13,15).
> »Deinen Nachkommen gebe ich dieses Land vom Grenzbach

> Ägyptens bis zum großen Strom, dem Eufrat, (das Land) der Keniter, der Kenasiter, der Kadmoniter, der Hetiter, der Perisiter, der Rafaiter, der Amoriter, der Kanaaniter, der Girgaschiter, der Hiwiter und der Jebusiter« (15,18-21).

Doch je großzügiger diese Landzuschreibungen sind, desto kräftiger deren *theologische Pointe*: Gott wählt sich ausgerechnet den »Fremden«, den »Nichtbesitzer« und sozial Deklassierten, um ihn mit einer Heimat zu beschenken. Abraham ist auch hier Realsymbol einer Dialektik des Handelns Gottes: der Habenichts wird zum Landbesitzer, der Fremde zum Bewohner einer geschenkten Heimat. Und dieses *Land ist Gottesgeschenk*. Der Sinn dieser Geschichte? Israel soll ein für allemal daran erinnert werden: Das »Land Kanaan« ist nichts Selbstverständliches, Verdientes und Einklagbares, sondern beruht auf Gottes freier Zusage allein, ist reines Geschenk, vollkommene Gnade.

Begreiflich, warum Israel gerade in Krisenzeiten die Erinnerung an Abraham nicht missen wollte, in Zeiten, in denen das Land verloren und die Zusagen Gottes scheinbar widerrufen waren. In Abraham aber bleibt das Land »auf ewig« zugesagt. Wenn das Volk sich an Abraham hält, wird Gott sein Versprechen nicht rückgängig machen: »Dir und deinen Nachkommen gebe ich ganz Kanaan, das Land, in dem du als Fremder weilst, für immer zu eigen, und ich will ihnen Gott sein« (17,8).

(3) Gott sagt durch Abraham *allen Völkern der Erde Segen* zu. Ausgerechnet Abraham! Ausgerechnet einer völlig unbekannten Lokalgröße, die mit ihrer Herde wie andere durch das Berg- und Wüstenland einer unbedeutenden Gegend auf der Weltlandkarte zieht. Umso erstaunlicher diese Verheißung, die bezeichnenderweise nicht nur mit Abraham, sondern ausdrücklich auch mit Abrahams Frauen, mit Hagar und Sara, verbunden ist. Denn auch die Frauen bekommen von Gott eigens die Zusage einer riesigen und bedeutenden Nachkommenschaft (16,10; 17,16). Bemerkenswert auch die Plazierung des Völkersegens gleich zu Beginn der Abraham-Erzählungen (12,3). Bemerkenswert, weil der Leser des Buches Genesis noch all die *Katastrophengeschichten* in Erinnerung hat, in denen die Völker der Welt bisher eine fatale Rolle spielten: den Sündenfall und damit die Vertreibung aus dem Paradies (Gen 3); den Brudermord und da-

mit die Pervertierung der ursprünglich guten Menschheit (Gen 4); die Sintflut und damit die Vernichtung der ursprünglich guten Schöpfung durch Gott selber (Gen 6-9), schließlich den Turmbau zu Babel und damit die hybride Provokation Gottes (Gen 11). Wenn also von den Völkern bisher die Rede war, dann nur unter dem Vorzeichen: Sünde, Vernichtung, Hybris. Gewiß: Gott hatte schon mit Noah einen ersten Bund geschlossen (Gen 9,8-17) und mit dem Zeichen des Regenbogens sichtbar bekräftigt. Aber dieser Bund gilt der Erhaltung der Schöpfung allgemein. Erst mit Abraham, Hagar und Sara beginnt eine *Segensgeschichte für eine neue Menschheit*, die nicht mehr unter der Drohung der Auslöschung steht.

Doch es dürfte kein Zufall sein, daß das Motiv des Völkersegens vor allem aus zwei Quellen stammt: der frühesten, dem Jahwisten, und der spätesten, der exilisch-nachexilischen Priesterschrift. Denn der *»Jahwist«* dürfte wohl noch die Erfahrung der *Königszeit* vor Augen haben und damit die Erfahrung, daß Israel nicht nur ein großes Volk wurde, sondern auch eine besondere Stellung unter den Völkern der Welt einnimmt. Eine universale, internationale Perspektive war gerade in der Königszeit aufgebrochen, und zwar unter dem Eindruck des Großreiches von David und dessen Sohn Salomo. Die Völker der Welt traten seither ins Blickfeld, entweder als eroberte Völker oder als rivalisierende Großmächte. Deshalb mußte ihre Stellung auch theologisch reflektiert werden, ihre Funktion in Gottes Absicht mit der Geschichte.

Der »Jahwist« tut dies durch eine theologisch folgenreiche Verkopplung von Israel und den Völkern, von *Partikularismus und Universalismus*. Konkret ruft er den Mann in Erinnerung, der ja aus den »Völkern« stammt: Abraham, wissend, daß dieser Mann der Vater Israels sein wird, ein Segen für dieses große Volk. Wissend zugleich, daß Abraham zum Segensmittler für die Völker bestimmt ist und Israel damit ein für allemal eine Funktion auch für die Völkerwelt innehat. Im jahwistischen Schlüsseltext heißt es denn auch programmatisch schon zum Eingang der Abraham-Erzählungen:

> »Ich werde dich zu einem großen Volk machen, dich segnen und deinen Namen groß machen. Ein Segen sollst du sein. Ich will segnen, die dich segnen; wer dich verwünscht, den will ich

> verfluchen. Durch dich sollen alle Geschlechter der Erde Segen erlangen.« (12,2f.; vgl. 18,17f.)

Strukturell in den gleichen Zusammenhang gehört die Rede von der Stammvaterschaft Abrahams, wie sie auch die *»Priesterschrift«* überliefert hat. Gewiß: Von einem »Völkersegen« ist nicht mehr ausdrücklich die Rede, was man versteht, wenn man sich vor Augen hält: Die »Priesterschrift« muß bereits die Erfahrung des Exils verarbeiten. Und diese Erfahrung heißt: Israel ist unter die Gewalt der Völker gegeben, ist unter die Nationen zerstreut, lebt in der Fremde unter der Herrschaft der anderen Reiche. Die Selbstzusage Gottes an Abraham hat sich offenkundig umgekehrt: Statt Völkersegen Völkerfluch, statt Vermittlung des Segens Gottes an die Völker Triumph der Völker über Israel!

Und dennoch reaktiviert auch die »Priesterschrift« Gottes Zusage an Abraham, welche von seiner Fruchtbarkeit redet: »Du wirst Stammvater einer Menge von Völkern. Man wird dich nicht mehr Abram nennen. Abraham (Vater der Menge) wirst du heißen; denn zum Stammvater einer Menge von Völkern habe ich dich bestimmt. Ich mache dich sehr fruchtbar und lasse Völker aus dir entstehen; Könige werden von dir abstammen.« (17,4-6)

Ein solches Denken dürfte in erster Linie dem Trostbedürfnis und der Hoffnung des Volkes entsprungen sein, daß man in den Stürmen der Geschichte schon überleben werde, da Gott ja dem Vater Israels eine solche Fruchtbarkeitspotenz verheißen hat. Doch unübersehbar ist auch, daß noch die »Priesterschrift« eine »erstaunliche Weitherzigkeit gegenüber anderen Völkern, die zumeist isrealfeindlich gesinnt sind«, an den Tag legt.[23] Und diese Rede von den Völkern diente möglicherweise der Legitimation für ein jetzt nötiges Leben: Besinnt man sich auf Abraham, so müssen die Völker nicht krampfhaft abgelehnt werden, da ja schon Abraham von Gott zum Stammvater einer Menge solcher Völker bestimmt wurde.

Konkretisiert wird dieser universalistische Zug der Abrahams-Erzählungen noch dadurch, daß über die Betonung der Abraham-Nachkommenschaft (Jakob/Israel) hinaus ebenfalls in jahwistischen und priesterschriftlichen Texten Wert gelegt wird auf die *Einbindung* Abraham/Israels in die Gemeinschaft der als verwandt empfundenen südöstlichen und östlichen *Nachbarvölker.* Denn ausdrücklich werden ja die arabischen Stämme als Nachkommen von Hagar-Ismael und der Ketura herausgestellt (Gen 25,1-6; 12-18). Die Ammoniter und Moabiter gelten als Nachkommen Lots, des Neffen Abrahams, die Edomiter als die Esaus, des Bruders von Jakob. Deutlich soll damit werden: Abraham ist der Ursprung eines ganzen Völker-Geflechtes, mit mehr oder weniger großer Distanz zu Israel. Abrahams Anwesenheit ist auch in diesen Völkern gegeben.

Die entscheidende *theologische Pointe* dieser Texte lautet deshalb:

(a) Israel sieht seinen Weg unter den Völkern der Erde in Abraham vorausgenommen. So wie Abraham mit dem Ruf des Aufbruchs sich herauslöste aus allen natürlichen Bindungen und seinen eigenen Weg unter Gottes Anspruch ging, so fühlt sich auch *Israel* als Volk von Gott *herausgenommen aus der Gemeinschaft der Völker* und zu einem eigenen Weg bestimmt. Ja, mehr noch: Schon vom »Jahwisten« ist die provozierende Theologie konzipiert: Segen und Fluch für die übrigen Völker hängen ab von ihrer Stellung zu Abraham (und damit letztlich zu Israel). Denn Gott will sich den anderen Völkern offensichtlich nun einmal nicht anders als durch Abraham/Israel vermitteln. Abraham/Israel wird damit zum Segen für alle Geschlechter der Erde, wenn sich diese Geschlechter zu ihm »segnend«, d. h. anerkennend, freundschaflich verhalten, und zum Fluch, wenn umgekehrt. Ein gegenseitiges Abhängigkeitsverhältnis zwischen Abraham/Israel einerseits und den Völkern andererseits ist damit geschaffen. Das Schicksal der Völker hängt mit dem Schicksal Israels zutiefst zusammen.[24]

(b) Zugleich aber muß zur Vermeidung von Mißverständnissen hinzugefügt werden: Der Text vom *Völkersegen* hat eine *universale Dimension.* Gottes Segen für Abraham ist kein exklusiver Besitz Israels, ist kein Volkssegen für Israel allein. Gottes Segen reicht über Israel hinaus und umgreift Völker, die nicht in der Linie Abraham-Isaak-Jakob stehen. Schon der »Jahwist« hatte damit einen in seiner Größe und Weite kühnen theologischen Gedanken gedacht: Die Kraft und Reichweite des Abraham-Segens ist buchstäblich universal. Abraham ist kein Segensmittler für Israel exklusiv, sondern der durch Gott (nach dem Sündenfall, dem Sintflut-Chaos und dem Turmbauscheitern) ermöglichte neue Anfang einer Segensgeschichte für eine erneuerte Menschheit.

Auch hier zeigt sich wieder dieselbe *Dialektik des Handelns Gottes*: Unbedeutende werden durch Gott bedeutsam, ein kleines Volk zum Instrument von Gottes großer Heilsabsicht mit allen Völkern. Merkwürdig, rätselhaft genug: Gott hat sich ein Volk (eines der kleinsten und unbedeutendsten) zum Segensmittler für alle Völker erwählt, um *so* ein Gott aller Völker zu sein, und dies wiederum aus reiner Gnade, in voller Freiheit. Der Sinn dieser Geschichte ist offenkundig: Israel soll vor triumphalistischer Selbstisolation (wir sind besser als andere Völker) ebenso bewahrt werden wie vor verzweifelten Minderwertigkeitsgefühlen (wir sind schwächer als alle anderen). Israel soll sich weder partikularistisch abkapseln (wir sind *gegen* alle anderen) noch universalistisch auflösen (wir sind *wie* alle anderen). Partikularismus und Universalismus sind vielmehr gleichzeitig zu leben; sie sind kein Widerspruch. Und warum nicht? Schon in Abraham sind beide versöhnt! Abraham ist der Stammvater des Volkes Israel und *zugleich* der Stammvater »einer Menge von Völkern«, denen Gott seinen Segen ebenso will zuteil werden lassen . Eine partikularistische Selbstabkapselung Israels ist auf diese Weise ausgeschlossen. Mit *Claus Westermann* wird man sagen können: »Das in der Verheißung an Abraham angekündigte Wirken Gottes findet seine Grenze nicht an Abraham und seinen Nachkommen, es kommt zu seinem Ziel erst unter Einschluß aller Geschlechter der Erde«.[25]

Partner des zweiten Bundes Gottes

Alle diese Abraham gegebenen Zusagen erfahren im Verlauf des Traditionsprozesses ihre theologische Zuspitzung und Aufgipfelung durch die Schlüsselkategorie: *Bund.* Gott gibt Abraham nicht nur »Zusagen« oder »Verheißungen«, er schließt vielmehr mit Abraham von sich aus in aller Form einen Bund. Wir wissen durch die kritische Arbeit an den Texten des Ersten Testamentes, daß die »Theologie des Bundes« nicht am Anfang aller Theologie Israels gestanden hat, sondern erst später aufgekommen ist (vor allem durch das Deuteronomium). Dabei dürfte der Bund mit Abraham nach dem Modell des Sinai-Bundes – nach rückwärts projiziert – konzipiert worden sein, wo Mose das Einhalten der Bundesurkunde durch Besprengung des Volkes mit Opfertierblut bekräftigt hatte: »Das ist das Blut des Bundes, den der Herr aufgrund all dieser Worte mit euch geschlossen hat« (Ex 24,8). Denn auch in dem deuteronomistisch beeinflußten, auf den *»Jehovisten«* zurückgehenden Genesis-*Kapitel 15* steht bei Abraham eine Blut- und Opfertierzeremonie im Hintergrund, ist Gott im Symbol des Feuers anwesend:

> »Die Sonne war untergegangen, und es war dunkel geworden. Auf einmal waren ein rauchender Ofen und eine lodernde Fakkel da; sie fuhren zwischen jenen Fleischstücken hindurch. An diesem Tag schloß der Herr mit Abram folgenden Bund: Deinen Nachkommen gebe ich dieses Land vom Grenzbach Ägyptens bis zum großen Strom, dem Eufrat.« (15,17f.)

Was aber ist hier der Inhalt des Bundes? Der *Inhalt des Bundes* ist die *Zusage des Landes.* Deshalb verwundert es nicht, daß nicht schon der »Jahwist«, sondern erstmals eben der deuteronomisch beeinflußte »Jehovist« die Kategorie Bund zur Deutung der Abrahamsgeschichte verwendet. Denn er dürfte den Untergang des Nordreiches »Israel« 722 durch die Assyrer[26] ebenso vor Augen haben wie den Untergang des Südreichs Juda mit der Hauptstadt Jerusalem im Jahre 586 durch die Babylonier. Und dieses politische Scheitern dürfte er gut deuteronomistisch mit dem Bruch des Sinaibundes und dem Glaubensabfall des Volkes von Jahwe erklärt haben. Der Rückgriff auf den Abrahambund dagegen? Er diente der Bekräftigung der Treue Gottes, vor allem im Blick auf das gefährdete oder verlorene Land. Ausdrücklich verknüpft denn auch der »Jehovist« den Bundesschluß mit der Landzusage (15,18-21). Das ganze Land Kanaan ist für ihn die den Patriarchen verheißene Heilsgabe Jahwes.

Ganz im Mittelpunkt steht der »Bund« noch einmal in der Abrahams-Theologie der *»Priesterschrift«.* Schlüsseltext: *Kapitel 17.* Hier ist dreierlei auffällig: Erstens ist schon statistisch bemerkenswert, daß das Schlüsselwort »Bund« gleich 13mal in Kapitel 17 vorkommt, praktisch in jedem Satz, um später in anderen Texten der Abraham-Erzählungen überhaupt nicht mehr wiederzukehren. Zweitens gilt der Bund nicht nur wie beim »Jehovisten« Abraham persönlich, sondern ausdrücklich auch Abrahams Nachkommen, »Generation um

Generation«, wie mehrfach betont wird. Und drittens wird dieser Bund nicht zeitlich begrenzt, sondern in der »Priesterschrift« jetzt mehrmals als *»ewiger Bund«* (17,7.13.19) bezeichnet: Inhalt? Neben der Zusage zahlreicher Nachkommenschaft auch hier die des Landes: »Dir und deinen Nachkommen gebe ich ganz Kanaan, das Land, in dem du als Fremder weilst, für immer zu eigen, und ich will ihnen Gott sein« (17,8).

Wir haben uns dabei klar zu machen, was »Bund« hier und künftig für Israel und das Judentum bedeutet. Bund meint hier keinen zweiseitigen Vertrag im modernen Sinn zwischen zwei gleichberechtigten Partnern, von denen jeder jederzeit ein Kündigungsrecht in Anspruch nehmen könnte. Das Entscheidende an diesem »Bund« ist vielmehr: Es geht um die ganz und gar freiwillige, gnadenhafte *Selbstverpflichtung Gottes auf das Wohl des Volkes.* Konkret: Gott bestimmt sich selber ohne Vorleistung von Menschen zum Bundespartner eines konkreten Volkes: »Dir und deinen Nachkommen werde ich Gott sein« (17,7). Es ist *sein* Bund, um den es geht: »Ich schließe meinen Bund zwischen mir und dir samt deinen Nachkommen« (17,7). Inhaltlich entscheidend ist also die theozentrische Perspektive dieses Bundes, entscheidend, weil er einen gerade in Krisen- und Katastrophenzeiten für das jüdische Volk überlebenswichtig-tröstlichen Gedanken enthält. Und zwar den: Mag das Volk auch noch so sehr sich gegen die Bundesordnung Gottes versündigt haben – da die Stiftung des Bundes nicht von Vorleistungen des Menschen abhängig war, so auch nicht die Kündigung des Bundes von des Menschen Fehlleistungen. Gott steht in Freiheit zu seinem Bund, was immer Menschen auch mit ihm anstellen. Er allein bestimmt, ob es diesen Bund geben wird oder nicht.

Zugleich aber muß der Mensch der Bundesverpflichtung Gottes entsprechen. Damit er das kann, führt die Priesterschrift erstmals ein Zeichen für den Gottesbund auf Seiten des Menschen ein: die *Beschneidung der männlichen Vorhaut.* Nicht daß erst die »Priesterschrift« die Beschneidung erfunden hätte; sie war unter den Israeliten seit der Seßhaftigkeit in Kanaan selbstverständlich und diente ursprünglich der Einführung in die Ehe oder in das gemeinschaftliche Leben des Stammes. Jetzt aber – unter den Bedingungen des babylonischen Exils – bekommt diese Praxis eine quasi-kultische Funktion, zumal die Israel umgebenden Großvölker wie die Philister, die Babylonier und Assyrer die Beschneidung nicht kannten. Umso deutlicher konnte man sich gerade mit diesem Zeichen von ihnen absetzen und dadurch seine – unter den Bedingungen des Exils überlebenswichtige – Sonderstellung geradezu physisch zum Ausdruck bringen.

Die Beschneidung bekommt damit eine theologische Symbol- und geschichtliche Tiefenbedeutung: Sie ist die stete Erinnerung jedes einzelnen an die *Zugehörigkeit* zu einem auserwählten Volk und zugleich Zeichen der *Selbstverpflichtung* auf die Gebote Gottes. Ja, wie ernst es der »Priesterschrift« mit diesem Beschneidungsritus ist, geht nicht nur aus der juristischen Genauigkeit hervor, mit der dieser angeordnet wird (einschließlich einer Ausschlußformel bei Nichtvollzug), sondern auch aus der Geschwindigkeit, mit der man ihn Abraham praktizieren läßt. Abraham (99 Jahre alt) vollzieht an der eigenen Person Gottes Gebot »noch am selben Tag«, ebenso an seinem Sohn Ismael (13 Jahre alt) und allen männlichen Bewohnern seines Hauses.

Urmodell des Glaubens: Auf-dem-Weg-Sein

Der Selbstverpflichtung Gottes entspricht die Selbstverpflichtung des Menschen – daran lassen die Abraham-Erzählungen keinen Zweifel. So wie Jahwe, der Gott Israels, trotz allem immer wieder an sein Volk geglaubt hat, so muß Israel seinerseits Jahwe vertrauen. Abraham steht wie keine andere Figur im Pentateuch für diesen Doppelaspekt: Vertrauen Gottes und zugleich Gegenvertrauen des Menschen. Ja, was »Glauben« erfordert, davon wollen alle Abraham-Texte konkret erzählen. Die Abraham-Theologie der Genesis ist im Grunde eine *narrative Anthropologie des Glaubens.* Sie erzählt, was Menschen tun, wenn sie wirklich glauben. Sie vertrauen dem Wort, der Zusage, der Verheißung Gottes – durch alle Zweifel, alle Skepsis, alles Zögern hindurch.

Abraham wird denn auch im Verlauf seiner Geschichte einiges an Glauben in diesem Sinne abverlangt:

– Allein auf das Wort Gottes hin läßt er alle seine natürlichen Bindungen hinter sich (Familie und Heimat) und macht sich auf ins Ungewisse: »Zieh weg« (12,1).

– Trotz offenkundiger körperlicher Unmöglichkeit soll er auf die Nachkommensverheißung Gottes vertrauen: »Sieh doch zum Himmel hinauf, und zähl die Sterne« (15,5).
– Trotz lachender Zweifel und offenkundiger Angst (»Wenn nur Ismael vor dir am Leben bleibt«: 17,18) soll Abraham Gottes Weisungen nachvollziehen: »Das soll geschehen« (17,11).
– Trotz quälend langen Wartens, trotz Erfüllung des langersehnten Wunsches (Geburt des Sohnes Isaak) soll er ausgerechnet diesen Sohn wieder hergeben, ja hinschlachten: »Nimm deinen Sohn, deinen einzigen, den du liebst« (22,2).

Schaut man sich den Weg Abrahams genau an, so entdeckt man: Abrahams Glaube ist ein durchaus *komplexes Gebilde*. Von blinder Gefolgschaft, einem irrationalen Willensakt, gar einem Kadavergehorsam keine Spur. Abrahams Glaube ist geprüft durch eine lange Lebenserfahrung. Und weil dies so ist, enthält dieser Glaube in sich ganz verschiedene Ingredienzien: ein Stück Zweifel ebenso wie ein Stück Schlauheit, ein Stück Angst genauso wie ein Stück Vabanque-Spiel mit seinem Gott, ein Stück wortlosen Gehorchens ebenso wie ein Stück klugen Feilschens. Dabei gehören demütige Opfer an diesen Gott genauso dazu wie kühne Verhandlungen um die Schonung schuldloser Menschen. Ein unverwechselbares Glaubensprofil: Glauben als Prozeß des Aufbrechens trotz allem: trotz aller Vorbehalte, trotz allen Zähneknirschens, trotz aller Angst. *Thomas Mann* dürfte mit seinem psychologischen Abraham-Porträt grundsätzlich richtig liegen, wenn er in seinem groß angelegten Roman »Josef und seine Brüder« den Ur-Menschen aus Chaldäa beschreibt als einen »sinnenden und innerlich beunruhigten Mann«, erfaßt von einer »Unruhe der Seele«, einer »Getriebenheit und Heimsuchung«. Was ihn in Bewegung gesetzt habe, sei »geistliche Unruhe« gewesen, »Gottesnot« im Blick auf ein »neuartig-persönliches Gotteserlebnis«. Abraham also ein Mann der »inneren Unbequemlichkeit und der Wanderung«, dessen »neuartige Gotteserfahrung die Zukunft zu prägen bestimmt« gewesen sei.[27]

In der Tat: Schaut man in die Ur-Texte, fällt auf, wie sehr *Gottvertrauen* bei Abraham mit *»Auf-dem-Weg-sein«* identisch ist, beginnt doch seine Geschichte nicht zufällig mit dem programmatischen Wort: »Zieh weg«. Zieh weg »aus deinem Land und von deiner Verwandtschaft und aus deinem Vaterhaus«. Seither zieht Abraham, wie er später selber sagen wird, »ins Ungewisse« (20,13), ins Offene einer Zukunft mit all ihren Unwägbarkeiten. Seine Geschichte steht damit im Gegensatz zu der eines anderen großen Wanderers der antiken Kultur: Odysseus, der am Ende nach Ithaka, sein Heimatland, zurückkehren durfte. Anders Abraham. Er – so der französische jüdische Philosoph *Emanuel Levinas* zu Recht – verläßt sein Vaterland »für immer«, um »nach einem unbekannten Land aufzubrechen« – ohne Aussicht auf Rückkehr. Steht Odysseus archetypisch für eine Lebensbewegung zurück ins Selbe und Bekannte, so Abraham für eine Lebensbewegung ins Offene und Unbekannte.[28] Die Schlüsselworte seiner Existenzform lauten denn auch: Weggehen, Auswandern, Herumziehen, Aufbrechen, Weiterziehen. Der Grundrhythmus dieses Lebens heißt: Niederlassen und Aufbrechen, Krieg führen und Frieden stiften, Streit ausfechten und Verträge schließen ...

Ja, wer auch nur ein wenig Gespür für die Narrativität der Abraham-Geschichten hat, wird die *Dramatik und Dynamik des Erzählten* auch heute noch bewundern: Kaum in dem ihm von Gott zugewiesenen Land angekommen, muß Abraham es wieder in Richtung Ägypten verlassen, weil hier eine Hungersnot herrscht. Kaum in Ägypten angekommen, muß er ein Tarnspiel mit dem Pharao um seine Frau Sara inszenieren, weil dieser ihr lüstern nachstellt. Kaum aus Ägypten zurück, gibt es in dem »gelobten Land« Streit um Lebensraum mit seinem Neffen Lot, werden Kriege geführt, muß die Vernichtung einer Stadt aufgehalten werden ... Und alles ist stets überschattet von der drohenden definitiven Kinderlosigkeit. Kaum sind die Erbsöhne jedoch geboren, kommt es zu Eifersuchtsszenen zwischen der Haupt- und der Nebenfrau, die nur durch brutale Vertreibung gelöst werden können. Und noch nicht lange ist der wahre Erbsohn auf der Welt, muß er einem Opfer-Test unterzogen werden ...

Wahrhaftig: der Glaube Abrahams und damit der Glaube des Lesers dieser Geschichten an Gottes heilvolle Absicht mit Israel und der Menschheit muß schon gewaltig sein, damit durch diese Ereignisse hindurch Gottes Selbstverpflichtung noch glaubhaft bleiben kann.[29] Der Realismus der Texte zeigt sich gerade hier, wird doch Abraham nirgendwo als moralisch vollkommenes Glaubensdenkmal hingestellt, sondern als ein Mensch mit Stärken und Schwächen.

Keine Einzelgeschichte in Abrahams Leben ist denn auch von solcher Abgründigkeit wie das sogenannte *Isaak-Opfer* (hebr.: akeda). Und es ist kein Trost, wenn diese Geschichte in Wirklichkeit eine Verhinderung der Opferschlachtung erzählen will (Gen 22). Denn noch einmal muß Abraham »aufstehen«, noch einmal muß er sich »auf den Weg« machen, noch einmal muß er »das Liebste« loslassen. Dem äußeren Exodus von Haran nach Kanaan unter der Devise »Zieh weg« entspricht hier der innere Exodus unter dem Leitwort »Gib weg«. Maler wie Rembrandt, christliche Denker wie Sören Kierkegaard und jüdische Philosophen wie Martin Buber haben sich im Verlauf der Jahrhunderte von dieser Szene betreffen lassen: Sie haben sie mit Worten oder Farben ausgemalt; sie haben über sie gegrübelt und sich über sie empört.[30] Hier, im Buche Genesis, hat sie eine klar erkennbare Funktion: in extremis zu zeigen, was es heißt, den Glauben zu bewahren und das Vertrauen nicht preiszugeben – allen abgründigen Zumutungen Gottes zum Trotz.

Kein Wunder, daß jüdische Autoren unseres Jahrhunderts wie *Eli Wiesel* in dieser ungeheuerlichen Szene, wo Vernichtung und Rettung so dicht beieinanderliegen, ein *Ur-Bild jüdischen Schicksals* insbesondere nach der Erfahrung der Shoa sahen. Israel wie Isaak mit dem Messer an der Kehle, um dann weiterzuleben mit dem Todesschatten im Gefolge. Eli Wiesel begriff, daß diese Geschichte »höchst aktuell« ist:

> »Wir haben Juden gekannt, die wie Abraham ihre Söhne im Namen dessen, der keinen Namen hat, dahinsinken sahen. Wir haben Kinder gekannt, die wie Isaak die Opferung am eigenen Leibe erlitten haben, und andere, die wahnsinnig wurden, als sie ihren Vater auf dem Altar und mit dem Altar in einer Feuerwolke verschwinden sahen, die bis in die höchsten Höhen des Himmels reichte... Isaak hat überlebt, er hatte keine Wahl. Er war es sich schuldig, aus seinen Erinnerungen und aus seiner Erfahrung etwas zu machen, damit wir zur Hoffnung gezwungen werden. Unser Überleben ist deshalb an sein Überleben gebunden... Warum trägt Isaak, das Urbild unseres tragischen Schicksals, einen so unpassenden Namen, einen Namen, der Lachen bedeutet und Lachen auslöst? Dies ist der Grund: Als erster Überlebender lehrt er die Überlebenden der künftigen jüdischen Geschichte, daß es möglich ist, ein ganzes

Leben lang zu leiden und zu verzweifeln und dennoch nicht auf die Kunst des Lachens zu verzichten. Seither vergißt Isaak niemals den Schrecken jener Szene, die seine Jugend zerstört hat. Er wird sich immer an den Holocaust erinnern und bleibt gezeichnet bis an das Ende der Zeiten. Aber trotzdem ist er fähig zu lächeln, und er lächelt auch. Trotzdem.«[31]

4. Die Politisierung Abrahams zwischen den Testamenten

Kann es nach alldem, was an Abraham für das Volk Israel hängt, noch verwundern, daß im Verlauf der Jahrhunderte nach dem Exil die Verehrung und Verklärung Abrahams in Israel noch zunahmen? Abraham, der *»Freund Gottes«* , so hatte ihn schon der Prophet Deuterojesaia (41,5) genannt (vgl. 2 Chr 20,7). Abraham, der *»Knecht Gottes«*, so nennt ihn nicht nur die Genesis, so nennen ihn auch andere nachexilische Texte, unter denen Josua 24 und der Psalm 105 besonders herausragen.

Judentum als »Nachkomme Abrahams«: Jos 24 / Ps 105

Analog der exilischen-nachexilischen Geschichtstheologie bekommt das ansonsten zum deuteronomistischen Geschichtswerk gehörende *Josua-Buch* mit *Kapitel 24* einen zweiten Schluß, der zweifellos eine selbständige literarische Einheit darstellt und nicht der sonstigen »deuteronomistischen Geschichtskomposition im engeren Sinne«[32] entspricht. Denn in diesem Kapitel spielt die Abraham-Tradition eine überraschend selbständige Rolle,[33] wird doch die Jahwe-Alleinverehrung und damit der Ausschluß jeden Götzendienstes nicht – wie im sonstigen Deuteronomium – von der Mose-Tora, sondern bereits von Abraham her gerechtfertigt. Um dies tun zu können, muß Abraham in seiner alten Heimat plötzlich als erster Monotheist und sein Vater Terach als Götzendiener geschildert werden. Die Genesis enthält dazu kein Wort. Doch seine Autorität erhält dieser Text vor allem dadurch, daß hier *Josuas Vermächtnis an Israel* wiedergegeben wird. Und Josua ist kein Geringerer als der Nachfolger von Mose, der

Israel definitiv in das Land Kanaan führen durfte. Umso wichtiger ist dieser Text für das Selbstverständnis Israels:

> »Josua versammelte alle Stämme Israels in Sichem; er rief die Ältesten Israels, seine Oberhäupter, Richter und Listenführer zusammen, und sie traten vor Gott hin. Josua sagte zum ganzen Volk: So spricht der Herr, der Gott Israels: Jenseits des Stroms wohnten eure Väter von Urzeiten an (Terach, der Vater Abrahams und der Vater Nahors) und dienten anderen Göttern. Da holte ich euren Vater, Abraham, von jenseits des Stroms und ließ ihn durch das ganze Land Kanaan ziehen. Ich schenkte ihm zahlreiche Nachkommenschaft und gab ihm Isaak. ... Fürchtet also jetzt den Herrn, und dient ihm in vollkommener Treue. Schafft die Götter fort, denen eure Väter jenseits des Stroms und in Ägypten gedient haben, und dient dem Herrn.« (24,1-4; 14)

Ja, wie sehr nach dem Exil die Rolle Abrahams bereits formelhafte, hymnische Züge angenommen hat, macht vor allem *Psalm 105* klar, der die Geschichte Israels in Form eines Danklieds besingt [34]:

> »Fragt nach dem Herrn und seiner Macht;
> sucht sein Antlitz allezeit!
> Denkt an die Wunder, die er getan hat,
> an seine Zeichen und die Beschlüsse aus seinem Mund.
> Bedenkt es, ihr Nachkommen seines *Knechtes Abraham*,
> ihr Kinder Jakobs, die er erwählt hat.
> Er, der Herr, ist unser Gott.
> Seine Herrschaft umgreift die Erde.
> Ewig denkt er an seinen Bund,
> an das Wort, das er gegeben hat für tausend Geschlechter,
> an den Bund, den er mit Abraham geschlossen,
> an den Eid, den er Isaak geschworen hat.
> Er bestimmte ihn als Satzung für Jakob,
> als ewigen Bund für Israel.
> Er sprach: Dir will ich Kanaan geben,
> das Land, das dir als Erbe bestimmt ist. (...)
> Er gab ihnen die Länder der Völker
> und ließ sie den Besitz der Nationen gewinnen,
> damit sie seine Satzungen hielten
> und seine Gebote befolgten.« (105,4-11.44f)

Man beachte dabei: Josua 24 und Psalm 105 lassen bereits wichtige *Akzentverschiebungen* im nachexilischen Abraham-Bild erkennen, das sich auch schon im Buch Nehemia, in dem von uns behandelten Kapitel 9, abzeichnete. Die neuen religionspolitischen Interessen mit Abraham sind nun die folgenden:

(1) *Abraham* ist ein für allemal der *»Knecht Gottes«*, ein Würdetitel, der die besondere Beziehung dieses einen Menschen zu Gott ausdrücken will: seine Gottergebenheit und sein unbedingtes Vertrauen auf Gott einerseits und zugleich das »Instrument« von Gottes gnädiger Wahl. Andere Aspekte gehen dabei verloren.

(2) *Israel* nennt sich mit Stolz *»Nachkommen Abrahams«* oder »Volk des Gottes Abrahams« (Ps 47,10)[35]. Abraham und die von ihm ausgehende Linie Isaak-Jakob ist jetzt allein entscheidend. Sie ist zum identitätsstiftenden Unterscheidungsmerkmal Israels gegenüber allen anderen Völkern geworden. Der »ewige Bund« gilt Israel allein. Eine Tendenz zum Heilsexklusivismus ist unverkennbar.

(3) Diese Tendenz läßt sich vor allem am *Verhältnis Israels zu den Völkern* ablesen, das sich in diesen Texten offenbart. Denn Abraham wird ja in Josua 24 offenkundig als Vorbild eines monotheistischen Glaubenskämpfers gepriesen, der den Kampf gegen Götzen heute legitimieren soll (»Schafft die Götter fort«). Von einer abrahamischen Friedfertigkeit, wie die Genesis sie zeigte, ist hier nichts mehr übriggeblieben. Auch nichts mehr vom Segen für die Welt der Völker. Nach Psalm 105 hat Gott vielmehr dem Volk Israel die »Länder der Völker« zum Besitz gegeben. Israel segnet nicht, sondern herrscht. Und in diese Richtung wird sich nun das Abraham-Bild des nachexilischen Judentums weiterentwickeln.

Selbstprofilierung mit Abraham: Ben Sira

Ihren Höhepunkt erreicht diese Abraham-Theologie zweifellos um die Mitte des 2. Jahrhundert vor Christus. Die historisch-politische und geistig-kulturelle Lage in Judäa war mittlerweile extremen Spannungen ausgesetzt. Gut hundert Jahre (ab 304) hatte dieses Land unter den in Ägypten regierenden Ptolomäer-Königen eine relativ friedliche Entwicklung durchmachen können. Jetzt aber (endgültig ab 200) hatte die ursprünglich aus Babylon stammende hellenistische

Herrscherdynastie der *Seleukiden* im Zuge ihrer Großmachtpolitik auch Judäa totalitär im Griff, mit der Folge, daß das Land nun – vor allem unter König Antiochus IV. Epiphanes (175-164) – zunehmend kulturell und religiös unterdrückt wurde. Die Spannungen im Volk zwischen einer Anpassung an die hellenistische Kultur und der Bewahrung der eigenen jüdischen Überlieferungen begannen sich bedrohlich zu verschärfen.

In dieser Situation tritt der jüdische Schriftgelehrte *Ben Sira* auf mit einem Buch (»Jesus Sirach«, entstanden 190-175 v.Chr.), das der Spannung zwischen dem jüdischen Erbe und der hellenistisch-heidnischen Gegenwartskultur einzigartigen Ausdruck verleiht. Denn motiviert von einer »tiefen Abneigung gegen die seleukidische Unterdrückung und ihre jüdischen Parteigänger« optiert Ben Sira jetzt entschieden für die *Treue zum jüdischen Erbe*, für Stolz auf die »jüdischen Väter«.[36] Mit größtem Selbstbewußtsein läßt er deshalb seiner Umwelt gegenüber durchblicken, »daß das Judentum keine obskure Religion in einer fernen Enklave der zivilisierten Welt war, sondern sich voll auf derselben Höhe mit den religiösen und philosophischen Richtungen dieser Welt befand«. Ganz selbstverständlich will dieser Theologe »vor der gebildeten Welt« hervorheben, »daß die Vernunft, die Weisheit, nach der jeder sucht, um möglichst viel vom Leben zu haben, bei den Juden zu finden war; der Gott der Juden hatte sie schon bei der Schöpfung in die Welt gesetzt, ja die göttliche Weisheit hatte selbst bei der Schöpfung mitgewirkt« (so Sir 24,1-11).[37]

Seinen Stolz bezieht denn Ben Sira vor allem durch den Blick auf die Geschichte Israels, die Geschichte eines »ruhmreichen Volkes« (24,12), wie er sich ausdrückt. Gerade seine Geschichtstheologie steht deshalb im Dienst einer *Selbstprofilierung der jüdischen Kultur* im Konkurrenzkampf mit der jetzt herrschenden Weltkultur des Hellenismus.[38] Ben Sira zögert denn auch nicht, die »ehrwürdigen Männer« der jüdischen Geschichte zu preisen, »unsere Väter, wie sie aufeinander folgten« (44,1). Die Großen werden zu Zeugen aufgerufen: Mose und Aron, die Richter und die Propheten und – selbstverständlich – auch Abraham. Von ihm heißt es jetzt im Stil eines weisheitlichen Hymnus:

»Abraham wurde der Vater vieler Völker,
seine Ehre blieb makellos.
Er hielt das Gebot des Höchsten
und trat in einen Bund mit ihm.
Wie ihm befohlen wurde, hat er sich beschnitten;
in der Prüfung wurde er treu befunden.
Darum hat ihm Gott mit einem Eid zugesichert,
durch seine Nachkommen die Völker zu segnen,
sie zahlreich zu machen wie den Staub auf der Erde
und seine Nachkommen zu erhöhen wie die Sterne,
ihnen Besitz zu geben von Meer zu Meer,
vom Eufrat bis an die Grenzen der Erde.« (44,19-21)

Auffällig ist an diesem Text nicht nur die Retuschierung des Abraham-Bildes, die Reduzierung seiner komplexen und problematischen Züge auf das Bild eines vollkommenen, reinen Menschen. Auffällig ist auch, welch hohen Stellenwert nun die *Mose-Tora* in einem Abraham-Text einnimmt. Denn daß Abraham »das Gebot des Höchsten« gehalten habe, wird nicht nur an zweiter Stelle erwähnt, sondern auch zur *Voraussetzung* des Bundes, zur Voraussetzung der freien Selbstverpflichtung Gottes. In dieses »legalistische« Abraham-Bild paßt denn auch die Erwähnung der Beschneidung an dritter Stelle – auf einen Befehl Gottes hin.

Auch dies sind bemerkenswerte Akzentverschiebungen. *Moralisierung Abrahams* könnte das Stichwort sein. Abraham ist im nachexilischen Judentum zu einem moralisch makellosen Menschen geworden. Warum? Weil er vorbildlich ist in seiner Tora-Erfüllung (abzulesen etwa an seiner Beschneidung) und *so* in seiner geprüften Glaubenstreue. Der Tora-Erfüllung auf Seiten des Menschen entspricht die Bundeszusage auf Seiten Gottes. Einhalten des Eides durch Gott hat Glaubensgehorsam zur Voraussetzung. Ein Topos des jüdischen Abraham-Bildes wird hier bereits vorgeprägt: Abrahams Glauben ist faktisch identisch mit Gehorsam gegenüber der Tora. *Abraham* wird zur *Identifikationsfigur des gesetzestreuen Judentums.*

Radikale Selbstabsonderung: Der Geist von Qumran

Die politisch-geschichtliche Lage in Palästina in den drei Jahrhunderten um die große Zeitenwende (2./1. Jhd. vor bis 1. Jhd. nach

Christus) ist weiterhin eine denkbar unstabile. Schuld daran trägt zweifellos die brutal-aggressive Expansionspolitik der genannten Seleukiden-Herrscher. Wir deuteten es an: Sie führte nicht nur zur militärisch-politischen, sondern auch zu einer kulturell-religiösen Dominanz über die unterworfenen Völker. In Judäa wirkt sich das in einer beispiellosen »Zwangshellenisierung« aus: Plünderung des Tempels, Verwüstung Jerusalems, Aufoktroyierung heidnischer Kulte, darunter auch die Verehrung des Reichsgottes Zeus Olympios und sogar des Herrschers im Tempel Jahwes. Eine unerhörte Blasphemie!

Das Volk selber war polarisiert. Die Oberschicht paßte sich weitgehend den neuen Bedingungen an und spielte das Spiel der Hellenisierung gerne mit. *Kulturelle Assimilierung* war das Faszinosum der Zeit. Ja, die damalige, dem Hellenismus freundlich gesinnte Jerusalemer »Reformpartei« scheut sich nicht, ihre Beziehungen zu Griechenland auch genealogisch zu konstruieren und dafür auf Abraham zurückzugreifen. Aufgewärmt wird zu dieser Zeit die vermutlich schon ältere Legende von der *Verwandtschaft der Juden mit den Spartanern* Griechenlands, die jetzt außenpolitischen Interessen dienen konnte: Die Spartaner als »Brüder der Juden«, die »beide von Abraham abstammen« (1 Makk 12,21)! Nicht zufällig beschließt dann auch der Urheber der hellenistischen Reform in Jerusalem, der zwielichtige Hohepriester Jason, sein Leben auf der Flucht von Palästina über Ägypten in Sparta (2 Makk 5,9). Ansatzpunkt dieser verwandtschaftlichen Fiktion? Ansatzpunkt dürfte der Bericht über die Ketura-Nachkommenschaft (Gen 25,1-6) gewesen sein, den man nun weiter ausmalt. Der Tübinger Neutestamentler *Martin Hengel* hat darüber hinaus die Vermutungen geäußert: »Derartige Spekulationen wurden dadurch angeregt, daß zwischen den Juden und den Spartanern mit ihren strengen Gesetzen, ihren Gesetzgebern Mose und Lykurg und der göttlichen Autorisierung am Sinai bzw. durch den delphischen Apollo eine gewisse Analogie bestand. Wie die Juden schon nach dem ersten griechischen Berichterstatter Hekataios von Abdera ein ›fremdenfeindliches Leben‹ führten, so galten die Spartaner nach Herodot als ›fremdenfeindlich‹, und während Lykurg, der spartanische ›Gesetzgeber‹, vom Orakel zu Delphi als Freund des Zeus bezeichnet wurde, unterhielt sich Gott nach Ex 33,11 mit Mose wie mit einem ›Freund‹«.[39]

Andere Volksteile dagegen reagierten auf den hellenistischen Kulturschock mit radikaler Ablehnung: ob politisch oder religiös. Aufstand oder konsequenter Rückzug, Rebellion oder Imigration war für viele die Perspektive. Den Weg der offenen *politischen Rebellion* gehen die *Makkabäer-Brüder* und die ihnen nahestehenden Kreise, als sie zur Herrschaft gelangen: Judas (166-160), Jonatan (160-142) und Simeon (143-134). Sie erfüllen das Testament ihres Vaters Mattatias, eines leidenschaftlichen Streiters für die Tora. In diesem hatte Mattatias nicht zufällig die *Glaubenstreue Abrahams* gerade in schwerer Zeit beschworen. Auch hier die Variante des erwähnten Topos: Glaubensgerechtigkeit vor Gott ist Ergebnis der Toratreue. Mattatias auf dem Sterbebett zu seinen Söhnen:

> »Denkt an die Taten, die unsere Väter zu ihren Zeiten vollbrachten; erwerbt euch großen Ruhm und einen ewigen Namen! Wurde Abraham nicht für treu befunden in der Erprobung, und wurde ihm das nicht als Gerechtigkeit angerechnet? ... Meine Söhne, seid stark und mutig im Kampf für das Gesetz; denn durch das Gesetz werdet ihr euch Ruhm erwerben. Da ist Simeon, euer Bruder. Ich weiß, daß er ein kluger Mann ist. Hört immer auf ihn! Er soll euer Vater sein. Judas, der Makkabäer, ist seit seiner Jugend ein tapferer Krieger. Er soll an der Spitze eures Heeres stehen und den Kampf für sein Volk führen ... Nehmt Rache für euer Volk! Zahlt es den fremden Völkern heim! Achtet auf das, was das Gesetz befiehlt.« (1Makk 2,51-52;64-68)

Und in der Tat: Judas, der Makkabäer, setzt den Kampf gegen die frevelhaften fremden Völker ganz im Geiste seines Vaters fort. Es kommt zu zahlreichen Kriegszügen, Attentaten und politischen Manövern, deren weltpolitische Folgen man damals noch nicht absehen konnte, als Judas Makkabäus gegen die Seleukiden die aufstrebende Weltmacht Rom zur Hilfe ruft (1 Makk 8,1-32). Roms Einfluß ist seither in Palästina nicht mehr wegzudenken...

Einen zweiten Weg gehen Menschen, die von der Assimilationspolitik des priesterlichen Establishments in Jerusalem ebenfalls angewidert sind, daraus aber andere Konsequenzen ableiten. Sie ziehen sich in Sondergemeinschaften zurück (Essener-Bewegung), u. a. auch in die Wüste Judäa, wo nicht weit von Jerusalem, unten am Toten

Meer, Qumran um das Jahr 150 v.Chr. gegründet wird. »Chasidim«, »Fromme« werden sie genannt, Leute, die sich in *radikaler Gesetzesobservanz* von ihrer sündigen Umwelt abwenden. Gerade die Wüste betrachteten sie als Heilsort, weil Gott hier nicht länger mehr von unreinen Priestern verehrt werde, sondern von Menschen, die konsequent nach dem Buchstaben des Gesetzes zu leben bereit sind. Menschen, die in rigoroser Selbstabsonderung und konsequenter Reinheitstheologie jeden Kompromiß verwerfen und ein baldiges Gericht über die sündige Welt erwarten. Daß auch Abraham dabei eine bestätigende Rolle spielt, dürfte nach allem Bisherigen kaum verwundern.[40]

Entscheidend ist für uns das im Geist von Qumran geschriebene *»Jubiläenbuch«*, entstanden wohl zur Zeit der Kriegszüge der Makkabäer zwischen 145 und 140 v. Chr.[41] Mit Qumran teilt diese Schrift das Interesse am Kalender (Zeitrechnung nach »Jubiläen«, Jahreswochen und Jahren),die Genauigkeit im Blick auf Kultvorschriften, priesterlichen Zehnten, Daten der Feste und vor allem die peinliche Einhaltung der Tora. Kurz, mit Qumran teilt diese Schrift das *priesterliche Lebenskonzept*: Heiligung des gesamten Lebens des gesamten Volkes im gesamten Jahreskreis. Entscheidend darüber hinaus: Das Selbstverständnis der jüdischen Gruppe, die hinter diesem Buch steht, wird mit den »Vätern« Israels legitimiert, von altersher also. Das soll den Eindruck erwecken, von Anfang an sei es in Israel so gewesen und alles werde erst gut, wenn man das Alte als das Wahre erkannt und wiederhergestellt habe. Mit den »Jubiläen« liegt also ein Buch vor uns, das »auf der Basis der Autorität der Väter und des Mose noch einmal allen verschiedenen Gruppen des Volkes ein gemeinsames, historisch begründetes Selbstverständnis zu vermitteln« sucht, um »die durch den Hellenismus bedrohte Identität des Volkes durch Rückgriff auf Vätertraditionen herzustellen. Besonders die dem Leser gut eingängigen zahlreichen Segenssprüche über Israel aus dem Mund der Väter dienen diesem Ziel. Träger ist demnach eine antihellenistische priesterliche restaurative Reformbewegung, die ... mit der kurz danach entstandenen Qumran-Gruppe in enger historischer Verbindung steht.«[42]

Zwölf Kapitel dieser Schrift (Kapitel 12 bis 23) sind Abraham gewidmet, wobei die Genesis-Erzählungen phantasiereich und tendenziös zugleich ausgestaltet werden. Vereinzelte Aspekte des nachexilischen Abraham-Bildes werden erneut aufgegriffen und nun zu einer Synthese verschmolzen. Ein bestimmtes jüdisches Abraham-Bild hat denn auch hier seine geschichtsmächtige Form erhalten. Drei Dimensionen bestimmen es:

(1) Auf der Linie von Josua 24 wird Abraham jetzt vollends als *erster monotheistischer Glaubenskämpfer* geschildert, der die Götzen in seinem Vaterhaus selber verbrannt und sich von der heidnischen götzendienerischen Astrologie abgesetzt habe.[43] Dazu paßt, daß Abraham in dieser Schrift mit Gott von Anfang an nur »Hebräisch« redet, das hier als »Sprache der Schöpfung« bezeichnet wird. Ein Schnellkurs in Tora-Lernen folgt obendrein:

> »Und er nahm die Bücher seiner Väter. Und sie waren hebräisch geschrieben. Und er schrieb sie ab und begann, sie zu lernen von da an. Und ich ließ ihn alles wissen, was er nicht konnte. Und er lernte sie in den sieben Regenmonaten.«[44]

(2) Auf der Linie von Sirach 44 wird die *Moralisierung Abrahams* gewaltig verstärkt: Abraham bringt die Opfer richtig dar, gibt erstmals den Priesterzehnten ab, vollzieht die Beschneidung korrekt, die denn auch ausführlich geschildert wird.

(3) Ganz auf der Linie von Psalm 105 wird Abraham für den Erwählungsglauben Israels in Anspruch genommen. Zugleich wird Abrahams Bedeutung für die Völker sichtlich heruntergespielt, wie nebenbei erwähnt.[45] *Israels Sonderstellung* dagegen wird *überbetont*, ist doch Israel allein unter den Völker auserwählt. Alle Segnungen der »Väter«, alle Verheißungen Gottes werden durch Abraham exklusiv auf Jakob übertragen. Ja, die gesamte Vätertradition zielt auf Jakob allein, während Ismael, der Sohn, und Esau, der Enkel Abrahams nichts mehr zählen:

> »Denn den Ismael und seine Kinder und Brüder und Esau hat der Herr nicht nahegebracht zu sich und nicht auserwählt aus ihnen, weil sie aus den Kindern Abrahams sind, weil er sie kannte. Aber Israel hat er erwählt, daß sie ihm zum Volk seien. Und er hat es geheiligt und gesammelt aus allen Menschenkindern.«[46]

Deutlicher kann man nicht mehr *Abraham* als *Eigentum Israels* reklamieren – aus durchsichtigen religionspolitischen Interessen heraus. Politisierung Abrahams heißt hier: exklusive Beanspruchung Abrahams für Israel allein. Und dramatische Kraft erreicht dieser Abraham-Exklusivismus zweifellos in derjenigen Szene des Buches, in der der sterbende Abraham sich von seinem Enkel Jakob verabschiedet und ihm aufträgt, das »Haus Abrahams« zu erbauen, das er bereits grundgelegt habe.[47] Eine Anspielung vermutlich auf den Jerusalemer Tempel, die zurückgehen dürfte auf das zweite Buch der Chronik, wo von Salomo berichtet wird, er habe den Tempel auf dem »Berge Moria« erbaut (2 Chr 3,1), dort also, wo Abraham der Überlieferung zufolge (die Genesis kennt nur allgemein ein »Land« Moria) seinen Sohn Isaak hätte opfern sollen (Gen 22,2). Der Tempel zu Jerusalem – er ist damit zum »Haus Abrahams« geworden.[48]

Abraham als Kampffigur: »Apokalypse Abrahams«

Der Kampf der Makkabäer gegen die Seleukiden-Herrscher hatte das Land keineswegs befriedet. Im Gegenteil: Die politischen Ereignisse in Palästina werden sich auch in den nächsten Jahrzehnten weiter überschlagen. Bald hat Rom, von den Makkabäern geholt, nicht nur Einfluß auf Palästina, bald ist Rom dessen eigentlicher Herr. Die römischen Militärs haben denn auch keine Hemmungen, im Jahre 54 v. Chr. unter dem Feldherrn Crassus den Tempel erstmals zu plündern. Noch herrschen die Römer nicht direkt, sondern durch Marionetten-Regierungen, mit Leuten wie Hyrkanus und vor allem Herodes an der Spitze, einem Emporkömmling, der von 40 v. Ch. bis 4 n. Ch. zu einer Schlüsselfigur der lokalen Politik wird. Aber auch sie können das aufgewühlte Land nicht befrieden. Zahlreiche Unruhen und Aufstände zwingen Rom schließlich zu einer direkten Militärintervention, die in der *Vernichtung des zweiten Tempels* im Jahre 70 n. Chr. unter dem Feldherrn Titus (Sohn des flavischen Kaisers Vespasian) ihren schaurigen Höhepunkt erreicht.

Geistig wird der Kulturkampf zwischen Hellenismus und Judentum mit einer konkreten Theologie ausgefochten. Wir kennen sie unter dem Namen *Apokalyptik.*[49] Ihr Spezifikum? Eine radikal veränderte Geschichtstheologie, die von der Überzeugung lebt, daß das bisherige Geschichtskonzept gescheitert ist. Die politischen Verhältnisse bestätigten das nur. Geschichte kann jetzt nicht mehr verstanden werden als ein fortlaufendes Kontinuum, sondern nur noch als Kampfplatz von Gut und Böse, als ein endzeitliches Drama, das auf ein nahe bevorstehendes Ende zutreibt, an dem Gott selbst richtend eingreifen wird. Mit Ungeduld wird denn auch dieses Gericht erwartet, fragt doch der Apokalyptiker angesichts des Elends weniger nach dem »Warum«, sondern nach dem »Wie lange noch«: »Wie lange bleibt der Greuel der Verwüstungen ...«? (Dan 8,13).

Dieses gequälte »Wie lange noch« aber schreit der Apokalyptiker nicht ins völlig Ungewisse hinaus. Im Gegenteil: Angesichts des Scheiterns versucht er, konkrete Aufschlüsse, *Enthüllungen* zu erlangen über die Geheimnisse der Natur, den übernatürlichen himmlischen Ursprung und Hintergrund der natürlichen irdischen Vorgänge, kurz über des kosmisch-geschichtlichen Dramas letzten Akt. Wie? Durch Visionen und Träume! Deshalb gibt der Apokalyptiker seinen Enthüllungen oft eine »geheimnisvolle Rätselform«[50]: Bilderreden, Traumvisionen, Gleichnisse, Allegorien, Verschlüsselungen in Zahlen und Tiersymbolen sind in seinen Schriften zahlreich. Und so umfassen die Erzählungen des Apokalyptikers großenteils denn auch seine Visionen, Auditionen, Himmelsreisen und damit verbunden seine umfangreichen Dialoge mit himmlischen Gestalten, mit Engeln und Dämonen.

Daß diese Entwicklung auch Auswirkungen auf das *Abraham-Bild* haben mußte, ist leicht vorstellbar, bei der Bedeutung, die Abraham für das nachexilische Judentum nun einmal erlangt hatte. Wir können uns hier nur auf die wichtigste Abraham-Schrift dieser Gattung konzentrieren. Sie trägt schon vom Namen her das Signum der Zeit: *»Apokalypse Abrahams«*.[51] Es handelt sich dabei um eine relativ späte Schrift, die vermutlich kurz nach 70 n. Chr. entstanden ist, wird doch in ihr ganz offenkundig auf die Zerstörung des Jerusalemer Tempels unter Titus angespielt.[52] Typisch apokalyptisch ist sie darin, daß sie von *Visionen Abrahams* berichtet, die *von einer Himmelsreise* handeln und die Geheimnisse der Zukunft des Volkes Israel schildern. Das ist ebensowenig originell wie der Dualismus von Gut und Böse, die Lehre vom Fürsten des Lichtes und Fürsten der Finsternis, die hier verbreitet wird.

Entscheidender ist die Rolle Abrahams in dieser apokalyptischen Himmelsschau. Und diese Rolle geht weit über die eines Visionärs hinaus. Abraham wird in diesen Texten erstmals zu einer direkten *propagandistischen Kampffigur* gegen die üblen, himmelsschreienden Zustände der Zeit. Die aktuelle Kampfsituation der hinter diesem Stück stehenden Gruppe um Götzendienst, Tempelschändung, Triumph der Heiden wird denn auch entweder in die Zeit Abrahams zurückprojiziert oder Abraham visionär zugeschrieben. Das fängt damit an, daß in den ersten Kapiteln (1-9) Abraham als Götzen-Ikonoklast, als Zerstörer von Götzenbildern also, und damit als kämpferischer Monotheist geschildert wird, jetzt aber noch stärker als im »Jubiläenbuch«. Die Andeutungen von Josua 24 (»Schafft die Götter fort, denen eure Väter gedient haben«) werden unter apokalyptischem Vorzeichen narrativ ausgebaut und zu dramatischen Szenen verdichtet: Abraham arbeitet in der Werkstatt seines Vaters an der Herstellung von Götterstatuen, kommt aber von sich aus auf die Idee, Gott könne nicht identisch sein mit diesen menschlichen Fabrikationen, da diese ja zerstörbar oder verbrennbar seien. Zur völligen Klarheit aber gelangt Abraham erst durch eine Himmelsstimme, die sich nicht nur als »Gott der Väter« vorstellt, sondern auch Abrahams götzendienerisches Vaterhaus vernichtet, ohne daß Abraham damit irgendwelche Probleme hätte:

> »Und ich ging hinaus, und es geschah, als ich hinausging und noch nicht zum Hoftore hinausgelangt war, da kam eine Donnerstimme, und sie verbrannte (meinen Vater) und sein Haus und alles, was im Hause war, bis zu einer Tiefe von 40 Ellen.«[53]

Abraham als Instrument der Götterpolemik, als Figur im apokalyptischen Konkurrenzkampf mit anderen Religionen: dieses Motiv setzt sich auch in anderen Szenen des Buches fort. Entscheidend sind dabei für uns nicht die vielen dramatisch-visionären Einzelheiten, entscheidend ist die *religionspolitische Gesamttendenz* dieser Schrift. Und da kann kein Zweifel sein: Diesem Buch steht der politische Triumph der Heiden über das Volk Israel vor Augen. Dieser politische Triumph aber wird ins Religiöse gewendet und als Strafe Gottes gedeutet für die schon längst in Israel erfolgte Verunreinigung des Tempels. Zugleich wird die Gewißheit verbreitet: Dieser Frevel wird nicht mehr lange andauern, sondern bald durch eine kleine, nur Gott bekannte Schar von Gerechten überwunden werden, durch Gottes wahrhaft Auserwählte. Nur sie sind jetzt Gottes Volk, nur sie sind jetzt Abrahams »Samen«:

> »Dann werden die gerechten Männer aus deinem Samen, deren Zahl in mir heimlich gehalten ist, bleiben, in der Herrlichkeit meines Namens eilend zu dem Ort, der ihnen schon lange vorbereitet ist«.[54]

Anders gesagt: Unter den neuen Umständen der Zeit wird Abraham in apokalyptischen Kreisen des palästinischen Judentums zu einer *religionspolitischen Kampffigur für die Bewahrung des »wahren Israels«*, des »Rest-Israels«. Die Tendenz zur Exklusivierung Abrahams ist hier noch einmal radikalisiert. War der Abraham der Genesis Vater Israels und Stammvater und Segensmittler einer Menge von Völkern, war Abraham im »Jubiläenbuch« wenigstens noch Eigentum des ganzen Volkes Israel, so ist er hier nur noch Eigentum einer Schar Auserwählter, einer Rest-Gruppe der Reinen und wahrhaft Gläubigen, die ihren Überlebenswillen im kulturell-religiösen Konkurrenzkampf von Abraham her zu legitimieren sucht. Doch für alle Texte gilt gemeinsam: Hier weht der Geist antihellenistischer Selbstbehauptung, wie er für bestimmte Kreise des damaligen palästinischen Judentums typisch ist. Abraham ist zu einer Schlüsselfigur geworden im religionspolitischen Kampf um Assimilation oder Selbstabsonderung – vor dem Hintergrund eines Palästina, das im Kulturkampf zwischen Hellenismus und Judentum zerrissen ist.

5. Die Idealisierung Abrahams: Der Geist des Hellenismus

Völlig andere Konzeptionen vertreten Männer, die nicht die Selbstabsonderung des Judentums suchen, sondern im Gegenteil eine geistige Verbindung von jüdischer und hellenistischer Kultur. Der eine wird in der damaligen Welt-Kulturhauptstadt Alexandria geboren; sein Name ist *Philo*. Der andere, zwei Generationen später, wird große Teile seines Lebens in der damaligen Welt-Politikhauptstadt verbringen, in Rom; sein Name ist *Josephus.* Für beide spielt Abraham eine wesentlich andere Rolle als für diejenigen Kreise in Palästina, von denen wir bisher berichtet haben.

Abraham als Urmodell der Gotteserkenntnis: Philo

Geboren ca. 25 v. Chr., gestorben ebenfalls in Alexandria im Jahre 40 n. Chr., wächst Philo, Zeitgenosse des galiläischen Juden Jesus aus Nazaret, in einer gebildeten und politisch einflußreichen Familie auf, die über gute Beziehungen zum römischen Kaiserhaus verfügt. Er sollte bald ein bedeutender Philosoph, Theologe und Exeget mit einem wissenschaftlich imponierenden Oeuvre werden und zum geistigen Führer der alexandrinischen Judenheit aufsteigen. *Alexandria* war ja in der Tat zur Zeit des Hellenismus nicht irgendein Ort. Im Jahre 332/31 von Alexander dem Großen gegründet, hatte es sich nicht nur zu einer der bedeutendsten Hafen- und Handelsstädte der damaligen Welt entwickelt, sondern vor allem zu einem einzigartigen *Zentrum von Wissenschaft und Kunst.* Sichtbarster Ausdruck war dafür die hier gebaute bedeutendste Bibliothek der Antike, in der auf Hunderttausenden von Buchrollen das gesamte Wissen der Epoche dokumentiert und verfügbar war. Zur Zeit der römischen Belagerung (Bürgerkrieg zwischen Cäsar und Antonius) im Jahre 30 v. Chr. beschädigt, findet sie ihre Auflösung sukkzessive während des 3., schließlich am Ende des 4. Jahrhunderts, womit ein unschätzbares Kulturerbe ein für allemal verloren ging.

Daß sich in dieser Kulturstadt auch eine nicht unbeträchtliche *jüdische Gemeinde* niedergelassen hatte, wundert nicht. Ebenso nicht, daß die Judenheit Alexandriens hellenistisch assimiliert war, sprach man doch schon in der ersten Hälfte des 3. Jahrhunderts v. Chr. in jüdischen Gottesdiensten Alexandriens ganz selbstverständlich Griechisch. Griechisches und jüdisches Denken sind denn auch in dieser Stadt eine einzigartige Verbindung eingegangen (so wie später jüdisches und arabisches Denken in Cordoba, jüdisches und deutsches in Berlin sowie jüdisches und amerikanisches in New York). Nicht nur jüdische Gelehrte wie Aristobul und Philo wirkten hier; hier entstanden auch programmatische Schriften wie das »Buch der Weisheit«, das für Christen Bestandteil des biblischen Kanons ist.

Auf Philos vielschichtiges philosophisches und exegetisches Werk ist hier nicht einzugehen[55], auch nicht auf seine eigentümliche Schrifthermeneutik, die weitgehend auf einer exzessiven Anwendung von Typologie und Allegorese beruht. Aber es ist durchaus kein Nebenaspekt, wenn wir uns auf Philos *Abrahambild* konzentrieren, denn an Abraham läßt sich Philos Grundeinstellung zu einem der wichtigsten Probleme klarmachen: Wie als Jude leben in einer durchgängig nichtjüdischen Kultur? Wie die eigene Tradition Nichtjuden erklären? Wie überhaupt die Beziehung zwischen »dem« Volk und »den Völkern« vor neuem Zeithorizont bestimmen? Ist polemische Selbstabgrenzung die Lösung? Abraham kommt bei Philo in diesem Kontext eine Schlüsselrolle zu, und so ist es kein Zufall, daß Philo sich mit Abraham nicht nur in seinen Schriftkommentaren, sondern auch in zwei eigenen Büchern befaßt. Sie tragen den Titel »Über Abraham« und »Über Abrahams Wanderung«. Auch diese komplexen Schriften können wir hier nicht im einzelnen interpretieren. Wir müssen uns auf wesentliche Grundzüge von Philos Abraham-Bild beschränken.

Welches Interesse Philo mit Abraham verfolgt, machen wir uns am besten mit Hilfe eines Textes aus Philos Schrift »Über die Tugenden« klar. Denn hier hat er in sonst nie erreichter Dichte sein Abraham-Bild zusammengezogen:

> »Der Urahn des Volkes der Juden war von Geburt ein Chaldäer, Sohn eines sternkundigen Vaters, der zu denen gehörte, die sich mit den mathematischen Wissenschaften befassen, die die Gestirne und den ganzen Himmel und die Welt für Götter halten, durch die, wie sie sagen, alles Gute und Schlechte geschieht, was einen jeden trifft, da es nach ihrer Meinung keinen Urgrund außerhalb der mit den Sinnen wahrnehmbaren Dinge gibt. Was aber kann schlimmer sein als dies oder was kann besser den Nichtadel des Geistes erweisen, der durch die Kenntnis dieser vielen, in zweiter Reihe stehenden, geschaffenen Dinge hindurch zur Unkenntnis des Einen, des Ältesten, des Ewigen, des Schöpfers des Alls gelangt, der sowohl aus diesen Gründen der Höchste ist, als auch aus vielen anderen, die ob ihrer Größe der menschliche Verstand nicht zu fassen vermag.
>
> Nachdem Abraham eine Vorstellung davon gewonnen und die göttliche Berufung erhalten hatte, verläßt er Vaterland,

> Verwandtschaft und väterliches Haus; denn er wußte, wenn er bliebe, würde ihm auch der Irrglaube an die vielen Götter bleiben, der die Entdeckung des Einen unmöglich mache, der allein der Ewige und der Vater des gedachten wie des sinnlich-wahrnehmbaren Alls ist, wenn er aber auswanderte, würde auch der Irrglaube aus seiner Seele schwinden, die statt der falschen Vorstellung die Wahrheit empfangen würde. Das Verlangen aber nach der Erkenntnis des Seienden, das ihn erfüllte, wurde noch gesteigert durch göttliche Offenbarungen, die ihm zuteil wurden [...]
> Kann man nun nicht von diesem von allen Verwandten und Freunden verlassenen Auswanderer sagen, daß er hochadlig war, er, der nach der Verwandtschaft mit Gott strebte, der mit aller Kraft bemüht war, sein Schüler zu werden, der in die vorzügliche Reihe der Propheten aufgenommen wurde, der an kein Geschöpf so glaubte wie an den ungeschaffenen Vater aller Dinge, der, wie gesagt, bei denen, die ihn aufgenommen hatten, als König galt, der nicht mit Waffen und Heeresmacht, wie sonst gewöhnlich, die Herrschaft erlangte, sondern durch die Berufung Gottes, der die Tugend liebt und die Anhänger der Frömmigkeit mit selbständiger Macht ausstattet zum Heile ihrer Umgebung? Dieser Mann ist ein Muster an Adel für alle Proselyten, die das von unnatürlichen Gebräuchen und frevelhaften Sitten herstammende unendliche Wesen aufgegeben, nach welchem Stein und Holz und überhaupt unbeseelte Gegenstände göttliche Ehren erhalten und dafür der wirklich beseelten, lebendigen Verfassung sich zugewendet haben, die von der Wahrheit geleitet und bewacht wird.«[56]

Interpretieren wir diesen Text auch im Lichte der genannten großen Abraham-Schriften Philos, so ergeben sich folgende charakteristische Grundlinien:

(1) Philo porträtiert Abraham bewußt als *Fremden.* Denn nicht zufällig betont er, daß Abraham ein »Chaldäer« gewesen sei, ein »verlassener Auswanderer«. Die Zielrichtung dieser Sätze dürfte gegen *innerjüdische* Kreise im Geiste Qumrans gerichtet gewesen sein, die ihr Gottesbewußtsein und ihren Religionsstolz gewissermaßen genealogisch begründeten, abstammungsmäßig garantiert sahen. Philo hält dagegen: Am Anfang der jüdischen Geschichte steht ein Heide! Das Prinzip natürlicher Abstammung und damit natürlicher Rechte und Privilegien ist von Gott her durchbrochen – und zwar schon von

Anfang an. Vor Gott kommt es nämlich auf etwas anderes an. Auf was?

(2) Philo präsentiert Abraham als *Modell des wahren Glaubens.* Deutlich soll werden: Vor Gott zählt nicht der Adel der Abstammung, sondern allein der Adel des Geistes, der Adel des Glaubens. Die Anspielung auf die *Astrologie* unterstreicht das. Für Philo ist die Kenntnis der Astrologie weder ein erstrebenswertes Kulturgut noch Ausdruck von verwerflicher Götzendienerei. Astrologie steht bei ihm vielmehr symbolisch für den »Nichtadel des Geistes«, d. h. für eine niedrige Form des Wissens (man betet Objekte an!). Abraham aber war anders. Er ist das Urmodell eines Menschen, der solch falsche Anschauungen überwand – um den Preis freilich, daß er den Raum des Falschen und Trügerischen verlassen mußte, um in der Einsamkeit nach der Wahrheit zu leben. In den großen Abrahamschriften wird denn auch genau dieser Gedanke allegorisch breit ausgebaut: Abrahams Auswanderung ist – »tiefer«, d.h. allegorisch-geistig verstanden – gleichzeitig die Auswanderung aus falschen Gottesideen und die Erlangung der richtigen Gotteserkenntnis.

(3) Philo porträtiert Abraham als Urmodell einer *Versöhnung von Vernunft und Offenbarung, Natur und Tora.* Interpreten haben sogar davon gesprochen, Philo suche »erstmalig« in der Geistesgeschichte »zwei radikal verschiedene Ansprüche, Wahrheit zu sein, nämlich Vernunft und Offenbarung, miteinander zu befrieden«.[57] Und wie immer dies sein mag: Philo hat mit dem zitierten Satz »Das Verlangen nach Erkenntnis wurde noch gesteigert durch göttliche Offenbarungen« zweifellos die Grundintention seines Denkens ausgesprochen. Philosophie und Theologie, wahres Wissen und wahrer Glaube sind keine Gegensätze; der Glaube vollendet vielmehr das Wissen. Denn Mikrokosmos und Makrokosmos sind durchdrungen von ein und demselben Geist Gottes, von ein und derselben Vernunft (Logos). Aufgabe des Menschen ist dabei die Selbstvervollkommnung durch Einsicht in die geistige Grundstruktur der Welt, in die Gesetzlichkeit der natürlichen Ordnung. Gottes Offenbarungen und Gebote sind dazu nichts als Hilfsmittel, Wege, Instrumente. Naturgesetze und Tora verhalten sich wie Urbilder zu den Abbildern, wie Prinzipien zu den Kommentaren.

Von daher versteht man, warum Philo in den Geboten Gottes

keine Überfremdung der menschlichen Vernunft erkennen kann. Abraham ist dafür das beste Beispiel. Denn Abraham lebte noch vor der Mose-Tora, aber er hielt sich bereits an das Gesetz! An welches? An das *Gesetz der Natur*! Abraham muß deshalb von Philo nicht für die geschriebene Mose-Tora vereinnahmt, aber auch nicht gegen diese ausgespielt werden. Abraham lebte bereits »die ungeschriebene Gesetzgebung«, nur der »eigenen Stimme«, dem eigenen Gewissen folgend, Lehrer seiner selbst! So hat Abraham sich »an die Ordnung der Natur« gehalten, »in der Überzeugung, daß die Natur selbst die älteste Satzung« sei.[58] Abraham also bei Philo: *Archetyp der Befolgung des Naturgesetzes*, des Naturrechtes, das in der Mose-Tora dann seine Konkretion finden wird.

(4) Philo porträtiert Abraham als *Urmodell aller Konvertiten*. Wenn vor Gott nicht die physische, volksmäßige Abstammung entscheidend ist, sondern allein der Glaube an den Schöpfer der Welt; wenn Abraham die Tora in Form des Naturgesetzes kannte und einhielt, ist er dann nicht auch Urbild all derer, die zwar noch keine Juden sind, aber geistig dem Judentum nahestehen? In der Tat: Philo zögert nicht, in dem von uns zitierten Text von Abraham als »Muster an Adel für alle Proselyten« zu sprechen. Was im Klartext heißt: Wenn Menschen alle unsittlichen Handlungen aufgeben, an Gott als den Schöpfer aller Dinge glauben und sich so dem Geist und der Wahrheit öffnen, dann sind sie wie Abraham, dann sind sie Abrahams Nachkommen.

Abraham als großer Kulturträger: Josephus

In diesem Geist des Universalismus hat auch der zweite große Exponent jüdischer Weltoffenheit der damaligen Zeit geschrieben: *Josephus*. Im Jahre 37 n. Chr. in Jerusalem aus altem Priestergeschlecht geboren, erhält Josephus wie Philo eine hohe Bildung, geht aber zunächst den Weg strenger Askese im Geist des Essenismus. Dann aber startet er als Priester in Jerusalem eine politische Karriere, die im Jahre 64 n. Chr. ihren ersten Höhepunkt bei einer Reise in die damalige Welthauptstadt Rom findet.

Nach Palästina zurückgekehrt, gerät dieser vielversprechende und hochgescheite Mann mitten in die tödlichen Auseinandersetzungen zwischen der römischen Besatzungsmacht und jüdischen Rebellen. Ein Lavieren zwischen den Fronten beginnt, was nicht verhindern kann, daß Josephus im Jahre 67 in römische Gefangenschaft gerät. Aus dieser kommt er frei, als er (unter bis heute mysteriösen Umständen) dem damals in Palästina operierenden römischen Feldherrn Vespasian aus der Familie der Flavier prophezeit, dieser werde bald Kaiser werden. Das tritt denn auch zwei Jahre später ein. Josephus wird mit der Freilassung belohnt, ist seither Günstling des Kaisers und trägt von da an zusätzlich den Namen seines Gönners: Josephus Flavius.

Ein innerlich zerrissener Zeuge wird dieser römische Jude dann ein Jahr später im Jahre 70 bei der Zerstörung des Tempels und der Stadt Jerusalem durch die römischen Truppen. Denn so sehr Josephus unter der Zerstörung der Hauptstadt seines Volkes leidet, so sehr hält er die militante Widerstandspolitik vor allem der Zeloten für eine Katastrophe. Zu dieser kommt es vollends, als die Römer im Jahre 73 auch noch die Bergfestung Masada oberhalb des Toten Meeres einnehmen und sich Hunderte von Zeloten, darunter Frauen und Kinder, in ihrer Verzweiflung selbst entleiben. Aus der Sicht des Josephus – ein sinnloses Opfer.

Der Günstling des Kaisers verläßt denn auch Palästina, geht nach Rom und wird hier zu einem der bedeutendsten Historiker seiner Zeit und seines Volkes. In den Jahren 75-79 entsteht das Werk über den »Jüdischen Krieg«, dessen Entstehung, Verlauf und Konsequenzen im Zeitraum von Antiochus IV. bis zum Fall von Masada geschildert werden und in dem Josephus seine politische Wertung der Ereignisse abgibt. Höhepunkt seiner Arbeit bilden dann die Bücher »Jüdische Altertümer«, 93/94 erschienen, in denen Josephus die gesamte Geschichte seines Volkes von der Weltschöpfung bis zum Ausbruch des Krieges gegen Rom in einer großen Panoramaschau nachzeichnet. In diesem Werk nun setzt sich Josephus auch mit Abraham im Rahmen der Väter-Traditionen auseinander.

Daß für einen solchen welt- und kulturoffenen Mann Abraham nicht der Exponent jüdischer Selbstabsonderung, strengster Tora-Observanz und antihellenistischer Kampfpropaganda sein kann, dürfte nicht überraschen. Überraschend freilich ist, wie konsequent Josephus aus seinem Abraham-Bild alles *exklusiv Jüdische getilgt* hat.

In seinen 11 Abraham-Kapiteln (Buch I,7-17): Kein Wort über Gottes »ewigen Bund« mit Abraham im Blick auf das spätere Israel, kein Wort über die Tora. Die Beschneidung wird kurz erwähnt. Dagegen ist auffällig, welch großen Wert Josephus auf *Abrahams Verflechtung mit der Völkerwelt* legt, was seine Tendenz nur unterstreicht, jeder Selbstabsonderung des jüdischen Volkes vorzubeugen und die Verflechtung des Judentums mit den Nationen der Welt herauszustellen. Ja, Josephus tut alles, um Abraham jeder theologischen Schlüsselstellung zu berauben und ihn auf die gleiche Stufe wie alle andere biblischen Figuren zu stellen. Stattdessen blitzt in entscheidenden Passagen der Stolz des Juden auf seine große Geschichte auf. So im Anschluß an die Isaak-Bindungs-Szene:

> »Auch versprach er (Gott) ihm, sein Geschlecht solle sich zu vielen und reichen Völkerschaften ausbilden, die ihrer Stammväter und Urheber zu allen Zeiten gedenken würden. Und seine Nachkommen würden das Land Kanaan rühmlich erobern und ihres Glückes wegen von allen anderen beneidet werden.«[59]

Josephus will damit ebenso wie Philo programatisch herausstellen: Am Anfang der Geschichte Israels steht ein Nichtjude! Dieser stammt aus Chaldäa, hat später Beziehungen zu den Nabatäern (über Ismael), den Ptolomäern und Ägyptern. Der Stammvater Israels ist damit zugleich der Vater großer Völker und Könige! Und der Stammvater Israels ist ein kulturell hochstehender Mann. Ja, was die Kreise um die Bücher »Jubiläen« und »Apokalypse Abrahams« gerade vermeiden wollten – hier wie bei Philo ist es vollzogen: die *Inkulturation Abrahams als Träger der großen Menschheitskultur.* Für Josephus Abraham-Bild ist denn auch dies entscheidend:

(1) Abraham war der *erste Monotheist.* Dies aber wurde er nicht durch kämpferische Bilderstürmerei, sondern weil er ein durch und durch »weiser Mann« war.[60] Für seinen Monotheismus brauchte Abraham nichts anderes als einen »scharfen Blick, große Überredungsgabe und selten irrende Urteilskraft«.[61] Warum? Damit er von sich aus »beschließen« kann, »die hergebrachten falschen Ansichten von Gott in richtige umzuwandeln«[62] Was aber ist die richtige Ansicht von Gott? Dies: Es gibt nur einen Gott, den Schöpfer aller

Dinge. Und zu dieser Ansicht gelangt Abraham wie ein Philosoph durch »Beobachtungen« von Land und Meer, von Sonne, Mond und Sternen. Gezeigt werden soll: Abraham ist der erste »Physikotheologe«, einer also, der Gottes Existenz aus der Natur heraus erschließt. Abraham ist der Beginn aller natürlichen Theologie!

(2) Abraham war ein *großer Kulturträger*. Nachdem »Überredungsversuche« seiner Heimatgenossen offenkundig gescheitert sind (keine Rede von militantem Ikonoklasmus!), entschließt Abraham sich zur Auswanderung, kommt nach Kanaan und von da aus nach Ägypten. Wie das Oberhaupt einer griechischen Philosophenschule zieht er dort ein. Denn er will – überlegen und selbstkritisch – auch die »Meinung« (!) der ägyptischen Priester über deren Götter sich anhören, um sich gegebenenfalls »belehren« zu lassen. Dafür allerdings besteht kein Anlaß. Im Gegenteil: Abraham wird selber zum Lehrer der Ägypter. Was lehrt er?

> »Er unterrichtet sie in der Arithmetik und der Sternkunde, Wissenschaften, die vor seiner Ankunft ihnen (den Ägyptern) völlig fremd waren; denn sie gelangten von den Chaldäern zu den Ägyptern und von da zu den Griechen«.[63]

Abraham, der Erfinder, der große Astrologe – so schildern ihn auch andere Quellen der Zeit.[64] Bei Josephus aber ist die politische Absicht völlig anders als im »Jubiläenbuch« und auch bei Philo. Galt dort Astronomie als Ausweis verwerflicher Götzendienerei oder als niedrige Form von Wissen, ist bei Josephus Astrologie eine Wissenschaft von hohem Prestigewert. Daß Abraham sie beherrscht, soll nur den Wissensvorsprung des Stammvaters der Juden vor allen anderen Völkern unterstreichen – und zwar gerade auf einem Gebiet wie der Astrologie, die »in hellenistischer Zeit als Wurzel und Krone allen Wissens« galt, als »eigentliche Manifestation der Weisheit und als sicherster Zugang zum Göttlichen«.[65] Anders gesagt: Abraham wird bei Josephus gerade nicht zum Kampfinstrument religiös-kultureller Selbstabsonderung, sondern zum Vorbild *kultureller Selbstprofilierung* des Judentums gegenüber anderen Nationen. Selbst so große Kulturnationen wie Ägypten und Griechenland sind nicht die Gebenden, sondern die Empfangenden: »Der Weg, den die Kultur nahm, verläuft: Abraham – Kanaan – Ägypten – Griechenland«.[66]

(3) Abraham war eine *Idealverkörperung aller Tugenden.* Die Reinheit der Ehe gehört dabei für Josephus genauso dazu wie die Gastfreundschaft; die Bereitschaft zum militärischen Kampf (inklusive eines »weisen«, maßvollen Interessenausgleichs mit den Gegnern) ebenso wie die Elternliebe und die Frömmigkeit, die Abraham in der Isaak-Bindungs-Szene unter Beweis stellt. Fazit: Für Josephus ist Abraham »ein Mann, der an Tugenden jeglicher Art hervorragte und den Gott seiner ausgezeichneten Frömmigkeit wegen ganz besonders liebte«.[67]

Man mag sich über dieses Abraham-Bild des Flavius Josephus kritisch äußern. Ein jüdischer Gelehrter wie *Samuel Sandmel* spricht nicht ganz zu Unrecht davon, daß der Abraham des Josephus »im Gewande eines griechischen Philosophen« daherkäme, ohne daß Josephus tiefere Einsichten darüber vermittle, »welche Art Philosoph« Abraham denn wirklich gewesen sei.[68] Die hellenistischen Farben seien vorhanden, aber zugleich ein bißchen »blaß«.[69] Das mag stimmen, hängt aber zweifellos mit einer literarischen und religionspolitischen Strategie des Josephus zusammen. Denn man vergesse nicht: Josephus schreibt über Judentum in einer nichtjüdischen Stadt wie Rom mit Blick auf ein nichtjüdisches Publikum. Sein Abrahambild scheint von daher eher »konsequent«.[70] Warum? Weil es Josephus in dieser Stadt darum gehen mußte, als Jude Selbstbewußtsein zu demonstrieren, ohne in religiöse Überheblichkeit zu verfallen. Als Anhänger eines geschlagenen und besiegten Volkes mußte er eine *delikate Balance* versuchen: zwischen Nivellierung und Privilegierung der eigenen Geschichte, zwischen Auflösung und Herauslösung. Sein Abraham-Bild sollte seiner nichtjüdischen, stoisch-philosophisch gebildeten Leserschaft zeigen, daß das Judentum eine durchaus »vernünftige« (Monotheismus) und kulturell hochstehende (Arithmetik, Astrologie) Religion ist sowie eine hohe Ethik (Tugenden) besitzt, die es mit der stoischen Tugendlehre durchaus aufnehmen kann. Und zwar von Anfang an! Ist doch schon Abrahm der »ideale Staatsmann, der Überzeugungsfähigkeiten besitzt sowie die Kraft schlußfolgernden Denkens und wissenschaftliche Kenntnisse«.[71]

Die »Attraktivität« des Judentums für Heiden

Nicht nationale oder religiöse Absonderung des Judentums, sondern kulturelle Öffnung: das war der Grundansatz von Philo und Josephus. Öffnung, ohne alle Auflösung der religiösen Substanz mit Stolz auf die geistigen Errungenschaften und die großen ethischen Forderungen der eigenen Religion. Nicht Abraham als Besitz des Judentums allein zu reklamieren, war das Interesse, sondern Abraham zu präsentieren als universale Figur, von der alle lernen können: lernen, was es heißt, Gott zu erkennen und vor Gott angemessen zu leben. Abraham wird damit nicht exklusiv zum Urahnen der Juden, sondern zu einem *»religiösen Kosmopoliten«*.[72] Abraham ist die in der jüdischen Tradition bereitgehaltene Möglichkeit eines Weges zu Gott, der auch Nichtjuden angeboten ist.

Viele Nichtjuden der Antike nahmen denn auch dieses Angebot an. Denn die eigentümliche Verbindung von Monotheismus und Ethik ließ das Judentum für viele Menschen damals zu einer »attraktiven« Religion werden, die denn auch mehr als andere Religionen Konvertiten, sogenannte »Proselyten«, gewann, was wörtlich heißt: »die Hinzugekommenen« (griechische Übersetzung des hebräischen Wortes: »ger« = »Fremdling«). Abraham, der ursprüngliche Heide, war gerade hier von entscheidender Bedeutung: als *Legitimationsfigur jüdischer Mission*, als Integrationsgestalt für Nicht-Juden. Ein Proselyt? Er wiederholt nur »auf seine Weise den Lebensentschluß Abrahams«[73], was konkret heißt: Verlassen eines falschen Denkens und Öffnung für den wahren Glauben. Zugleich konnte Abraham als »exemplarisch« für die Situation vieler damaliger Juden verstanden werden, ließ sich doch die Problematik jüdischer Existenz in heidnischer Umwelt beispielhaft am Modell dieses »urzeitlichen Wanderers« darstellen. Der protestantische Exeget *Dieter Georgi* hat diesen Doppelaspekt präzise herausgestellt: »Man sah in ihm (Abraham) zwar den Stammvater des jüdischen Volkes, wußte aber gleichzeitig von seiner Verflechtung mit dem Heidentum. Man betonte gern die Herkunft Abrahams aus dem Chaldäerland und seine späteren Beziehungen zu den Phöniziern und Ägyptern. Der Ausbruch aus dem Vaterhaus wurde nicht als Weg in die Vereinzelung und in den palästinischen Winkel verstanden, sondern als Aufbruch in die große Welt.«[74]

In der Tat: Viele Juden sahen mit Abraham, dem ursprünglichen Heiden, die Chance gegeben, daß das Judentum sich als eine universale Religion behaupten würde, als »Licht der Völker«, wie der Prophet Deuterojesaia dies seinem Volk schon in der Exilszeit zugerufen hatte: »Ich mache dich zum Licht für die Völker; damit mein Heil bis ans Ende der Erde reicht.« (49,6) Die jüdische Missionsarbeit hatte denn auch gerade zur Zeit Philos und Josephus große Erfolge zu verzeichnen. Selbst ein ganzes Königshaus wie das von Adiabene, an der Grenze zwischen dem römischen und dem parthischen Reich gelegen, war zum Judentum übergetreten, was denn auch Josephus in seinen »Antiquitates« mit Stolz vermerkt (XX, 2-4). Ja, man kann sagen: Das Judentum war im ersten Jahrhundert nach der Zeitenwende auf dem besten Weg, eine Weltreligion zu werden ...

6. Die Halachisierung Abrahams: Die Rabbinen

Zwei Grundoptionen der Bewältigung des Kulturkonflikts zwischen Hellenismus und Judentum haben wir kennengelernt: Selbstabsonderung auf der einen, Selbstöffnung auf der anderen Seite; Rückzug hinter die Grenzen der Tora, verbunden mit einem Auserwähltheits-Exklusivismus einerseits und andererseits offensives Demonstrieren der Vernünftigkeit und Natürlichkeit des eigenen Glaubens, verbunden mit einer Integration in die Völkerwelt. Wem die Zukunft im Judentum gehören würde, dürfte beim Tod Philos von Alexandrien im Jahre 40n.Chr. noch keineswegs festgestanden haben. Eine Weiterentwicklung im Sinne von Philo und Josephus – wer hätte dies von vornherein ausschließen können? Auch der Tod des »Rabbi« aus Nazaret lag im Jahre 40 noch keine 10 Jahre zurück. Ein Pharisäer-Schüler namens Paulus aus Tarsus hatte sich soeben unter Berufung auf Abraham zu ihm als dem Messias Israels und der Heidenvölker bekannt, und einige Juden, die noch vor Paulus an Jesus als den Messias glaubten, hatten soeben Jerusalem verlassen und sich im syrischen Antiochien anzusiedeln begonnen, wo man sie zum ersten Mal »Christen« nannte (Apg 11,26) ...

Ein neues »Paradigma« von Judentum

Doch es kam für das Judentum anders, wie man weiß. Die Tempelzerstörung und die Verwüstung Jerusalems im Jahre 70, dessen Zeuge Flavius Josephus gewesen war, hatten epochale Konsequenzen – und zwar für das Judentum als Ganzes. Mit der Hinrichtung Jesu als eines Pseudomessias hatte man ohnehin die Chance ausgeschlagen, zu einer Reform nach der Botschaft des Rabbi aus Nazaret zu kommen und über den Glauben an ihn als den Messias – wahrhaft universal – die Heidenchristen in die Bundes- und Segensgeschichte Gottes mit seinem Volk hineinzunehmen. Überlebt hatte die Katastrophe des Jahres 70 als einzige religionspolitisch intakte Gruppe das *Pharisäertum*, nachdem die sadduzäische Oberschicht mit dem Verlust des Tempels ihre religiöse Funktion verloren hatte und die Zeloten in einen tödlichen Kampf mit den Römern verwickelt waren. Dieser endet im Jahre 135 mit einer endgültigen Niederlage: der Niederschlagung des Aufstandes unter dem militärischen Führer Simeon Ben-Koseba, der von einem der führenden Rabbiner der Zeit, Rabbi Akiba, auch noch zum Messias ausgerufen worden war und seither den Ehrentitel trug: Bar-Kochbar (»Sternensohn« nach Num 24,17).

Die Pharisäer allein also waren übriggeblieben und versuchten sich nun als *Orthodoxie* in der Stadt Jawne (am Mittelmeer bei Jaffa) neu zu etablieren. Das Lehrhaus in Jawne (»Bet Midrasch«) – zunächst unter der Führung von Rabbi Jochanan ben Zakkai, dann unter der von Rabbi Gamaliel – wird zum neuen Zentrum des Judentums, und das pharisäische Rabbinat beginnt bei Strafe der Exkommunikation streng darauf zu achten, daß niemand von der vorgezeichneten Linie abweicht. Im Zusammenhang mit der Christengemeinde, die hinter dem Johannes-Evangelium steht, werden wir von dieser Politik mehr hören.

Der Marsch in das lange jüdische Mittelalter hat nun begonnen. Das Judentum ist jetzt vollends geprägt vom rabbinisch-synagogalentalmudischen »Paradigma« (H. Küng)[75], das dem jetzt fast gänzlich in der »Diaspora«, d. h. in der »Zerstreuung« lebenden Volk das Überleben sichern mußte – und zwar in der »Wagenburg« der Tora.

– *Rabbinisch* meint: Anstelle der Priesterschaft werden jetzt die »Rabbinen«, die »Schriftgelehrten«, zur alles beherrschenden Autorität, und zwar nun exklusiv diejenigen der pharisäischen Richtung. Der *Rabbi* wird zu *Modell und Norm* jüdischer Existenz schlechthin – nach dem Urbild des Mose, der von den Rabbinen in erster Linie als Gesetzeslehrer betrachtet wird: als Lehrer der schriftlichen und der mündlichen Tora. Mose trägt denn auch bei den Rabbinen einen der höchsten Würdetitel: *unser Meister, unser Lehrer*, hebr.: Mosche Rabenu.

– *Synagogal* meint: Anstelle des Tempels ist nun vollends die »Synagoge« getreten: Ort der Versammlung, des Gebets und des Tora-Studiums. Hier setzt sich nun vollends die typisch rabbinische Auffassung durch, daß intensives Studium, regelmäßiger Gottesdienst und gute Werke Ersatz sind für Tempelkult und Opfer. Ja, Tora-Lernen und damit Lernen überhaupt wird jetzt vollends zum Ideal des frommen Juden, zu einem lebenslangen Prozeß, der im Kindesalter beginnt. Jüdisches Leben heißt jetzt definitiv: Leben unter der Tora, ausgelegt und konkretisiert mit Hilfe eines umfassenden Religionsgesetzes (»Halacha«). Eine *religionsgesetzliche* (»halachische«) *Normierung* des alltäglichen Lebens, ein Beugen unter das »Joch der Tora« ist die selbstgewählte Konsequenz aus den bisherigen zwei großen Katastrophen des Judentums.

– *Talmudisch* meint: Schon für die Pharisäer war es wichtig gewesen, daß es neben der schriftlichen immer auch eine »mündliche Tora« gab und gibt, welche die Auslegung der schriftlichen Tora wiedergibt – samt all den verschiedenen rabbinischen Lehrmeinungen über die Jahrhunderte zu den einzelnen Geboten und Verboten. Diese »Überlieferungen der Väter« waren zunächst nie schriftlich niedergelegt, sondern mündlich weitergegeben worden. Später jedoch werden sie, zunächst privat und dann ganz offiziell, aufgeschrieben.

Dieser seit dem babylonischen Exil nun ungeheuer angewachsene, immer komplexere Kommentierungsprozeß der Tora findet in zwei Phasen seinen Höhepunkt und Abschluß: in der Kodifizierung der *Mischna* (hebräisch: »Wiederholung«, »Lehre«), die in 63 Traktaten zu sechs Ordnungen das gesamte Religionsgesetz der »mündlichen Tradition« umfaßt (abgeschlossen um 200 n. Chr. unter dem Patriarchen Jehuda ha-Nasi). Dann im *Talmud* (hebr.: »Studium«, »Lehre«), der dasjenige Material enthält, das seit der Kodifizierung der Mischna weitertradiert wurde. Vom Talmud gibt es zwei Traditionsstränge, den Palästinischen oder Jerusalemischen Talmud (abgeschlossen gegen 425 n. Chr.), der 39, sowie den Babylonischen Talmud, der 37 Traktate der Mischna kommentiert und erst im 7./8. Jahrhundert n. Chr. abgeschlossen gewesen sein dürfte. Wichtigster Unterschied zur Mischna: Der Talmud enthält nicht nur religionsgesetzliche, halachische Teile, sondern auch »erbauliche«, »haggadische« Passagen (von »Haggada« = »Erzählung«, »Verkündigung«), und in diesen Teilen kann alles mögliche Material untergebracht sein: Legenden genauso wie Gleichnisse, astronomische, anatomische und medizinische Informationen genauso wie ethisch-moralische Lebensanweisungen.

Theologisch entscheidend dabei: Nach orthodoxer Auffassung ist diese »mündliche Tora« der ursprünglich schriftlichen, der biblischen, gleichwertig. Warum? Weil auch sie schon am Berge Sinai dem Mose mitgeoffenbart worden sei. Damit hatten die Rabbinen der halachischen Tradition die gleiche göttliche Autorität zugemessen wie der Bibel selber. Und bis heute bilden denn auch Mischna und Talmud die normative Grundlage für alle religionsgesetzlichen Entscheidungen des rabbinischen Judentums, für Religionslehre und Religionsgesetz der jüdischen Orthodoxie. *Normatives Judentum ist rabbinisch-synagogales-talmudisches Judentum.*[76]

Daß man unter den neuen geschichtlichen Umständen, unter denen man – in aller Welt verstreut – buchstäblich um sein Überleben als Jude kämpfen mußte, keinen Blick mehr hatte, ja haben konnte, für eine welt- und kulturoffene Abraham-Theologie auf der Linie von Josephus und Philo, wird man begreifen. Beide jüdische Denker wurden denn auch im normativen Judentum über die Jahrhunderte überhaupt nicht rezipiert. Das Überleben ihrer Schriften verdanken sie weitgehend christlichen Kirchenvätern. Was der jüdische Theologe *Samuel Sandmel* deshalb im Fall von Philo feststellte, gilt mutatis mutandis auch für Josephus: »Im Kontrast zum normativen, rabbinischen Judentum spiegeln Philo und seine Gesinnungsgenossen eine abweichende Randerscheinung des Judentums wider, die es zu einer Zeit gab, als viele Versionen von Judentum existierten. Von ihnen sind letztlich nur der Rabbinismus und das Christentum übriggeblieben – bis auf den heutigen Tag.«[77] In der Tat: Die Impulse zu einer universalistisch denkenden jüdischen Theologie werden von einem

Juden wie Paulus aufgenommen werden; wir werden darüber berichten. Der Rabbinismus indessen geht grundsätzlich einen anderen Weg, den Weg nämlich, der im Blick auf Abraham durch Texte wie Nehemia 9, Josua 24, Psalm 105, 1. Makk 2 und das »Jubiläenbuch« bereits vorgezeichnet war.

Es würde hier zu weit führen, alle Aspekte des rabbinischen Abraham-Bildes zu rekonstruieren.[78] Ohnehin hat man sich bewußt zu sein, daß es »die« Meinung »der« Rabbinen in keiner Frage gibt. Der Talmud sowie die zusätzlichen rabbinischen Bibelauslegungen, die *Midraschim* (= Auslegungen, Erklärungen) enthalten zu keinem Punkt systematisch-geordnete Ausführungen, wie wir sie bezüglich Abraham etwa von Philo und Josephus her kennen. Der Talmud und die Midraschim sind ein vielstimmiger Chor von Hunderten von Rabbinen aus den verschiedensten Zeiten und Räumen und damit ein *offener Diskussionsprozeß* über alle Fragen von Glauben und Leben. Von den Bibelkommentaren abgesehen, kommt Abraham denn auch in den meisten rabbinischen Quellen oft nur »wie zufällig« vor, oft assoziativ oder beispielhaft. Schon das läßt eine Systematisierung oder gar Pauschalisierung nicht zu, zumal all diese Äußerungen in den haggadischen Teilen zu finden sind und damit keine halachische, d. h. religionsgesetzliche Verbindlichkeit haben.

Andererseits aber sind die in den rabbinischen Werken dokumentierten Stimmen nicht einfach beliebige Privatmeinungen beliebiger Personen. Die Rabbinen haben Autorität, und nicht alle Fragen bleiben offen. Von daher erscheint der pragmatische Sprachgebrauch »die Rabbinen«, wie wir ihn hier benutzen, durchaus gerechtfertigt. Er soll weder den vielstimmigen Chor systematisieren, noch die Äußerungen der Rabbinen bagatellisieren. Er will beides zugleich einfangen: Es gibt immer nur den je einzelnen Rabbi in seinem Jahrhundert mit seiner spezifischen Meinung, dem aber im Kontext des Talmud und der Midraschim eine Autorität zukommt, die zumindest jeder orthodoxe Jude ernstzunehmen hat.

Was Abraham betrifft, so haben sich über die Jahrhunderte hinweg ungezählte Rabbinen an ungezählten Stellen immer wieder zu Abraham geäußert und die verschiedenen, uns zum Teil schon bekannten Traditionen rezipiert und transformiert: von Abrahams Ikonoklasmus und Monotheismus angefangen über seinen Glaubensgehorsam trotz schwerer Prüfung bis hin zu seiner Gastfreundschaft und Liebe zu Gott. All das ist von den Rabbinen aufgenommen und bestätigt worden. Keinen Zweifel lassen sie daran, welche Bedeutung Abraham für Israel besitzt, wie ein Text aus dem Babylonischen Talmud eindrucksvoll unterstreicht:

> »An ebendem Tage, da Abraham, unser Vater, von der Welt verschied, stellten sich alle Großen der Völker der Welt in einer Reihe auf und sagten: ›Wehe der Welt, die ihren Lenker verloren hat, und wehe dem Schiff, das seinen Steuermann verloren hat‹.« (b Bawa batra 91a/91b)

Abraham als Erzpriester und Urrabbi

Es dürfte keine Überraschung sein, daß in einem religiösen Umfeld, in dem die schriftliche und mündliche Tora normative Bedeutung hat, ja in der sogar Theorien von einer Präexistenz und Schöpfungsmittlerschaft der Tora gepflegt wurden[79] , der Stammvater Abraham nicht von der Tora ausgenommen werden konnte. Wie denn auch? Sollte ausgerechnet Abraham, der »Freund« und »Knecht« Gottes, weniger fromm und gesetzestreu gewesen sein als die Rabbinen selbst? Sollte sich ausgerechnet »unser Vater Abraham« nicht an die Tora gehalten haben, die göttlichen Ursprungs ist? Wenn für Juden der Wille Gottes in der Mose-Tora kodifiziert ist, wie können dann Abraham und die anderen »Väter Israels« ohne die Tora vor Gott gelebt haben? Andererseits aber hatte Abraham unbezweifelbar zu einer Zeit gelebt, als es die Tora noch nicht gab. Was also? Wie diesem Dilemma entkommen?

Was sich in nachexilischen Abraham-Texten schon andeutete, findet sich bei den Rabbinen nun voll bestätigt. Abraham wird zum *treuen Befolger der Mose-Tora* erklärt. Konkret: Für die Rabbinen hielt Abraham sich bereits an die Gebote und Feste des späteren Judentums; er feierte das Pessachfest (Gen R 42); er hielt sich an die Reinheitsgebote (B.M. 87a), kannte alle Opferpraktiken (Gen R 44), führte als erster den Zehnten ab (Num R XII), initiierte das Morgengebet (Num R II) und schrieb als erster Schaufäden sowie Gebetsriemen beim täglichen Gebet vor (Mid. Hag Gen 14,23). Ja, in all dem operierte Abraham faktisch schon wie ein Priester, dessen

Würde ihm dann auch ausdrücklich zugeschrieben wird (Gen R 55).[80] Abraham der *Erzpriester*!

Ihre stärkste Stütze findet diese »Verpriesterlichung« Abrahams zweifellos bei der Behandlung der *Beschneidung* in den rabbinischen Kommentarwerken. Folgt man einer der Quellen, so fand diese große Tat der Beschneidung, die Verwirklichung des Bundeszeichens, am Tage der Sündenvergebung und der Versöhnung (Yom Kipur) statt und kommt seither auch noch künftigen Generationen zugute. Wieso? Weil Gott »jedes Jahr auf das Blut, das Abraham bei seiner Beschneidung vergossen« habe, blicke, um »die Sünden Israels zu vergeben«.[81] Mehr noch: Nach einer der schönsten Stellen aus den Midraschim hätte Gott die Existenz der Welt wieder aufgehoben, wenn Abraham seine Beschneidung (und damit die Tora) verworfen hätte:

> »Der Heilige sagte zu Abraham: Als ich die Welt schuf, war ich geduldig – 20 Generationen lang, bis du kommen und die Beschneidung vollziehen würdest. Wenn du jetzt die Beschneidung nicht akzeptierst, ist es für mich genug mit der Welt gewesen. Und ich kehre zurück in den Zustand des Nichts und der Nichtform. Denn es ist für mich nicht nötig, daß die Welt noch weiter existiert. Deshalb sagt er (in Gen 17,1): ›Ich bin Gott, der Allmächtige‹. Ich hatte genug, oh Welt. Aber wenn du die Beschneidung für dich annimmst, sind wir für die Welt genug, Ich und du.«[82]

Gott und Abraham: Sie sind für die Welt genug! Und Abraham steht hier selbstverständlich sinnbildlich für das gesetzestreue Israel. Ja, die Gesetzestreue Abrahams als Urbild jedes frommen Juden geht für die Rabbinen so weit, daß sie erklären: Abraham hat nicht nur die schriftliche Tora, er hat auch die mündliche eingehalten.[83] Abraham ist damit vollends zum *Urrabbi* des Judentums geworden, der denn auch wie ein Rabbi den Vorsitz in einem rabbinischen Lehrhaus übernehmen kann, wie es im Traktat »Yoma« des Babylonischen Talmud heißt. Und an derselben Stelle kann man dann folgende Diskussion unter den Rabbinen verfolgen (die Anspielung auf die »sieben Gebote« bezieht sich auf die sieben Gebote Noahs, die alle Menschen einzuhalten haben, und Speise »Erub« meint eine Gesetzgebung für die Zubereitung von Speisen an Feiertagen vor dem Sabbat):

> »Raw sagte: Unser Vater Abraham führte die ganze Tora aus, denn es heißt: *weil Abraham meiner Stimme gehorcht.* Rabbi Shimi b. Chija sprach zu Raw: Vielleicht nur die sieben Gesetze!? – Er hat ja auch die Beschneidung ausgeübt. – Vielleicht die sieben Gesetze und die Beschneidung!? – Dieser erwiderte: Wozu heißt es demnach *meine Gebote* und *meine Lehren*!? Raw, nach anderen Rabbi Ashi, sagte: Abraham hat sogar (das Gebot vom) Speise-Erub ausgeübt, denn es heißt: *Meine Lehren*, die schriftliche und die mündliche Lehre.« (b Yoma 28b)

Abraham: Anfang und Ende aller Dinge

Wenn Abraham für die Existenz der Welt so unverzichtbar ist, dann ist auch ein anderer Gedanke nicht mehr weit: Die Welt und alle Menschen sind im Blick auf Abraham/Israel überhaupt nur geschaffen worden. Nicht nur ihren Fortbestand verdankt die Welt Abraham, sondern ihre Existenz überhaupt:

> »Rabbi Levi sagte: Der große Mensch unter den Riesen ist Abraham. Warum heißt er groß? Weil er vor Adam erschaffen zu werden verdient hätte. Allein Gott sprach: Vielleicht vergeht sich Adam, und da wäre niemand, der es wieder für ihn (an seiner Stelle) gut machte, darum habe ich Adam zuerst erschaffen. Läßt er sich etwas zu Schulden kommen, so kann es Abraham für ihn wieder gut machen. Rabbi Abba bar Kahana sagte: Wenn der Mensch einen graden, glatten Balken hat, wohin legt er denselben? Doch wohl in die Mitte des Speisezimmers, damit er die andern Balken vor sich und nach sich trage. Ebenso erschuf Gott auch den Abraham zwischen zwei Zeitaltern, damit er dieselben trage.«[84]

Abraham also, der »Balken« zwischen den Zeitaltern, der Balken, der alles zusammenhält. Kein Wunder, daß sich in einem der am meisten geschätzen rabbinischen Quellenwerke, in den »Sprüchen der Väter« (Pirque Aboth) auch ein Gedanke über die *Präexistenz Abrahams* in Gottes Gedanken vor der Weltschöpfung findet. Abraham – die Theo-Logik Gottes, auf den hin die ganze Welt überhaupt konzipiert wurde.[85]

Der Anfang der Welt – er steht im Zeichen Abrahams. Und da sich bei Gott Anfang und Ende entsprechen, so wundert es nicht, daß Abraham auch am *Ende* eines jeden Menschen ebenfalls eine entscheidende Rolle spielt. Welche? Er verhindert beim Endgericht das Versinken des frommen Juden in die Schatten- und Unterwelt (Gehinnom):

> »Gott hat eine gute Pforte den Vorübergehenden und Kommenden geöffnet, nicht minder den Proselyten, denn wärest du nicht (sprach er zu Abraham), so hätte ich Himmel und Erde, die Sonnenkugel und den Mond nicht erschaffen. Einst wird Abraham am Eingange des Gehinnom sitzen, wie Rabbi Levi sagte, und die Beschnittenen Israels nicht hinabstürzen lassen. Was macht er aber mit denen, welche sich schwer vergangen haben? Er nimmt die Vorhaut von den vor der Beschneidung verstorbenen Kindern, befestigt sie an den Sündern und stürzt sie dann in das Gehinnom.«[86]

Dem entspricht der Gedanke, daß die *Verdienste*, die Abraham vor Gott erworben hat, so groß sind, daß sie nicht nur bei der zeitlichen Sündenvergebung, sondern auch beim endzeitlichen Gericht zugunsten des armselig-demütigen Israel in die Waagschale geworfen werden können. In einem der großen rabbinischen Quellenwerke wird Israel mit einer »Waise« verglichen, die in einem Palast aufwuchs und zur Zeit ihrer Verheiratung auf die Frage nach ihrer Mitgift nur auf die Verdienste von »Vater« und »Großvater« verweisen kann. Die Verdienste der Vorfahren zählen somit von Generation zu Generation, und diese Verdienste können schließlich auch im Endgericht Israel angerechnet werden.[87]

Ja, manche Rabbinen gehen so weit, Abraham auch in seiner *Bedeutung für Gott* selber herauszustellen. Im Midrasch zu den Psalmen gibt es dazu eine einzigartige Stelle, deren theologische Zuspitzung sicher nicht ohne den für Rabbinen durchaus charakteristischen Humor zu lesen ist. Darum geht es: Bei der Auslegung von Psalm 18, Vers 36 diskutieren verschiedene Rabbinen, was hier über das Verhältnis Gott – Mensch ausgesagt sei: »und deine Herablassung macht mich groß«. Einig ist man sich über zweierlei: Dieser Vers redet von einem Gott, der sich auf überraschende Weise anders verhält, als jeder Mensch dies tun würde. Und: Dieser Vers redet von Abraham. Rabbi Judan erzählt deshalb im Namen Rabbi Chamas folgende theologisch einzigartige kleine Geschichte zur Illustration:

> »Einst wird der Heilige, gelobt sei er! den König Messias zu seiner Rechten sitzen lassen, wie es heißt: ›Spruch des Ewigen an meinen Herrn: Setze dich zu meiner Rechten!‹ (Ps 110,1) und Abraham zu seiner Linken. Da färbt sich das Gesicht des Abraham gelb und er spricht zu ihm: Mein Enkel sitzt zur Rechten und ich zur Linken! Der Heilige, gelobt sei er! aber besänftigt ihn und spricht zu ihm: Dein Enkel sitzt zu meiner Rechten, und ich zu deiner Rechten.«[88]

Man mache sich klar, was das heißt: »Zur Rechten« zu sitzen, drückt in Israel eine einzigartige Würde- und Machtstellung aus. Wer zur Rechten Gottes sitzt, partizipiert damit an Gottes Gottheit. Diese Midrasch-Stelle reflektiert darüber hinaus wohl einen Bedeutungswandel in der Auslegung von Psalm 110, den die ältere Synagoge offensichtlich auf Abraham (vgl. b Sandh 108b), spätere Generationen auf den Messias gedeutet haben.[89] Die dadurch notwendigerweise entstehende »Eifersucht« des »Großvaters« Abraham gegenüber seinem »Enkel« wird aber dadurch ruhiggestellt, daß Gott selbst sich herabläßt, Abraham ins Zentrum zu rücken (an die eigene Stelle) und sich selbst als rechtsplaziert an der Seite Abrahams zu bezeichnen. Stärker wird man Abraham im Judentum kaum noch erhöhen können ...

Der erste Monotheist und Missionar

Ganz auf der Linie der nachexilischen jüdischen Abraham-Theologie (vor allem Josua 24 und »Jubiläenbuch«) äußern einzelne rabbinische Gelehrte ebenfalls die Überzeugung: Abraham hat sich von der Götzendienerei seiner Familie freigemacht und aus eigenen Stücken mit Hilfe der Vernunft die Existenz des wahren Gottes entdeckt. Gestritten wird nur darüber, in welchem Alter Abraham zum wahren Gottesglauben kam, ob schon mit ein, drei, zehn oder achtundvierzig Jahren.[90] Ja, der Große Midrasch zum Buche Genesis enthält darüber hinaus eine unterhaltsame Geschichte, in der Abrahams »Kampf mit den Götzendienern« noch bunter und breiter ausgemalt wird, als dies in der Tradition vorher der Fall war. Wir haben hier eines der schönsten Stücke haggadischer Überlieferung vor uns. Denn in der entsprechenden Legende, die Gen 11,28 erläutern soll (»Dann starb

Haran, noch vor seinem Vater Terach, in seiner Heimat Ur in Chaldäa), spielen jetzt nicht nur Abrahams Vater Terach und Abrahams Bruder Haran eine Rolle, sondern auch der Herrscher von Ur, der übermächtige Nimrod, von dem wir in unserem »Vorspiel« im Zusammenhang mit der »szenischen Dichtung« von Nelly Sachs bereits gehört haben.

Hören wir in diese ebenfalls humorvoll erzählte dramatische Geschichte hinein, die eine ungewöhnliche Wirkungsgeschichte erzielen wird (bis hinein in den Koran) und in der viele Aspekte zusammenkommen: Abrahams Witz und Schlauheit gegenüber den falschen Göttern, die er in ihrer Hohlheit und Nichtigkeit entlarvt; Abraham als Götzenzerstörer, der aber mit Hilfe des wahren Gottes auf wunderbare Weise selbst aus dem Feuer gerettet wird – im Gegensatz zu seinem noch unentschiedenen Bruder Haran:

> »Terach war ein Götzendiener. Als er einmal ausging und den Abraham als Verkäufer an seiner Statt zurückließ, kam ein Mann und wollte sich ein Götzenbild kaufen. Da sprach Abraham zu ihm: Mensch, wie alt bist du? Er antwortete: 50-60 Jahre. Wehe dem Mann! rief Abraham aus, der 60 Jahre alt ist und ein Bild anbeten will, was nur einen Tag alt ist. Der Käufer schämte sich und ging seines Wegs. Ein andermal kam ein Weib und trug in ihrer Hand eine Schüssel mit feinem Mehl und sprach zu Abraham: Geh und bringe es den Götzen als Opfer dar! Abraham nahm einen Stock, zerschlug alle Götzenbilder und legte dann den Stock in die Hand des größten Götzen. Als der Vater wieder zurückkam, fragte er: Wer hat das alles getan? Was soll ich dir es verleugnen, antwortete Abraham, es kam ein Weib, brachte eine große Schüssel mit feinem Mehl und sprach zu mir: Bringe es den Götzen als Opfer dar. Das tat ich, und da entstand ein Streit unter den Götzen, ein jeder sprach: ich esse zuerst, bis endlich dieser Große aufstand, den Stock nahm und sie zerschlug. Was spottest du meiner? sprach der Vater. Hören nicht deine Ohren, entgegnete Abraham, was dein Mund spricht?
>
> Da nahm Terach den Abraham und überlieferte ihn dem Nimrod. Dieser sprach zu ihm: Wir wollen das Feuer anbeten! Darauf entgegnete Abraham: Das kommt eher dem Wasser zu, welches das Feuer löscht. Nimrod sprach: So wollen wir das Wasser anbeten. Nein, das kommt eher der Wolke zu, die das Wasser trägt. Gut, so beten wir die Wolke an. Nein, diese Ehre

gebührt dem Wind, welcher die Wolken zerstreut. So wollen wir den Wind anbeten. Nein, das gebührt eher dem Geist. Recht, wir wollen den Geist anbeten. Nein, das gebührt eher dem Menschensohne, welcher den Geist trägt. Wenn du mich nur mit Worten abfertigst, sprach endlich Nimrod, (so wisse,) ich bete nur das Feuer an. Ich werde dich ins Feuer werfen, und es mag dich der Gott, den du anbetest, aus ihm erretten. Haran stand dabei und war noch voller Zweifel. Er sprach bei sich: Siegt Abraham, so spreche ich: Ich bin von Abraham, siegt Nimrod, so spreche ich: Ich bin von Nimrod. Als hierauf Abraham in den Glutofen hinabstieg, um von den Flammen verzehrt zu werden, aber gerettet wurde, fragte man den Haran: Wem schließt du dich nun an? Er antwortete: dem Abraham. Da nahm man ihn und warf ihn ins Feuer, und sein Inneres ging in Flammen auf und so starb er vor dem Angesichte seines Vaters. Das ist nun der Sinn der Worte: Und Haran ging heraus und starb vor dem Angesichte seines Vaters Terach.«[91]

Ihre moralische Pointe erzielt diese rabbinische Erzählung durch die Kontrastierung Abrahams mit zwei falschen Glaubensweisen: der Götzendienerei, repräsentiert durch den Vater Terach und König Nimrod, die als Selbstbetrug entlarvt wird (man hat Vergängliches mit Ewigem verwechselt), sowie dem Zweifel und der Unentschiedenheit, repräsentiert durch den Bruder Haran, der dafür mit dem Tode bezahlen muß. Der wahre Gottgläubige aber ist der Unbesiegbare, da – wie im Fall von Nimrod demonstriert – das Feuer zu den vergänglichen Dingen gehört, die durch den Repräsentanten des »Ewigen« vernichtet werden können.

Dieses Motiv findet in anderen Texten seine Zuspitzung noch dadurch, daß Abraham als der *erste monotheistische Missionar* angesehen wird. Denn nach dem gleichen Großen Midrasch hat Abraham noch in seiner Heimat »Heiden zur Gotteserkenntnis« gebracht: Abraham hat »die Männer und Sara die Frauen zum Judentum bekehrt«.[92] Ja, Abrahams Wanderung ist für manche Rabbinen wie das Öffnen eines Balsamfläschchens, aus dem der Duft ausströmt und sich nun überallhin verbreitet:

»Wem glich unser Vater Abraham? Einem Glas mit vortrefflichem Balsam, welches zugebunden in einem Winkel lag und von hier natürlich keinen Duft verbreitete, als es aber in Bewegung gesetzt (hin und hergetragen) wurde, verbreitete es Duft. Ebenso sprach Gott zu unserm Vater Abraham: Gehe von einem Orte zum andern, so wird dein Name groß in der Welt werden.«[93]

7. Das Paradox: Die Judaisierung des Nichtjuden Abraham

Daß dieser Prozeß der Verpriesterlichung und Rabbinisierung Abrahams auch seinen Preis hatte, kann nicht verwundern. Und der Preis, den die Rabbinen in ihrer speziellen Situation zu zahlen bereit waren, war der einer weitgehenden Verengung der universalen Dimension der biblischen Abrahams-Erzählungen auf Abrahams Rolle für Israel allein. Auch hier verstärken die Rabbinen ein bestimmtes nachexilisches Abraham-Bild.

Abrahamskindschaft für Israel allein

Es ist unübersehbar: Bei den Rabbinen ist der Segen Gottes für die Völker der Welt weitgehend ersetzt durch die *exklusive Segenslinie Abraham – Isaak – Jakob*, getreu dem rabbinischen Programm der bewußten Selbstabsonderung und Selbstbewahrung Israels unter den Völkern der Welt. Für diese Theo-Logik aber konnten die Rabbinen durchaus auf biblische Texte zurückgreifen. Der Tora zufolge hatte Gott ja nur einen Abraham-Sohn in besonderer Weise erwählt und zum Partner des dritten Bundes gemacht: Isaak. Die anderen Abraham-Nachkommen, Ismael sowie die Ketura-Söhne, sind doch nur Söhne des Fleisches, Söhne aus menschlichem Willen und nicht aus Gottes Verheißung. Kein Zufall deshalb, daß diese Söhne noch von Abraham selber verstoßen oder abgefunden wurden. Mag aus der Wurzel Abraham noch so viel herausgewachsen sein, mag Jakob-Israel mit Ismael den Großvater und mit Esau die Mutter (Rebekka) gemeinsam haben – sie gehören nun einmal nicht in die Bundes- und Segenslinie Israels und damit nicht zu Gottes einzig auserwähltem Volk.[94]

Im Klartext heißt das: Israel kann nach Auffassung vieler Rabbinen die *Abrahamskindschaft exklusiv für sich beanspruchen.* Nach dem Traktat »Synhedrin« des babylonischen Talmud gilt:

> »Wenn du willst, sage ich: die Beschneidung wurde auch von vornherein nur Abraham anbefohlen: *du aber sollst mein Bündnis halten, du und deine Nachkommen nach dir, nach ihren Geschlechtern*; nur du und deine Nachkommen, andere aber nicht. – Demnach sollen die Söhne Ismaels dazu verpflichtet sein!? – *Denn nur die, die von Isaak stammen, werden als seine Nachkommen gelten.* – Sollten die Nachkommen Esaus dazu verpflichtet sein!? – *Von Isaak*, nicht aber alle Nachkommen Isaaks. Rabbi Osaja wandte ein: Demnach sollten die Söhne der Ketura von dieser Pflicht ausgeschlossen gewesen sein!? – Rabbi Jose b. Abin, nach anderen Rabbi Jose b. Chanina, erklärte ja: *Mein Bündnis hat er gebrochen*, dies schließt die Söhne der Ketura ein.« (b Synh 59b)

Andere Texte gehen in dieselbe Richtung, vor allem, wenn sie einen *Wettstreit zwischen Ismael und Isaak* schildern, wer denn der Lieblingssohn Abrahams sei. Die mögliche Opferung Isaaks wird dabei für die Rabbinen zum Wahrheitskriterium authentischer Abrahamskindschaft. Nach dem Großen Midrasch zur Genesis gilt:

> »Isaak und Ismael stritten sich miteinander; Ismael sprach: ich bin beliebter als du, indem ich im 13. Jahr beschnitten, Isaak dagegen sprach: ich bin beliebter als du, da ich schon am 8. Tage beschnitten wurde. Da entgegnete ihm Ismael wieder: Ich bin beliebter als du, denn ich konnte mich sträuben, ich unterließ es aber; worauf ihm Isaak entgegnete: Wenn Gott mir erschiene und zu mir spräche, ich sollte mir eins von meinen Gliedern abschneiden, ich würde mich nicht weigern. Daher heißt es: Und Gott versuchte den Abraham. Oder Ismael sprach zu Isaak: Ich bin beliebter als du, denn ich wurde erst im 13. Jahre beschnitten (und konnte mich widersetzen), du aber wurdest schon in der Kindheit beschnitten und konntest dich nicht widersetzen, worauf ihm Isaak entgegnete: Dir kostete es nur drei Blutstropfen, ich bin aber 37 Jahre alt, wenn Gott jetzt von mit verlangte, mich schlachten zu lassen, ich würde mich nicht weigern. Nun ist die Stunde gekommen, sprach Gott, und sofort versuchte er Abraham.«[95]

Man lasse sich nicht täuschen: Hinter diesem spielerisch klingenden

Kinder-Wettstreit verbirgt sich ein schwerwiegendes theologisches Problem: das der exklusiven Erwählung Isaaks (und damit Jakob-Israels) als des einzig legitimen Abraham-Sohnes. Der Selbstanspruch des rabbinischen Judentums ist damit klar: Die jeweils anderen Söhne Abrahams bzw. Isaaks (Ismael bzw. Esau) sind die Urväter fremder Völker. Erst die Nachkommenschaft Jakobs/Israels, des dritten Patriarchen, ist »makellos«:

> »Aus Abraham ist Ismael hervorgegangen und alle Söhne der Ketura; aus Isaak ist Esau hervorgegangen und alle Häuptlinge Edoms. Was aber Jakob betrifft, so war seine Nachkommenschaft makellos: Alle seine Söhne waren Gerechte.«[96]

Abraham als Urvater aller Konvertiten

Und doch ließen auch die Rabbinen noch einen winzigen Spalt in der »Tür« ihres Judentums offen. Denn auch sie konnten nicht übersehen, daß die Schrift bei Abraham eine Lebensphase kennt, in der dieser eben noch nicht der gesetzestreue und gesetzesfromme Jude war, als den ihn die Rabbinen gerne sahen. Abraham war nun einmal eine gewisse Zeit seines Lebens Heide gewesen, war noch auf der Suche nach dem wahren Gott, war noch kein Praktiker der Tora. Dieser Umstand mußte eine Bedeutung haben. Welche?

Kurz gesagt: Abrahams »nichtjüdische« Lebensphase half ein Problem theologisch lösen, mit dem auch die Rabbinen – trotz aller Selbstabsonderung – immer wieder konfrontiert waren: das Problem bekehrungswilliger Nichtjuden. Gab Abraham nicht so etwas wie ein Urmodell ab für den Umgang mit dem jeweiligen Proselytismus der Zeit, mit Menschen also, die eine Bekehrung zum Judentum anstrebten? Auch Philo und Josephus hatten ja dieses Problem reflektiert. Gewiß: Die Rabbinen hatten zu verschiedenen Zeiten zum Proselytismus durchaus ein verschiedenes Verhältnis, mal freundlich-offen, mal ablehnend-reserviert.[97] Und doch konnten auch sie nicht übersehen, daß Abraham hier einen anderen Weg wies. Eine völlige Selbstabsonderung des Judentums war von daher nicht möglich. Denn auch die Rabbinen konnten nicht leugnen: Gott liebt offensichtlich die Proselyten – nicht zuletzt wegen Abraham! Abraham wird denn auch sowohl im Babylonischen Talmud wie in anderen rabbinischen Sammlungen »der erste der Proselyten« (b Haggiga 3a), ja, der »Vater der Proselyten« genannt.[98] Zur Begründung ziehen die Rabbinen dabei nicht die »ungeschriebene« Tora der Natur heran, wie Philo von Alexandrien dies tat. Eine andere Begründungsstruktur mußte her. Und hier spielt die *späte Beschneidung* Abrahams eine entscheidende Rolle.

Warum wurde Abraham erst mit 99 Jahren beschnitten, so fragten sich viele Rabbinen. Den Sinn sahen sie jetzt darin: Kein Kandidat für die Konversion braucht sich als zu alt betrachten. Es sollte »den Proselyten die Tür nicht verschlossen werden«.[99] Ein zweites Argument kommt hinzu: Abraham war ja ein »Fremdling« gewesen, ein »Beisaß« im verheißenen Land. Diesen wichtigen Zug der biblischen Abrahams-Erzählungen greifen auch die Rabbinen auf. Dessen Bedeutung kann nun ebenfalls übertragen werden – übertragen auf den *Umgang mit Fremdlingen* im Judentum hier und heute. In einem Midrasch zum Buche Exodus (»Mekhilta«) kann man denn auch plastisch geschildert finden, wie bestimmte Rabbinen sich diesen Umgang dachten:

> »Beliebt sind die Fremdlinge, denn Abraham, unser Vater, beschnitt sich erst als ein Sohn von 99 Jahren; denn hätte er sich als ein Sohn von 20 oder als ein Sohn von 30 Jahren beschnitten, so hätte ein Fremdling nur Proselyt werden können mit weniger als (bis zu) 30 Jahren. Deshalb wälzte sich Gott mit ihm (zog die Bundesschließung mit ihm hin), bis er ihn zu 99 Jahren gelangen ließ, um nicht die Türe vor den Fremdlingen, welche kommen, zu verschließen.«[100]

Abraham – er also ist das Tor, durch das auch »Fremdlinge«, Nichtjuden, Zugang zum Judentum erhalten. Vom Völkersegen ist mindestens das übriggeblieben: Gesegnet sind einzelne Menschen aus den Völkern, wenn sie eine Bekehrung zum wahren Gott durchmachen. Der *Völkersegen* ist zu einem *Proselyten-Segen* geworden.

Das freilich sollte man nicht kleinmachen. Denn für das *Verhältnis des normativen Judentums zu anderen Glaubensformen*, zu »gottesfürchtigen« Menschen ist hier theologisch eine Basis gelegt. Auch für die Rabbinen bleibt damit das Judentum über Abraham grundsätzlich beziehungsfähig, wahlfähig, geöffnet für andere, so wie dies auch im Blick auf die große Vätergestalt des Noah der Fall ist. Die sieben

»noachidischen« Gebote einzuhalten, genügt für Nichtjuden, um »Anteil an der kommenden Welt« zu erhalten.[101] Wir werden im zweiten Teil dieses Buches auf diese entscheidende theologische Denkfigur zurückkommen – Grundlage interreligiöser Beziehungsfähigkeit des Judentums auch heute.

Einer der schönsten Texte zur Bedeutung Abrahams und Saras (!) findet sich denn auch in dem rabbinischen Werk »Pesikta Rabbati«, eine vermutlich schon im 9. Jahrhundert n.Chr. zusammengestellte Schrift, die Gespräche über Feste, Fasttage und spezielle Sabbatfeiern enthält. Hier findet sich ein »Erklärungsmodell« von geradezu erotischem Reiz dafür, warum »Proselyten« und »Gottesfürchtige« im Judentum willkommen sind. Im Zentrum dieser Geschichte steht Abrahams Frau *Sara*, die hier als *Mutter aller nichtjüdischen Völker und Nationen* betrachtet wird:

> »Zu der Zeit, als Sara Isaak gebar, sagten die Nationen der Erde: ›Er ist in Wirklichkeit der Sohn ihrer Sklavin, und sie macht uns nur glauben, daß sie ihn säugt.‹ Sofort darauf sagte Abraham zu Sara: ›Sara, sitz nicht einfach bloß da! Jetzt ist nicht die Zeit für Bescheidenheit. Um der Heiligung des Namens willen steh auf und mach dich frei.‹ Sara stand auf und machte sich frei, und ihre beiden Brüste verströmten Milch wie zwei Strahlen Wasser, so wie geschrieben steht: ›Wer hätte Abraham zu sagen gewagt, Sara werde noch Kinder stillen?‹ (Gen 21,7).
>
> [...] Sobald die Nationen der Erde Saras Milch sahen, brachten sie ihre Kinder herbei, um sie Sara zum Säugen zu geben. Auf diese Weise bestätigten sie die Wahrheit des Satzes, daß Sara ›Kinder stillen‹ würde. Einige von ihnen brachten in allem Ernst ihre Kinder zu Sara, um sie ihr zum Säugen zu geben, einige brachten ihre Kinder nur, um sie zu prüfen. Weder die ersteren, noch die letzteren litten irgendeinen Verlust. Nach Rabbi Levi: Diejenigen, die ihr die Kinder in allem Ernst brachten, wurden Proselyten. Über diese sagt die Schrift: ›Sara wird noch Kinder stillen‹. Wie ist dieser Ausdruck ›Kinder stillen‹ zu interpretieren? Auf diese Weise: Diese Kinder der Nationen der Erde wurden Kinder Israels. Nach unseren Meistern gilt: Diejenigen Kinder, die gebracht wurden, um Sara zu überprüfen, erreichten eine Auszeichnung in der Welt durch Erreichung eines großen Amtes. Entsprechend gilt: Alle Heiden in der ganzen Welt, welche die Konversion akzeptieren, und alle Heiden in

der ganzen Welt, die Gott fürchten, stammen von den Kindern ab, welche die Milch der Sara tranken. Deshalb wird von Sara gesagt, sie sei ›eine freudige Mutter ihrer Kinder‹«.[102]

Damit ist klar: Abraham ist für bestimmte Rabbinen das *Urmodell aller Proselyten,* der Stammvater aller nichtjüdischen Nationen, die den wahren Gott suchen. Und bis zum heutigen Tag werden denn auch Nichtjuden, die sich zum Judentum bekennen, »Söhne Abrahams« genannt. Tritt z.B. ein Konvertit zum Judentum über, wird er mit dem Ruf »Sohn unseres Vaters Abraham« im Gottesdienst zur Tora-Lesung aufgefordert.[103]

Was ist geistige Abrahamskindschaft?

Wir stehen damit vor einem *zwiespältigen Resultat* im Blick auf den innerjüdischen Umgang mit der Gestalt Abrahams.

Zum einen: Von Anfang an war Abraham eine theologiepolitische Figur, mit deren Hilfe man theologisch-kreativ auf immer neue Herausforderungen der Geschichte zu reagieren versuchte. Die Rezeption oszillierte dabei bis in die hellenistische Zeit zwischen Partikularismus und Universalismus, zwischen streng religiöser Selbstabsonderung und religiös-kultureller Selbstöffnung. Erst in der jüdischen Orthodoxie setzte sich – bestimmte nachexilische Tendenzen verstärkend – ein Prozeß der Verpriesterlichung und Rabbinisierung durch, kurz: ein Prozeß der *Halachisierung Abrahams.* Der Befund hat damit etwas ganz und gar Paradoxes: Aus dem vorhalachischen Nichtjuden Abraham wird in der jüdischen Orthodoxie ein gesetzesfrommer Jude, der die gesamte Tora (die schriftliche und die mündliche) bereits eingehalten hat und damit einem Rabbiner und Priester zum Verwechseln ähnlich sieht. Und an dieser Grundtendenz ändern auch spirituelle Abraham-Interpretationen in der späteren jüdischen Mystik nichts, im Chassidismus und Kabbalismus, die der amerikanische jüdische Reform-Theologe *Arthur Green* eindrucksvoll beschrieben hat.[104] Denn auch für die Mystiker ist klar: Abraham gehört dem Judentum allein; nur aus Isaak-Jakobs Nachkommenschaft stammen die wahren Abrahamskinder. Von dem über Abraham vermittelten Völkersegen ist der Volkssegen für Israel allein übriggeblieben.

Zum anderen: Einen einzigen Spalt im System der Halacha hat die Orthodoxie offengelassen. Denn auch sie konnte nicht leugnen, daß Abraham zwar dem Judentum gehört, zugleich aber auch das Judentum transzendiert. So ist Abraham auch bei den Rabbinen eine Verbindungsfigur geblieben zwischen Israel und den Völkern, zwischen Judentum und Heidentum: ein Mann beider Welten, der dann auch der Führer von der einen Welt in die andere sein kann. Auch die Rabbinen lassen letztlich keinen Zweifel: Abraham ist nicht nur der physische Stammvater Israels, er ist auch der geistige Stammvater aller Menschen aus den nichtjüdischen Nationen, insofern sie den wahren Gott suchen. Zwar sind die Völker nicht für sich gesegnet, sondern nur insofern sie bereits den Gott Israels suchen. Aber Abraham kann damit zumindest der *Urvater aller Konvertiten* sein, aller also, die aus den Völkern und Nationen zur wahren Gotteserkenntnis gelangen wollen.

Damit findet man auch bei Rabbinen diejenige Vorstellung, die für das »Neue Testament« der Christen so wichtig werden wird: Abrahamskindschaft bemißt sich nicht nach allein äußerer Abstammung, sie bemißt sich ebenso nach moralischen Kriterien und ist für sich genommen noch keine Heilsgarantie. Einer der schönsten Texte dazu findet sich wiederum in den »Sprüchen der Väter«, in den »Pirqe Aboth«. Hier werden die *Schüler Abrahams* und die Schüler Bileams kontrastiert, die Schüler desjenigen Mannes, der in der Bibel als bösartiger Verführer zum Götzendienst (Num 31,8.16; Jos 13,22) oder als Irrlehrer (2 Petr 2,15f.) hingestellt wird:

> »In wem immer drei Dinge sind, der ist ein Schüler Abrahams; und in wem immer andere drei Dinge sind, der ist ein Schüler Bileams. Ein gutes Auge, eine bescheidene Seele und ein demütiger Geist: sie gehören zu einem Schüler Abrahams. Ein böses Auge, eine aufgeblasene Seele und ein überheblicher Geist: das macht einen Schüler Bileams aus. Und welcher Unterschied besteht zwischen den Schülern Abrahams und den Schülern Bileams? Die Schüler Bileams gehen hinab ins Gehinnom, denn es ist gesagt: ›Du aber, Gott, wirst sie hinabstürzen in die tiefste Grube‹ (Ps 55,24); aber die Schüler Abrahams erben den Garten Eden, denn es ist gesagt: ›Um denen, die mich lieben, Gaben zu verleihen und ihre Scheunen zu füllen‹ (Spr 8,21).«[105]

Wer also ein gutes Auge, eine bescheidene Seele und einen demütigen Geist hat, der gehört zur abrahamischen Familie. Und wer zur abrahamischen Familie gehört, ist in die Bundes- und Segensgeschichte Gottes mit seinem auserwählten Volk hineingenommen. Abrahamskindschaft kann damit auch im normativen Judentum mehr sein als Genealogie. Er kann zum moralischen Begriff werden – gemäß dem Wort aus einem Mischna-Traktat:

> »Wer sich über die Menschen erbarmt, von dem ist gewiß, daß er zu dem Samen unseres Vaters Abraham gehört, und wer sich nicht über die Menschen erbarmt, von dem ist gewiß, daß er nicht zu dem Samen unseres Vaters Abraham gehört.«[106]

Maimonides und der Fall eines Konvertiten

Größe und Grenze des orthodoxen Judentums verkörpert kein jüdischer Theologe eindrucksvoller als *Moses Maimonides* (1135-1204). In Cordoba geboren, in Kairo gestorben, gilt dieser rabbinische Gelehrte als einer der größten orthodoxen Theologen des jüdischen Mittelalters. Seine Größe zeigt sich insbesondere bei seiner Abraham-Interpretation, wie der Jerusalemer jüdische Theologe *David Hartman* in seinem Maimonides-Buch kürzlich zeigen konnte. Denn Abraham ist bei Maimonides gerade nicht das Urbild des halachischen Menschen, sondern – gemäß der haggadischen Tradition – eher ein Mann der Vernunft, der Gottsuche, der Absage an Idolatrie und der natürlichen Gotteserkenntnis. Philos und Josephus' Abraham-Bild ist diesem Denken verwandt.

Damit hat auch Maimonides bei Abraham stärker die philosophische Tradition im Judentum betont. Und gerade die Midraschim gaben Maimonides die Möglichkeit, an Abraham zu zeigen, »wie die Tradition den Weg der Vernunft zu Gott verstand. Indem man über die Natur reflektiert, kommt man zum Bewußtsein, daß das Universum ohne die Anerkenntnis Gottes als der Quelle der Existenz unerkennbar ist. Ebenfalls zentral ist, daß der haggadische Mensch sich herausgefordert fühlt, die Welt der Idolatrie in Frage zu stellen.«[107]

In diesem Kontext versteht man nun auch die Behandlung eines »Falles« durch Moses Maimonides besser. Als ein zum Judentum übergetretener Kreuzfahrer, Obadja, sich an Moses Maimonides mit der Frage wendet, ob denn er, obwohl doch biologisch nicht von Abraham abstammend, Gott als den »Gott *unserer* Väter Abraham, Isaak und Jakob« anbeten dürfe, bejaht Moses Maimonides diese Frage in einem »Gutachten« ganz entschieden:

> »Darum wird jeder bis ans Ende aller Zeiten, der sich dem Judentum zuwendet und die Einzigkeit des göttlichen Namens bekennt, wie es in der Tora geschrieben steht, zu den Schülern Abrahams, unsres Vaters, Friede über ihn, gezählt. Diese Menschen sind Abrahams Hausgenossen, und er ist es, der auch sie zum Guten bekehrt hat. Gleichwie er seine Zeitgenossen durch seine Rede und seine Belehrung bekehrt hat, also bekehrt er alle Künftigen durch das Testament, das er seinen Söhnen und seinem Hause nach ihm entboten hat. So ist Abraham, unser Vater, Friede über ihn, der Vater seiner frommen Nachkommenschaft, die in seinen Wegen wandelt, und der Vater seinen Schülern und allen Proselyten, die sich dem Judentum zuwenden. Darum sollst du beten: ›Unser Gott und Gott unserer Väter‹, denn Abraham, Friede über ihn, ist *dein* Vater.«[108]

Maimonides und viele Rabbinen in seinem Geist zeigen auf eindrucksvolle Weise die Größe und die Grenze der Welt des orthodoxen Judentums. Ihre Grenze liegt zweifellos bei der Beanspruchung Abrahams für Israel exklusiv sowie bei der Negierung des über Abraham vermittelten Segens Gottes für alle Völker. Ihre Größe besteht in dem Zugeständnis, daß das Judentum prinzipiell auch geöffnet ist für Nichtjuden, daß man Abrahams Nachkomme auch sein kann, wenn man gute Werke in gutem Geist vollbringt. Mit dem jüdischen Theologen *Jakob Petuchowski* wird man deshalb sagen können: »Im Judentum ist der Begriff ›Sohn Abrahams‹ nicht auf Menschen einer gewissen Abstammung beschränkt, da man auch im geistigen Sinn ein ›Sohn Abrahams‹ sein kann.«[109]

Partikularismus und Universalismus: Diese Spannung bestimmt das Denken eines Juden von der Zeit des »Jahwisten« an. Israel als das von Gott auserwählte Volk und Gottes Absicht mit den Völkern – wie geht das zusammen? Diese Spannung wird nun von einer religiösen Bewegung aufgegriffen und ausgetragen, die aus dem jüdischen Wurzelboden kommt und den Segen Abrahams in die Welt der Völker hineintragen wird: dem Christentum.

II. Abraham und das Christentum

Wir haben gesehen: Wer in Israel seine Zugehörigkeit zum auserwählten Volk und zum wahren Gott demonstrieren wollte, konnte, ja mußte sich auf Abraham berufen. »Unser Vater Abraham« – das war die stolze Formel. »Same« Abrahams zu sein, »Kind« Abrahams: darauf kam alles an. Abraham – unser Vater, Mose – unser Lehrer: um diese Pole – einer Ellipse gleich – schwingt das Leben für jeden frommen Juden. Und gerade Abraham war die idealisierte Identifikationsfigur des gesetzestreuen Judentums geworden. So war es auch zu der Zeit, als in der galiläischen Stadt Nazaret – weit weg von Alexandrien, Rom und Jerusalem – ein Jude aufwuchs und sich zu einem vollmächtigen Prediger der Umkehr und der Ausrichtung auf das nahe bevorstehende »Reich Gottes« entwickeln sollte: Jesus aus Nazaret.[1]

1. Jesus von Nazaret: Israels Erneuerer, nicht Überwinder

Was ist nicht alles bis in die jüngste Zeit hinein über ihn geschrieben worden. Das Bild des Nazareners schwankt zwischen unkritischer Verherrlichung und politisch-ideologischer Vereinnahmung. Die einen halten ihn für den »founder of christianity«, andere für den »ersten neuen Mann« oder überhaupt nur für einen »marginal jew«.[2] Und zuzugeben ist: Ungezählte Einzelzüge seiner Person, seiner Botschaft, seines Verhaltens und seines Geschicks sind bis heute umstritten – in der Authentizität genauso wie in Sinn und Bedeutung.

In einem freilich besteht weitgehender Konsen: Der Zimmermannssohn aus Nazaret war auf die *Bekehrung Israels* aus, nicht auf die Stiftung einer neuen Religion. Auf seinen Wanderzügen von Galiläa im Norden nach Judäa im Süden, von Nazaret und dem Gebiet um den galiläischen See bis nach Jerusalem setzte er vor allem auf das eine: auf eine Erneuerung und Reinigung des Geistes, eine Umkehr der Herzen, nicht auf eine neue religiöse Institution. »Die Zeit ist erfüllt, das Reich Gottes ist nahe, kehrt um und glaubt an das

Evangelium!« (Mk 1,15) – das dürfte die Grundforderung seiner Botschaft gewesen sein und nicht die Ersetzung Israels durch irgend etwas anderes.

Was Israel neu lernen soll

Grundsätzlich hat Jesus als gesetzestreuer Jude gelebt. Und doch reizte ihn die Form von Religiosität, die er überall antraf, zu Widersprüchen, ja zu gelegentlichen Ausbrüchen von Zorn und Polemik:
– Der *veräußerlichte Religionsbetrieb*, wie er ihn zum Beispiel im Tempel zu Jerusalem vorfand? Er verabscheute ihn und konnte in einem Moment enthusiastischen Gotteszornes handgreiflich werden: »Mein Haus soll ein Haus des Gebetes für alle Völker sein? Ihr aber habt daraus eine Räuberhöhle gemacht« (Mk 11,17);
– Die *fromm-elitäre Abgrenzungspraxis* in Gottwohlgefällige und Sünder, Schriftkundige und religiös Ahnungslose? Er durchbrach sie, wo es ihm um Gottes und der Menschen willen richtig schien: »Wie kann er zusammen mit Zöllnern und Sündern essen?« (Mk 2,16);
– Der *fromme Moralismus*, der aus einem aufgeblähten System religiöser Leistungen bestand? In Souveränität konnte er sich darüber hinwegsetzen, genauer: in einem Geist unbekümmerter Freude an Gott und der Schöpfung konnte Jesus überkommene gesellschaftliche Grenzen und Schranken durchbrechen: »Können denn die Hochzeitsgäste fasten, solange der Bräutigam bei ihnen ist?« (Mk 2,19). Überall dürfte der Grundsatz gegolten haben: »Der Sabbat ist für den Menschen da, nicht der Mensch für den Sabbat« (Mk 2,27).

Bei all dem wollte der Mann aus Nazaret die altehrwürdige Tora nicht pauschal für ungültig erklären oder gar völlig abschaffen. Sich selber an die Stelle Abrahams zu setzen, wäre ihm nie eingefallen. Ganz selbstverständlich teilte der galiläische Jude Jesus den Glauben an den Gott Israels, der auch für ihn der Gott Abrahams, Isaaks und Jakobs war. Der Evangelist Markus jedenfalls kennt keine Bedenken, Jesus ein entsprechendes Wort in den Mund zu legen (Mk 12,26). Noch einmal also: Durch seine Botschaft wollte Jesus Israel nicht »überwinden« oder ersetzen, sondern im Geist der Umkehr erneuern. Israel war – um es pointiert zu formulieren – »seine ›Kirche‹, war das Volk, das aufs neue und endgültig herausgerufen werden sollte in die

Gottesherrschaft«.[3] Und diese *Gottesherrschaft* stellt Jesus so heraus, daß sie in seinem eigenen Verhalten konzentriert erscheint und die Tora auf bedingungs- und schrankenlose Menschlichkeit Gottes hin interpretiert wird.

Im Lichte dieser Gottesherrschaft sollte Israel vor allem dies lernen: Weg mit den künstlichen Trennungen, Schranken und Absonderungen – sie entsprechen nicht Gottes Willen. Weg mit der frommen Heuchelei, dem religiösen Konformismus und der kasuistischen Moral – sie entsprechen nicht Gottes grenzenloser Barmherzigkeit. Weg auch mit den Leistungshierarchien, der frommen Vergleichssucht: »Wer der Erste sein will, soll der Letzte von allen und der Diener aller sein« (Mk 9,35). Schluß vor allem mit jedem *Abstammungs- und Legitimationsdenken.* Schluß mit der Vorstellung, daß schon der Hinweis auf die Zugehörigkeit zum auserwählten Volk, auf die Abstammung von den »Vätern« genüge, um Gott wohlgefällig zu sein, d.h. in den Augen Gottes »gerechtfertigt« dazustehen. Nein, vor Gott kommt es auf etwas anderes an: auf die Erfüllung seines Willens und nicht auf menschliches Kalkül, menschliche Privilegien und ererbte Vorrechte.

Daher bilden sich schon in der Nachfolge Jesu *andere Verwandtschaften,* andere Familien heraus als die physische, ererbte und genealogisch nachweisbare. Die drei frühesten Evangelisten Markus, Matthäus und Lukas haben denn auch dem Sinn nach übereinstimmend ein Jesus-Wort überliefert, das diese Grundhaltung Jesu exakt wiedergeben dürfte:

> »Da kamen seine Mutter und seine Brüder; sie blieben vor dem Haus stehen und ließen ihn herausrufen. Es saßen viele Leute um ihn herum, und man sagte zu ihm: Deine Mutter und deine Brüder stehen draußen und fragen nach dir. Er erwiderte: Wer ist meine Mutter, und wer sind meine Brüder? Und er blickte auf die Menschen, die im Kreis um ihn herumsaßen, und sagte: Das hier sind meine Mutter und meine Brüder. Wer den Willen Gottes erfüllt, der ist für mich Bruder und Schwester und Mutter.« (Mk 3,31-35; Mt 12,46-50; Lk 8,19-21)

Viele seiner jüdischen Brüder und Schwestern folgten Jesus nach und bildeten so die erste *neue jesuanische Gemeinschaft.* Nachfolge war in der Tat das entscheidende Wort, und diese bestand zunächst ganz konkret im Mitwandern mit Jesus, in der Preisgabe seiner Heimat, im Verlassen seiner Urfamilie, in der Zurückstellung seines Berufes. Die alte Heimat sollte ja »im Geist« ersetzt, die alte Familie durch eine neue aufgehoben, der Beruf durch die Berufung zweitrangig werden: »Amen, ich sage euch: Jeder, der um meinetwillen und um des Evangeliums willen Haus oder Brüder, Schwestern, Mutter, Vater, Kinder oder Äcker verlassen hat, wird das Hundertfache dafür empfangen« (Mk 10,29f).

Doch die religiösen Autoritäten der Zeit sahen in diesem Wanderprediger aus Galiläa vor allem einen religiösen Provokateur. Die Hüter des Tempels (Sadduzäer) sowie der schriftlichen und mündlichen Tora (Pharisäer) sahen nicht den befreienden, reinigenden Impuls in Jesu Botschaft, sondern allein das Irritierende und Skandalöse. Angst um Grundsätzliches kam auf, zumal »viel Volk« dem Mann aus Nazaret nachzulaufen oder auf ihn zu hören begann (vgl. Jo 11,47-50). Unruhe war überhaupt das Signum der Zeit, wie wir hörten. Rom hatte vor kurzem erst einen Statthalter geschickt, nachdem König Herodes gestorben war. Er heißt Pontius Pilatus und gilt als brutaler Mann. Religiös motivierte Unruhen waren deshalb gerade jetzt alles andere als opportun. So brauchte es nicht mehr viel, diesen von seinen Anhängern Hochgepriesenen und mit neomessianischem Enthusiasmus Gefeierten im Zusammenspiel von jüdischen und römischen Autoritäten zu beseitigen.

Das Scheitern der Umkehr Israels

Im Jahre 30 stirbt Jesus aus Nazaret, hingerichtet am Schandmal des Kreuzes wie ein gemeiner Verbrecher. Doch die Rechnung der für seinen Tod Verantwortlichen geht nicht auf. Statt daß das messianische Feuer bei seinen Anhängern erlischt, entwickelt es sich zu einem Flächenbrand. Denn unter Aufnahme eines seit der Zeit der Apokalyptik verbreiteten Glaubens an die Auferweckung der Toten lassen Jesu Anhänger nicht von ihrer Überzeugung los: Der Gekreuzigte lebt! Er ist nicht im Tod geblieben. Gott selbst hat diesen Gerechten nicht im Stich gelassen, sondern ihn auferweckt zu neuem Leben. Ja, mehr noch: Gott hat den Auferweckten mit seiner Autorität zum Messias Israels und zum Herrn der ganzen Welt gemacht (Apg 2,36).

Dieser ist jetzt – durch die Auferweckung – eingesetzt zum »Sohn Gottes in Macht« (Röm 1,3f). Er sitzt jetzt – so nahmen die ersten Christen das Thron-Bild aus Psalm 110 auf – »zur Rechten Gottes«.[4]

Das aber hieß: Die jüdischen Anhänger Jesu bildeten ab jetzt – zunächst in Jerusalem, später auch im palästinisch-syrischen Raum – erste Gemeinden, die sich von ihrer jüdischen Umwelt zunächst nur in dem einen unterschieden: Sie glaubten an Jesus als den von Gott bestätigten Messias Israels, der in Bälde als Menschensohn zum Gericht wiedererscheinen würde. Und sie glaubten daran: Die Erneuerung Israels im Geist, wie sie schon Jesus betrieben hatte, muß weitergehen!

An eine Preisgabe Israels, eine Überwindung, Ersetzung oder Übertrumpfung Israels dachten auch die ersten Christen nicht. An Israels einzigartiger Stellung vor Gott hielten auch sie als fromme Juden ganz selbstverständlich fest. Die neutestamentlichen Quellen berichten selber davon, daß die ersten jüdischen Jesus-Anhänger den Vollzug der Beschneidung praktizierten, den Sabbat und die Feste beachteten und sich den gesetzlichen Reinheitsforderungen unterwarfen. Bis zur Zerstörung des Tempels dürften sie auch an Tempelgottesdiensten teilgenommen und in den Synagogen gebetet haben (vgl. Apg 2,46; 5,42). Hier erklang das »Schema Israel«, das »Höre Israel«, das Urbekenntnis zu dem einen und einzigen Gott. Hier wurde das »Schemone Essre« gebetet, das »Achtzehngebet«, in dessen erster Bitte Gott als der Gott »Abrahams, Isaaks und Jakobs«, ja als »Schild Abrahams« angerufen wurde. Kein Zweifel: Wie schon Jesus von Nazaret, so glaubten auch seine jüdischen Anhänger an diesen Gott, der sich Abraham, Isaak und Jakob geoffenbart, sowie an die Verheißungen für das Volk, die dieser Gott nie widerrufen hatte.

Die Bekehrung Israels also sollte weitergehen! Aber nachdem der Mann aus Nazaret diesen Schandtod erlitten und in aller Augen als Pseudomessias entlarvt worden war, trafen alle Versuche in dieser Richtung auf noch erbitterteren Widerstand als zuvor – Widerstand vor allem in bestimmten Volksteilen und in der Führerschaft. Ja, die Ablehnung der Jesus-Anhänger dürfte sich noch dadurch verschärft haben, daß die Urgemeinde »in der sich zuspitzenden politischen Krisensituation in Palästina mit ihrer eschatologischen Verkündigung zwischen die Fronten« geriet: »Von der zelotischen Bewegung wurde sie wegen ihres Rufs zur Gewaltlosigkeit und Friedfertigkeit als Verräterin abgestempelt. Von den gemäßigten und zur Zusammenarbeit mit den Römern bereiten jüdischen Gruppen konnte sie dagegen wegen ihrer eschatologischen Botschaft undifferenziert in die Nähe der Aufständler gerückt werden.«[5]

Kein Wunder, daß sich die judenchristlichen Wandermissionare gesandt vorkamen wie »Schafe unter die Wölfe« (Mt 10,16). Nachfolge Christi war jetzt oft buchstäbliche Kreuzesnachfolge, war verbunden mit Schmähungen und Verfolgungen. Das erklärt sich vor allem daraus, daß die Mission je länger desto deutlicher scheiterte. Eine Bekehrung von »ganz Israel«? Sie erwies sich je länger desto mehr als illusorisch. Alle Erfahrungen in dieser Hinsicht waren negativ. Konsequenz? *Gerichtsworte* gegen das so offenkundig verblendete Volk.[6] Und diese Gerichtsworte finden sich bereits in der ältesten neutestamentlichen Spruchsammlung, die in der Forschung unter der Chiffre »Q« (für: Logien-Quelle) bekannt ist. Sie dürfte im palästinisch-syrischen Raum entstanden und in den 60er Jahren abgeschlossen worden sein. Sie stellt eine Sammlung von meist knappen, prägnanten Jesusworten dar, die dann später von den Evangelisten Matthäus und Lukas in ihr Evangelium eingearbeitet wurden.

Schon hier also findet sich eine erste – möglicherweise auf Jesus selber zurückgehende – Polemik gegen das unbußfertige und umkehrunfähige Israel der Gegenwart, gegen die »böse Generation« (Lk 11,29), wie es ausdrücklich heißt, und nicht gegen Israel als ganzes. Dieser Generation wird mit dem Gericht gedroht:

> »Die Königin des Südens wird beim Gericht gegen die Männer dieser Generation auftreten und sie verurteilen; denn sie kam vom Ende der Erde, um die Weisheit Salomos zu hören. Hier aber ist einer, der mehr ist als Salomo. Die Männer von Ninive werden beim Gericht gegen diese Generation auftreten und sie verurteilen; denn sie haben sich nach der Predigt des Jona bekehrt. Hier aber ist einer, der mehr ist als Jona.« (Lk 11,31f)

Die theologische Pointe dieser und anderer Drohworte ist überdeutlich und ergibt sich aus der Gegenüberstellung von den »Männern Israels« einerseits und den »Heiden« andererseits. Heiden wie die Königin von Saba oder die Männer von Ninive haben etwas getan, was gerade von Angehörigen Israels erwartet worden wäre: Hören auf die wahre Weisheit und Abkehr von einem falschen Weg. Daß dies jetzt nicht geschah: umso schlimmer für diese Generation! Denn dieses Evangelium übertraf doch alles, was man an »Weisheit« (Salomo) oder Prophetie (Jona) bisher in Israel gekannt hatte. Das Ergebnis aber war Weghören, Nichtbeachtung. Und dieses Ergebnis wird Folgen haben im Endgericht. Die Heiden also werden als Zeugen aufstehen gegen das Israel »dieser Generation«!

Die andere Tischgemeinschaft mit Abraham

Vor diesem Hintergrund nun können wir auch den neutestamentlichen Text besser verstehen, in dem erstmals Abraham auftaucht. Es dürfte sich dabei um die *älteste urchristliche Anspielung auf Abraham* handeln, da der Text ebenfalls aus der Logien-Quelle stammt. Und Vermutungen sind nicht abwegig, daß auch dieses Wort auf Jesus selber zurückgeht. Es lautet in der Fassung, die Matthäus wohl am ursprünglichsten bewahrt haben dürfte:

> »Ich sage euch: Viele werden von Osten und Westen kommen und mit Abraham, Isaak und Jakob im Himmelreich zu Tisch sitzen; die aber, für die das Reich bestimmt war, werden hinausgeworfen in die äußerste Finsternis; dort werden sie heulen und mit den Zähnen knirschen.« (Mt 8,11f / Lk 13,28f)

Nach allem, was wir von Abraham und den »Vätern Israels« gehört haben: Die Provokation dieses Jesus-Wortes gegenüber dem gegenwärtigen Israel könnte nicht größer sein. Der wunde Punkt ist hier getroffen, sollte getroffen werden. In ihrer maßlosen Enttäuschung über das Verhalten großer Teile des Volkes steigern sich jüdische Jesus-Anhänger zu einem unerhörten Wort. Die »vielen aus Ost und West« – wer sind sie andere als die Heidenvölker? Die »Söhne des Reichs« – wer sind sie andere als das ursprünglich erwählte Israel, dem von Gott das »Heil« und nicht das Unheil zugesagt ist. Unter den neuen Bedingungen aber ist alles anders! Alles hat sich ins Gegenteil verkehrt: Nichtjuden werden mit den »Vätern Israels«, mit Abraham, Isaak und Jakob, Tischgemeinschaft haben (Anspielung auf Jes 25,6). Israel dagegen sieht sich verworfen, sieht sich in eine grausige Finsternis verbannt.

Die Völker werden kommen: Dieses Jesus-Wort greift die altprophetische Idee von der *Wallfahrt der Völker zum Berge Zion* in Jerusalem auf, aber mit einer signifikanten »christlichen« Sinnverschiebung.[7] Denn nach den visionären Aussagen der Propheten Sacharja und Jesaja werden die Völker eines Tages zum Berge Zion »strömen«, um von Israels Gott »Belehrung über seine Wege« zu empfangen (Jes 2,2f; Sach 2,15). Diese Ankündigung aber setzte voraus, daß Israel selber ohne Vorbehalte seinem Gott dient. Gerade das aber ist für die jüdischen Jesus-Anhänger gegenwärtig nicht der Fall. Deshalb ist jetzt alles anders. Jetzt kommen die Völker – Israel zum Trotz. Jetzt partizipieren die Völker am Segen für Israel – ohne Israel. Der ursprüngliche Sinn der Völkerwallfahrt wird so – im Lichte des Verhaltens Israels gegenüber Jesus – geradezu auf den Kopf gestellt: Statt daß die Heidenvölker Segen durch Israel erhalten, werden sie allein gesegnet! Israel aber wird zurückgewiesen, verbannt in die »äußerste Finsternis«. Ein ungeheurer Satz – aber ein antijüdischer Satz? Eines der frühesten Beispiele eines christlichen Antijudaismus im Neuen Testament?

In der Exegese ist man sich nicht einig. Für die einen setzt ein solches Wort nicht bloß Heidenfreundlichkeit, sondern schon einen Bruch mit Israel und eine in Gang gekommene »Heidenmission« voraus, gleichzeitig die Anwesenheit von Heidenchristen in den Gemeinden, die hinter der Logien-Quelle stehen.[8] Andere können hier nur eine Auseinandersetzung zwischen Juden und Judenchristen sehen[9] Wie immer sich dies verhält: Entscheidend scheint mir, daß auch dieses Gerichtwort über Israel kein definitiv-verdammender Abschied von Israel ist, keine Enterbung Israels, sondern ein *Akt letzter Hoffnung auf Israel.* Denn kein Zweifel wird ja hier gelassen: Eigentlich gehört Israel »das Reich«. Eigentlich sind die Juden die auserwählten »Söhne«. Die Wallfahrt, das große Festmahl der Völker, wie es der Prophet Jesaja angekündigt hatte (Jes 25,6): das alles wird ja nicht zurückgenommen, vielmehr im Gegenteil durch das Abraham-Wort nochmals bestätigt.

Anders gesagt: Die Anspielung auf Abraham und die Drohung über das gegenwärtige Israel gehen nicht so weit, Israel die Abrahamskindschaft grundsätzlich zu bestreiten und die »Väter Israels« nun exklusiv für die Heiden zu reklamieren. Sie hat in diesem Gerichtskontext eine ganz beschränkte Funktion: Israel zu warnen und aufzurütteln, daß die Umkehr gelinge! Die Heiden, die anstelle Israels mit den »Vätern« zu Tische liegen: sie sollen als äußerste Möglichkeit Israel vor Augen gestellt werden, damit es sich besinne. Das hier zu bedenkende Jesus-Wort ist also »keine Verheißung Jesu für die Völker, sondern eine Warnung für die ›Söhne des Reiches‹; allein sie sind angeredet, ihnen gilt das gesamte Wort.«[10] Kurz, das Wort von der anderen Tafelgemeinschaft mit Abraham ist in Form der Droh- und Gerichtsrede ein Akt letzten Vertrauens auf Israel.

Und doch: Wenn auch die Judenchristen, die sich mit diesem Wort ihre eigene schwierige Situation interpretierten, noch nichts mit einer bewußten Heidenmission zu tun haben wollten, so erwies sich die in diesem Wort angedeutete Möglichkeit doch als zukunftsweisend – und zwar auf eine schreckliche Art. Was die Urchristen, deren Logien-Sammlung wohl noch in den 60er Jahren abgeschlossen war, nicht wissen konnten, wohl aber ahnten, vollzog sich dann ja tatsächlich: Der Tempel wurde zerstört und Israel wieder einmal aus dem »verheißenen Land« vertrieben. Der Gang in die »Finsternis« hatte tatsächlich begonnen. Das Wort von der anderen Tischgemeinschaft mit Abraham? Man muß es wohl als »Wetterleuchten« (U. Luz)[11] verstehen, als Wetterleuchten einer großen Katastrophe in Israel, die dann auch eintritt und auch die judenchristlichen Gemeinden nicht verschont.

Denn auch diese Gemeinden werden vom Fall Jerusalems aufs schlimmste mitbetroffen. Die Jerusalemer Urgemeinde war ohnehin in den Wirren des jüdischen Krieges untergegangen. Nach dem ersten Kirchenhistoriker Eusebius hatte sie Jerusalem noch vor Beginn des Krieges verlassen und war aufgrund einer Offenbarung nach Pella, einer hellenistischen Stadt im Ostjordanland, übergesiedelt. Ob diese Nachricht zuverlässig ist, wissen wir nicht. Vermutlich siedelten nach der Zerstörung Jerusalems wieder Judenchristen in den Ruinen der Stadt, aber eine Bedeutung hat die judenchristliche Gemeinde Jerusalems nun für die Gesamtkirche nicht mehr – im Vergleich etwa zur Zeit des Apostels Paulus. Die Kirche Jesu Christi, die ursprünglich aus Judenchristen, dann aus Juden- und Heidenchristen bestand, entwickelt sich zunehmend zu einer reinen Kirche aus Heidenchristen. Ja, diese Heidenkirche scheut sich später nicht, ihre eigene Entwicklung zum Maßstab für christliche Orthodoxie überhaupt zu machen und die Judenchristen später als Häretiker abzustempeln und damit vollends an den Rand der Kirche zu drängen.

Zurückgelassen haben die Judenchristen ein Rätselwort, ein Paradoxon, mit dessen Hilfe sie das *dunkle Geheimnis* ihrer Theologie zum Ausdruck zu bringen versuchten. Es benennt ein Problem, das sie gequält haben muß, ohne daß sie eine Lösung fanden. Und dies Problem lautet: Warum hat Gott Israel vor dem Evangelium verschlossen? Warum keine Annahme der Botschaft von Jesus als dem Messias? Dieses Rätsel suchten sie theologisch zu ergründen. Sie sahen dafür offensichtlich keine andere Möglichkeit, als auf ein paradoxes Wort des Propheten Jesaja zurückzugreifen, der schon einmal Israel seine Verstockung vorgeworfen, ja diese Verstockung sogar als Gerichtsakt Gottes gedeutet hatte (Jes 6,9f.): Gott selbst als Urheber der Verstockung Israels! Der Evangelist Markus jedenfalls hat uns dieses anstößige, »horrende Wort«[12] der Judenchristen ohne weiteren Kommentar überliefert:

> »Als er mit seinen Begleitern und den Zwölf allein war, fragten sie ihn nach dem Sinn seiner Gleichnisse. Da sagte er zu ihnen: Euch ist das Geheimnis des Reiches Gottes anvertraut; denen aber, die draußen sind, wird alles in Gleichnissen gesagt; denn ›sehen sollen sie, sehen, aber nicht erkennen; hören sollen sie, hören, aber nicht verstehen, damit sie sich nicht bekehren und ihnen nicht vergeben wird.‹« (Mk 4,10-12)

Ein »horrendes Wort« in der Tat, das nicht mit Kategorien des »gesunden Menschenverstandes« zu begreifen ist, sondern nur als Versuch einer Gruppe von Judenchristen, »das Jesaja-Wort als Erkenntnismittel zu gebrauchen und mit seiner Hilfe ein sie bedrängendes Sachproblem ihrer Gegenwart« zu erhellen: »Wie ist die Souveränität Jahwes angesichts des (scheinbaren) Scheiterns seines Propheten, der Verweigerung des Volkes zu denken, war die Ausgangsfrage Jesajas. Wie ist die Souveränität Gottes angesichts des (scheinbaren) Scheiterns seines Messias, der Ablehnung des Messias durch sein eigenes Volk zu denken, fragten sich die Christen. Für das analoge Problem erwies sich das Wort des Jesaja als hilfreich, sowohl in der gedanklichen als auch in der sprachlichen Bewältigung des Problems. Weil die Ursprungssituation des Jesaja-Wortes in neuen Koordinaten wiederkehrte, wurde auch der ursprüngliche Wortlaut des Jesaja fruchtbar.«[13]

2. Abraham – »unser aller Vater vor Gott«: Paulus

Mit Rätselworten und Paradoxa freilich konnte man auf die Dauer keine Theologie treiben. Und das uralte theologische Problem des Verhältnisses von Juden und Heiden mußte spätestens in dem Augenblick neu und grundsätzlich durchdacht werden, als beide in ein und denselben christlichen Gemeinden zusammenzuleben begannen. Das war jetzt vor allem außerhalb Palästinas, in Griechenland und Kleinasien, der Fall, und Hauptpromotor war ein ehemaliger Pharisäer-Schüler und Diaspora-Jude gewesen: Paulus aus der kleinasiatischen Stadt Tarsus. Ihm verdanken wir den ersten großen theologischen Entwurf in Sachen Abraham, Israel und die Völker – angesichts der Tatsache, daß viele aus den Heidenvölkern Jesus als den Messias Israels für die Welt anerkannt hatten.[14]

Die Spannung: Jude und Christ zugleich

Soweit wir dies seiner authentischen Korrespondenz entnehmen können, ließ Paulus zeit seines Wirkens als Apostel an zwei Tatsachen keinen Zweifel, die zugleich die Spannungspole seines Lebens ausmachten und ihm die scharfe Ablehnung vieler jüdischer Mitbürger eintrugen:

(1) *Paulus war Jude und verleugnete auch »als Christ« sein Judesein nicht.* In seinen Briefen legt der Apostel selber größten Wert darauf, vor allem dann, wenn sein Judesein durch seine Gegner infrage gestellt wurde: Am achten Tag sei er beschnitten worden; er stamme aus dem »Volk Israel«, genauer aus dem »Stamme Benjamin«; er sei ein »Hebräer von Hebräern« und habe als »Pharisäer nach dem Gesetz« gelebt (Phil 3,5). Mehr noch: Von sich selbst gesteht der Apostel, sogar ein besonders »gesetzestreuer« Jude gewesen zu sein, d.h. in der Treue zum jüdischen Gesetz die meisten seiner Altersgenossen »übertroffen« und sich »mit dem größten Eifer« für die Überlieferungen der Väter eingesetzt zu haben (Gal 1,13f). Ja, Paulus selber gibt zu,

aufgrund dieser seiner früheren Überzeugung die junge christliche Gemeinde »voll Eifer« (Phil 3,6), sogar »maßlos« (Gal 1,13) verfolgt zu haben.[15]

(2) Der Jude Paulus glaubte an *Jesus als den Messias Gottes für Israel und die Welt.* Darin, in nichts sonst, unterschied sich Paulus zunächst von großen Teilen seines Volkes, vor allem vom sadduzäischen und pharisäischen Establishment. Er hatte eine »neue Berufung« durch Gott erlebt, eine Offenbarung Christi (Gal 1,10-16), die zu einer entscheidenden Wende in seinem Leben geführt hatte: Aus dem Christenverfolger war ein Christenmissionar geworden, der sich in seiner rastlosen Arbeit freilich unendlichen Schwierigkeiten, Schikanen, Nöten und Qualen gerade auch durch die jeweiligen jüdischen Autoritäten vor Ort ausgesetzt sah. Man lese nur die ergreifenden autobiographischen Skizzen im 2. Korintherbrief (4,7-12; 6,3-10; 11,22-33), und man wird begreifen, welches Leben dieser Mann um Christi willen geführt hat.

Aber schlossen sich Christwerden und Judebleiben nicht aus? Für die meisten Juden ja, für Paulus gerade nicht. Er dachte nicht daran, das Judentum »als Christ« zu denunzieren. Denn auch nach der Wende zu Christus blieb Paulus der Überzeugung: *Gott hat das Volk Israel nicht verworfen.* Folgen wir seinem letzten Brief, dem an die Römer (Kap. 9, 1-5), so hat Israel weiterhin und von Gott ungekündigt:

– die »Sohnschaft«: Israel bleibt Gottes »erstgeborener Sohn« (Ex 4,22).

– die »Herrlichkeit« Gottes, die »Schechina«: Sie wohnt nach wie vor mitten unter dem Volk, im Tempel zu Jerusalem (Ex 25,8).

– die »Bundesordnungen«: alle drei »Bünde« Gottes mit Noah, Abraham und Mose bleiben in Kraft.

– die »Tora«: Auch sie ist nach Christus nicht einfach aufgehoben, sondern bleibender Ausdruck von Gottes Willen.

– den »Gottesdienst«: Die Kultordnungen des Tempels sind nicht außer Funktion gesetzt.

– die »Verheißungen«: Die Zusagen an Abraham und Isaak (»großes Volk«, »Land«) sowie die Erwartung einer umgreifenden Vollendung durch den Messias Israels (2 Sam 7,1) sind unwiderrufen.

– die »Väter«: Abraham, Isaak und Jakob bleiben die prägenden und identitätsstiftenden Leitfiguren für Glauben und Leben.

Das aber machte gerade die Spannung aus: Trotz aller Ablehnung Jesu als des Messias darf sich Israel weiterhin als »von Gott geliebt« betrachten. Warum? Paulus antwortet unmißverständlich und gut jüdisch: »Um der Väter willen« (Röm 11,28). Und so ist es denn nur konsequent, wenn Paulus an entscheidenden Stellen seiner Korrespondenz auch immer wieder ein Bekenntnis zur eigenen Abrahamskindschaft ablegt, vor allem dann, wenn diese umstritten ist, d. h. wenn sie durch Gegner vor Ort in den Gemeinden in Frage gestellt wird. Leidenschaftlich kann der Apostel dann *seine eigene Abstammung von Abraham* verteidigen: »Sie sind Hebräer – ich auch. Sie sind Israeliten – ich auch. Sie sind Nachkommen Abrahams – ich auch.« (2 Kor 11,22) Aber genauso leidenschaftlich wird der Apostel dafür streiten, daß auch alle diejenigen, die an Jesus als den Christus glauben, Abrahams Kinder genannt werden können, seien sie Juden oder Heiden. Warum? Welche Erfahrungen lagen dem zugrunde? War Abrahamskindschaft nicht exklusives Unterscheidungsmerkmal Israels für Auserwähltheit und Heil?

Durchaus. Aber es gehörte zu den bittersten Erfahrungen auch des Apostels, daß große Teile Israels den Glauben an Jesus als den Messias verweigert hatten, obwohl doch Gott selber den gekreuzigten Nazarener durch die Auferweckung zum »Sohn Gottes in Macht« eingesetzt hatte (Röm 1,4). Das mußte einen Juden wie Paulus zutiefst aufwühlen: Das von Gott auserwählte Volk weist in seiner Mehrheit das von Gott neu geschickte Heilsangebot zurück. Zur gleichen Erfahrung aber gehörte: Die von Gott bisher nicht besonders bedachten Heiden haben dieses Angebot ergriffen! Paulus hatte daraus Konsequenzen gezogen und arbeitete seither als *Apostel für die Heidenvölker.* Nicht um Israel zu verabschieden, sondern um die Angehörigen seines Volkes »eifersüchtig« zu machen, eifersüchtig auf den neuen »Reichtum« der Heiden, wie Paulus später schreiben sollte (Röm 11,11-15). Aus dem »Versagen« Israels ist durch Gottes Gnade wenigstens dieses Gute erwachsen: Das Heil kann jetzt wirklich universal »zu den Heiden« kommen (Röm 11,11). Das aber setzte voraus, daß Heiden frei waren von den »Werken des Gesetzes«, frei vom jüdischen Zeremonial- und Ritualgesetz, frei also von der Halacha. Und genau dafür war Paulus denn auch leidenschaftlich eingetreten.

Höhepunkt: das sogenannte Apostel-Konzil zu Jerusalem im Jahre

48. Hier hatte Paulus von den anderen Aposteln die Zustimmung dafür erhalten: Heidenchristen sind in Sachen des Gesetzes frei. *Christus-Glaube und Tora-Gehorsam* sind prinzipiell *entkoppelt*, prinzipiell – was die Heilsfrage betrifft. »In Christus« besteht Freiheit von den »Werken des Gesetzes«, selbst wenn man sich unter Umständen – in innerer Freiheit wie Paulus selbst – an das Gesetz halten kann. Aber im Herrschaftsbereich des von Gott erhöhten und im Geist präsenten Christus hatte die Halacha ein für allemal ihre absolute Heilsbedeutung verloren. Heiden müssen nicht erst zum Judentum übertreten, um des Heils Gottes teilhaftig zu werden; ihr Glaube an Gottes Handeln in Jesus Christus genügt! Darauf kam Paulus alles an.

Wie aber war dies theologisch zu begründen? Paulus holt sich die Begründung für sein persönliches Lebensmodell und seinen Missionsauftrag bei der wichtigsten Identifikationsfigur seines Volkes: bei keinem Geringeren als Abraham. Das war auch nötig, um in dem nun ausgebrochenen Streit bestehen zu können. Und wir sind erstmals Zeugen dieses leidenschaftlichen Legitimationskonfliktes im Brief an die Galater. Es ist ein Streit um die richtige Auslegung der Abraham-Geschichte, bei der Paulus der unerschütterlichen Überzeugung ist, die Schrift auf seiner Seite zu haben.

Der Kampf um den Einschluß der Heiden

Der Brief an die Gemeinde im kleinasiatischen Galatien ist das chronologisch gesehen zweite Schreiben des Apostels.[16] Das erste war ins griechische Thessaloniki abgegangen, geschrieben in einem ruhigen, freundlichen, bisweilen ermahnenden Ton. Jetzt, im *Galaterbrief*, ist Paulus in ausgesprochener Kampfesstimmung, ist erregt über das, was sich in der Gemeinde dort offenbar abgespielt hatte: Judaisierende Agitatoren (wohl judenchristliche Missionare) hatten von Heidenchristen verlangt, über den Christusglauben hinaus auch das jüdische Beschneidungsgebot und damit die Halacha einzuhalten.

Das mußte Paulus erregen. Warum? Weil diese Forderung (der Christusglaube genüge nicht zum Heil, die Halacha sei zur Vervollständigung nötig) all dem widersprach, wofür er bislang gearbeitet hatte. Das widersprach vor allem dem Konsens auf dem »Apostel-konzil« nur wenige Jahre zuvor. Nicht umsonst hatte Paulus dafür sogar dem »Petrus ins Angesicht widerstanden« (Gal 2,11). Kurz, dies widersprach dem Geist der christlichen Freiheit. Und weil diese Freiheit in der galatischen Gemeinde wieder verloren zu gehen drohte, ist Paulus empört und zugleich entschlossen, ein *theologisches Exempel in Sachen Freiheit* von den Werken des Gesetzes zu statuieren. Er tut dies mit Rückgriff auf Abraham, den Vater der Juden und den Vater vieler Völker.

Warum Abraham? Weil gerade *Abraham* vermutlich von den Missionskonkurrenten des Paulus benutzt worden war, auch Heidenchristen gegenüber die Eingliederung ins auserwählte Volk vom Tora-Gehorsam abhängig zu machen. Alles gemäß der jüdischen Auffassung, Abraham sei der Vater der Proselyten! Abraham war ja längst in der jüdischen Tradition – wie wir hörten – Vorbild der Gesetzesobservanz geworden. Der Geist nachexilischer jüdischer Theologie herrschte ja auch zur Zeit des Paulus: Glauben wie Abraham hieß treue Erfüllung der Gebote der Tora, Glaubensgerechtigkeit hieß Belohnung durch Gott für geleisteten Gesetzesgehorsam. Und auch der durch Abraham vermittelte Völkersegen hatte keine entschränkende, universale Dimension mehr, sondern war faktisch auf einen Segen für Israel und die Proselyten reduziert worden. Abraham war Eigentum Israels geworden. Gottes Segen für die Völker war auf einen Volkssegen für Israel geschrumpft.

Dies dürfte erklären, warum Paulus jetzt ausführlich auf Abraham zu sprechen kommt, und zwar in einer Weise, die das Abrahambild der nachexilischen Tradition in seinen Verengungen aufsprengt. Wie sieht dies aus? Auf drei entscheidende Punkte kommt es hier an:

(1) Wer Paulus liest, merkt sofort: Abraham ist für ihn wie für jeden Juden kein Glaubensdenkmal aus fernen, vergangenen Zeiten, sondern lebendige Wirklichkeit. Paulus stellt denn auch unmittelbare Bezüge her: Seine Situation entspricht der des Urvaters seines Volkes. Parallelen sollen erkennbar werden. Welche? Mit sicherem Gespür rückt Paulus als seinen *ersten Schlüsselsatz* der biblischen Abraham-Erzählung ins Zentrum: »Abram glaubte dem Herrn, und der Herr rechnete es ihm als Gerechtigkeit an« (Gen 15,6). Was ist an diesem Satz Besonderes? Paulus hatte hier einen Hebel in der Hand, um jedes Pochen auf die »Werke des Gesetzes« theologisch aus den

Angeln heben zu können. Die Erinnerung an Genesis 15,6 kann nur als *polemische Spitze* verstanden werden, liegt doch zwischen Abraham und Paulus die Tora bzw. das System der Halacha. Abrahams »Glauben« aber? Er ist für Paulus ursprünglich das Gegenteil treuer Erfüllung der Gebote der Tora, das Gegenteil eines zu erfüllenden »Gesetzeswerkes«!

(2) Worin bestand Abrahams Glaube wie ihn schon die Genesis schildert? Für Paulus in nichts anderem als *unbedingtem Vertrauen auf die Zusagen Gottes* – allem Augenschein zum Trotz, allen menschlichen Berechnungen zuwider, durch alle Versuchungen hindurch. Mit leeren Händen hatte Abraham ja vor Gott gestanden: ein unfruchtbarer Greis, der dennoch Nachkommen haben wird; ein Fremder und Heimatloser, dem dennoch ein Land zugesprochen wird; ein Einzelner in einer Randzone der Erde, der der Vater vieler Völker werden wird. Abrahams Vertrauen auf Gott allein genügte, um von Gott alles geschenkt zu bekommen, was er selber nie für möglich gehalten hätte, um also durch Gott vor Gott »gerechtfertigt« dazustehen. Und das »Gesetz«?

(3) Das *Gesetz*, besser »die Werke des Gesetzes«[17] haben demgegenüber jede Schlüsselbedeutung für Heil und Unheil verloren. Für Juden mögen sie einzuhalten sein, doch ihre Heilsmacht haben sie eingebüßt. Schon Abraham zeigt dies ja auf eindrückliche Weise. Denn Abraham konnte von den »Werken des Gesetzes« noch gar nichts wissen und hatte doch einen Glauben, der von Gott anerkannt wurde. Ohne jede religiös-moralische Vorleistung stand er damit vor Gott gerechtfertigt da. Er war der Partner von Gottes Zusagen geworden (»großes Volk«, »Segen für die Völker«, »ewiger Bund«), ohne eigene Anstrengungen, ohne moralische Auszeichnung – aus reiner Gnade Gottes. Was für Paulus umgekehrt heißt: Auf die *»Werke des Gesetzes« kommt es offensichtlich vor Gott nicht an.* Das Gesetz, meint Paulus, sei eben nicht am Anfang dagewesen, sondern erst »430 Jahr später« (3,17) gekommen. Ohnehin sei es nicht durch Gott erlassen worden, sondern nur durch einen »Engel« oder einen »Mittler« (3,19). Deutlicher kann man das Gesetz »vor Gott« nicht relativieren wollen. Kurz: Abraham zeigt für Paulus, worauf es für den Menschen vor Gott einzig und allein ankommt: Vertrauen, nicht religiös-moralische Vorleistungen.

(4) Daraus folgt für Paulus, daß »die, die glauben, Abrahamskinder sind« (3,7)! Wer ist gemeint? Gemeint sind hier entsprechend der ganzen Zielrichtung des Galaterbriefs Nichtjuden, Menschen aus den Völkern also. Auf sie ist der *Völkersegen* zu beziehen, den schon die biblische Abraham-Erzählung im Blick hat. Und die Aussage über diesen Segen hebt der Apostel nicht zufällig als seinen *zweiten Schlüsselsatz* aus der Genesis hervor: »Durch dich sollen alle Geschlechter der Erde Segen erlangen« (Gen 12,3). Ja, Paulus entdeckt im Lichte seiner gegenwärtigen Christus-Erfahrung die tiefe Bedeutung dieses Wortes und damit des jüdischen Universalismus neu. Ihm ist aufgegangen: Die Schrift hatte bereits »vorhergesehen«, daß Gott »die Heiden aufgrund des Glaubens gerecht macht«. Deshalb »hat sie dem Abraham im voraus verkündet: ›Durch dich sollen alle Völker Segen erlangen‹« (Gal 3,8).

Wer sind Abrahams Kinder?

Mit diesem seinem »christlichen Midrasch« hatte der Jude Paulus die innerjüdische Autorität schlechthin auf seine Seite gebracht: Abraham. Gerade Abraham hatte für Paulus bewiesen: Nicht Abstammung, physische Nachkommenschaft, Heilsprivilegien, sondern dieses genuine Glauben als Vertrauen in die Zukunft des geheimnisvollen, überraschend handelnden Gottes ist entscheidend. Und damit war ein Zweites klar: Wenn Heiden ein solches Verständnis von Glauben im Fall des Christus-Ereignisses erkennen lassen – sollen Juden ihnen gegenüber dann noch etwas voraus haben? Sollen Heiden noch zum Judentum übertreten müssen, um Abrahams Kinder zu werden? Nein, wenn ein solches Glauben im Fall des »Heiden« Abraham genügte, dann für alle Heiden in Zukunft auch. Abraham kann nicht länger Exklusiv-Eigentum des jüdischen Volkes bleiben, Israel muß die universale Heilsbedeutung Abrahams auch für die Völkerwelt wieder neu ernstnehmen.

Hier liegt das Motiv einer nun ganz zentralen *Unterscheidung*, die Paulus durchführt: Wer *»Same«* (griech.: »sperma«) Abrahams ist, muß nicht schon automatisch zu den *»Kindern«* (griech.: »tekna«) Abrahams gehören. Die fleischliche Abstammung besagt noch nichts über die wirkliche, geistige Zugehörigkeit zu Abraham. Ja, man kann im geistigen Sinn genuiner ein Abrahams-Kind sein als durch eine noch so lückenlose Abkunft (vgl. Gal 4,21-31; Röm 9,7). Wichtig dabei: Paulus redet nicht vom Glauben der Heiden abstrakt, sondern vom Glauben konkret: von *Heiden, die Christen geworden sind.* Das Christusereignis ist der Schlüssel zu dieser Abraham-Theologie. Nicht der Heide als solcher steht schon vor Gott gerechtfertigt da (er ist ein Sünder wie jeder Jude auch), sondern der Heide, der sich zu Gott in Jesus Christus bekannt hat. Das Christusereignis erst hat es Paulus möglich gemacht, die Tiefe der Glaubensstruktur wieder neu zu entdecken. Und »Christusereignis« meint bei Paulus immer: Vertrauen auf Gott, der den gekreuzigten, von Menschen verworfenen und so »gottlosen« Nazarener von den Toten auferweckt und sich so mit ihm als seinem Sohn identifiziert hat. »Christusereignis« meint: Gott hat den ins Recht gesetzt, der ohnmächtig »am Holz« hing, zu keiner Leistung mehr fähig. Er hat aus reiner Gnade sich mit dem solidarisiert, der voll unter dem »Fluch des Gesetzes« stand. Kurz: Gerade das Christusereignis hatte Paulus bewußt gemacht, daß er es mit einem Gott zu tun hat, der die »Gottlosen«, Gesetzlosen rechtfertigt und nicht die Hüter der »Werke des Gesetzes«.

Von diesem Ereignis her aber wurde für Paulus der Blick frei für die Tiefe der Geschichte, frei vor allem für Abraham. War dieser nicht genauso anfangs ein »Gottloser«, ein »Gesetzloser«? Hatte Gott den Abraham nicht einst aus freier Gnade genauso gerechtfertigt wie jetzt den gekreuzigten Nazarener im Akt der Auferweckung? Und ist nicht seither jeder Christ frei vom Gesetz, wie Abraham es schon war? Liegt nicht gerade darin der paradoxe »Sinn« des Kreuzes, mit dem Christus die Christen »vom Fluch des Gesetzes freigekauft« hat? Von daher versteht man nun eine *kühne Analogie*, die Paulus im Galaterbrief zieht:

– Wer bedingungslos wie Abraham auf den geheimnisvollen, in seinen Zusagen und Taten unberechenbaren, dem Menschen in seiner Gnade wahrhaftig unbegreiflichen Gott vertraut, ist ein »Sohn Abrahams« (3,7).

– Wer bedingungslos an den geheimnisvollen Gott glaubt, der seine Unbegreiflichkeit und Unberechenbarkeit noch einmal im Akt der Auferweckung des Gekreuzigten von den Toten unter Beweis gestellt hat, ist auch ein »Sohn Gottes in Jesus Christus« (3,26). *Christussohn-*

schaft und Abrahamsnachkommenschaft sind für Paulus nun austauschbar geworden. Der Apostel wörtlich:

> »Ihr seid alle durch den Glauben Söhne Gottes in Christus Jesus. Denn ihr alle, die ihr auf Christus getauft seid, habt Christus (als Gewand) angelegt. Es gibt nicht mehr Juden und Griechen, nicht Sklaven und Freie, nicht Mann und Frau; denn ihr alle seid ›einer‹ in Christus Jesus. Wenn ihr aber zu Christus gehört, dann seid ihr Abrahams Nachkommen, Erben kraft der Verheißung.« (3,26-29)

Damit hatte Paulus klar gemacht: Wer an Gottes Handeln in Jesus Christus glaubt, darf sich Abrahams Kind nennen, partizipiert auch als Nichtjude an Gottes Segen durch Abraham für die Völker. Ja, über den Glauben an Christus wird dieser Segen Gottes wirklich universal. Er bleibt nicht länger auf Israel begrenzt, sondern wird wahrhaft umfassend. Gottes Zusage des Völkersegens an Abraham hat mit Christus und den an ihn glaubenden Menschen aus den Heidenvölkern ihre wahrhaft weltumspannende Dimension erreicht. Abraham hört auf, Heils-Eigentum Israels zu sein, und wird neu befreit zum wirklichen »Vater vieler Völker«. Deshalb kann Paulus sagen:

> »Jesus Christus hat uns freigekauft, damit den Heiden durch ihn der Segen Abrahams zuteil wird und wir so aufgrund des Glaubens den verheißenen Geist empfangen.« (3,14)

Enterbung Israels?

Die Christen als geistige Nachkommen Abrahams: das ist ein durch und durch positiver Satz. Aber hat dieser positive Satz nicht auch eine polemische Kehrseite bei Paulus, zumal im Galaterbrief? Hat sich Paulus nicht gerade in diesem Brief zu einer fatalen antijüdischen Polemik hinreißen lassen? Klingt seine Formel »die, die glauben, sind Söhne Abrahams« nicht auf schlimme Weise christlich-exklusivistisch? Schlimmer noch: Hat Paulus mit seiner gleich folgenden Behauptung, die Schrift rede nur von *einem* Nachkommen Abrahams, und der sei Christus (3,16), Israel nicht völlig aus dem Blick verloren? Und am schlimmsten: Ist nicht mit dem von Paulus noch einmal kurze Zeit später angerichteten »bizarren Ineinander von Allegorie und Typologie«[18] von Hagar, der Sklavin (sie verkörpere das Sklaven-Gesetz vom Berge Sinai und damit das »gegenwärtige Jerusalem«) sowie Sara, der Freien (sie verkörpere das »himmlische Jerusalem«, die Mutter der Christen), der Gipfel des »Antijudaismus« erreicht? Wörtlich schreibt ja Paulus:

> »Ihr, die ihr euch dem Gesetz unterstellen wollt, habt ihr denn nicht gehört, was im Gesetz steht? In der Schrift wird gesagt, daß Abraham zwei Söhne hatte, einen von der Sklavin, den andern von der Freien. Der Sohn der Sklavin wurde auf natürliche Weise gezeugt, der Sohn der Freien aufgrund der Verheißung. Darin liegt ein tieferer Sinn: Diese Frauen bedeuten die beiden Testamente. Das eine Testament stammt vom Berg Sinai und bringt Sklaven zur Welt; das ist Hagar – denn Hagar ist Bezeichnung für den Berg Sinai in Arabien –, und ihr entspricht das gegenwärtige Jerusalem, das mit seinen Kindern in der Knechtschaft lebt. Das himmlische Jerusalem aber ist frei, und dieses Jerusalem ist unsere Mutter.« (4,21-26)

Kann man in der Tat antijüdischer polemisieren? Paulus scheint ja jüdische Glaubensexistenz pauschal zu einer Existenz der Sklaverei zu machen und Juden damit faktisch die Abrahamskindschaft abzusprechen. Wer sich weiter an der Tora orientiert, ist offensichtlich nicht mehr ein Sohn Abrahams und Saras, sondern ein Sohn Hagars, ein Sklavenmensch. Alles also scheint auf eine »Enterbung der unter der Tora verharrenden Juden« hinauszulaufen.[19] Antijüdische christliche Exegese hat sich denn auch dieser Passagen im Galaterbrief reichlich bedient[20] Und jüdische Theologen haben nicht zufällig gegen diese paulinische Deutung Einspruch erhoben: »Um den Galatern jedes Minderwertigkeitsgefühl gegenüber dem alten Bundesvolk radikal auszutreiben, versteigt sich Paulus hier zu einer Exegese, die in den Text der Genesis mehr hineinlegt als ihn auslegt.«[21] Was also?

Jüdische wie antijüdische Lektüre dieser Galater-Texte freilich übersieht: Paulus hat hier nicht Juden allgemein als seine Gegner im Blick, sondern Judenchristen. Von Juden ist in diesem Kontext überhaupt nicht die Rede. Wir deuteten es an: Paulus hat es in diesem Schreiben mit judenchristlichen Missionskonkurrenten zu tun, die offenbar mit der Parole hausieren gegangen waren: Wir sind die wahren Söhne Abrahams, weil wir zusätzlich zum Glauben an Christus auch noch das Gesetz beobachten und das Zeichen des Abrahambundes, die Beschneidung, auf uns nehmen! Der um ein neues Verhältnis zwischen jüdischer und christlicher Theologie hochverdiente katholische Neutestamentler *Franz Mußner* hat deshalb zu Recht betont: »Gegen diesen in den Augen des Apostels völlig unberechtigten Exklusivanspruch seiner Gegner stellt Paulus richtig, wer (unter den Christen!) ›Söhne Abrahams‹ sind: jene ›aus Glauben‹. Nicht den Juden, sondern seinen Gegnern spricht er die wahre Abrahamssohnschaft ab, die jene für sich beanspruchen. In der Auslegung des Galaterbriefs wird häufig übersehen, daß Paulus sich laufend mit der Gegenpredigt, dem Pseudoevangelium seiner Gegner, auseinandersetzt und nicht mit den Juden... Niemals sagt Paulus im Galater- und Römerbrief, daß die Juden von der Segensverheißung Abrahams ausgeschlossen seien«.[22]

In diesem Sinne darf man auch den Satz von *Christus als dem einzigen Nachkommen Abrahams* (3,16) gerade nicht im Sinne einer Enterbung Israels verstehen. Gewiß: Er klingt – höflich formuliert – nach »christlicher Vereinnahmung« (H. D. Betz), in jedem Fall »recht eigenmächtig« (F. Mußner), weniger höflich formuliert nach einem »Taschenspielertrick« (G. Ebeling); aber eine solche Exegese war damals innerjüdisch nicht unüblich. Und auch der Sache nach ist hier keine pauschale Enterbung Israels angezielt. Warum nicht? Weil Paulus hier nichts als ein Kriterium angeben will: ein Kriterium der *Unterscheidung innerhalb Israels* – und zwar zwischen denjenigen, die vor Gott auf die »Werke des Gesetzes« setzen, und denjenigen, die im Geiste Christi und Abrahams auf den »Glauben« setzen. Das ist Provokation Israels durch Differenzierung innerhalb Israels, nicht aber Israels Negation. Später wird Paulus diesen Grundgedanken in den Satz fassen: »Nicht alle, die aus Israel stammen, sind Israel« (Röm 9,6). Mit dem Galater-Kommentator *Hans-Dieter Betz* wird man deshalb sagen können: »Der Beweis muß von zwei Ebenen aus betrachtet werden: als Ganzer soll er zeigen, daß ›die aus Glauben‹, die mit Abraham gesegnet und identisch sind mit denen, die an Christus glauben (3,6-14), auch die Erben des Bundes und der Verheißungen sind. Dies dient jedoch nur als Vorbereitung zu der später folgenden Erörterung. Hier benutzt Paulus den Singular ›Nachkomme‹, um die traditionelle jüdische Interpretation abzuwehren und die Rolle des Erben Christus vorzubehalten. Dies ist natürlich eine christliche Vereinnahmung, aber sie wurde durch den Text der Septuaginta und vielleicht durch jüdisches Denken ermöglicht.«[23]

Juden-Christen: Die universale Perspektive

Doch wie immer der Galaterbrief zu deuten ist – das letzte Wort des Apostels in Sachen Juden, Christen und Abraham ist er ohnehin nicht. Sein letzter *Brief*, der *an die Römer*, um das Jahr 55 geschrieben, setzt gerade in dieser Frage noch einmal grundsätzlich an und kommt zu einer Israel und Kirche gleichermaßen umgreifenden universalen theologischen Konzeption, die bis heute das Vermächtnis des Apostels ist.[24] Hier in diesem Schreiben ist Paulus frei von aller aufgezwungener Apologie, frei auch von allen fragwürdigen Allegoresen und Typologien, frei auch von allen Mißverständnisse provozierenden christologischen Zuspitzungen.

Dieser letzte Brief geht an eine Gemeinde in der Welthauptstadt, die Paulus nicht persönlich kennt, und der er sich deshalb vorstellen muß. Hier ist er ganz auf »seine« Sache konzentriert, die er an Abraham klarmachen will! Und diese Sache heißt: Unterscheidung von »Same« Abrahams und »Kindern« Abrahams nach dem Kriterium des Geistes Gottes, nach dem Kriterium der »Verheißung« (9,7). Diese Sache heißt: Freiheit Gottes, aus reiner Gnade Menschen zu Abrahamskindern zu machen, die darauf keinerlei Anspruch haben. Diese Sache heißt: *das richtige Verhältnis des Menschen zu Gott* im vertrauenden Glauben auf das freie, gnädige Erbarmen Gottes.

Im Römerbrief (Kapitel 4) betont Paulus noch einmal diese entscheidenden Momente, die uns Gelegenheit geben, seine Abraham-Theologie zu bündeln:

(1) Entscheidend für den Menschen vor Gott ist der vertrauende Glaube, nicht die Erfüllung von Gesetzeswerken. Das gilt für Juden gleichermaßen wie für Christen. Denn schon der »leibliche Stammvater Abraham« zeigt für Paulus von allem Anfang an ein Doppeltes: eine ganz konkrete Art des Gottsein Gottes und einen diesem Gottsein Gottes entsprechenden Glauben des Menschen. Christen wie Juden ist dieses gemeinsam, denn der Gott, wie er sich schon dem

Abraham gezeigt hat, hat sich auch in Jesus Christus auf dieselbe Weise wieder gezeigt. Das *Gottsein dieses Gottes* wird darin konkret, daß dieser dem unfruchtbaren Paar Abraham und Sara Nachkommen ermöglicht und daß derselbe Gott den gekreuzigten »Herrn« von »den Toten« auferweckt hat (4,24). Eine kühne Analogie auch hier: So wie Gott die unfruchtbaren Leiber von Abraham und Sara wieder fruchtbar machte und so aus Totem Lebendiges schuf, so hat Gott auch an dem Nazarener gehandelt, indem er ihn aus den Toten in sein neues Leben rief. Gott selbst hat sich damit zu erkennen gegeben als der, der er sein will: der souveräne Schöpfer, der »den Gottlosen gerecht«, die Toten »lebendig« macht und das, »was nicht ist, ins Dasein ruft« (4,5.17). Abraham ist somit auch bei Paulus die archetypische Gestalt radikaler Hoffnungsexistenz, ist Abraham doch der Mensch, der »gegen alle Hoffnung voll Hoffnung« geglaubt hat, »daß er der Vater vieler Völker werde« (4,18).

(2) *Authentisch Glauben* heißt deshalb für Juden wie Christen: Hoffen »gegen alle Hoffnung«, »Nichtzweifeln an der Verheißung Gottes«, Überzeugtsein davon, »daß Gott die Macht besitzt, zu tun, was er verheißen hat« (4,18-21). Christen und Juden haben deshalb strukturell ein und denselben Glaubensakt zu vollziehen, entspricht doch der nach vorne gerichtete Glaube Abrahams (die Verheißungen Gottes müssen ja noch erfüllt werden) dem rückwärtsgerichteten Glauben der Christen, von denen erwartet wird, daß sie an etwas glauben, was Gott bereits getan hat: an die Auferweckung Jesu Christi, ihres »Herrn«. Das Christusereignis stiftet somit nicht einen neuen oder anderen Glauben, sondern fordert für Christen den Glauben, den schon Abraham vorgelebt hat: den Glauben daran, daß Menschen ihr Leben in unbedingtem Vertrauen Gott selbst überantworten können (hebr.: emuna). Wo *so* geglaubt wird, wo »emuna« wirklich gelebt wird, da ist wahre Abrahamkindschaft, da ist auch wahre Christusbruderschaft (vgl. Röm 8,29). Abrahams Glaube erweist sich so als Vorwegnahme desjenigen Glaubens, den Christen praktizieren, wenn sie dem Evangelium von Jesus Christus vertrauen.

(3) Am Problem der *Beschneidung* macht sich Paulus diese Glaubens-Priorität noch einmal klar. Auch für die Rabbinen war ja die Beschneidung Abrahams – wie wir hörten – von theologischer Symbolbedeutung gewesen. Daß Abraham lange Zeit unbeschnitten sein

konnte, erklärten sie als eine Art Entgegenkommen Gottes, um Konvertiten möglichst lange die Chance zu geben, sich dem jüdischen Ritualgesetz zu unterziehen. Bei Paulus umgekehrt: Daß Abraham lange Zeit unbeschnitten war, zeigt für ihn, daß es auf die Beschneidung vor Gott überhaupt nicht ankommt, ist doch Abraham im Zustand der Unbeschnittenheit, als Heide also, von Gott gerechtfertigt worden. Die Beschneidung (und damit »das Gesetz« überhaupt) ist folglich nicht Bedingung der Glaubensgerechtigkeit, sondern bestenfalls deren Ratifikation, deren nachträgliche zeichenhafte Bestätigung. Das aber heißt im Klartext (und man lese dies mit traditionellen jüdischen Augen): Das »Zeichen des Bundes Gottes« (Gen 17,11), ohne das eine Teilhabe an dem Abraham verheißenen Segen undenkbar ist, fällt für Menschen aus den Völkern künftig weg. Sie nehmen nach Paulus bereits aufgrund ihres Christusglaubens am Abrahamssegen teil und sind Glieder des auserwählten Volkes, ohne das geforderte Gotteszeichen der Beschneidung noch länger tragen zu müssen! Was folgt daraus?

(4) Daraus folgt, daß Abraham nicht mehr länger nur der »Vater der Proselyten« bleiben kann, der Vater also der Unbeschnittenen, welche die Beschneidung und damit die Unterwerfung unter das Joch der Tora suchen. Abraham ist für Paulus vielmehr der *Vater aller Heiden*, die, wenn sie an Christus glauben, vor Gott bereits gerechtfertigt dastehen, ohne sich der Halacha unterwerfen zu müssen. Für Heiden ist dies Anlaß zur Dankbarkeit, nicht Überheblichkeit. Heidenchristen haben sich stets bewußt zu bleiben: Sie sind wie die Zweige vom »wilden Ölbaum«, die in den »edlen Ölbaum« eingepfropft wurden, um Anteil zu bekommen an der »Kraft seiner Wurzel« (Röm 11,17). Woraus als Warnung folgt (und wieviel an Blut und Tränen wäre dem Volk der Juden in den kommenden Jahrhunderten erspart geblieben, hätten Christen diesen Satz beherzigt): »Erhebe dich nicht über die anderen Zweige.« Denn: »Nicht du trägst die Wurzel, sondern die Wurzel trägt dich.« (Röm 11,18).

Aber auch hier müssen wir fragen: Hat der Apostel nicht gerade auch im Römerbrief leidenschaftlich gegen sein Volk polemisiert? Hat er nicht gerade hier betont, daß sein eigenes Volk im Festhalten an den »Werken des Gesetzes« auf einem falschen, unheilvollen Weg ist? Hat er nicht gerade hier unmißverständlich vom »Versagen«, von der »Verstockung«, vom »Verschulden« Israels gesprochen? Durchaus! Und kein Zweifel kann daran bestehen, daß seit seinem Damaskus-Erlebnis es das rastlose Bemühen des Apostels war, auch so viele Juden wie möglich vom neuen Heilsangebot Gottes in Jesus Christus zu überzeugen. Israel ist der Erstadressat des Evangeliums! Dieses Evangelium ist ja – so Paulus – »eine Kraft Gottes, die *jeden* rettet, der glaubt, *zuerst* den Juden, aber ebenso den Griechen« (Röm 1,16).

Das alles ist unbestreitbar. Und doch geht der Apostel nie so weit, in seiner Enttäuschung über große Teile Israels diesem die Abrahamskindschaft und damit Gottes Segen und Liebe abzusprechen. Eine Anti-Israel-Auslegung des Römerbriefes ist abwegig. Wir hörten es zu Beginn dieses Kapitels schon: Israel bleibt für Paulus »von Gott geliebt, und das um der Väter willen« (Röm 11,28). Paulus denkt nicht daran, Abrahamskindschaft nun exklusiv als Eigentum der Christen zu reklamieren, sie Juden grundsätzlich zu bestreiten und Judesein damit theologisch zu vergleichgültigen. Nur einem jüdischen Exklusivismus wehrt er, ohne einen neuen christlichen zu errichten. Denn Abraham bleibt nach Paulus weiterhin *Vater der Juden* – freilich jetzt nach einem inhaltlichen Kriterium, dem Kriterium des Glaubens. Abraham bleibt – wie Paulus formuliert – der Vater »jener Beschnittenen, die nicht nur beschnitten sind, sondern auch den Weg des Glaubens gehen, des Glaubens, den unser Vater Abraham schon vor seiner Beschneidung hatte« (4,12). Abraham ist damit für Paulus *»unser aller Vater vor Gott«* (4,17). Auf eine Formel gebracht lautet seine Abraham-Theologie deshalb: Heiden, die an Christus glauben, werden nach Paulus im geistigen Sinn Kinder Abrahams. Die fleischlichen Abraham-Kinder, die Juden, bleiben Kinder Abrahams, indem sie dem Glauben Abrahams folgen, der nicht ein Vertrauen auf die »Werke des Gesetzes« ist, sondern das Vertrauen auf einen Gott, der das Nichtseiende ins Sein ruft und so alle irdischen, menschlichen Maßstäbe und Erwartungen zerbricht und übertrifft.

Diese Abraham-Theologie hatte buchstäblich welthistorische Folgen. Denn Paulus konnte gerade unter Berufung auf Abraham die *universale Dimension jüdischer Theologie* auf seine Weise fruchtbar machen, die im Prozeß der immer stärkeren Halachisierung Abrahams verloren ging. Hier berührt sich das paulinische Denken strukturell am stärksten mit dem Philos, des Zeitgenossen des Apostels.

Beide weisen eine kosmopolitische Perspektive in ihrer Abraham-Theologie auf, ohne freilich im Glaubensverständnis (Rechtfertigung des Gottlosen) identisch zu sein. Paulus ist entschieden der Ansicht: Die Bewegung von Gottes Heil für die Menschheit hat mit der Erwählung Abrahams begonnen, hat ihr endgültiges Ziel aber noch nicht in Israel gefunden, sondern erst in Christus, durch den der durch Abraham vermittelte Segen Gottes sich wirklich als Völker-Segen (nicht bloß als Volks-Segen) durchsetzen konnte. Und wenn die Interpretation des jahwistischen Völkersegens zutrifft, derzufolge das dem Abraham angekündigte Segenswirken Gottes erst unter Einschluß *aller* Geschlechter der Erde zu seinem Ziel gelangt (C. Westermann), dann dürfte der Apostel Paulus hier die Genesis auf seiner Seite haben.

Anders gesagt: Der Jude Paulus streitet wider einen jüdischen Partikularismus zugunsten eines jüdischen Universalismus. Abrahams Segen kann sich durch die Christusverkündigung jetzt auf alle Völker ausdehnen, selbst wenn Israel sich dem Bekenntnis zu Jesus als dem Christus versagt. Denn mit Christus ist die Exklusivität der Heilsvermittlung von Israel genommen, ohne daß »Israel« vom Heil ausgeschlossen wäre und ohne daß dies heidenchristlicher Arroganz Vorschub leisten dürfte. Positiv heißt das: Erst mit Christus hat sich die ursprünglich universale Verheißung Gottes an Abraham als den Vater und Segensmittler der Völker wirklich durchgesetzt, wird doch erst über den Christusglauben die Botschaft vom Gott Abrahams, Isaaks und Jakobs noch einmal ganz anders als beim bisher praktizierten jüdischen Proselytismus buchstäblich bis an die Enden der Erde getragen.

Kurz: Was mit Abraham geschah, geschah nach Auffassung des Paulus »um unseretwillen«, d. h. um aller willen, die an Christus glauben. Mit dem Berliner evangelischen Theologen *Friedrich-Wilhelm Marquardt* läßt sich deshalb zusammenfassend sagen: »Abrahamverheißung und Abrahamvertrauen, aber auch das Wunder der Zeugung durch erstorbene Leiber – sie ›sind geschehen um unseretwillen‹, sie werden uns ›angerechnet‹; will sagen: Sie begründen diejenige Lebensgemeinschaft, in die auch wir (Christen) gehören, insofern auch wir Erfahrung mit dem Gott haben, der Tote erweckt und Jesus von den Toten erweckt hat, und sofern auch wir, wie der Vater

Abraham, diesem Gott glauben und trauen. Auch wir: die ein Jahrtausend und zwei Jahrtausende später Geborenen. Auch wir, auch wenn wir nicht aus dem Geschlecht Abrahams gezeugt sind – in der Nachkommenschaft des Glaubens Abrahams leben auch wir.«[25]

3. Von Abraham zu Jesus – die Segenslinie Gottes

Keiner der neutestamentlichen Autoren hat jemals mehr so grundsätzlich und umfassend über Abrahams Bedeutung für Juden und Christen nachgedacht wie der Apostel Paulus. Was in den übrigen Schriften folgt, sind einzelne wichtige Hinweise, unverzichtbare Spuren, die ernstgenommen werden müssen, aber nicht überschätzt werden dürfen. Auch das gehört zum Gesamtbild: wichtige Schriften des Neuen Testamentes wie die deuteropaulinischen Briefe an die Epheser und Kolosser, aber auch die Pastoralbriefe (die beiden an Timotheus und der an Titus), erwähnen Abraham nicht einmal. In anderen, die ihn erwähnen, ist das leidenschaftliche theologische Feuer eines Paulus längst erloschen. Der *Jakobusbrief* polemisiert offenkundig bereits gegen einen Vulgärpaulinismus, der den »Glauben« simpel gegen die »Werke« ausgespielt hatte, und betont ganz auf der traditionellen jüdischen Linie (Sir 44,19-21, 1 Makk 2,52) unter Hinweis auf Abrahams Opferbereitschaft wieder die Werke als Ausdruck des Glaubens (Jak 2,21).

Im *ersten Petrusbrief* dagegen ist Abraham noch stärker an den Rand gedrängt. Abrahams Frau Sara ist hier moralisierend auf ein Modell für Ehefrauen heruntergekommen, die sich ihren Männern unterwerfen und ihnen gehorchen sollen (1 Petr 3,6). Überhaupt scheint der erste Petrusbrief eines der neutestamentlichen Schreiben zu sein, in dem das »Alte Testament« bereits nicht mehr ein Buch Israels, sondern ein Buch allein der Kirche ist, fehlt hier doch völlig die Vorstellung einer von Israel bis zur Kirche führenden Offenbarungsgeschichte. Was Paulus noch leidenschaftlich umtrieb, spielt hier keine Rolle mehr: Warum muß es »Kirche« geben, obwohl doch »Israel« alles von Gott bekommen hatte? Warum keine Öffnung Israels für Jesus Christus? Der Regensburger Patrologe *Nobert Brox* dürfte deshalb mit seiner Analyse recht haben: »Das Thema Israel ist in die ›Verlustliste‹ paulinischer Erbstücke im ersten Petrusbrief einzutragen. Daß Israel ›die Wurzel‹ der Kirche ist, war hier ›schon‹ nicht mehr aktuell. Der erste Petrusbrief befindet sich auf dem Weg einer theologischen Vergessenheit Israels im Christentum, ohne Polemik und ohne Interesse.«[26]

Und doch hört die theologische Auseinandersetzung um Israel und damit auch um Abraham in anderen christlichen Gemeinden der zweiten und dritten Generation nicht auf. Und zwar auf eine Weise, die nach wie vor einen scharfen Konflikt innerhalb der christlichen Gemeinden verrät. Denn diejenigen Schriften, die Abraham erwähnen, zerfallen deutlich in zwei Gruppen. So heterogene Texte wie die Evangelien des Matthäus und Lukas sowie der Hebräer-Brief sehen Jesus Christus in einer Linie mit Abraham ohne völlige Negation Israels. Das Johannes-Evangelium dagegen wird die Abrahamskindschaft nur noch für die Christen beanspruchen. Sehen wir uns dies genauer an.

Jesus Christus – der »Sohn Abrahams«: Matthäus

Kann man als Christ seine Geschichte von Jesus programmatischer mit Blick auf Abraham beginnen als so?

> »Stammbaum Jesu Christi
> des Sohnes Davids, des Sohnes Abrahams:
> Abraham war der Vater von Isaak,
> Isaak von Jakob,
> Jakob von Juda und seinen Brüdern [...]
> Im ganzen sind es also von Abraham bis David
> 14 Generationen,
> von David bis zur Babylonischen Gefangenschaft
> 14 Generationen
> und von der Babylonischen Gefangenschaft bis zu Christus
> 14 Generationen.« (Mt 1,1f. 17)

Nein, programmatischer kann man wahrlich kaum seine Erzählungen von der Frohen Botschaft des frohen Botschafters anfangen, wenn einem als Autor an zweierlei gelegen ist:

– Der Mann, von dem hier erzählt werden soll, ist nicht irgendeiner aus den »42 Generationen seit Abraham«, sondern der *Messias Israels.*

Deshalb muß seine David-Sohnschaft vor die Abrahams-Sohnschaft gestellt werden; deshalb muß Bethlehem, die Davidstadt, eine Rolle spielen, aus der das Kommen des Messias vom Propheten Micha angekündigt worden war (Mi 5,1 / Mt 2,6); deshalb muß die Verheißung des Propheten Jesaja jetzt als erfüllt herausgestellt werden: »Seht, die Jungfrau wird ein Kind empfangen, einen Sohn wird sie gebären, und man wird ihm den Namen Immanuel geben« (Jes 7,14 / Mt 1,23). Doch zugleich gilt:

– Jesus, der Messias Israels, ist ein *Sohn Abrahams.* Damit soll gesagt werden: Er kommt aus der Tiefe der Geschichte seines Volkes. Er hat sie alle hinter sich als Ahnen in ein und derselben Reihe: Abraham, Isaak und Jakob; Salomo und all die Könige bis zum babylonischen Exil und all die Verwandten vom Exil bis zu Josef, dem leiblichen Vater und Mann Marias. Durch die Stilisierung in 3 mal 14 Generationen soll auf symbolische Weise gleich zu Anfang ein theologischer Grundgedanke herausgestellt werden: Mit Jesus von Nazaret findet kein Bruch in der Geschichte Gottes mit Israel statt, vielmehr geht die große, bei Abraham beginnende Geschichte Gottes mit seinem Volk weiter, ja tritt in eine neue Phase. Jesus Christus steht nicht gegen Abraham, nicht anstelle Abrahams, sondern in einer Linie mit Abraham, als neuer Höhepunkt einer großen Geschichte.

Aber hält Matthäus diese Grundlinie durch, auch, als es bitterernst wird? Schildert sein Evangelium nicht ständig den *Widerstand* vor allem *der Führer des Volkes Israel* gegen Jesus, wobei die Pharisäer als die erbittertsten Gegner Jesu im Vordergrund stehen (23,13-33)? Setzt Matthäus nicht voraus, daß das Judentum im Jahre 70 seine große Niederlage erlitten hat – als Strafgericht für das an dem unschuldigen Jesus vergossene Blut? Höhepunkt der (wirkungsgeschichtlich so fatale) Satz: »Da antwortete das *ganze* Volk: ›Sein Blut komme über uns und unsere Kinder‹« (27,25)? Will also nicht gerade Matthäus auf eine Enterbung Israels hinaus und eine Ersetzung durch die Kirche?

Offenkundig bestätigt wird eine solche Annahme durch den *Streit um die Abrahams-Kindschaft,* den auch Matthäus schildert. Schon dem Täufer Johannes legt er ein entsprechendes polemisches Wort in den Mund. Denn den Pharisäern und Sadduzäern, die zu seiner Bußtaufe kommen, schleudert der matthäische Johannes entgegen:

> »Ihr Schlangenbrut, wer hat euch denn gelehrt, daß ihr dem kommenden Gericht entrinnen könnt? Bringt Frucht hervor, die eure Umkehr zeigt, und meint nicht, ihr könntet sagen: Wir haben ja Abraham zum Vater. Denn ich sage euch: Gott kann aus diesen Steinen Kinder Abrahams machen. Schon ist die Axt an die Wurzel der Bäume gelegt; jeder Baum, der keine gute Frucht hervorbringt, wird umgehauen und ins Feuer geworfen.« (3,7-10)

Das heißt ja im Klartext (und dieser »christliche« Topos ist uns bereits bekannt, aber auch bei Rabbinen vereinzelt anzutreffen): Die rein formale Berufung auf Abraham heißt vor Gott noch gar nichts. Vor Gott sind Umkehr und »gute Früchte« entscheidend. Wer dies zeigt, ist Abrahams Kind. Abrahams-Kindschaft hängt also gerade nicht allein von bloßer Zugehörigkeit zum auserwählten Volk ab, ist nicht schon automatisch garantiert durch Abstammung aus Israel. Die gleiche theologische Leidenschaft, die den Völkerapostel Paulus umtrieb, ist auch hier zu hören: Gott ist frei, Menschen zu Abrahams Kindern zu machen, die völlig außerhalb jeder völkischen und damit gesetzlichen Legitimation stehen. *Abrahams-Kindschaft ist Sache Gottes allein*!

Wie wichtig Matthäus dieser Gedanke offenkundig ist, geht daraus hervor, daß er ihn kurze Zeit später sogar *Jesus* selber in den Mund legt. Und wir verstehen jetzt noch besser, warum Matthäus einen Text aus der Spruch-Quelle wie den eingangs zitierten für sein Evangelium gut gebrauchen konnte:

> »Ich sage euch: Viele werden von Osten und Westen kommen und mit Abraham, Isaak und Jakob im Himmelreich zu Tisch sitzen.« (Mt 8,11)

Matthäus stellt nun dieses Wort in seinen Kontext und konkretisiert dieses Gerichtswort mit einem Heilungswunder, das er ebenfalls der Logien-Quelle entnimmt:

> »Als er nach Kafarnaum kam, trat ein Hauptmann an ihn heran und bat ihn: Herr, mein Diener liegt gelähmt zu Hause und hat große Schmerzen. Jesus sagte zu ihm: Ich will kommen und ihn gesund machen. Da antwortete der Hauptmann: Herr, ich bin es nicht wert, daß du mein Haus betrittst; sprich nur ein Wort, dann wird mein Diener gesund. Auch ich muß

> Befehlen gehorchen, und ich habe selber Soldaten unter mir; sage ich nun zu einem: Geh!, so geht er, und zu einem anderen: Komm!, so kommt er, und zu meinem Diener: Tu das!, so tut er es. Jesus war erstaunt, als er das hörte, und sagte zu denen, die ihm nachfolgten: Amen, das sage ich euch: Einen solchen Glauben habe ich in Israel noch bei niemand gefunden. Ich sage euch: Viele werden von Osten und Westen kommen und mit Abraham, Isaak und Jakob im Himmelreich zu Tisch sitzen ...« (8,5-11)

Deutlich wird: Matthäus verstärkt noch die theologische Pointe dieses frühen Jesus-Wortes, indem er konkret einen Angehörigen des römischen Militärs zum Vergleich heranzieht, einen verachteten Heiden par excellence! Dieser soll nicht nur Jesu messianische Vollmacht illustrieren (Befehl – Wirkung), sondern als *provokative Kontrastfigur* dienen für jeden traditionellen jüdischen Zuhörer. Der Glaube eines Heiden an Jesus als den Messias soll sich in unerhörter Weise von dem Glauben unterscheiden, den Jesus in Israel gefunden hat. Mehr noch: Dieser einzelne Hauptmann ist nur die vorwegnehmende Symbolfigur für die »Vielen aus Ost und West«, die noch kommen werden und die Matthäus – im Unterschied zur Spruch-Quelle – schon vor Augen hat, 10-20 Jahre nach der Zerstörung des Tempels.

Was also? Doch *Enterbung Israels* und Ersetzung durch die Kirche? Denn heißt es nicht auch im Gleichnis von den Winzern (21,33-46), daß die Herrschaft Gottes von Israel »weggenommen« und einem »Volk« gegeben werde, das seine »Früchte« bringe? Heißt es nicht auch im Gleichnis von Königlichen Hochzeitsmahl (22,1-14), daß die Erstgeladenen sich nicht als »wert« erwiesen hätten, so daß der Hochzeitssaal nun mit völlig anderen Gästen »von draußen« angefüllt werden müsse? Und hat nicht der auferstandene Christus bei Matthäus seinen Jüngern aufgetragen, »zu allen Völkern« (28,19) zu gehen und nicht länger bloß – wie es noch vorher im Evangelium hieß – »zu den verlorenen Schafen des Hauses Israel« (10,6)? Noch einmal: Was also?

Doch man muß bei Matthäus schon genau hinschauen, um nicht nur zu entdecken, was er sagt, sondern auch zu durchschauen, was er nicht sagt. Denn auffälligerweise vermeidet Matthäus gerade im Winzergleichnis jede theologische Qualifikation des »Volkes«, das seine Früchte bringt. Von einem »neuen Israel« etwa, das das alte ersetzt hätte, ist keine Rede. Ebenso nicht bei den erstgeladenen Hochzeitsgästen. Sollte dieses Gleichnis die Situation Gemeinde – Synagoge reflektieren, so gilt das Gericht ja hier eindeutig der jetzigen Generation in Israel, aber nicht grundsätzlich Israel als Ganzem. Und der Aussendungsbefehl des Auferstandenen? Er sagt gerade nichts über das definitive Schicksal Israels aus. Die Jünger sind zu den »Völkern« gesandt, ohne daß über Israels Zukunft (etwa wie bei Paulus) Aussagen gemacht würden. Und die Erzählung von der Tischgemeinschaft der Heiden mit Abraham? Auch sie soll Israel nicht ein für allemal vom Heil ausschließen. Die Pointe dieser Szene ist gerade umgekehrt und entspricht hier der des Völkerapostels: *Gott handelt zum Heil der Völker, auch wenn Israel sich versagt.* Das Heil der Völker ist nicht mehr länger an die Vermittlungsrolle Israels gebunden, sondern jetzt ermöglicht durch den Glauben an Jesus Christus. Israel aber ist damit nicht endgültig aus dem Spiel. Denn die »Vielen« erhalten das Heil ja nicht *anstelle* des ungläubigen Israel, sondern *trotz* des ungläubigen Israel. Der Erlanger protestantische Neutestamentler *Jürgen Roloff* hat denn auch hier den entscheidenden Punkt getroffen: »Die Hinzugekommenen ›Vielen‹ scharen sich nicht mehr um das endzeitlich errettete Israel als Mitte. Die Mitte bleibt leer! Gottes geschichtliches Heilshandeln erreicht sein Ziel mit den Weltvölkern, selbst wenn Israel aus ihm herausfällt.«[27]

In der Tat: Matthäus erzählt die Geschichte Jesu und seiner Jünger nicht als Geschichte totaler Verwerfung und völligen Scheiterns Israels, sondern letztlich als *Geschichte der Hoffnung für Israel,* verkörpert in der Gemeinschaft der Jünger. Diese sind und bleiben Teil Israels, stellen sie doch die Gruppe derjenigen Juden dar, die Jesus als Messias Israels erkennen (16,16), bei denen das Wort auf »guten Boden« fällt und die ihre »Früchte« gebracht haben. Ja, durch ihre bleibende Bezogenheit auf Israel bezeugen die Jünger gerade die bleibende *Treue Gottes* zu seinen Verheißungen an sein Volk. Auch den Heiden wird dadurch ermöglicht, sich auf diese Treue einzulassen, ohne daß die Zuordnung von Juden und Heiden in der neuen Kirche Jesu Christi bei Matthäus klarere Konturen oder gar Strukturen hätte. Entscheidend aber: Auch für Matthäus ist es trotz aller Konflikte zwischen Juden und Christen nicht zu einer totalen Diskontinuität zwischen Israel und der Kirche gekommen. Jesus Christus ist und bleibt der Sohn Davids, er ist und bleibt aber auch der Sohn Abrahams ...

Gottes Erbarmen mit Juden und Heiden: Lukas

Bleibt bei Matthäus die genaue Zuordnung von Juden und Heidenchristen unbestimmt, so zielt der Evangelist und erste Geschichtsschreiber der Kirche, *Lukas*, auf eine eindeutige Konzeption: auf eine neue Gemeinschaft von Juden und Heiden in der einen Kirche Jesu Christi. Gewiß: auch der Heidenchrist Lukas zeigt in seinem Evangelium die Spannung zwischen der christlichen Gemeinde und der traditionellen Synagoge, um dann in seiner Apostelgeschichte von der Verkündigung der neuen Botschaft an die Heidenvölker zu berichten. Zugleich aber legt Lukas noch stärker als Matthäus Wert auf die Kontinuität der Geschichte Gottes mit seinem auserwählten Volk, zu dem die nichtjüdischen Heidenvölker jetzt neu hinzugetreten sind.

Das theologisch hier Entscheidende hat auch Lukas an den *Beginn seines Evangeliums* gesetzt, wird doch die Geburt Jesu in der Davidstadt Betlehem in den Rahmen der *innerjüdischen Segensgeschichte* gestellt. Denn bevor Jesus geboren wird, wird er bewußt von Repräsentanten des damaligen Judentums angekündigt oder gespiegelt: von Zacharias, dem Vater Johannes des Täufers, dem Repräsentanten der »Priesterklasse«; von Johannes dem Täufer selber, dem Repräsentanten der innerjüdischen Bußbewegung sowie von Maria, Repräsentantin des einfachen Volkes, die von Gott zu Großem ausersehen ist – aus reiner Gnade, ohne eigenes Verdienst; und nicht zu vergessen vom weisen Simeon. Ihm hat es Lukas vorbehalten, die für ihn entscheidende Doppeldimension des Jesus-Ereignisses gleich zu Beginn des Evangeliums auszusprechen: Jesu Bedeutung für Israel *und* die Völker. Lukas läßt Simeon ausrufen:

> »Nun läßt du, Herr, deinen Knecht,
> wie du gesagt hast, in Frieden scheiden.
> Denn meine Augen haben das Heil gesehen,
> das du *vor allen Völkern* bereitet hast,
> *ein Licht*, das die *Heiden* erleuchtet,
> und die *Herrlichkeit* für dein Volk *Israel*..« (2,29-32)

Gott handelt mit der Sendung des Messias an Israel und den Völkern neu, auf überraschende, nicht mehr für möglich gehaltene Weise: das ist die theologische Pointe aller lukanischen Geschichten rund um die Geburt Jesu. Und man müßte theologisch blind sein, wenn einem nicht *Parallelen zur Geschichte Abrahams* sogleich in den Sinn kämen. Denn hatte Gott nicht an Abraham genauso überraschend gehandelt? Dem Wanderer ohne Heimat, dem ein »Land« verheißen wird; dem unbedeutenden Fremden, der zum Instrument von Gottes Plan für die Völker wird; dem kinderlosen Greis, der dennoch ein großes Volk hervorbringen wird? Parallelen zwischen Abrahams hochbetagter Frau Sara und Zacharis' hochbetagter Frau Elisabeth sollen denn auch mit Händen gegriffen werden können. Marias Überraschung bei der Engelsankündigung sowie Abrahams und Saras Überraschung beim Erscheinen der drei Engel im Mamre: Analogien sollen sich aufdrängen. Die gesamte vorgeburtliche Geschichte Jesu ist denn auch von Lukas anspielungsreich nach der Abraham-Sara-Erzählung konzipiert. Jedem Hörer oder Leser sollen die Entsprechungen ins Auge fallen. Und so kann es nicht überraschen, daß am Ende des später berühmten Lobgesangs der Maria über die Dialektik des Handelns Gottes Abraham ausdrücklich auftaucht:

> »Er nimmt sich seines Knechtes Israel an
> und denkt an sein Erbarmen,
> das er unseren Vätern verheißen hat,
> Abraham und seinen Nachkommen auf ewig.« (1,54f)

Und so kann es ebensowenig überraschen, wenn auch der Priester Zacharias, der Vater Johannes' des Täufers, in der unerwarteten Geburt seines Sohnes die Treue Gottes bestätigt sieht, die im Bund mit Abraham grundgelegt worden war. Unübersehbar läßt Lukas hier Zacharias auf Psalm 105 Bezug nehmen, der jetzt noch stärker auf Abraham bezogen wird (gilt doch der Eid Gottes hier Abraham und nicht wie in Psalm 105,9 Isaak):

> »Er hat das Erbarmen mit den Vätern an uns vollendet
> und an seinen heiligen Bund gedacht,
> an den Eid, den er unserm Vater Abraham geschworen hat;
> er hat uns geschenkt, daß wir aus Feindeshand befreit,
> ihm furchtlos dienen.« (1,72f)

Beide Texte enthalten ein und dieselbe theologische Sinnspitze: In Jesus, dem Messias Israels, tritt von Gott her nichts völlig Neues, sondern das erneut zutage, was Gott zuvor schon an Abraham geübt hatte: *Gnade und Erbarmen für Israel*, was in der gegebenen politischen Situation nur konkret die messianische Befreiung des jüdischen Volkes von der Fremdherrschaft bedeuten kann. Gottes Verheißung an Abraham, sein Bund, sein Eid, den er Abraham geschworen hat: das alles ist mit dem Auftreten Jesus von Nazarets nicht hinfällig, abgestorben, ausgezehrt, sondern wird erneut lebendig, bestätigt, fruchtbar. Gott hat das Erbarmen mit den Vätern jetzt *»vollendet«* ...!

Von Abraham zu Jesus also eine große Segenslinie Gottes für sein Volk. Jetzt kann das Volk – mit den Worten des Zacharias – »erlöst« und von den Feinden »errettet« werden. Jetzt wird dem Volk das lang ersehnte »Heil« und die »Vergebung der Sünden« zuteil – im Lichte der »barmherzigen Liebe unseres Gottes« (1,78). Jetzt werden – in den Worten Marias – die Hochmütigen zerstreut, die Mächtigen vom Thron gestürzt, die Niedrigen erhöht, die Hungernden mit Gaben beschenkt und die Reichen leer nach Hause geschickt. Warum? Weil Gott sein »Erbarmen« nicht vergessen hat. Nichts vergessen hat von dem, was er den Vätern Israels einstmals verheißen. Die *Segensquelle »Abraham«*: sie ist noch aktiv, die Energie von Erbarmen, die sich bei den Vätern »angestaut« hat: sie ist jetzt wieder spürbar, da Jesus, der Messias, gekommen ist – als Kulmination jüdischer Geschichte, als Erfüllung von Gottes Verheißung an Abraham.

Diese im »Magnificat« schon angesprochene *sozialkritische Dimension* der Verkündigung des Evangeliums findet Entsprechungen dann auch im weiteren Text. Denn es ist auffällig, daß der lukanische Jesus einfache Menschen aus dem Volk direkt als »Tochter Abrahams« oder »Sohn Abrahams« anredet. Eine Frau, die seit 18 Jahren mit verkrümmtem Rücken leben muß, unfähig, aufrecht zu gehen, heilt Jesus auch am Sabbat zur Empörung eines Synagongenvorstehers. Von Jesus bekommt dieser zur Antwort:

> »Ihr Heuchler! Bindet nicht jeder von euch am Sabbat seinen Ochsen oder Esel von der Krippe los und führt ihn zur Tränke? Diese Tochter Abrahams aber, die der Satan schon seit 18 Jahren gefesselt hielt, sollte am Sabbat nicht davon befreit werden dürfen?« (13,15f)

Und auch den Zöllner Zachäus, der wegen seines Berufes allgemein verachtet wurde, wertet der lukanische Jesus dadurch auf, daß er ihn eigens als »Sohn Abrahams« herausstellt und ihm *so* das Heil zusagt:

> »Heute ist diesem Haus das Heil geschenkt worden, weil auch dieser Mann ein Sohn Abrahams ist. Denn der Menschensohn ist gekommen, um zu suchen und zu retten, was verloren ist.« (19,9f)

Lukas zeigt damit: Für seinen Jesus ist kein sozialer Stand mit dem »Heil« unvereinbar. Tochter oder Sohn Abrahams zu sein, ist kein Privileg der Angesehenen und Begüterten, sondern hängt allein von Gottes gnädiger Zuwendung zu allen Menschen ab, gerade auch zu den Verkrüppelten und Verachteten, denen »der Menschensohn« sich in einzigartiger Weise zuwendet, er, die inkarnierte Menschenfreundlichkeit Gottes selber.

Diese sozialkritische Dimension verbindet sich freilich bei Lukas mit einer weit größeren: der *Kontroverse um Jesu Akzeptanz in seinem Volk.* Schlüsseltext: das Gleichnis vom armen Mann und dem reichen Lazarus (16,19-31). Hier spielt Abraham eine theologisch noch entscheidendere Rolle. Worum geht es? Es geht um einen Reichen, der während seines Erdenlebens unbekümmert und rücksichtslos seinen Wohlstand genossen hat. Er stirbt und fristet nun ein qualvolles Leben in der Unterwelt, während der vorher armselige Lazarus nach seinem Tod friedlich »in Abrahams Schoß« ruhen darf. Der Reiche versucht nun, Abraham als Fürsprecher zu gewinnen, um für seine Qualen etwas Erleichterung zu erlangen. Was aber passiert? Abraham lehnt hier die Rolle des Fürsprechers ab, ja weigert sich sogar, einem weiteren Wunsch des Reichen nachzukommen: dem Wunsch nach Warnung der noch Lebenden, damit diese nicht das gleiche Schicksal erlitten wie er. Die entscheidende Passage lautet:

> »Da sagte der Reiche: Dann bitte ich dich, Vater (Abraham), schick ihn (Lazarus) in das Haus meines Vaters! Denn ich habe noch fünf Brüder. Er soll sie warnen, damit nicht auch sie an diesen Ort der Qual kommen. Abraham aber sagte: Sie haben Mose und die Propheten, auf die sollen sie hören. Er erwiderte: Nein, Vater Abraham, nur wenn einer von den Toten zu ihnen kommt, werden sie umkehren. Darauf sagte Abraham: Wenn

sie auf Mose und die Propheten nicht hören, werden sie sich auch nicht überzeugen lassen, wenn einer von den Toten aufersteht.« (Lk 16,27-31)

Unübersehbar enthält auch dieses Gleichnis zunächst eine sozialkritische Spitze. Der katholische Exeget *Peter Dschulnigg* hat darauf in seiner wichtigen Studie über rabbinische Gleichnisse und das Neue Testament aufmerksam gemacht: »Die den Tod überdauernde Zugehörigkeit zu Abraham ... entscheidet sich allein im Leben vor dem Tod und wird besonders an der Praxis des Teilens mit den geschundenen Benachteiligten gemessen, die krank und arm auf die barmherzige Güte der Reichen angewiesen sind. Nach dem Tod ist eine lebenslange Entscheidung gegen die Armen nicht mehr revidierbar. Wer aber zum Bundesvolk gehört, ... weiß, worauf es ankommt und woran sich die selige Zugehörigkeit zu Abraham bemißt.«[28]

Aber die entscheidende *theologische Pointe* dieses Textes geht weit darüber hinaus. Denn die Gemeinde des Lukas macht sich mit dieser Geschichte das *Scheitern des Glaubens Israels* an Jesus als den gekreuzigten und auferweckten Messias klar – und zwar mit Berufung auf die Autorität des Abraham, dem ja – wie wir hörten – innerjüdisch im Endgericht die Rolle des Fürsprechers Israels vor Gott zugewachsen war. Das für einen Juden aber Schockierende passiert hier: Abraham lehnt jede Fürsprache für den Reichen ab. Und der Reiche ist hier zweifellos auch ein Sinnbild des vor Gott »eigentlich« reichen Israel, während der »arme Lazarus« die abgelehnte und marginalisierte christliche Gemeinde widerspiegelt. Jeder jüdische Adressat sollte damit hören: Wer Jesus als Messias ablehnt, zieht sich auch die Ablehnung Abrahams zu. Er kann nicht mit Abrahams Fürsprache im Endgericht rechnen. Im Gegenteil: Abraham steht auf der Seite der Verworfenen, Verachteten und an den Rand Gedrängten. Und das gilt aus der Perspektive des Lukas nicht nur für soziale Gruppen *in* Israel, die ausgegrenzt sind, das gilt auch für ganze Völker *außerhalb* Israels, die zu den Verachteten gehören. Für ihre Aufwertung und Integration in Gottes Geschichte mit seinem Volk tritt Lukas, der Heidenchrist, nun ganz entschieden ein, nachdem die christliche Verkündigung an Israel weitgehend gescheitert ist. Jesus – er wird bei Lukas in der Tat immer mehr zum Licht, das die Heiden erleuchtet.

Und wir sind Zeuge dieses Prozesses der Erleuchtung der Heiden, genauer dieses Plädoyers für die theologische Legitimität des Heidenchristentums, in der lukanischen Apostelgeschichte.

Der Schlüsseltext in der *Apostelgeschichte* für unsere Frage ist die Rede des Paulus in der Synagoge von Perge (Apg 13,13-52). Der Apostel – so schildert ihn Lukas – ist seiner Gewohnheit nach zunächst in die Synagoge der Stadt gegangen, aus der Überzeugung, daß das Wort Gottes, das für ihn auch das Wort von Jesus Christus ist, zuerst den Juden verkündet werden müsse (13,46). Auf die übliche Aufforderung des Synagogenvorstehers, »ein Wort des Trostes für das Volk« zu sprechen, ergreift Paulus denn auch die Gelegenheit, sein Evangelium zu erläutern, und zwar so, daß er es in die große Geschichte Gottes mit seinem Volk integriert. Ausdrücklich redet Paulus die Besucher der Synagoge deshalb als »Söhne aus Abrahams Geschlecht« an. Ausdrücklich betont er, daß Jesus von den Einwohnern und Führern *Jerusalems* »nicht erkannt«, unschuldig verurteilt und gekreuzigt worden sei, Jerusalems, nicht ganz Israels. Gott aber habe Jesus von den Toten auferweckt! Der Gott Israels habe damit »die Verheißung, die an die Väter ergangen« sei, an »uns, ihren Kindern, erfüllt«! Durch Jesus Christus also werde jetzt »die Vergebung der Sünden verkündet«. Denn in allem, worin das Gesetz des Mose »nicht gerecht machen« könne, werde »jeder, der glaubt, durch ihn gerecht gemacht«.

Diese Predigt in der Synagoge aber hatte nicht die von Paulus erhoffte Wirkung. Statt zu integrieren polarisierte sie. Zwar schlossen sich »viele Juden und fromme Proselyten« dem Glauben an Jesus als den Christus an, andere aber »wurden eifersüchtig, widersprachen den Worten des Paulus und stießen Lästerungen aus«. Lukas läßt seinen Paulus deshalb einen Akt von tiefgreifender Symbolik vollziehen: Er wendet sich mit seiner Verkündigung von den Juden ab und den Heiden zu. Wörtlich heißt es an die Adresse von Juden – und wieder wird das Licht- und Erleuchtungsbild des Propheten Jesaja argumentativ gezielt eingesetzt:

> »Euch mußte das Wort Gottes zuerst verkündet werden. Da ihr es aber zurückstoßt und euch des ewigen Lebens unwürdig zeigt, wenden wir uns jetzt an die Heiden. Denn so hat uns der Herr aufgetragen: ›Ich habe dich zum Licht für die Völker

> gemacht, bis an das Ende der Erde sollst du das Heil sein.‹ Als die Heiden das hörten, freuten sie sich und priesen das Wort des Herrn; und alle wurden gläubig, die für das ewige Leben bestimmt waren. Das Wort des Herrn aber verbreitete sich in der ganzen Gegend. Die Juden jedoch hetzten die vornehmen gottesfürchtigen Frauen und die Ersten der Stadt auf, veranlaßten eine Verfolgung gegen Paulus und Barnabas und vertrieben sie aus ihrem Gebiet.« (13,46-50)

Deutlich soll ein Doppeltes werden:

(1) Gerade auch der Heidenchrist Lukas kann nicht davon absehen, daß sowohl durch die Verkündigung Jesu selber (geschildert in seinem Evangelium) als auch durch die Verkündigung von Jesus als dem Christus (geschildert in seiner Apostelgeschichte) ein Prozeß der *Scheidung in Israel* eingesetzt hat, da die christliche Botschaft im Gottesvolk nun einmal polarisierende Wirkung hatte. Schon dem neugeborenen Jesus war ja in diesem Evangelium prophezeit worden, er sei »zum Fall und Aufstehen vieler in Israel« bestimmt, er werde ein »Zeichen des Widerspruchs« (Lk 2,34) werden. Und weil der Widerspruch vor allem bei den Führern und Autoritäten des jüdischen Volkes (nicht beim einfachen Volk selber) so groß war, mußte die neue Heilsverkündigung auf die Heidenvölker übergehen, was nach Auffassung des Lukas aber schon in den Verheißungen »an die Väter« grundgelegt ist. Das aber heißt umgekehrt:

(2) Auch für Lukas sind die Verheißungen Gottes »an die Väter« mit dem Christus-Ereignis nicht hinfällig, sondern nach wie vor gültig. Israel behält seinen heilsgeschichtlichen Vorrang. Die Heidenchristen kommen zum Volk Gottes hinzu, sind Nutznießer der ursprünglichen Verheißungen an Israel. Ganz ähnlich wie Paulus benutzt Lukas Abraham dabei nicht für den Ausschluß der Juden aus dem Volke Gottes, er benutzt Abraham vielmehr, »um jüdische Inklusivität zu qualifizieren. Er qualifiziert sie, indem er vom traditionellen Grund solcher Inklusivität Abschied nimmt: physische Abstammung.«[29]

Lukas erweist sich damit unter den neutestamentlichen Schriftstellern der dritten Generation als derjenige, der das stärkste Interesse an Israel zeigt. Eine speziell im Heidenchristentum der dritten Generation (1. Petrusbrief!) verbreitete Israelvergessenheit ist seine Sache nicht. Denn die Kirche wird nach wie vor von ihm als »Israel« begriffen, freilich als das von Gott endzeitlich versammelte, erneuerte und vollendete Israel. Vollendet, weil durch Jesus Christus das durch Israel vermittelte Heil jetzt wahrhaft globale Universalität erreicht hat. *Jürgen Roloff* hat auch hier das Entscheidende herausgestellt: »In ihr (der Kirche) stehen nicht Judenchristen und Heidenchristen als *zwei Gottesvölker nebeneinander*, sondern sie ist das *eine Volk Gottes*, in dessen Existenz sich die Verheißungen Gottes für Israel erfüllt haben und in dem Gottes Geschichte mit Israel ihre Weiterführung und Vollendung erfährt.«[30]

Abraham – Vorbild des Glaubens: Der Brief an die Hebräer

War schon Lukas bemüht, erzählerisch eindrucksvoll die große Kontinuität des Christusereignisses in der Geschichte Israels zu begründen, so ist dies alles nichts an theologischer Brillanz im Vergleich zu einem neutestamentlichen Autor, der uns namentlich unbekannt ist, uns aber den Brief »an die Hebräer« hinterlassen hat.[31] In der Meisterschaft der Bearbeitung jüdisch-theologischen Erbes läßt er sich von niemandem übertreffen. Auch wenn wir ihn als Individuum nicht kennen, so läßt seine kunstvoll arrangierte Zitatencollage aus dem Ersten Testament dennoch vermuten, daß es sich bei ihm um einen hochgebildeten hellenistischen Judenchristen handelt. Er beherrscht die midraschische Auslegungskunst souverän (3,7-4,11), zitiert wie selbstverständlich die Septuaginta, zieht eine Überfülle von Beispielen aus der Hebräischen Bibel heran und läßt in vielen Einzelheiten Berührungen mit dem Denken Philos von Alexandrien erkennen.

Für die Einschätzung des Briefes außerdem wichtig: Der Verfasser gehört offenkundig zur zweiten oder dritten Generation von Christen, die jetzt schon auf die »apostolische Zeit« zurückblicken kann. Es ist ein Blick zurück im Zorn, zumindest in Sorge und Angst. Denn der Verfasser zeigt sich durch den ganzen Brief hindurch zutiefst beunruhigt über die *nachlassende Glaubensstärke* unter den Christen seiner Epoche. Sein Schreiben ist denn auch voll von dringenden Appellen, Beschwörungen, Ermahnungen, ja Drohungen.

Rekonstruieren wir richtig, dann dürfte die Situation in vielen

Ortskirchen der damaligen Zeit bereits die folgende gewesen sein: Das Christusereignis, das für Heidenchristen die Freiheit von den »Werken des Gesetzes« begründete, scheint für viele bereits zum Alibi geworden zu sein, um im Eifer für Gott nachzulassen. Kommentatoren haben denn auch nicht zu Unrecht im Hebräer-Brief »eine Schrift gegen die Lässigkeit der nachapostolischen Zeit« vermutet, da ein gewisser »Erkenntnisschwund« die Gemeinde bedrohe, ein Schwund, den unser Verfasser durch »eine Art Wiederholungskurs« zu beheben suche.[32] Diese Stichworte helfen uns weiter: »Erkenntnisschwund« einerseits und »Wiederholungskurs« andererseits.

Denn wie versucht der Verfasser der Lässigkeit der nachapostolischen Zeit zu begegnen? Antwort: Durch Ankündigung eines furchtbaren Gerichtes einerseits (Spitzensatz: »Es ist furchtbar, in die Hände des lebendigen Gottes zu fallen«: 10,31), sowie durch Erinnerungsarbeit andererseits. Erinnerung an große Glaubensvorbilder aus der jüdischen Geschichte, die mit ähnlichen Schwierigkeiten zu kämpfen hatten und trotz allem am Glauben festgehalten haben. Und entscheidend dabei: Das ganze Schreiben ist mit einem großen *christologischen Vorzeichen* versehen, soll doch Jesus Christus hier als Voraussetzung und Gipfelpunkt der jüdischen Geschichte gepriesen werden – den »Hebräern« gegenüber, denen also, die mit der jüdischen Geschichte bestens vertraut sind.[33] Deshalb lautet schon der erste Satz programmatisch:

> »Viele Male und auf vielerlei Weise hat Gott einst zu den Vätern gesprochen durch die Propheten; in dieser Endzeit aber hat er zu uns gesprochen durch den Sohn, den er zum Erben des Alls eingesetzt und durch den er auch die Welt erschaffen hat.« (1,1f)

Mit dieser christologischen Hermeneutik liest der Verfasser nun die gesamte jüdische Geschichte, und Abraham fällt dabei eine wichtige Rolle zu. Denn ähnlich wie Lukas und Paulus läßt der Autor keinen Zweifel daran, daß mit der Menschwerdung Jesu Christi Gott sich »der Nachkommen Abrahams« (2,16) erneut angenommen habe. Das Erscheinen Jesu Christi zielt also auch hier nicht auf Israels Auslöschung, sondern auf *Israels Erneuerung*, auf ein Israel, dem Gottes Verheißung ungebrochen gilt. Auf dieser christologischen und heilsgeschichtlichen Basis wird Abraham nun in diesem Schreiben für drei zentrale Themen in Anspruch genommen:

Thema I: Ausdauer und Treue im Glauben. Angesichts des nachlassenden Eifers unter Christen reaktiviert der Verfasser ein im nachexilischen Israel klassisch gewordenes Abraham-Bild: Abraham als Beispiel für Glaubensausdauer und Verheißungstreue, deren Quelle Gott selber war. Christen könnten obendrein einer zweiten unwiderruflichen Tat Gottes vertrauen: Jesus Christus. Umso weniger Grund, im Engagement für den Glauben nachzulassen. Wörtlich heißt es:

> »Als Gott dem Abraham die Verheißung gab, ›schwor er bei sich selbst‹, da er bei keinem Höheren schwören konnte, und sprach: ›Fürwahr, ich will dir Segen schenken in Fülle und deine Nachkommen überaus zahlreich machen‹. So erlangte Abraham durch seine Ausdauer das Verheißene. Menschen nämlich schwören bei dem Höheren; der Eid dient ihnen zur Bekräftigung und schließt jeden weiteren Einwand aus; deshalb hat Gott, weil er den Erben der Verheißung ausdrücklich zeigen wollte, wie unabänderlich sein Entschluß ist, sich mit einem Eid verbürgt. So sollten wir durch zwei unwiderrufliche Taten, bei denen Gott unmöglich täuschen konnte, einen kräftigen Ansporn haben, wir, die wir unsere Zuflucht dazu genommen haben, die dargebotene Hoffnung zu ergreifen.« (6,13-18)

Thema II: Jesus Christus als der wahre Hohepriester. Wie kein anderes Buch oder kein anderer Brief des Neuen Testamentes enthält der Hebräer-Brief eine spezifische Opfer- und Priester-Christologie. Die Einzelheiten müssen uns hier nicht beschäftigen. Wir konzentrieren uns auf den Grundgedanken, bei dem Abraham eine Schlüsselrolle spielt, und zwar durch sein *Verhältnis zum Priester Melchisedek.* Dieser ist ja – wie wir hörten – im Buche Genesis als »König von Jerusalem« und Priester des »höchsten Gottes« (nicht Jahwes, sondern des höchsten kananäischen Gottes!) erwähnt. Wir deuteten es schon an: Melchisedek taucht in der Genesis ebenso plötzlich auf, wie er wieder verschwindet. Er segnet Abraham, und Abraham gibt ihm »den Zehnten von allem« (Gen 14,18-20). Melchisedek – er ist eine rätselhafte Gestalt, von der man nicht weiß, woher sie kommt, und die wieder ins Schweigen zurücktritt, ohne daß man weiß, wohin sie geht. Schon in der Genesis also fällt diese Figur aus dem Rahmen der sonstigen Abraham-Erzählungen heraus: ein Mann ohne Stammbaum, dessen Anfang man nicht kennt und dessen Ende unbekannt bleibt.

Der Verfasser des Hebräer-Briefes aber gewinnt ausgerechnet dieser Gestalt eine theologisch-christologische Pointe ab, und zwar *gegen das legitime jüdische Priestergeschlecht*: die Leviten mit ihrem Stammvater Aaron, dem Bruder des Mose (vgl. Ex 4,14). Hören wir zunächst in diesen theologisch komplizierten Text hinein:

> »Dieser ›Melchisedek, König von Salem und Priester des höchsten Gottes‹; er, der ›dem Abraham, als dieser nach dem Sieg über die Könige zurückkam, entgegenging und ihn segnete‹, und welchem Abraham ›den Zehnten von allem‹ gab; er, dessen Name ›König der Gerechtigkeit‹ bedeutet und der auch ›König von Salem‹ ist, das heißt ›König des Friedens‹; er, der ohne Vater, ohne Mutter und ohne Stammbaum ist, ohne Anfang seiner Tage und ohne Ende seines Lebens, ein Abbild des Sohnes Gottes; dieser Melchisedek bleibt ›Priester für immer‹. Seht doch, wie groß der ist, dem selbst Abraham, der Patriarch, ›den Zehnten‹ vom Besten der Beute ›gab‹! Zwar haben auch die von den Söhnen Levis, die das Priesteramt übernehmen, den Auftrag, den gesetzmäßigen Zehnten vom Volk zu erheben, das heißt von ihren Brüdern, obwohl auch diese aus Abraham hervorgegangen sind; jener aber, der seinen Stammbaum nicht von ihnen herleitet, hat von Abraham ›den Zehnten‹ genommen und den Träger der Verheißungen ›gesegnet‹. Zweifellos wird aber immer der Geringere von einem Höheren gesegnet. Und in dem einen Fall nehmen den Zehnten sterbliche Menschen, im andern aber einer, von dem bezeugt wird, daß er lebt. Und in Abraham hat sozusagen auch Levi, der den Zehnten nimmt, den Zehnten entrichtet; denn er war noch im Leib seines Stammvaters, als ›Melchisedek ihm entgegenging‹«. (7,1-10)

Die hier gezogenen Linien sind zunächst verwirrend und können nur verstanden werden, wenn man sie im einzelnen auseinandernimmt. Wir wollen es versuchen:

– Da ist die Linie *Melchisedek – Christus.* Dem Verfasser kommt es darauf an, den Priester Melchisedek, den Mann »ohne Anfang seiner Tage und ohne Ende seines Lebens«, zum »Abbild« des präexistenten und postexistenten »Sohnes Gottes« Jesus Christus zu machen und damit zum Gegenbild des etablierten jüdischen Priestertums aus dem Stamme des Levi »nach der Ordnung des Aaron«. Gesagt werden soll damit: Dieser Melchisedek ist »Priester für immer«, dessen Priestertum wichtiger, weil früher ist als das levitische, und das nur noch übertroffen wird durch den letzten Hohenpriester: Jesus Christus. Der Fluchtpunkt der Argumentation ist also: Das rechte Verhältnis zu Gott wird nicht mehr über das bisherige Priestertum hergestellt, sondern jetzt aufgrund des Glaubens an Jesus Christus. Nach ihm sind Opferpriestertum und Tempelkult unnötig.

– Da ist die Linie *Melchisedek – Abraham.* Melchisedek ist dadurch aufgewertet, daß Abraham ihm »den Zehnten« gab und er Abraham segnen konnte, obwohl er völlig außerhalb jeder üblichen priesterlichen Legitimationskette steht. Andererseits: Melchisedek ist ein sterblicher Mensch. Übertroffen wird er deshalb nur von dem einen, »von dem bezeugt wird, daß er lebt«. Und dieser eine ist der auferstandene Jesus Christus. Der Fluchtpunkt der Argumentation ist also: Schon der Stammvater Abraham zeigt, daß es auf das traditionelle Priestertum vor Gott nicht ankommt, sonst hätte er sich Melchisedek gegenüber nicht so verhalten. Schon Abraham hat damit jedes spätere priesterliche Legitimationsdenken aufgebrochen. Dieses wird jetzt definitiv überwunden durch Jesus Christus, der der ewige, unsterbliche Hohepriester ist.

– Da ist die Linie *Abraham – Levi.* Levis Bedeutung wird dadurch relativiert, daß Abraham früher lebte als Levi. Schon dadurch hat Abraham vor Levi den Vorrang. Und indem Abraham dem Priester Melchisedek »den Zehnten« gab (und nicht etwa Levi), macht er vollends deutlich, daß es auf den priesterlichen »Stammbaum« vor Gott nicht ankommt. Das Levitische ist gewissermaßen schon »in Abraham« enthalten, so daß auf Levis Rolle im Grunde verzichtet werden kann.

Alles läuft also in diesem Kapitel auf die *Legitimierung des Christusglaubens* hinaus als der wahren Verbindung zu Gott. Abraham hat dabei, ähnlich wie bei Paulus, eine innerjüdische Schlüsselrolle. Denn wie Paulus unter Verweis auf Abraham die Heilsexklusivität der Tora-Observanz aufbrechen wollte, so versucht der Verfasser des Hebräer-Briefs, mit Abraham den Heilsanspruch des jüdischen Priestertums »aus den Angeln« zu heben. Als Hebel benutzt er dazu die Achse Melchisedek – Abraham – Christus. Ziel der Argumentation ist der Nachweis: Christus ist der einzige und letzte Hohepriester, dessen Opfer am Kreuz ein für allemal die Menschen mit Gott versöhnt hat, so daß sie der vielen kleinen Opfer (im Tempel) künftig nicht mehr bedürfen, zumal dieser Tempel untergegangen ist. Abraham gibt dieser Aussage die nötige innerjüdische Legitimation, indem er durch sein Verhalten gegenüber Melchisedek schon zeigte: Nicht auf eine lückenlose priesterliche Abstammung kommt es an, um die Versöhnung mit Gott herzustellen. Entscheidend ist der Glaube an Jesus Christus, der in einem letzten, persönlichen Opfer die Menschen mit Gott versöhnte, so daß es weiterer Opfer im Tempel sowie weiterer priesterlicher Dienste nicht mehr bedarf.

Thema III: Abraham ist Vorbild wahrhaftigen Glaubens. Der Hebräer-Brief ist nicht nur ein Lehrschreiben, er ist auch ein Droh- und Erinnerungsschreiben – wir deuteten dies eingangs an. Und im Zuge der Erinnerungsarbeit taucht denn auch Abraham mehrmals auf. Höhepunkt das Kapitel 11, in dem Abraham als Teil einer »Wolke von Zeugen« (12,1) aus der jüdischen Geschichte fungiert. Was soll erinnert werden? Wahrhaftiges Glauben! Was ist dieses Glauben? Antwort des Hebräer-Briefs: »Glaube ist: Feststehen in dem, was man erhofft, Überzeugtsein von Dingen, die man nicht sieht« (11,1).

Mit diesem Leitsatz nun liest der Verfasser die jüdische Geschichte als eine Geschichte des Glaubens. Schon »die Alten« *vor* Abraham: Abel, Henoch und Noah hatten diesen Glauben. Ebenso die großen Zeugen *nach* Abraham: von Isaak über Mose bis Daniel und die Propheten. Erst recht aber Abraham und Sara:

> »Aufgrund des Glaubens gehorchte Abraham dem Ruf, ›wegzuziehen‹ in ein Land, das er zum Erbe erhalten sollte; und ›er zog weg‹, ohne zu wissen, wohin er kommen würde.
> Aufgrund des Glaubens ›hielt er sich als Fremder im‹ verheißenen ›Land‹ wie in einem fremden Land ›auf‹ und wohnte mit Isaak und Jakob, den Miterben derselben Verheißung, in Zelten; denn er erwartete die Stadt mit den festen Grundmauern, die Gott selbst geplant und gebaut hat.
> Aufgrund des Glaubens empfing selbst Sara die Kraft, trotz ihres Alters noch Mutter zu werden; denn sie hielt den für treu,

> der die Verheißung gegeben hatte. So stammen denn auch von einem einzigen Menschen, dessen Kraft bereits erstorben war, viele ab: ›zahlreich wie die Sterne am Himmel und der Sand am Meeresstrand, den man nicht zählen kann‹. [...]
> Aufgrund des Glaubens ›brachte Abraham den Isaak dar, als er auf die Probe gestellt wurde‹, und gab den ›einzigen Sohn‹ dahin, er, der die Verheißungen empfangen hatte und zu dem gesagt worden war: ›Durch Isaak wirst du Nachkommen haben‹. Er verließ sich darauf, daß Gott sogar die Macht hat, Tote zum Leben zu erwecken; darum erhielt er Isaak auch zurück. Das ist ein Sinnbild.« (11,8-12.17-19)

Gewiß: was »Glauben« meint, zeigt für den Verfasser des Hebräer-Briefes letztlich und definitiv Jesus Christus. Denn dieser – Gipfelpunkt in der langen Glaubensgeschichte Israels – wird als der »Urheber und Vollender« des Glaubens (12,2) bezeichnet. Doch zugleich hätte sich der Autor die ganze »Wolke« jüdischer Zeugen sparen können, wenn er nicht der Meinung gewesen wäre [34]:
– Wahrhaftiges Glauben kommt für Christen nicht erst durch Christus; wahrhaftiges Glauben gab es schon in Israel durch die ganze Geschichte hindurch. Deshalb gilt:
– Wer als Christ an Gott in Jesus Christus glaubt, glaubt zugleich wie Abel und Noah, wie Abraham und Sara, wie Jakob und Mose, wie David und die Propheten.
– *Wahrhaftiges Glauben* meint auch *für Christen*: Festhalten an dem, was man erhofft; Überzeugtsein von dem, was man nicht sieht; Wegziehen-Können aus vertrauten Bindungen; Sicherheiten preisgeben und als Fremder in einem Land leben, das nicht die eigene Heimat ist; selbst das Liebste weggeben können im Vertrauen darauf, daß Gott die Macht hat, Tote zum Leben zu erwecken...

Damit ist klar: Allen Christen der nachpaulinischen Zeit, von denen hier die Rede war (Matthäus und der Verfasser des Hebräer-Briefs als Judenchristen sowie Lukas als Heidenchrist), ging es in Sachen Abraham um das eine: die Geschichte Jesu Christi nicht als Ereignis der Beerbung oder Ersetzung eines definitiv verworfenen Israels zu erzählen, sondern als *Teil, ja als neuen Gipfelpunkt der Bundes- und Segensgeschichte Gottes* mit seinem Volk und für sein Volk. Mag der Konflikt der ersten christlichen Gemeinden mit dem »gegenwärtigen

Jerusalem«, mit dem Israel »dieser Generation« auch noch so bitter gewesen sein, Gottes überraschend neues Handeln in Jesus Christus soll nach wie vor auch Israel zugute kommen, selbst wenn Israel dieses Angebot (noch) nicht erkannt hat. Denn die Verheißungen Gottes an Israel sind auch nach dem Christus-Ereignis nicht rückgängig gemacht, der Bund ist nicht gekündigt. Zwar gibt es eine Scheidung innerhalb Israels selber, aber keine definitive Verwerfung von ganz Israel.

Anders gesagt: Nach diesen neutestamentlichen Zeugen »erfinden« Christen, die an Gottes Handeln in Jesus Christus glauben, keinen neuen Glauben, sondern leben das erneut vor, was die »Väter Israels« auf ihre Weise praktizierten. Mit Jesus Christus beginnt kein »neuer Bund«, der den alten Bund völlig ausgelöscht hätte; mit Jesus Christus wird vielmehr der uralte Bund, den Gott mit den »Vätern Israels« geschlossen hatte und dessen er stets gedenkt, noch einmal erneuert.[35] Er erweist erneut seine unverbrauchte Lebenskraft und Frische – gerade im Interesse der Heidenvölker, die bisher außerhalb dieses Bundes standen. Der neue Bund in Jesus Christus ist der von Gott erneuerte Bund mit Israel – für Israel und die Völker, ist der neue Bund im alten.[36]

4. Christen beanspruchen Abraham für sich: Johannes

Kontrapunkt: In einer Gemeinde der Urchristenheit begegnen wir einer völlig anderen Konfliktsituation. Sie ist nicht zu vergleichen mit dem Streit, den Christen im Umkreis um die Spruchquelle wegen der anderen Tafelgemeinschaft mit Abraham führten. Sie ist auch nicht zu vergleichen mit dem Streit des Apostels Paulus um Abrahams gesetzesfreien Glauben und um den Segen Abrahams für die Heidenvölker. Er ist schließlich nicht zu vergleichen mit den Kontroversen um Abraham, von denen Matthäus (die Täuferpolemik), von denen Lukas (Gleichnis vom reichen Mann und vom armen Lazarus) sowie der Verfasser des Hebräer-Briefs (Legitimationsentzug der Priesterklasse) berichten. Worum geht es?

Angst und Krise: Die Situation einer Randgemeinde

Wir können hier nicht die ganze komplexe Geschichte dieser Gemeinde rekonstruieren.[37] Aber zum Verständnis des für unsere Frage entscheidenden Kapitels 8 dieses Evangeliums muß doch so viel gesagt werden: Die johanneische Gemeinde bestand ursprünglich vorwiegend aus Judenchristen, die *von der Synagoge ein endgültiges Nein zu Jesus als dem Messias Israels erfahren hatten und ausgeschlossen worden waren* – wohl im Zuge der innerjüdischen »Frontbegradigung« durch die übriggebliebenen pharisäischen Autoritäten nach dem Untergang des Zweiten Tempels im Jahre 70. Wir haben darüber in unserem Kapitel über das Judentum kurz berichtet. Vermutlicher Grund: der Vorwurf der Blasphemie, hatte doch die johanneische Gemeinde das Nein der Synagoge vermutlich mit einer extrem »hohen« Christologie konterkariert: Jesus Christus als der exklusive Offenbarungsmittler Gottes, der vom Vater gesandte Sohn, der als einziger Gott wirklich kennt. Von jüdischer Seite muß dies als Gotteslästerung empfunden worden sein (Jo 10,30-39).

Die ganze fatale Problematik Juden – Christen in diesem Evangelium, deren theologie- und kirchengeschichtliche Wirkung unermeßlich ist, ist also nur dann historisch angemessen zu beschreiben, wenn man die johanneische Gemeinde als *diskriminierte Minderheit* im Kontext einer sich rigide abgrenzenden jüdischen Orthodoxie begreift. Denn Ausschluß aus der Synagoge war nicht bloß eine »rein religiöse« Maßnahme. Eine Brandmarkung als Ketzer und ein Ausschluß aus der Glaubensgemeinschaft hatte vor allem soziale und ökonomische Folgen, die das ganze Leben der Beteiligten veränderten: »Rabbinische Stellen halten dazu an, gegenüber Ketzern alle Bindungen abzuschneiden, jeden persönlichen und geschäftlichen Verkehr zu unterbinden und Hilfe in jeder Richtung auszuschließen« – so der evangelische Theologie *Klaus Wengst*, dem wir im deutschsprachigen Raum die gründlichste Studie zur Situation der johanneischen Gemeinde verdanken.[38] Im Evangelium selber ist denn auch der potentielle Ausschluß aus der Synagoge als ständige Bedrohung präsent (16,2; vgl. 9,22; 12,42), was die *Atmosphäre der Angst* erklärt, die um die johanneische Gemeinde herum geherrscht haben dürfte: Die Eltern des blindgeborenen Mannes können nicht zugeben, daß Jesus der wundertätige Heiler war, »weil sie sich vor den Juden fürchteten«. Führende Männer Israels wagen nicht, ihren Glauben an Jesus offen zu bekennen, »um nicht aus der Synagoge ausgestoßen zu werden« (12,42); Nikodemus findet es besser, des Nachts zu Jesus zu gehen, und auch Josef von Arimathäa bleibt nur ein »heimlicher Jünger Jesu« – aus »Furcht vor den Juden« (19,38).

Von daher erklärt sich schließlich wohl auch der *extreme Dualismus*, der zum Signum der Existenz der johanneischen Christen geworden ist. Denn die johanneische Gemeinde fühlte sich offenkundig nicht nur von »den Juden« bedroht (»die Juden« tauchen hier erstmals im Neuen Testament nicht als Einzelne auf oder als Gruppe, sondern als Kollektivstereotyp), sondern mehr noch: Sie glaubte sich auch von »der Welt« überhaupt abgelehnt und gehaßt. Jesu Erscheinen ist deshalb das Gericht über die Welt (9,39; 12,31); die Welt wird von »Söhnen der Finsternis« bewohnt und haßt diejenigen, die nicht »von dieser Welt« sind (17,14). Jesus selbst weigert sich, für »die Welt« zu beten (17,9), hat »die Welt besiegt« (16,33) und den satanischen Fürsten aus dieser Welt herausgetrieben (12,31; 14,30). Kurz: Johannes schildert Jesu Person und Botschaft als die große Krise für Israel und die Welt, die eine Entscheidung zwischen Wahrheit und Lüge, Licht und Finsternis, Leben oder Tod, Freiheit oder Knechtschaft verlangt.

Keine prinzipielle Judenfeindschaft

Doch bevor wir zum Höhepunkt der Polemik zwischen dem johanneischen Christus und »den Juden« im Kapitel 8 kommen, tun wir gut daran, auch die Zwischentöne im Evangelium wahrzunehmen. Denn von einer Schwarz-Weiß-Malerei im Verhältnis Christen – Juden, gar einer prinzipiellen Judenfeindschaft, kann bei genauerem Hinsehen nicht die Rede sein. Keinen Zweifel nämlich läßt der Evangelist daran, daß es neben Heiden immer auch wieder Juden sind, die Jesus nachfolgen. Darunter sogar »viele von den führenden Männern« Israels (12,42): Nikodemus, ein Schriftgelehrter pharisäischer Provenienz und Mitglied des Synhedriums (3,1-10); Natanael, von Jesus ausdrücklich »ein echter Israelit, ein Mann ohne Falsch« genannt (1,47), und nicht zu vergessen Josef von Arimathäa, der Jesu

Grablege besorgt (19,38-41). Theologisch freilich entscheidender noch: Trotz aller Distanz zu Gott und Gesetz »der Juden« bestätigt der johanneische Christus ausdrücklich, daß der Gott, den er »seinen Vater« nennt, auch der Gott der Juden ist und *Israel der Ursprung des Heils.* Denn im Gespräch mit der samaritanischen Frau erklärt dieser Christus unmißverständlich:

> »Ihr (die Samaritaner) betet an, was ihr nicht kennt, wir (die Juden) beten an, was wir kennen; denn das Heil kommt von den Juden.« (4,22)

Um so tragischer der Konflikt mit »den Juden« in diesem Evangelium. Dabei geht der Streit gerade nicht um die Frage, ob die Juden prinzipiell den wahren Gott erkennen, sondern ob sie in Jesus den erkennen, der ihnen diesen Gott neu erschließt. Zwischen dem johanneischen Christus und den Juden geht es also nicht um einen unbekannten, sondern um den in Israel bekannten Gott. Umstritten ist nicht die Selbigkeit des Gottes Israels, sondern der Ort seiner jetzigen Präsenz. Dieser Streit aber um den Ort der Präsenz Gottes wird zugespitzt zu einem scharfen Entweder-Oder über die Erkenntnis Gottes überhaupt: »Wer die Präsenz Gottes in Jesus bestreitet, dem wird bestritten, Gott zu kennen.«[39]

Der Bruch: Teufels- statt Abrahamskindschaft

In Kapitel 8 des Evangeliums bündeln sich alle Konflikte wie in einem Brennglas. Nur ein neues Element tritt hinzu. Der johanneische Christus diskutiert hier nicht nur mit »den Juden«, hier konkret mit Pharisäern, welche Jesu Botschaft von vornherein anfechten. Er diskutiert hier auch mit »Juden, die an Jesus glaubten« (8,31), was die Konfrontation eher noch verschärft. Denn beide Gruppen werden hier mit demselben exklusiven Offenbarungsanspruch konfrontiert – und abgeschreckt. Konkret sieht das so aus: Die Pharisäer bekommen zu hören, daß es kein Wissen von Gott gäbe, das an Christus vorbeiginge. Ja, daß das Verkennen Christi gleichbedeutend sei mit dem Verkennen Gottes: »Ihr kennt weder mich noch meinen Vater; würdet ihr mich kennen, dann würdet ihr auch meinen Vater kennen« (8,19) – eine Aussage, die ganz auf der Linie der exklusiven

Sohneschristologie des gesamten Evangeliums liegt: »Niemand hat den Vater gesehen, außer dem (Sohn), der von Gott ist; nur er hat den Vater gesehen« (6,46; vgl. 14,6-13).

Derselbe christologische Exklusivismus, dieselbe Konfrontation dann aber auch gegenüber »Juden, die an ihn glaubten«. Denn auch diese verwickeln den johanneischen Christus in ein Streitgespräch. Bemerkenswert – hier nehmen sie auf Abraham Bezug:

> »Wenn ihr in meinem Wort bleibt, seid ihr wirklich meine Jünger. Dann werdet ihr die Wahrheit erkennen, und die Wahrheit wird euch befreien. Sie erwiderten ihm: Wir sind Nachkommen Abrahams und sind noch nie Sklaven gewesen. Wie kannst Du sagen: Ihr werdet frei werden? Jesus antwortete ihnen: Amen, amen, das sage ich euch: Wer die Sünde tut, ist Sklave der Sünde. Der Sklave aber bleibt nicht für immer im Haus; nur der Sohn bleibt für immer im Haus. Wenn euch also der Sohn befreit, dann seid ihr wirklich frei. Ich weiß, daß ihr Nachkommen Abrahams seid, aber ihr wollt mich töten, weil mein Wort in euch keine Aufnahme findet.« (8,31-37)

Um welche Gruppe von Menschen handelt es sich bei diesen »Juden, die an ihn glaubten«? Kommentatoren haben die gut begründete Vermutung geäußert, daß Johannes hier Judenchristen seiner Zeit im Auge habe, die vielleicht aufgrund jüdischer Gegenpropaganda in Gefahr standen, vom Christusglauben wieder abzufallen. Ja, man muß wohl davon ausgehen, »daß der Abfall tatsächlich stattgefunden hat und der Evangelist die Absicht verfolgt, die noch Gebliebenen davon abzuhalten, ebenfalls einen solchen Schritt zu unternehmen«[40]. So erklärt sich vermutlich, warum dieselben Gesprächspartner in diesem Kapitel ab Vers 48 ganz selbstverständlich wieder »die Juden« genannt werden. Es dürfte sich hier also – aus der Perspektive des Evangelisten gesehen – um judenchristliche Apostaten handeln. Sie hatten offenbar nicht eingesehen, warum ihr Zustand vorher ein Zustand der »Sklaverei« gewesen sein soll, da man doch als Juden immerhin Abraham zum Vater gehabt habe. Der johanneische Christus aber übertrumpft dieses Gegenargument noch einmal mit der Unterstellung, diese Juden (also »die an ihn glaubten«) hätten ihn töten wollen.

Spätestens hier wird klar, daß Wortgefechte dieser Art nicht die

Widerspiegelung realer Verhältnisse sein können, sondern Rückprojektion sein müssen: Projektionen des Konfliktes der johanneischen Gemeinde mit der herrschenden Synagoge zurück in die Zeit Jesu. Denn »wörtlich« genommen wäre es ja völlig absurd, die Tötungsabsicht ausgerechnet den Juden zu unterstellen, »die an Jesus glaubten«. Nein, »Jesus« und »die Juden« können nur Decknamen zweier verfeindeter Gruppen zur Zeit der Gemeinde selber sein. Der hier erhobene Tötungsvorwurf kann deshalb nur adäquat als angstbesetzter Reflex einer Randgemeinde von Christen verstanden werden, die sich verleumdet und bedroht fühlt und die auf die exkommunizierende Verfluchung der Synagoge mit der Verteuflung der Täter reagiert. Ein nicht unbekanntes psychologisches Reaktionsmuster: Auf die Verketzerung wird mit Gegenverketzerung geantwortet. So wird man sagen können: Der unerhörte Anspruch auf Exklusivität der Gotteserkenntnis, den diese christliche Gemeinde jetzt erhebt, dürfte *Reaktion auf die Erfahrung eigenen Ausgeschlossenseins* gewesen sein. Konkret sieht dies in Kapitel 8 so aus:

(1) Der johanneische Christus reagiert auf die unterstellte Tötungsabsicht damit, daß er den Juden zwar nicht die Abrahamsabstammung (»sperma«: 8,37), wohl aber die *Abrahamskindschaft* (»tekna«: 8,39f.) *bestreitet.* Zum ersten Mal in der Geschichte der frühen Christenheit dreht sich das Schema polemisch um: Nicht mehr die Juden sind die wahren Abrahamsnachkommen; Christen sind vielmehr jetzt die einzig übriggebliebenen, einzig wahren Kinder Abrahams, obwohl sie keine Abrahams-Abstammung nachweisen können. Was bei Paulus gerade noch nicht negativ entschieden war, ist bei Johannes jetzt zu ungunsten der Juden ein für allemal klar:

> »Sie antworteten ihm: Unser Vater ist Abraham. Jesus sagte zu ihnen: Wenn ihr Kinder Abrahams wärt, würdet ihr so handeln wie Abraham. Jetzt aber wollt ihr mich töten, einen Menschen, der euch die Wahrheit verkündet hat, die Wahrheit, die ich von Gott gehört habe. So hat Abraham nicht gehandelt« (8,39f)

(2) Der johanneische Christus *bestreitet* den Juden nicht nur die Abrahamskindschaft, sondern auch die *Gotteskindschaft.* Denn an die Stelle Gottes ist bei Menschen, die die Wahrheit Jesu nicht erkennen, der »Teufel« als Vater getreten. Die Polemik gegen die Juden erreicht

denn auch mit dieser »einmalig scharfen Aussage« (S. Schulz), mit dieser »antijudaistischsten Äußerung des Neuen Testamentes« (J. Bekker) ihren Höhepunkt:

> »Wenn Gott euer Vater wäre, würdet ihr mich lieben; denn von Gott bin ich ausgegangen und gekommen. Ich bin nicht in meinem eigenen Namen gekommen, sondern er hat mich gesandt. Warum versteht ihr nicht, was ich sage? Weil ihr nicht imstande seid, mein Wort zu hören. Ihr habt den Teufel zum Vater, und ihr wollt das tun, wonach es euren Vater verlangt. Er war ein Mörder von Anfang an.« (8,42-44)

Diese Aussage ist in der Tat einmalig scharf, weil sie im Klartext heißt: »Es ist nicht die Ablehnung Jesu, welche die Juden an die Seite des Teufels plaziert hat, es ist vielmehr die Tatsache, daß die Juden schon immer an der Seite des Teufels waren, so daß sie Jesus ablehnen und töten lassen mußten.»[41] Die Juden also waren nach Auffassung des Johannes niemals Gottes Kinder. Und bei ihrer feindseligen Reaktion gegenüber Jesus stellt sich dies nun in aller Deutlichkeit heraus.

(3) Der johanneische Christus kontert den jüdischen Vorwurf, »größer als unser Vater Abraham« zu sein (8,53), mit einer *Funktionalisierung Abrahams als Vorläufer* seiner selbst. Abraham ist für diesen Christus nicht länger »unser aller Vater vor Gott«, wie Paulus ihn verstand. Abraham ist vielmehr »unser aller Vorläufer« zu Christus, eine Gestalt, die innerjüdisch nichts mehr bedeutet, sondern nur noch verweisenden Charakter hat: »Euer Vater Abraham jubelte, weil er meinen Tag sehen sollte. Er sah ihn und freute sich.« (8,56)

Der Beginn einer Enterbung der Juden

Aber damit nicht genug: Um seine absolute Überlegenheit vor Abraham und damit über jede innerjüdische Abrahams-Legitimation zu demonstrieren, beruft sich der johanneische Christus auf seine *Präexistenz bei Gott.* Der theologische Argumentationskreis ist damit geschlossen, die »christliche Wahrheit« in ihrem Selbstanspruch nun konsistent und lückenlos präsentiert: ein abgedichtetes Argumentationssystem. Konnte man in der frühchristlichen Diskussion durch

Verweis auf die zeitliche Priorität Abrahams verfestigte Glaubenstraditionen gleichsam »sprengen«: Abraham war *vor* der Tora (Paulus), war *vor* dem Tempel (Hebräer-Brief) – so wird diese systemkritische zeitliche Priorität Abrahams durch den johanneischen Christus noch einmal überboten: Obwohl Jesus von Nazaret »als Mensch« erst in der Zeit geboren ist, existierte er als Gottessohn doch schon vor aller Zeit und damit auch *vor Abraham.* Und vor Abraham sein heißt: *vor* allen Ansprüchen jüdischer Erwähltheit, vor allen Heilszusagen durch Gott. Die johanneische Präexistenzchristologie ist somit der Schlußstein in einem Argumentationsgefecht um die exklusive Wahrheit, dessen es bedurfte, damit die christliche über die jüdische Wahrheit endgültig triumphieren konnte. Nur so ist dann der folgende Satz zu verstehen:

> »Die Juden entgegneten: Du bist noch keine 50 Jahre alt und willst Abraham gesehen haben? Jesus erwiderte ihnen: Amen, amen, ich sage euch: Noch ehe Abraham wurde, bin ich. Da hoben sie Steine auf, um sie auf ihn zu werfen.« (8,57-59)

Nach all dem scheint der Bruch zwischen Juden und Christen irreparabel. Statt Dialog – Steine! Statt Kommunikation – Sprachlosigkeit! Ja, man kann das ganze Kapitel 8 als einen fortschreitenden Prozeß von Kommunikations- und Verständigungsverlust beschreiben, der genau dort endet, wo diese Prozesse meistens aufhören: bei sprachohnmächtiger Aggressivität. Der Grund: Christen haben hier Juden das bestritten, was Judesein seit Hunderten von Jahren ausmacht: Kinder Abrahams zu sein und damit in einer Bundes- und Heilsgeschichte zu stehen. Christen haben sich zu den einzig noch legitimen »Kindern Abrahams« gemacht und damit Abraham jeder innerjüdischen Bedeutung beraubt. Er ist jetzt nichts weiter als ein »Vorläufer« Christi.

Mit Recht hat der katholische Neutestamentler *Rudolf Schnackenburg* deshalb auf den Unterschied zum Abraham-Bild bei Paulus und im Hebräerbrief hingewiesen: »Das johanneische Bild des jüdischen Patriarchen ist nicht mehr an den Zügen interessiert, die dem Apostel Paulus wichtig sind (der Prototyp und Vater der Glaubenden), auch anders entworfen als im Hebräerbrief. Es ist christologisch orientiert und dem jüdischen Anspruch entgegengesetzt. Im Grunde ist Abraham für Johannes nichts anderes als ein Zeuge für Christus, ein Mahner zum Glauben an Christus und ein Ankläger der Nichtglaubenden. Man erkennt das jüdisch-christliche Streitgespräch.«[42] Mehr noch: Man erkennt den Abbruch der Gespräche zwischen Juden und Christen. Und nirgendwo wird dieser Abbruch, diese völlige Verständnislosigkeit symbolträchtiger ausgedrückt als in dem kleinen Dialogstück: »Da fragten ihn die Juden: Wer bist du denn? Jesus antwortete: Warum rede ich überhaupt noch mit euch?« (8,25).

Wir kommen damit um das Fazit nicht herum: Bei Johannes sind wir mit der Tatsache einer ersten exklusiven Verchristlichung Abrahams konfrontiert. Gewiß: Der johanneische Christus anerkennt prinzipiell, daß das Heil »von den Juden« (4,22) kommt. Aber zugleich gilt: Die identitätsstiftenden Merkmale des Judentums, Bund, Tora und Tempel, werden in diesem Evangelium »nur dann sachgemäß wahrgenommen, wenn sie nicht als in sich selbst ruhende Werte, sondern als Zeugnisse für die außerhalb ihrer selbst liegende Heilsoffenbarung Jesu Christi genommen werden. Sie werden *entwirklicht* zugunsten der alleinigen heilvollen Christuswirklichkeit.«[43] Und *Entwirklichung Israels* heißt im Klartext: *Enterbung Israels.* Eine solche Theologie ist denn auch im Neuen Testament einzigartig. Schlimmer noch: Sie wird – außerhalb des Johannesevangeliums – eine fatale Wirkungsgeschichte entfalten, als die christliche Kirche sich ungeahnt in der spätantiken Welt zu einem gesellschaftlichen und religiösen Machtfaktor entwickeln wird ...

5. Die Verchristlichung Abrahams in der frühen Kirche

Noch einmal: Geschichte und Wirkungsgeschichte sind auseinanderzuhalten. Das Johannes-Evangelium ist ein Dokument der leidenschaftlichen Auseinandersetzung von Judenchristen mit der orthodoxen Synagoge und anderen judenchristlichen Gruppen. Seine Polemik erklärt sich nicht zuletzt aus ihrer Verfolgungssituation: ein Exklusivismus »von unten« als Reaktion auf die Erfahrung eigenen Ausgeschlossenseins. Das muß man berücksichtigen, wenn man den hier erstmals auftauchenden antijüdischen christlichen Abraham-Exklusivismus historisch gerecht beurteilen will. Hier kämpfte eine

Randgruppe machtloser, um ihre Identität ringender Christen einen doppelten Anerkennungskampf: gegenüber der apostolischen Kirche einerseits (die johanneische Gemeinde lag nicht im Haupttrend der damaligen Kirche) und gegen die jüdische Orthodoxie andererseits (von der sie die Exkommunikation hatte hinnehmen müssen).

Abraham – der exklusive Christuszeuge: Barnabasbrief

Völlig anders aber wird die Situation ab dem 2. Jahrhundert in einer Christenheit, die jetzt nur noch aus Heidenchristen besteht, während das Judentum in Restbeständen über die Welt zerstreut leben muß. Man mache sich klar: Schon die frühesten nachkanonischen christlichen Schriften, verfaßt zu Beginn des 2. Jahrhunderts, lassen bereits wie selbstverständlich die Überzeugung erkennen, daß Israel als eine heilsgeschichtlich überholte, durch die christliche Kirche ersetzte und von Gott verworfene Größe betrachtet werden muß. Die Zerstörung des Tempels? Was war sie anderes als Gottes Strafe für die Verwerfung des Messias Jesus? Die Vertreibung aus dem verheißenen Land? Was war dies anderes als die Aufkündigung des Bundes durch Gott selbst? Die Hebräische Bibel? Was enthält sie anderes als ständige Verheißungen des Messias Jesus Christus und seiner Kirche? Kein Zweifel: Der Prozeß der *Verchristlichung des Erbes Israels* und damit auch der israelitischen »Väter« schreitet nun Schlag auf Schlag voran. Wir können ihn hier nur anhand einiger weniger zentraler Schriften verdeutlichen. Dabei bleiben wir auch hier auf die Rolle Abrahams konzentriert.[44]

Bereits um 130 n. Chr. läßt eines der frühesten nachkanonischen christlichen Dokumente, der vermutlich im westlichen Kleinasien entstandene und von einem Heidenchristen geschriebene *Barnabasbrief*, keinen Zweifel daran: Die »Überlieferungen« Israels (die Schrift, der Bund, die Väter, die Propheten) hatten mit dem auserwählten Volk im Grunde nie etwas zu tun, sondern gehören ausschließlich den Christen und der Kirche. Kommentatoren haben denn auch als »Besonderheit des Barnabasbriefes« gerade dies herausgestellt: Das, was die Propheten gesagt und gewollt hätten, habe sich in der Geschichte Israels »in keiner Weise und zu keiner Zeit« erfüllt. Radikal sei bei Barnabas die Heilige Schrift der Juden »von der Geschichte des Volkes Israel losgelöst« worden und zum »bloßen Buchstaben« degeneriert, »dessen zeitlosen Sinn ›jene‹ nicht erkennen, wohl aber ›wir‹« – jene, die Juden, wir – die Christen.[45]

Anders gesagt: Noch über die sonst bei den Autoren der alten Kirche bekannte Apologetik und Polemik hinaus findet sich im Barnabasbrief die »Annahme, Israel sei überhaupt nie Gottesvolk gewesen; denn weil die Juden wegen ihrer Sünden (Anfertigung des Goldenen Kalbes) nichtswürdig gewesen seien, habe Moses die Gesetzestafeln zerbrochen (Ex 32,19), und der Bund sei gar nicht zustande gekommen, vielmehr zuerst den Christen zuteil geworden«.[46] Israel ist damit als Träger der durch die Schrift bezeugten Geschichte Gottes mit seinem Volk bereits eliminiert, bevor diese Geschichte noch recht begonnen hat.

Daß dies auch Folgerungen für das *Abraham-Bild* haben mußte, liegt auf der Hand. Der Verfasser des Barnabasbriefes zögerte denn auch nicht, Abraham vom Judentum völlig loszukoppeln und ausschließlich für christliche Zwecke zu funktionalisieren. Selbst Abrahams Beschneidung habe nichts mit jüdischer Gesetzesobservanz zu tun, sondern verweise ausschließlich auf die wahre, geistige Beschneidung, deren sich Christen erfreuten. Kurz: Für Barnabas – hier strukturell auf der Linie des Johannes-Evangeliums – funktioniert *Abraham ausschließlich als Christuszeuge.* Er ist Vater der Heidenchristen allein, nicht mehr länger Vater des jüdischen Volkes. Die Schlüsselstelle dazu lautet (man beachte auch die exzessive Anwendung der typologisch-allegorischen Schriftauslegung):

> »Lernt also, geliebte Kinder, über alles in reichem Maße, daß Abraham, der als erster die Beschneidung vollzog, beschnitten hat, weil er im Geist auf Jesus vorausblickte; dabei empfing er von den drei Buchstaben Weisungen. Es heißt nämlich: Und Abraham beschnitt aus seinem Hause achtzehn und dreihundert Männer. Was ist nun die ihm gewährte Erkenntnis? Bemerkt, daß er die Achtzehn zuerst nennt, einen Abstand läßt und dann die Dreihundert nennt. Die Achtzehn: Jota = zehn, Eta = acht. Da hast du Jesus. Weil aber das Kreuz, mit dem Tau dargestellt, die Gnade in sich schließen sollte, nennt er auch die Dreihundert. Er weist also auf Jesus mit den zwei Buchstaben hin und mit dem einen auf das Kreuz.« (9,7-8)

Der Barnabasbrief ist kein beliebiges Randdokument der frühen Kirche. Er wurde breit rezipiert und entfaltete eine beträchtliche innerkirchliche Wirkung: »Er wurde, direkt oder indirekt, benutzt von Justinus Märtyrer, Irenäus, Clemens von Alexandrien, Tertullian, Origenes und manchen anderen Autoren. Schule gemacht hat nicht zuletzt die hier schon weitentwickelte einseitige Art der Bibelstellenverwertung, die aus innerbiblischen Entwicklungen die jeweils passenden Positionen entnimmt, entgegenstehende Aussagen aber ignoriert.«[47]

Das Judentum als tote Religion: Die Briefe des Ignatius

Detaillierte Auskunft über Glauben, Ethik, Leben und Organisation des Christentums im kleinasiatisch-syrischen Raum zu Anfang des 2. Jahrhunderts vermitteln uns die *Briefe des Ignatius.*[48] Dieser war vermutlich in den Jahren 70-107/8 Bischof der bedeutenden syrischen Stadt Antiochien. Im Zuge einer Christenverfolgung war er verhaftet worden, um nach Rom verbracht zu werden. Auf seiner Gefangenschaftsreise entstehen nun diejenigen sieben Briefe an befreundete christliche Gemeinden, die wir von Ignatius überliefert haben. In Rom hat er den Märtyrertod erlitten, vermutlich um das Jahr 110.

Bei Ignatius tritt uns bereits eine – vom Neuen Testament schon erheblich unterschiedene – Christologie und Ekklesiologie entgegen. Christus wird an zahlreichen Stellen dieser Schreiben ganz selbstverständlich »Gott« genannt, was eine völlige Insensibilität und Gleichgültigkeit gegenüber dem judenchristlichen Erbe verrät. Zugleich wird stark ein monarchischer Episkopat betont, unterstützt von einer Theologie des Bischofsamtes, bei der der Bischof vor und gegenüber der Gemeinde der Vertreter Gottes und Jesu Christi ist. Dieser hat unter anderem die Aufgabe, über die Reinheit der Lehre zu wachen. Der Bischof allein ist Hort der Rechtgläubigkeit, und nur die Gemeinschaft mit dem Bischof garantiert christliche Orthodoxie. Und so wundert es denn auch nicht, wenn wir in den Briefen des Ignatius zahlreiche Polemiken gegen Ketzer aller Couleur finden.

In der kleinasiatischen *Gemeinde von Philadelphia* zum Beispiel muß Ignatius auf das Problem judaisierender Mission oder jüdischer Propaganda gestoßen sein:

> »Wenn euch aber jemand Judentum vorträgt, so hört nicht auf ihn! Denn besser ist es, von einem beschnittenen Manne Christentum zu hören als von einem Unbeschnittenen Judentum. Wenn aber beide nicht von Jesus Christus reden, so sind mir diese Grabsäulen und Totenhügel, auf denen nur Menschennamen geschrieben stehen.«[49]

Deutlich wird: Christentum und Judentum sind also bei Ignatius bereits zwei völlig abgegrenzte Größen. Mehr noch: Im Vergleich zum Christentum ist das Judentum eine tote Angelegenheit. Daß Jesus Christus einmal Jude war, »dem Gesetz unterstellt« (Gal 4,4), wie Paulus nicht müde wurde zu betonen, ist für einen Heidenchristen wie Ignatius bereits nicht mehr von Bedeutung. Dem Judentum als lebendiger Religion kommt neben dem Christentum faktisch keine Bedeutung mehr zu, es sei denn als Gefährdung von Christen, vor der man sie bewahren muß. Nicht eine Israel-Theologie im Geist des Paulus spielt denn auch bei Ignatius eine Rolle, sondern eine antijüdisch zugespitzte Kombination aus Hebräerbrief- und Johannes-Zitaten. Die Schlüsselstelle, in der auch Abraham auftaucht, lautet:

> »Gut waren auch die Priester, doch besser ist der Hohepriester (= Christus), dem das Allerheiligste anvertraut ist, dem allein die Geheimnisse Gottes anvertraut sind; er ist die Türe zum Vater, durch die Abraham, Isaak, Jakob und die Propheten, die Apostel und die Kirche eintreten.«[50]

Kann man klarer gegen Israel reden? Nicht Abraham, Isaak, Jakob und die Propheten zeigen den Weg zu Gott, eine Linie, die dann durch Jesus Christus neu aufgenommen und verlebendigt wird, sondern Christus ist bereits (als präexistenter Erlöser) die Türe, durch die alle Väter und Propheten Israels erst zu Gott gelangt sind. Kein Zweifel: Die systematische Degradierung, genauer: die *christologische Enterbung Israels* ist in vollem Gang.

»Kinder Abrahams sind wir Christen«: Justins »Dialog«

Die wohl direkteste und härteste Auseinandersetzung mit einem Vertreter des Judentums außerhalb des Neuen Testamentes aber finden wir in der Schrift eines Mannes, der in der samaritanischen Stadt

Neapolis (heute: Nablus) geboren wurde und im Jahre 165 in Rom den Märtyrertod erlitt: *Justin.*[51] Denn neben zwei Apologien »gegen die Heiden« hat Justin einen fiktiven »Dialog« mit einem Juden hinterlassen, in dem dieser Jude namens Tryphon freilich weniger als gleichwertiger Dialogpartner denn als Demonstrationsfigur für die Überlegenheit des Christentums fungiert. Justins »Dialog mit dem Juden Tryphon«: Er ist die wohl älteste uns überhaupt überlieferte antijüdische Apologie, vermutlich zwischen 155 und 160 geschrieben mit Ephesus als Schauplatz und mit gebildeten Heidenchristen als Adressaten. Ihnen soll in großem theologischen Stil und mit aller argumentativen und rhetorischen Raffinesse vordemonstriert werden, daß das *Christentum* jetzt das *bessere und wahre Judentum* ist.

So holt denn auch dieser »Dialog« in 124 Kapiteln immer wieder weit aus und behandelt so gut wie alle Themen, die zwischen Juden und Christen mittlerweile hochumstritten sind. Ein zentraler Streitpunkt ist dabei die *richtige Schriftauslegung.* Für Justin kein Zweifel: Wenn man die Schrift »richtig« auslegt, dann erscheint Jesus als der verheißene Messias des Judentums und das mosaische Gesetz des alten Bundes abgelöst und ersetzt durch das neue Gesetz Christi im neuen Bund. All dies wird noch unterstützt durch eine philosophisch-theologische Prämisse Justins: Jesus Christus ist von Ewigkeit her der präexistente Logos. Große Gestalten der Geschichte vor Christus können deshalb bereits Anteile an diesem Logos gehabt haben, insbesondere Sokrates, Heraklit und Abraham. Sie waren durch ihre Wahrheitserkenntnis im Grunde schon Christen vor Christus, nehmen also bereits das spätere Christentum vorweg.

Damit sind in aller Knappheit die Grundvoraussetzungen beschrieben, die Justins *Abraham-Bild* einordnen lassen. Und auch hier konzentrieren wir uns auf die Schlüsselstelle, die sich im 119. Abschnitt von Justins »Dialog« findet:

> »Worin nun besteht der Vorzug, den Christus da dem Abraham gibt? Darin, daß er ihn ebenso (wie uns) berufen hat; denn er rief ihm zu, er solle ausziehen aus dem Lande, in dem er wohnte. Mit diesem Rufe hat er uns alle berufen, und nun sind wir ausgezogen aus dem Staate, in dem wir mit den Landesbewohnern die schlimmen Lebensgewohnheiten geteilt hatten. Mit Abraham werden wir auch das heilige Land erben und

werden das Erbe für alle Ewigkeit in Besitz nehmen; denn Kinder Abrahams sind wir, da wir gleich ihm glaubten. Gleichwie nämlich Abraham dem Worte Gottes ›glaubte und es ihm zur Gerechtigkeit angerechnet‹ wurde, ebenso glauben auch wir dem Worte Gottes, das uns von neuem durch die Apostel Christi verkündet wurde und durch die Propheten gepredigt worden war, und haben todesmutig auf alles, was die Welt bietet, verzichtet. Das Volk also, welches Gott dem Abraham verheißt, glaubt gleich Abraham, fürchtet Gott, ist gerecht und erfreut den Vater. Da euch jedoch der Glaube fehlt, so seid ihr nicht jenes Volk.«[52]

Ihr Juden – ihr seid nicht jenes Volk: Radikaler und grundsätzlicher als andere bestreitet der Christ Justin Israel gerade das, was dessen Identität seit Jahrhunderten ausmachte: das auserwählte Volk zu sein und in einem ungekündigten Bund mit Gott zu leben. Denn das auserwählte Volk ist bei Justin im Grunde ein Nicht-Volk vor Gott geworden; ein Volk, das eigentlich nie wirklich existierte, bevor Christus geboren wurde. Warum nicht? Weil all die Väter und Propheten Israels ausschließlich auf Christus verweisen, exklusive Zeugen der Ankunft Christi sind. Die Geschichte dazwischen ist im Grunde eine Nicht-Geschichte, eine Schatten- und Vorgeschichte, die nichts in sich selber ist, sondern stets von sich weg auf die Zukunft verweist: auf die Kirche Jesu Christi.

Im Klartext: Mit Hilfe der typologisch-allegorischen Exegese reduziert auch Justin das »Alte« Testament zum bloßen Stichwortgeber für das Christusereignis, zum Steinbruch von »Beweisstellen« zugunsten der Wahrheit des Christentums. Das Judentum als lebendige Religion? Es ist nach Christus tot, nutzlos und abgestorben. Es gleicht jetzt dem »Sande am Gestade des Meeres«, welcher »nichts hervorbringt und keine Früchte trägt«.[53]

Man halte hier einen Moment inne und mache sich noch einmal klar: Gut 100 Jahre nach dem Tod des Apostels Paulus wird von einem maßgebenden Vertreter der damaligen kirchlichen Theologie bereits kein Zweifel mehr daran gelassen: Judentum ist eine nutzlose, abgestorbene, unfruchtbare, im Grunde tote Religion. Was an Judentum noch übrig ist, hat sich als Feind Christi und der Christen etabliert. Den Juden ist nicht nur die Abrahamskindschaft abhanden gekommen (durch ihr Verhalten gegenüber Christus), was von ihnen überlebt hat, existiert weiter im Zustand der Bitterkeit und Gottlosigkeit, in einem Zustand, in dem das Wort Gottes »bespuckt« wird![54] Ja, in einem späteren Kapitel wird Justin die Juden sogar zu Handlangern des Teufels machen.[55] Keine Frage: Bei diesem Philosophen kann man schon in der zweiten Hälfte des 2. Jahrhunderts alles finden, was an *kirchlichem Antijudaismus* für die nächsten Jahrhunderte auf fatale Weise typisch werden wird. Hier war ein theologisches Reservoir vorbereitet, aus dem sich noch der Antisemitismus des 20. Jahrhunderts schamlos bedienen konnte, erkennt doch ein Nazi-Ideologe im Jahre 1935 in Justin den »größten Antisemiten des christlichen Altertums«.[56]

Zwar ist dies seinerseits eine horrende Fehldeutung Justins (rassischer Antisemitismus ist bekanntlich erst eine Erscheinung des 19. Jahrhunderts), aber unbezweifelbar ist, daß der kirchliche Antijudaismus von Justin grundgelegt wurde. *Heinz Schreckenbergs* Analyse ist deshalb nicht zu widersprechen: »Justin ist der erste christliche Autor von Rang, bei dem die Juden in umfassender Weise als Feinde Christi und der Christen aufgefaßt sind. Sie lästern den Namen Jesu und wollen seine Gläubigen töten und martern. Sie schmähen und verspotten den Sohn Gottes.«[57] Ja, Justin ist der erste christliche Theologe und Philosoph von Rang, der auf so exzessive Weise die Juden jeglicher Abrahamskindschaft nach der Devise beraubt hat: »Das wahre, geistige Israel und die Nachkommen Judas, Jakobs, Isaaks und Abrahams ... das sind wir«.[58] Die Publizistin *Elisabeth Endres* hat deshalb zu Recht auf die *fatalen Folgen dieser Enterbungs-Theologie* in der Geschichte der Kirche hingewiesen: »Sie, die Christen, waren die wirklichen geistigen Söhne Abrahams. Das hatte in der Antike zur Konsequenz, daß Theologen, angefangen vom Verfasser der syrischen ›Didaskalie‹ bis hin zu Augustinus, sich fragten, ob sich die Juden überhaupt Juden nennen dürfen. Denn ihre Religion ist ihnen ja abhanden gekommen. Ihre Religion war der vorgeworfene Schatten des Christentums, ihre Propheten und Heiligen lediglich Typen des nur zeitlich später in die Welt getretenen Urbilds, das Jesus Christus ist.«[59]

6. Das Paradox: Die Verkirchlichung des Nichtchristen Abraham

Der Name Augustinus fällt in diesem Zusammenhang nicht von ungefähr. Denn wenn es einen Theologen gab, der das große Erbe nicht nur der westlich-lateinischen Väter-Theologie zusammenzufassen und zu einer neuen genialen Synthese zu verschmelzen verstand, dann war es *Aurelius Augustinus*, rund 200 Jahre nach Justins Tod im nordafrikanischen Hippo Regius geboren (354-430). Hinzu kommt: Mit Augustinus haben wir den Urvater aller westlich-lateinischen Theologie vor uns, dessen Werk kaum zu überschätzende Auswirkungen auf Theologie und Kirche des gesamten Mittelalters und darüber hinaus gehabt hat. Grund genug also, mit der Abraham-Theologie Augustinus' (und nur auf sie können wir hier eingehen) unsere kleine Geschichte der christlichen Abraham-Rezeption abzuschließen. In diesem Werk hat die christliche Abraham-Theologie eine »klassische Form« gefunden, die bis ins 20. Jahrhundert hinein (zumindest in katholischer Theologie) praktisch unbefragt weitertradiert wurde.

Das Geheimnis Abrahams: Augustinus und die Juden

Es gab zwei Gruppen von Menschen, die Augustinus mit Leidenschaft verfolgte: die Häretiker und die Juden. Dabei ist es müßig, darüber zu streiten, ob Augustinus in seiner Polemik gegen die Häretiker nicht manchmal sogar »erbitterter« gewesen sei. Während er die Juden immer wieder als »Gegner der Kirche« hinstellt, so die Häretiker sogar »als die übelsten Feinde«[60], zumal es Augustinus zeit seines christlichen, vor allem bischöflichen Lebens stets mit konkreten Ketzern, aber – soviel man weiß – niemals mit konkreten Juden zu tun gehabt hat.

Wie immer: Unleugbar ist, daß auch Augustinus in der Tradition eines christlichen Antijudaismus steht, der ab dem 2. Jahrhundert zum festen Bestandteil christlicher Theologie geworden war. Denn auch von Augustinus gibt es eine Schrift (ursprünglich eine Predigt) *»Wider die Juden«*, in der dieser Theologe die Juden wegen ihrer »Blindheit«, »Schamlosigkeit« und »Verblendung« geißelt. Ja, alle

Topoi antijüdischer christlicher Polemik kehren denn auch bei Augustinus ungebrochen wieder: die Kreuzestod-Schuld; die Verstocktheit; die gerechtfertigte Zerstreuung unter die Völker; die Bitterkeit gegenüber der Kirche.[61]

Warum aber sind die Juden so »verblendet«, warum so »blind«? Weil sie die Geschichte nicht mit »geistigen« Augen sehen, sondern mit »fleischlichen«. Wer die Geschichte aber mit »geistigen« Augen betrachtet, der betrachtet sie – Augustinus zufolge – mit den Augen Christi. Denn er – Christus – ist der Logos, der vor aller Zeit war. Er ist der Sohn Gottes, durch den die Welt ins Leben gerufen wurde. Alle Geschichte ist für Augustinus von Christus her zu denken und auf Christus hin ausgerichtet. *Alle Geschichte* trägt in sich ein *Geheimnis: Jesus Christus.*

Von daher kann es nicht überraschen, daß das Johannes-Evangelium bei Augustinus eine Schlüsselrolle einnimmt. Und im *Johannes-Evangelium* wiederum – was unsere Frage betrifft – das berühmte Kapitel 8, in dem der Evangelist Johannes seinem Christus ja das Wort in den Mund gelegt hatte: »Ich sage euch, noch ehe Abraham wurde, bin ich«. Begreiflich, daß Augustinus hier anknüpfen kann, um seine Geschichtstheologie biblisch abzusichern. In seiner Exegese des Johannes-Evangeliums zögert denn Augustinus auch nicht, auf »geistige«, d. h. allegorische Weise *Christus als das Geheimnis Abrahams* herauszustellen:

> »Und der Herr (antwortete) darauf: ›Wahrlich, wahrlich, ich sage euch, ehe Abraham wurde, bin ich‹. Erwäge die Worte und erkenne das Geheimnis. ›Ehe Abraham wurde.‹ Verstehe: ›er wurde‹ bezieht sich auf die menschliche Erscheinung, ›ich bin‹ aber auf das göttliche Wesen. ›Er wurde‹, weil Abraham ein Geschöpf ist. Er sagt nicht: Ehe Abraham war, war ich, sondern: ›Ehe Abraham wurde‹ (der nur durch mich werden konnte), ›bin ich‹. Auch so sagte er nicht: Ehe Abraham wurde, bin ich geworden. Denn ›im Anfang schuf Gott den Himmel und die Erde‹, ›im Anfang‹ aber ›war das Wort‹. ›Ehe Abraham wurde, bin ich.‹ Erkennet den Schöpfer, unterscheidet das Geschöpf. Der da redet, war der Nachkomme Abrahams geworden, und damit Abraham wurde, war er vor Abraham.«[62]

All diese Texte sind wichtige Vorstufen, um die große theologische Synthese zu verstehen, die Augustinus am Ende seines langen, krisengeschüttelten und kämpferischen Lebens vorlegt und in der er auch seinem Abraham-Bild endgültige Konturen verleiht. Die Rede ist von Augustinus' Riesenwerk »Der Gottesstaat«.

Juden dienen jetzt den Christen: »Der Gottesstaat«

Von den Häresie-Krisen um die »Ketzer« Pelagius und Donatus abgesehen, hat kein Ereignis Augustinus' Leben so erschüttert wie die Eroberung der Reichshauptstadt Rom durch die Westgoten unter Alarich im Jahre 410. Um heidnischer Polemik entgegenzutreten, das Christentum als die neue Religion sei schuld am Fall der großen Stadt, schwingt sich Augustinus in seinem Alter noch einmal zu einer großen Verteidigung des Christentums auf – diesmal in Form einer grandiosen *geschichtsphilosophischen Schau*, die bis dahin in der Christenheit ihresgleichen sucht. 13 Jahre (von 413-426) arbeitet Augustinus an diesem 22 Bücher umfassenden Werk, das den Titel »De Civitate Dei«, *»Vom Gottesstaat«* trägt. Es ist konzeptionell bestimmt durch einen elementaren Dualismus: durch den Gegensatz und Kampf zwischen der Civitas Dei und der Civitas terrena, dem »Weltstaat«. Die Weltgeschichte wird dabei von Augustinus nicht – wie sonst in der Antike bekannt – als ein sich ewig wiederholender Kreislauf gesehen, sondern als Abfolge von sechs heilsgeschichtlichen Perioden mit einem sich zunehmend verschärfenden Konflikt zwischen den beiden »Reichen«, die erst im göttlichen Endgericht getrennt werden.

Höhe- und Mittelpunkt der Geschichte ist für Augustinus das *Erscheinen Christi* in der 6. Periode: der Endzeit, die von Christi Geburt bis zum Jüngsten Gericht reicht. Zugleich ist klar: Alle fünf Perioden vorher sind nichts anderes als Hinweise, Schattenrisse, Vorausankündigungen des Erscheinens dieses Gottmenschen, in dem Gott und Mensch die einzig mögliche Versöhnung eingegangen sind. Wie hatte doch Augustinus selber geschrieben: »Die Jahrhunderte der vergangenen Geschichte wären wie leere Krüge dahingerollt, wenn Christus nicht gerade durch sie vorhergesagt worden wäre.«[63] Der bedeutende amerikanische Augustinus-Biograph Peter Brown hat deshalb zu Recht auf die *eigentümliche Geschichtshermeneutik* im »Gottesstaat« hingewiesen: »Mit allen Christen der frühen Kirche hatte Augustinus immer geglaubt, daß das Bedeutsamste in der Geschichte dieser dünne Faden prophetischer Worte und Ereignisse sei, die in der Ankunft Christi und der gegenwärtigen Situation der Kirche kulminieren. Wie in einem Kaleidoskop kristallisieren sich plötzlich bestimmte Muster, die mit prophetischer Bedeutung geladen waren, nur um sich wieder aufzulösen und durch eine noch lebendigere Gruppierung ersetzt zu werden: die Arche des Noach, die Verheißungen an Abraham, der Exodus, die babylonische Gefangenschaft«.[64]

Das war in der Tat das Entscheidende: In der Geschichte, für Augustinus ein Kampfplatz zwischen zwei Mächten, gibt es immer wieder so etwas wie »prophetische« Zeichen, Zäsuren, an denen Gottes Ratschlüsse in ganz besonderer Weise aufleuchteten. Solche »prophetischen« Wendepunkte waren z. B. die großen Opfer: die Opfer Abels, Melchisedeks und auch Abrahams. Kein Zufall deshalb, daß sich Augustin im »Gottesstaat« ausführlich mit der Geschichte des Alten Bundes »von Noah bis David« beschäftigt, und darin ausführlich auch mit der Geschichte Abrahams. Denn keinen Zweifel läßt Augustinus daran, daß mit Abrahams Eintritt in die Geschichte der Prozeß des »Gottesstaates« vorangekommen ist. Dieser hat jetzt schon klarere Konturen, weisen doch alle diese Ereignisse – geistig verstanden – auf die künftige Kulmination der Geschichte in Christus hin. Konkret heißt das:

– Die *Verheißung Gottes an Abraham*: Sie ist gewiß – auf einer niedereren Ebene betrachtet – »fleischlich« zu verstehen (es hat nach Abraham nun einmal ein Volk der Juden gegeben), aber noch »weit herrlicher« bedeutet sie im geistigen Sinn: Abraham ist der »Vater aller Völker«, die »seinen Glaubensspuren folgen«.[65] Und diese Völker – das ist für Augustinus selbstverständlich – sind die christlichen Völker, ist doch die Verheißung des Völkersegens an Abraham in Christus erfüllt.[66]

– Das *Bundeszeichen der Beschneidung*: Dies muß man mit Augustinus erst recht »geistig« verstehen, im Lichte der Gnade. Tut man dies, geht einem auf: Die Beschneidung bedeutet nichts anderes »als die erneute Natur nach Ablegung des alten Wesens«. Darauf deutet gerade auch der achte Tag der Beschneidung hin: auf Christus, der nach Ablauf der Siebentagewoche auferstand.

– Das *Isaak-Opfer Abrahams*: Gerade diese ungeheuerliche Szene steht ja ganz im Zeichen von Gottes Gnade und Gottes Verheißung. Denn indem Isaak durch Gottes Gnade gerettet wird, ist er ein solches Kind »der Verheißung«. Er »verheißt« Künftiges, das Gott für später bereit hat. Sieht man als Christ heute dieses Künftige, dann kann Isaaks »Opferung« durch den Vater nur auf das Geheimnis des sich am Kreuz wirklich opfernden Jesus Christus hinweisen. Auch hier ist klar: Die Abraham-Erzählungen sind für Augustinus nichts wirklich eigenes, sondern im tiefsten *Vorausdeutungen des Lebens und Werkes Jesu Christi.* Alles verkündet schon im Alten Testament »Neuheit, und man sieht, wie im alten Bunde der Neue abgeschattet ist«. [67]

Was aber ist dann mit dem Volk der Juden? Spielen die Bundes-Zusagen Gottes an Isaak, den Sohn Abrahams und Vater von Jakob/ Israel, überhaupt noch eine Rolle? Schon in seiner »Predigt wider die Juden« hatte Augustinus in dieser Frage keinen Zweifel gelassen. Nach Christi Tod und Auferweckung hat die Kirche die Synagoge endgültig abgelöst, total ersetzt. Vollends im Werk vom »Gottesstaat«. Hier macht Augustinus sich das Verhältnis von Juden und Christen an der Beziehung von Jakob und Esau klar. So wie der jüngere Bruder dem älteren durch Gott vorgezogen wurde, so jetzt auch das geschichtlich jüngere Christentum dem älteren Judentum. Ja, durch Gottes Willen muß jetzt »das ältere Volk« der Juden »dem jüngeren Christenvolke« dienen.[68] Konsequenz: Die Christen sind das »Herrenvolk«, das jetzt über das »Dienstvolk« der Juden herrscht. Juden können weiterexistieren, gewiß. Aber nur, weil sie durch ihre Schriften die Wahrheit der christlichen Religion immer wieder neu unter Beweis stellen, die dunkle Kontrastfolie abgeben, vor der sich die christliche Wahrheit nur umso herrlicher und überzeugender abhebt. Wörtlich heißt es denn auch im »Gottesstaat«:

> »Ja, unser Christus wird auch durch den Mund der Juden gesegnet, das ist in Wahrheit verkündigt. Denn ob sie schon irren, verkünden sie doch das Gesetz und die Propheten. Was tut's, daß sie einen anderen zu segnen vermeinen, den sie in ihrem Irrwahn noch erwarten?«[69]

Vom Einschluß der Heiden zum Ausschluß der Juden

Mit Augustinus waren die theologischen Fundamente eines christlichen Antijudaismus ein für allemal zementiert. Mit seinem Vorwurf der Bitterkeit und Verstocktheit, mit seiner typologisch-christologischen Exegese der Hebräischen Bibel hatte Augustin das jüdische Volk ein für allemal jeder theologischen Legitimation beraubt. Als das zurückgebliebene »fleischliche Israel« hatten Juden alles verloren, was sie einst ausgezeichnet hatte: ihre Erwählung durch Gott, den Bund, die Gebote, die Schrift und die messianischen Verheißungen. All das ist jetzt auf das »geistige Israel«, die Kirche, übergegangen. Die Ekklesia hat endgültig über die Synagoge triumphiert, das jüdische Erbe ist endgültig verchristlicht, ja verkirchlicht.

Wir finden somit in der christlichen Geschichte eine paradoxe Situation vor, die strukturelle Analogien zur Entwicklung im Judentum aufweist. Denn so wie im Judentum eine Spaltung zwischen Universalisten (»Jahwist«, Philo, Josephus) und Exklusivisten (Jubiläenbuch, Apokalypse Abrahams, Rabbinen) zu konstatieren war, so nun auch im Christentum. Der *einen Gruppe* von Christen (Paulus, Matthäus, Lukas, der Verfasser des Hebräerbriefs) geht es bei der Berufung auf Abraham nicht um eine neue Exklusivität, sondern um die *Kontinuität der Bundes- und Segensgeschichte Gottes von Abraham zu Jesus Christus* – letztlich zugunsten Israels. Abraham blieb für sie grundsätzlich der Vater Israels, wurde freilich nach dem Erscheinen Jesu Christi wahrhaft universal jetzt auch der »Vater der Völker«, von dem alle Menschen lernen können, was es heißt, an den einen und wahren Gott zu glauben. Im Lichte des Glaubens an Jesus Christus erkannten sie, welche Bedeutung der Glauben Abrahams schon gehabt hat: Vor Gott kommt es nicht auf völkische Abstammung oder heilsgeschichtliche Privilegien an, sondern auf den rechtfertigenden Glauben allein. Durch Abraham waren deshalb auch Menschen aus den Heidenvölkern, wenn sie so glaubten, Abrahams Nachkommen geworden und damit in die Bundes- und Segensgeschichte Gottes mit seinem auserwählten Volk hineingenommen. Abraham steht bei ihnen nicht für die Exklusion von Juden, sondern für die Inklusion von Heidenchristen in die Geschichte des einen und wahren Gottes, die mit den Vätern und Propheten des Volkes Israel begonnen hat.

Eine andere Gruppe von Christen (der Verfasser des Johannes-Evangeliums, frühchristliche Apologeten, Justin, Augustinus) benutzte Abraham ausschließlich als Legitimationsfigur für den christlichen als den wahren Glauben. Statt daß die Heiden sich an ihre Eingeschlossenheit in die Geschichte Gottes mit seinem auserwählten Volk dankbar erinnern, schließen nun Heidenchristen Juden vom wahren Glauben aus. Nur noch die Linie Christus – Abraham zählt. Durch eine bestimmte Präexistenzchristologie und eine typologisch-christologische Exegese des »Alten« Testamentes wird dem jüdischen Volk jeder eigene Zugriff auf seine ursprünglichen Schriften verwehrt. Das jüdische Volk wird theologisch enterbt. Erbe der Synagoge ist die Kirche allein, die umso antijüdischer sich profiliert, je mehr sie sich heidenchristlich monopolisiert. Abraham ist nicht mehr länger der Vater des jüdischen Volkes, sondern exklusiver Wahrheitszeuge für Christus. Abrahamskindschaft ist nicht mehr Signum des Volkes Israel, sondern bevorzugtes Kennzeichen derjenigen, die Israel beerbt haben: der Christen. Woraus folgt: Ist in der jüdischen Tradition bei Abraham eine Tendenz zur verengenden Halachisierung Abrahams erkennbar, so in der christlichen Tradition bereits ab dem 2. Jahrhundert ein breiter Prozeß der Enterbung des jüdischen Volkes, dem ein Prozeß der Verchristlichung, das heißt *Verkirchlichung Abrahams* entspricht.

Man mache sich klar, wozu diese innerchristliche Entwicklung geführt hat: Der Nichtjude Abraham, der von Gott Verheißungen für ein großes Volk und dessen Nachkommenschaft erhalten hat, wird von Christen dazu benutzt, dieses auserwählte Volk an den Rand zu drücken, heilsgeschichtlich auszulöschen. Und der heilsgeschichtlichen Auslöschung folgte Jahrhunderte später dann die physische. Theologischer Antijudaismus und rassischer Antisemitismus verbanden sich zu einem tödlichen Gemisch, dem das jüdische Volk denn auch beinahe tatsächlich zum Opfer gefallen wäre ...

III. Abraham und der Islam

Doch keiner, weder Judenchristen wie Paulus oder Matthäus noch Heidenchristen wie Ignatius oder Augustin, hätte sich träumen lassen, daß in der Weltgeschichte noch einmal eine religiöse Großmacht auftreten würde, der wiederum alles daran gelegen war, über Abraham nicht nur das eigene Glaubensverständnis neu zu rechtfertigen, sondern auch Abraham für sich zu beanspruchen.[1]

1. Ismael – ein rätselhafter Abraham-Sohn

Wie denn auch? Hatten die christlichen Kirchen nicht alles getan, um sich selber als die wahren Erben Abrahams zu etablieren – auf Kosten der Juden? Hatten christliche Theologen nicht alles daran gesetzt, um die Christen als die wahren Abrahamskinder ein für allemal durchzusetzen? Die Geschichte war doch mit Hilfe der Christologie »durchschaut«, schien ein für allemal zugunsten des christlichen Wahrheits- und Heilsanspruchs entschieden. Christus herrschte als König im Himmel. Und auf Erden seine Stellvertreter Papst und Kaiser ...

Was niemand geahnt hätte

Doch keine 200 Jahre nach dem Tod Augustins (im Jahre 430) ist die weltgeschichtliche Situation völlig anders. Auf der arabischen Halbinsel tritt ein neuer Prophet auf und verkündet mit Charisma und Macht eine neue Botschaft, die dann als Religion in einem geschichtlich beispiellosen Tempo ihren Siegeszug über große Teile der Erde antreten wird. In nur 100 Jahren nach dem Tod dieses Propheten mit Namen Mohammed (632) ist der Islam unter den ersten vier Kalifen (632-661) sowie der ersten großen Dynastie der Omaijaden (661-750) nicht nur auf der gesamten Arabischen Halbinsel verbreitet. Erobert sind auch Syrien, Palästina, Ägypten, Persien und weite Gebiete Afghanistans bis hin nach Indien. Ja, dem Islam gelingt sogar die Eroberung nicht nur ganz Nordafrikas von Alexandria bis Tanger, sondern auch die militärische Unterwerfung fast ganz Spaniens, wo das Emirat von Cordoba errichtet und Jahrhunderte überdauern wird. Und nur die militärische Niederlage bei Poitiers schon tief in Frankreich (genau 100 Jahre nach Mohammeds Tod 732) verhindert ein weiteres Vordringen des Islam nach Zentraleuropa, wo die christliche Kirche seit dem Übertritt des Franken-Herrschers Chlodwig zum Christentum (497/98 Taufe in Reims durch Bischof Remigius) sich als Staatskirche soeben zu etablieren begann.

Nein, ein Mann wie der Apostel Paulus hätte es sich bestimmt nicht träumen lassen, daß gerade Ismael, der Sohn der Ägypterin Hagar, über die er im Galaterbrief in einer Allegorie noch so abfällig gesprochen hatte (4,22-25), Nachkommen haben würde, die – groß und mächtig geworden – einstmals ausgerechnet die Kirche in einen Kampf auf Leben und Tod verwickeln würden. Und auch Augustin hatte im »Gottesstaat« zwar noch die Verheißung Gottes über Ismael erwähnt (»auch den Sohn der Magd will ich zu einem großen Volk machen«: Gen 21,13), dann aber völlig ignoriert, weil es ihm aus christologischen Gründen allein auf den Bund Gottes mit Isaak ankam, der als »Sohn der Verheißung« für Augustin ja ein Sinnbild für Christus ist. Und ausgerechnet die Nachkommen Ismaels stehen nun auf, um die christliche Kirche in unerhörter Weise herauszufordern. Tragische Ironie: Mit dem Siegeszug des Islam geht auch in Augustins nordafrikanischer Heimat das Christentum unter (Eroberung Karthagos 698), keine 270 Jahre nach dem Tod des langjährigen Bischofs von Hippo. Bis heute gibt es kein nennenswertes nordafrikanisches Christentum mehr...

Verstoßen – und doch gesegnet

Dabei konnte ja eigentlich kein Zweifel sein, daß die Hebräische Bibel über Ismael bedeutsame Aussagen gemacht hatte, nicht nur »biographischer«, sondern vor allem auch theologischer Art. Im Interesse einer abrahamischen Ökumene bedürfen diese theologischen Aussagen dringend der Auswertung. Denn Ismael ist ja der Urvater der arabischen Stämme und damit des Islam. Diesen Aspekt theologisch länger auszublenden, wäre Ausdruck einer verhängnisvollen Gottesblindheit. Der Gott, der die Geschichte Israels lenkt, lenkt ja nach dem Zeugnis Israels auch die Geschicke aller Völker. Und dieser Gott hat offenbar mit Ismael seine besonderen Pläne, die nur der nicht sehen will, der in heilsgeschichtliche Arroganz verfangen ist ...

Gewiß: An der Geschichte des Abraham-Sohnes Isaak, des Vaters von Jakob/Israel, ist die Genesis theologisch ungleich mehr interessiert als an Ismael. Nach der »Priesterschrift«, die an der Linie Isaak-Jakob/Israel theologisch besonderes Interesse zeigt, schließt Gott mit Isaak seinen »ewigen« Bund und nicht mit Ismael (Gen 17,19-21; vgl. 21,12). Und doch sind die Berichte über den anderen Abrahamssohn merkwürdig ambivalent, schwanken sie doch zwischen Ausgrenzung und Verstoßung aus dem Bund Gottes mit seinem Volk einerseits und theologischer Aufwertung zu einer von Gott eigens gesegneten Weiterexistenz andererseits. Darin gerade unterscheidet sich Ismaels Stellung von der der sechs Söhne, die Abraham mit seiner zweiten Frau Ketura hatte. Diese werden von Abraham am Ende seines Lebens mit nichts als Geschenken abgefunden, »nach Osten« geschickt, damit sie »weit weg von seinem Sohn Isaak« leben (25,1-6). Eine besondere theologische Aussage über sie gibt es nicht. Anders dagegen bei *Ismael – nach dem Selbstzeugnis Israels* selber:

(1) Wie groß theologisch auch immer der Unterschied zwischen Ismael, dem Sohn des »Fleisches« (also der menschlichen Eigenmächtigkeit), und Isaak, dem Sohn der »Verheißung« (also Gottes Gnade) sein mag – Tatsache ebenfalls ist: Nicht Isaak, sondern *Ismael ist der erstgeborene Sohn Abrahams.* Denn mit 86 Jahren bekommt Abraham zusammen mit seiner ägyptischen Sklavin Hagar diesen Sohn – und zwar ausdrücklich auf Wunsch der legitimen Ehefrau Sara, die alt geworden und unfruchtbar geblieben war (16,1-4). Der Name Ismael heißt denn auch wörtlich: »Gott (er)hört« (16,11). Dieser Status des Erstgeborenen ist zwar nicht für Juden und Christen, wohl aber später für Muslime aus begreiflichen Gründen von tiefer symbolischer Bedeutung.

(2) Ismael empfängt noch *vor Isaak das Zeichen des Bundes Gottes: die Beschneidung.* Denn mit 99 Jahren – Isaak ist zu diesem Zeitpunkt noch nicht auf der Welt – vollzieht Abraham an sich ebenso wie an dem 13-jährigen Ismael dieses Zeichen des Bundes mit Gott, und zwar auffälligerweise noch am selben Tag (17,23-26). Das ist theologisch von erheblicher Bedeutung. Denn mit der Aufbewah-

rung dieser Geschichte hat *Israel selbst* sich auf die Aussage festgelegt: Bevor Ismael, der spätere Stammvater der arabischen Stämme, verstoßen wird, trägt er nach Gottes Willen das Zeichen des Bundes Gottes (17,10). Er ist damit von vornherein hineingenommen in Gottes Bund mit Abraham, Sara und Isaak. Was umgekehrt heißt: Israel kann seine eigene Erwählung nicht verabsolutieren. Auch andere Abrahams-Kinder sind von Gott ausgezeichnet worden.[2] Das unterstreichen zwei weitere Momente der Ismael-Geschichte.

(3) Nicht nur Isaaks, auch *Ismaels Überleben steht unter Gottes besonderem Schutz.* Denn auffälligerweise wird zweimal Ismaels Überleben von Gott gesichert – und zwar gegen den Willen seiner Eltern. Das mag man im Fall der ersten Verstoßung (16,7-9) theologisch noch nachvollziehen, als die eifersüchtige Sara ihre stolz gewordene Sklavin Hagar buchstäblich in die Wüste schickt, wo diese aber von einem Engel Gottes gerettet und nach Hause zurückgeschickt wird. Denn hier wird die Geschichte nach dem einfachen Schema erzählt: Gott verhindert einen üblen Plan des Menschen. Gott läßt denn auch durch seinen Engel Hagar ausrichten: »Deine Nachkommen will ich so zahlreich machen, daß man sie nicht zählen kann« (16,10), eine Aussage, die noch dadurch theologisch aufgewertet ist, daß sie bis in den Wortlaut hinein der Isaak-Verheißung entspricht (15,5). Die theologische Pointe dieser Szene ist denn auch: Daß Ismael überhaupt auf die Welt kommen kann, ist ausdrücklich nicht des Menschen (der Eltern), sondern Gottes Wille.

Theologisch rätselhaft jedoch ist die zweite Verstoßungsszene (21,9-21) – und zwar wegen Gottes Verhalten selber. Denn einerseits ist es hier Gott selbst (kein Engel mehr!), der Abraham ausdrücklich ermutigt, seinen anfänglichen »Verdruß« über die Verstoßung Hagars und Ismaels hintanzustellen und seiner Frau Sara nachzugeben. Begründung: Abrahams Nachkommen würden nun einmal »nach Isaak« benannt (21,12). Wer aber hier einen heilsgeschichtlichen Triumphalismus am Werk sieht und bereits demütig hinnehmen will (nach dem Motto: Gott wählt nun einmal, wen er will, und verstößt, wen er will), wird gleich durch den nächsten Satz von Gott selbst überrascht. Denn derselbe Gott, der soeben die Verstoßung von Hagar und Ismael ermutigte, erklärt dem Abraham, auch Ismael, den Sohn der Magd, wolle er »zu einem großen Volk machen«. Warum?

Weil auch er, Isamel, Abrahams »Nachkomme« sei! Und verwirrt steht man als Leser dieser Szene vor einem Rätsel: Wie kann dieser Gott beides zugleich tun? Hagars und Ismaels Verstoßung mitbetreiben und zugleich mit beiden noch große Zukunftspläne verbinden?

Nicht weniger ambivalent ist das Verhalten Abrahams an dieser Stelle. Bekommen wir doch eine Abschiedsszene zwischen Abraham und Hagar erzählt, die merkwürdig doppelbödig ist. Einerseits steht der Entschluß Abrahams fest, Hagar und Ismael zu verstoßen, von Gott sogar dazu ermutigt. Andererseits wird Abrahams »Verdruß« über diesen von Sara ausgehenden Plan nicht verschwiegen, hatte sich doch Abraham offensichtlich noch ein Bewußtsein davon bewahrt, daß es sich bei Ismael schließlich doch »um seinen Sohn« (21,11) handelt. Vielleicht erklärt sich von daher, warum diese Abschiedsszene uns wie verlangsamt bis in alle Einzelheiten hinein erzählt wird, was nicht ohne suggestive Wirkung bleiben kann: Abraham persönlich steht am Morgen auf, nimmt Brot und einen Schlauch mit Wasser, übergibt beides Hagar, legt ihr alles auf die Schulter, übergibt ihr das Kind – und entläßt sie. Ein Wort über Gottes Rettungsabsicht ihr gegenüber verliert er nicht (21,14).

Auch hier bleibt man als Leser mit einem zwiespältigen Gefühl zurück. Wie kann Abraham beides zugleich tun: fürsorglich den Abschied inszenieren und zugleich die Frau und »seinen Sohn« in die Wüste schicken, ohne der Frau auch nur mit einem Wort anzudeuten, was er ja schon weiß: daß sie und ihr Sohn nicht zugrunde gehen werden. Hagar und Ismael werden denn auch ein zweites Mal durch Gottes Engel gerettet. Ausdrücklich heißt es: »Gott war mit dem Knaben. Er wuchs heran, ließ sich in der Wüste nieder und wurde ein Bogenschütze. Er ließ sich in der Wüste Paran nieder, und seine Mutter nahm ihm eine Frau aus Ägypten« (21,20f.). Man beachte auch hier die Parallele: Der Bewahrung Isaaks vor der Opferung entspricht die Errettung Ismaels vor dem Tod in der Wüste. Womit *Israel* durch die Überlieferung dieser Geschichte zum Ausdruck gebracht hat: Gottes Gnade ist nicht exklusiv auf die Linie Isaak – Jakob/Israel beschränkt, sie umfaßt auch den anderen Abrahamssohn. Und dies nicht nur individuell, sondern auch kollektiv. Denn:

(4) Nicht nur Isaak, auch *Ismael* steht *als Abrahamssohn unter Gottes Segen.* Denn Fruchtbarkeit und zahlreiche Nachkommenschaft

werden auch Ismael in Aussicht gestellt – und zwar ebenfalls mehrfach (16,10; 21,13.18). Zwar betont gerade die »Priesterschrift« in Kapitel 17 noch einmal ausdrücklich den »Bund« Gottes mit Isaak, dem kein Bund mit Ismael entspräche (17,21), und dieser Bund bezieht sich vor allem auf die Landzusage. Doch zugleich wird selbst nach dieser Quelle dem Abraham von Gott bestätigt: »Auch was Ismael angeht, erhöre ich dich. Ja, ich segne ihn, ich lasse ihn fruchtbar und sehr zahlreich werden. Zwölf Fürsten wird er zeugen, und ich mache ihn zu einem großen Volk« (17,20). Auch diese *Selbstaussage Israels* ist von erheblicher theologischer Bedeutung. Sie besagt nämlich: Gottes Segen über Abraham setzt sich nicht nur in Isaak/Israel fort, sondern auch in dem verstoßenen Ismael und dessen Nachkommenschaft. Daß es diese trotz aller Beseitigungspläne von Sara und Abraham gibt, ist Ausdruck von Gottes Willen. Deren Siedlungsgebiet wird denn auch in der Genesis ausdrücklich umschrieben, wobei es wiederum kein Zufall sein dürfte, daß auch Ismael – analog den 12 Söhnen und schließlich Stämmen Jakobs – ebenfalls 12 Söhne und Stämme zugeschrieben werden, was dessen Stellung gegenüber Jakob/Israel nur aufwerten kann (25,12-18). Grund genug also, theologisch über das merkwürdige »Schicksal« Ismaels nachzudenken: Ismael, der Mensch der Wüste, verstoßen von seinem Vater, ausgeschlossen aus der spezifischen Bundesgeschichte – und doch des Segens Gottes teilhaftig, von Gott offenkundig geliebt, anders geliebt freilich als der im Lande gebliebene Isaak...

(5) Nicht nur Isaak, sondern auch *Ismael ist anwesend bei Abrahams Begräbnis*. Das muß auffallen, hören wir doch im Buche Genesis nach der Verstoßung Hagars (Kap. 21) kein Wort mehr von Ismael. Ganz im Gegensatz zu Isaak, von dem nicht nur die drohende Opferung (Kapitel 22), sondern auch seine Heirat ausführlich erzählt werden (Kap. 24). Plötzlich aber (Kap. 25) taucht Ismael in einer tief symbolischen Szene wieder auf: am Grab seines Vaters Abraham, den er zusammen mit seinem Bruder Isaak in der Höhle von Machpela bei Mamre bestattet:

> »Das ist die Zahl der Lebensjahre Abrahams: Hundertfünfundsiebzig Jahre wurde er alt, dann verschied er. Er starb in hohem Alter, betagt und lebenssatt, und wurde mit seinen Vorfahren

vereint. Seine Söhne Isaak und Ismael begruben ihn in der Höhle von Machpela bei Mamre.« (25,7-9)

Vergegenwärtigt man sich also all diese Aussagen über Ismael, wird man den Eindruck nicht abweisen können: Er ist schon eine rätselhafte Gestalt, dieser Abraham-Sohn. Kaum einzuordnen, schlecht zu klassifizieren, und Israels Theologen sind sichtlich in Verlegenheit. Denn Ismael ist nicht wie Isaak Stammvater eines Bundesvolkes, und doch trägt er das Bundeszeichen der Beschneidung; er ist von Abraham verstoßen und wird doch von Gott gerettet; er soll von seinen Eltern beseitigt werden und bleibt doch unter Gottes besonderem Schutz und Segen. Seltsam, rätselhaft genug: Gott will offensichtlich selbst gegen den Willen seiner Eltern, daß es diesen Abrahamssohn und dessen Nachkommenschaft gibt! Eine *seltsame Zwitterstellung* also nimmt Ismael ein: Weder ist er wie der Abraham-Sohn Isaak, noch ist er wie einer der Abraham-Söhne der Ketura. Mit ihm scheint es etwas Besonderes auf sich zu haben. Mit ihm hat Gott offensichtlich noch spezielle Pläne. Und übersieht man die weiteren Jahrhunderte, so berührt es einen in der Tat seltsam, daß sich Judentum und Christentum stets schwertaten, die Nachkommen Ismaels mit ihrem dann gewonnenen sehr eigenen Glaubensprofil zu akzeptieren. Zunächst schienen diese Ismael-Kinder wie alle anderen »Ungläubigen« und »Heiden« zu sein. Und doch sind sie über Abraham mit der biblischen Glaubensgeschichte unabweisbar verknüpft. Seltsam zu denken daher: Die offenkundige theologische Verlegenheit schon der Genesis, wie man Gottes Absicht mit diesem besonderen Abraham-Sohn verstehen müsse, spiegelt sich bis heute in der Verlegenheit von Judentum und Christentum, daß es den »Islam« der Ismael-Söhne überhaupt gibt, geben muß, nachdem doch durch Tora und Evangelium mit Gott und Welt alles klar zu sein schien ... Wir werden diesen Befund im zweiten Hauptteil im Interese einer abrahamischen Ökumene theologisch weiter auswerten.

Stammvater der Araber: Jüdische Traditionen

Isaak bleibt im Land, Ismael dagegen ist ein *Sohn der Wüste* geworden (21,20). Auch dies macht Israels Theologen eher verlegen, um nicht zu sagen ungnädig. Denn mit spürbarem Befremden beschreiben sie Ismael nicht nur sachlich als »Bogenschütze« in der Wüste Paran (21,20f.), sondern vor allem als Friedensstörer:

> »Er wird ein Mensch sein wie ein Wildesel.
> Seine Hand gegen alle, die Hände aller gegen ihn!
> Allen seinen Brüdern setzt er sich vors Gesicht.«
> (16,12; vgl. 25,18)

Ismael und die Ismaeliten sind somit schon in der Hebräischen Bibel Synonyme für Wüstenbewohner und Beduinen. Zwar kennt die Bibel den Ausdruck »Araber« nicht, aber anzunehmen ist, daß mit dem hier angegebenen Siedlungsgebiet die nordwestarabische Wüste gemeint ist. Im übrigen werden die biblischen Nachrichten durch andere Quellen in ihrer historischen Zuverlässigkeit erhärtet, tauchen doch in assyrischen Inschriften aus verschiedenen Zeiten die in der Genesis erwähnten Stämme Ismaels als arabische Stämme wieder auf, so z. B. Nebajot und Kedar sowie Adbeel, Massa und Tema. Tema und Duma sind darüber hinaus auch Namen von Oasen in der nordarabischen Wüste.[3]

So wundert es nicht, daß die weitere *jüdische Überlieferung* Ismael direkt zum Vater der Araber gemacht hat. Schon das »Jubiläenbuch« berichtet davon: »Und Ismael und seine Söhne und die Söhne der Ketura und deren Kinder gingen gemeinsam und wohnten von Pharmon bis zum Zugang von Babylon in dem ganzen Land, welches in Richtung Osten, der Wüste gegenüber, liegt. Und sie vermischten sich, diese mit jenen, und ihr Name wurde genannt Araber und Ismaeliten«.[4] Ähnliches weiß auch *Flavius Josephus* in seinen »Jüdischen Altertümern«.[5] Für ihn besteht kein Zweifel: Ismael ist der Stammvater einer »arabischen Nation«, die ihre Stämme nach den 12 Söhnen Ismaels genannt hat, »sowohl wegen ihrer eigenen Tapferkeit als auch wegen der Würde Abrahams, ihres Vaters«.[6] Später werden auch die Rabbinen die Araber mit den Ismaeliten gleichsetzen.[7]

All diese Genealogien haben dabei schon in der Genesis einen tiefen *theologischen Symbolwert*. Bewußt an das Ende der Abraham-Erzählungen gesetzt, soll mit diesen Völkerlisten zum Ausdruck gebracht werden, so der Genesis-Kommentator *Claus Westermann*, »daß die verwandtschaftliche Verbindung dieser Stämme mit Abraham wichtiger ist als die politischen Sonderungen und Feindschaften der späteren Zeit. Sie hat tiefe Wurzeln. Abraham ist der Vater sowohl der Religion Israels wie auch des Islam«.[8] Wie aber sieht diese Verbindung zwischen Abraham und dem Islam konkret aus? Das soll in den folgenden Abschnitten erzählt werden.

2. Der Kampf für den einen Gott: Die Zeit in Mekka

Es ist zunächst auffällig: Während jüdische Quellen und später auch christliche (Theodoret, Sozomenos) über die Abraham-Ismael-Abstammung der Nation der Araber berichten, gibt es in den uns bekannten arabischen Quellen aus vorislamischer Zeit darüber nichts.[9] Und doch tendieren Historiker neuerdings dahin, zumindest zwei Abraham-Traditionen aus muslimischer Zeit einen historischen Kern zuzutrauen, die man vorher in das Reich islamischer Legendenbildung verwiesen hatte: das besondere gesellschaftliche Ansehen von Mohammeds Stamm, der Quraisch, durch dessen Abstammung von Abraham-Ismael sowie einer schon vor Mohammed existierenden monotheistischen Reformbewegung unter dem programmatischen Namen »Religion Abrahams«.

Arabische Abraham-Traditionen vor Mohammed

Man mache sich zunächst klar: Mohammed wird im Jahr 570 zu Mekka in den Stamm der Quraisch hineingeboren, der nicht nur der führende in Mekka, sondern auch der wirtschaftlich stärkste auf der gesamten Arabischen Halbinsel war. Dieser Stamm genoß darüber hinaus auch eine überlegene gesellschaftliche Stellung. Warum? Weil die Quraisch unter anderem beanspruchten, die reichsten und edelsten Nachkommen Ismaels zu sein und damit eine einzigartige Abraham-Abstammung zu besitzen. Das war wichtig, weil durch diese genealogische Legitimation ein Herrschaftsanspruch über Mekka und das dortige Heiligtum, die Ka'ba, erhoben werden konnte. Denn nach der Überlieferung ging dieses Heiligtum auf eine Gründung von Abraham und Ismael zurück. Wir werden mehr davon hören.

Schon der früheste Mohammed-Biograph, *Ibn Ishaq*, gut 100 Jahre nach des Propheten Tod, eröffnet seine Lebensbeschreibung Mohammeds programmatisch (wie das Matthäus-Evangelium) mit der Rückführung der Abstammung Mohammeds über Qusaij, den Ahnherrn der Quraisch fünf Generationen vor Mohammed, über Ismael und Abraham bis hin zu Adam.[10] Und die kritische Forschung schenkt diesen Nachrichten heute mehr Glauben als früher. So der Göttinger Arabist *Tilman Nagel*: »Die Übernahme der Gestalt des Abraham-Sohnes Ismael durch die Quraisch stellte zweifellos den ideologischen Ausdruck einer tiefgreifenden politischen Umwälzung auf der Arabischen Halbinsel dar, deren Ziel die Zusammenfassung aller Araber unter der Herrschaft der Quraisch war. Ohne hier den mannigfachen, zum Teil noch nicht zufriedenstellend erklärten Einzelheiten dieses Prozesses nachgehen zu können, sei darauf hingewiesen, daß zu Lebzeiten des Propheten bereits zahlreiche Stämme von dieser Entwicklung erfaßt worden waren ... Es steht außer Zweifel, daß auch Mohammed selber von der Richtigkeit der genealogischen Bindung der Quraisch und der mit ihnen vereinigten Stämme mit Ismael überzeugt war.«[11]

Hinzu kommt: Obwohl seit Jahrhunderten von Judentum und Christentum als religiösen Traditionen und Optionen »umgeben«, hatten die arabischen Stämme an ihren angestammten religiösen Praktiken festgehalten. Und diese waren durch und durch polytheistisch. Konkret heißt das: Verschiedene arabische Stämme verehrten an verschiedenen Plätzen verschiedene arabische Gottheiten, ohne an den Monotheismus des Judentums und Christentums Konzessionen zu machen. Dem altarabischen Heiligtum der Ka'ba zu Mekka kam dabei eine besondere Bedeutung zu, denn hier waren verschiedene altarabische Götter in Form eines Pantheon versammelt. An einen ursprünglichen Monotheismus, verbunden mit Abraham und Ismael, dachte jetzt offenbar niemand mehr. Im Gegenteil: Zur Zeit Mohammeds verehrte man in Mekka neben einem Hochgott (von einigen »Allah« genannt) vor allem drei Göttinnen: Manat, die Göttin des Schicksals und des Todesgeschicks, Al-Lat, die Göttin der Hirten und der Karawanenführer, sowie Al-'Uzza, deren Name soviel bedeutet wie »die Starke, die Gewaltige«. Polytheismus also war im damaligen Arabien weit verbreitet, und auch die Ka'ba war einbezogen in die verschiedenen Kulte der verschiedenen Götter und Göttinnen.

Und doch muß es in der Zeit vor Mohammed bereits eine Gruppe von Arabern gegeben haben, die sich der Vielgötterei verweigert und sich auf die Verehrung des einen und einzigen Gottes Abrahams zurückbesonnen hatte. Jedenfalls überliefert schon *Ibn Ishaq* eine Liste von solchen Männern, die man als *»Hanife«* bezeichnete: altarabische »Gottsucher« oder »Gottergebene«, die zum Glauben an den einen und einzigen Gott zurückkehren wollten – unter ausdrücklichem Rückgriff auf die *»Religion Abrahams«*: »Sie waren der Meinung, daß ihr Volk die Religion ihres Vaters Abraham korrumpiert habe und daß der Stein, um den herum sie liefen, keine Bedeutung habe; er könne weder hören noch sehen, noch verletzen noch helfen. ›Findet für euch selbst eine Religion‹, sagten sie, ›denn, bei Gott, ihr habt keine‹. So gingen sie ihre verschiedenen Wege in den Ländern, auf der Suche nach der ›Hanifija‹, der Religion Abrahams«.[12]

Auch diese Nachrichten werden von Mohammed-Biographen heute durchaus als historisch akzeptiert. So zum Beispiel vom früheren Tübinger Islamkundler und Koran-Übersetzer *Rudi Paret*, der an der Sache der »Hanife« selbst »kaum zweifeln« will: »Vereinzelt muß es im alten Arabien schon vor Mohammed nachdenkliche, grüblerisch veranlagte Menschen gegeben haben, die in der einheimischen religiösen Tradition keine Befriedigung mehr fanden und umso bereitwilliger Ideen aufgriffen und sich zu eigen machten, die von Christen und Juden – wenn man so sagen darf – laufend angeboten wurden. Daß sie sich im besonderen zum Monotheismus bekannten, läßt sich mittelbar aus dem koranischen Sprachgebrauch erschließen. Hier hat der Ausdruck Hanif etwa die Bedeutung ›muslimischer Monotheist‹«.[13] Das alles heißt: Mohammed konnte für seine eigene prophetische Botschaft an Traditionen anknüpfen, die bereits mit Abraham verbunden waren. Schon stammesgeschichtlich scheint ihm ein »Abraham-Bewußtsein« mit auf den Weg gegeben worden zu sein. Was aber machte er daraus?

Mohammeds Kampf gegen die Götzen und ihren Kult

Wann immer genau Mohammeds Berufung zum Propheten zu datieren, wie immer sie zu verstehen und was immer an Inhalten ursprünglich damit verbunden gewesen sein mag – das eine ist sicher:

Mit gut 40 Jahren tritt Mohammed, der sich mittlerweile als Ehemann einer reichen Kaufmannswitwe sozial und ökonomisch gut etabliert hatte, in seiner Vaterstadt Mekka als *neuer Offenbarungsträger* auf: als ein Prophet, der seine Mitbürger aus religiöser Gleichgültigkeit, purer Diesseitsverhaftetheit und sozialer Ungerechtigkeit aufrütteln will. Die gut etablierte und auch finanziell höchst einträgliche religiöse Wallfahrts- und Kultpraxis rund um die Ka'ba: sie wird von Mohammed zur Verblüffung seiner Landsleute auf einmal als Götzendienerei abqualifiziert und mit religiöser Leidenschaft gegeißelt.

Kein Wunder, daß die Mekkaner auf Mohammed zunächst so reagieren wie die Leute aus Nazareth auf den »Propheten« Jesus oder die griechischen Philosophen Athens auf den Prediger Paulus: Sie halten ihn für einen Verrückten. Wer hätte jemals eine solche Botschaft gehört? Wer so etwas verkünde, müsse ein Besessener sein. Der Koran selber enthält denn auch eine Anspielung gerade darauf: »Diejenigen, die ungläubig sind, würden dich, wenn sie die Mahnung (d. h. den Koran) hören, mit ihren (bösen) Blicken beinahe zum Straucheln bringen. Und sie sagen: ›Er (d. h. Mohammed) ist (ja) besessen.‹« (Sure 68,51). Ja, je mehr Mohammed den Kult um das Wallfahrtsheiligtum der Ka'ba angreift, desto mehr wächst der Unmut über diesen ungebetenen »Warner«, der sich offensichtlich aufführt wie ein »Zauberer«.[14]

Parallelen also zur Geschichte des Jesus aus Nazareth sind hier mit Händen zu greifen. Zu greifen auch dort, wo Mohammed die Zurückweisung seiner religiösen Reformbotschaft mit einer Verschärfung seiner *Gerichtspredigt* beantwortet – gewendet gegen seine Landsleute, die er nur noch als »verstockt« erlebt. Das läßt Erinnerungen wach werden an den Konflikt der Judenchristen mit dem jüdischen Establishment, von dem wir berichtet haben. Wichtig dabei ebenso: Den Stoff für seine Gerichtspredigten holt sich Mohammed vor allem aus biblischer Tradition, die er durch Kontakt zu jüdischen und christlichen Kreisen in Mekka und Umgebung kennengelernt haben dürfte.[15] Frühe mekkanische Suren verweisen denn auch auf das Schicksal von Sodom und Gomorrah (53,54; 69,9), auf Noah und die Sintflut (53,53; 51,46), auf Pharao und sein in den Fluten des Roten Meeres vernichtetes Heer (85,18; 73,16; 79,17; 89,9; 69,9; 51,38ff). Was umgekehrt heißt: Mohammed fühlt sich gerade mit solchen biblischen Gestalten besonders verbunden, bei denen er eine Analogie zu seinem eigenen Kampf gegen Götterglaube und Götzendienst entdeckte und bei denen er das gleiche Reaktionsmuster wie bei seinen Mekkanern erkannte: Spott und Widerstand gegen den Propheten und dessen Verkündigung des wahren Gottesglaubens (43, 6-8). Mohammed also war gewiß nicht der einzige »Gottsucher«, der die altarabischen Kultpraktiken reinigen und zum Monotheismus zurückkehren wollte. Aber niemand außer ihm war offenkundig in der Lage »diesen Gedanken in einer derartig aufrüttelnden Sprache zu verkünden« und in »schauerlichen Farben« seinen Landsleuten »die Schrecknisse des Jüngsten Tages« auszumalen.[16]

Ein neuer, alter Glaube

Dies alles macht schon deutlich: Der Prophet Mohammed wollte die biblische Offenbarungsgeschichte nicht verlassen und durch eine völlig neue Offenbarung von einem bisher unbekannten Gott ersetzen. Ausdrücklich reiht er sich in die bisherige Offenbarungsgeschichte ein, wie sie von Judentum und Christentum überliefert worden war. Diese begreift er als Einheit, zurückgehend auf eine Uroffenbarung, eine ewige Schrift bei Gott, die den verschiedenen Völkern nacheinander in ihren jeweiligen Sprachen geoffenbart worden ist. Die Araber waren bisher ohne Offenbarungsschrift, und Mohammed fühlt sich von daher zum *Propheten der Araber* berufen. Warum sollte Gott den Arabern nicht ebenso Anteil an der einen Offenbarung zuteil werden lassen wie zuvor schon Juden und Christen? Das war Mohammeds Grundgedanke, der sich in der Überzeugung artikuliert: Gottes ewiges Wort wird jetzt noch einmal in arabischer Sprache neu verkündet – und zwar durch einen »arabischen Koran« (43, 2f.; 42,7). Nicht eine simple »Übersetzung« uralter Überlieferungen von Juden und Christen will Mohammed bieten, sondern Allahs authentisches und letztgültiges Wort direkt aus dem Himmel, und zwar zunächst für die religiös noch völlig unwissenden Stämme der Araber.

Mohammeds Botschaft wird also nur richtig verstanden, wenn man sie – in paradoxer Weise – als *neuen, alten Glauben* beschreibt: Neu ist das Charisma und die sprachliche Wucht von Mohammeds

»Offenbarungen«: »kurze, häufig elliptisch verkürzte Aussagen, an Aufschreie erinnernd und von rätselhaften Schwurformeln eingeleitet, zusammengehalten von eindringlichen Prosareimen, packende Bilder, in Engführung hintereinandergebracht – der Stil der Wahrsager, wie Araber sie kannten«.[17] Neu ist die Konzentration auf den Monotheismus, wie sie schon in der wohl ältesten Sure erkennbar wird: »Trag vor im Namen deines Herrn, der erschaffen hat, den Menschen aus einem Embryo erschaffen hat! Trag vor! Dein Herr ist edelmütig wie niemand auf der Welt« (96,1-3). Neu ist die Eschatologie, d. h.: die Gerichtspredigt wider die Blindheit der Götzendiener und die Besitzgier der Reichen. Angekündigt wird: das Paradies für die Gerechten und die Hölle für die Frevler.

Alt dagegen ist die Sache, um die es Mohammed geht: eine Form des radikalen Monotheismus, wie er ihn vor allem im Judentum vorgefunden hatte. Kein Wunder somit, daß schon in einer Sure der ersten mekkanischen Periode (610-615) programmatisch auf die »Väter Israels« angespielt wird, darunter auch auf Abraham. Ja, diese Sure läßt sogar erkennen, daß der Prophet an eine eigene Offenbarungsschrift nicht nur bei Mose (Tora), sondern auch bei Abraham gedacht haben muß: »Das (was hier verkündet wird) steht (schon) auf den früheren Blättern (der Offenbarungsschrift), den Blättern von Abraham und Mose« (87,18f; vgl. 53,33-41).

Damit ist klar: Zu Beginn seines Auftritts als Prophet wollte Mohammed *keine neue Religion* gründen. Er dachte so wenig daran wie seinerzeit der Rabbi aus Nazareth. Im Gegenteil: Mohammed wollte einen uralten Glauben wieder in Erinnerung rufen und das neu verkünden, was schon auf früheren »Blättern« niedergelegt worden war. Noch war der Prophet davon überzeugt: Diesen uralten Glauben haben gerade auch die Juden bewahrt, im Koran die »Kinder Israels« genannt; diesen uralten Glauben kennen auch die Christen, so daß sie zusammen mit den Juden als Schriftbesitzer oder »Leute der Schrift« bezeichnet werden können. Abraham (arab. Ibrahim) spielt hier eine entscheidende Rolle als der allen »Leuten der Schrift« gemeinsame »Prophet«. In 25 Suren wird er genannt (neben Mose die zweithäufigst vorkommende Figur im Koran). Eine Sure, die 14., trägt sogar Abrahams Namen. Sehen wir uns dies genauer an.

Kronzeuge wider die Götzen: Abraham

Für die Zeit seines prophetischen Kampfes in Mekka ist auffällig, daß die Abraham-Figur für den Propheten vor allem wichtig ist als *Identifikationsfigur* für seinen eigenen *Kampf gegen Vielgötterei und Götzendienst.* Die Schlüsseltexte des Koran vor allem aus der zweiten Mekka-Periode (615-620) lassen denn auch einen Abraham erkennen, der aus eigenem Antrieb den Polytheismus überwand, den wahren Gott mit Hilfe der eigenen Vernunft als den Schöpfer des Himmels und der Erde erkannte (Sure 6,75-79) und dann in den Kampf mit seiner polytheistischen Umgebung (Sternverehrung) eintrat. So wird in Sure 19 von einem Streit Abrahams mit seinem Vater über die Götzen berichtet, der im Koran nicht Terach, sondern Azar heißt:

> »Vater! Diene nicht dem Satan! Der Satan ist gegen den Barmherzigen widerspenstig. Vater! Ich fürchte, daß du vom Barmherzigen eine Strafe erleiden und daraufhin ein Freund des Satans werden wirst.‹ Er sagte: ›Willst du denn meine Götter verschmähen, Abraham? Wenn du (damit) nicht aufhörst, werde ich dich bestimmt steinigen. Laß dich eine Zeitlang nicht mehr vor mir blicken!‹« (Sure 19,44-46)

Unschwer lassen sich hier Bezüge zur jüdischen Überlieferung erkennen, wie wir sie bereits analysiert haben. Denn schon in Jos 24, im »Jubiläenbuch« und in der »Apokalypse Abrahams« war ja von einem Kampf Abrahams gegen seine götzendienerische Familie die Rede, ebenso im großen Midrasch der Genesis (38,19). Und schon Josephus und Philo war wichtig gewesen, daß Abraham mit Hilfe seiner Vernunft aus der Betrachtung des Himmels und der Sterne den wahren Schöpfer hatte erkennen können. Das alles aber wird bei Mohammed noch einmal biographisch zugespitzt und für sein eigenes prophetisches Selbstverständnis fruchtbar gemacht. Gerade die *Abrahams-Geschichten* sind für ihn *Spiegelgeschichten* für die schwierige Situation, mit der er als Prophet in Mekka konfrontiert war. Mit *Heinrich Speyer*, der die »biblischen Erzählungen im Koran« einer gründlichen Untersuchung unterzogen hat, wird man sagen können: »Nach der jüdischen Sage sucht Abraham ... mit dem Hinweis auf die Nichtigkeit der Götzen seinen Vater zu bekehren, nach dem

Koran sein Volk. Mohammed hat dann wohl die von Juden gehörte Erzählung so wiedergegeben, daß Abraham seinem Volk gegenüber die Rolle des arabischen Propheten spielt«.[18] In der Tat: In Abrahams Schicksal hatte der Prophet sich offenbar wiedererkannt, verehrten die Mekkaner seiner Zeit doch offensichtlich ihre Götzen so wie Abrahams Familie zu ihrer Zeit. Konsequenz: Ebensowenig wie für den Heidenapostel Paulus ist für den Araberapostel Mohammed Abraham ein erstarrtes Glaubensdenkmal aus uralten Zeiten, sondern lebendige Legitimationsfigur im prophetischen Kampf um den wahren Glauben.

Wir gewinnen damit einen *ersten Fixpunkt* für das Abraham-Bild in dieser Phase des Koran. Ganz auf der Linie eines klassisch gewordenen und Mohammed vertrauten jüdischen Abraham-Bildes macht sich auch der Prophet an Abraham klar, daß es für den Menschen darauf ankommt, sich aus überkommenen falschen religiösen Anschauungen zu befreien und sich selbst gegen den Widerstand der eigenen Familie für den einen und wahren Gott zu entscheiden. Abraham steht für *konsequenten und strengen Monotheismus*, der erkannt hat: Gott ist »der Herr der Menschen in aller Welt, er, der mich geschaffen hat und nun rechtleitet, der mir zu essen und zu trinken gibt und mich, wenn ich krank bin, heilt, der mich sterben läßt und darauf lebendig macht, und von dem ich hoffe, daß er mir am Tag des Gerichts meine Sünde vergibt« (Sure 26,77-82; vgl. auch Sure 29,16-27; 37,38-98). Für Mohammed also ist Gott der einzige Geber alles dessen, wessen Menschen bedürfen (Sure 29,16); Gott allein hat unumschränkte Macht (29,20); er allein ist ewig und unvergänglich; außer ihm gibt es keinen Gott.

Ein *zweiter Fixpunkt* tritt hinzu: Wird Gottes Gottheit durch Götzen verdunkelt, müssen diese gestürzt werden – nach dem Vorbild Abrahams, der ja schon nach jüdischen Überlieferungen ein *Ikonoklast*, ein Götterbilder-Zerstörer war. Diese Tradition findet sich auch im Koran:

> »›Und ich (Abraham) werde, bei Gott, eure Götzen überlisten, nachdem ihr den Rücken gekehrt (und mich mit ihnen alleingelassen) habt.‹ Und er schlug sie in Stücke, ausgenommen einen (Götzen), der ihnen (ebenfalls) gehörte und der (besonders) groß war. Vielleicht würden sie (später) zu ihm zurück-

> kehren. Sie (entdeckten das Werk der Zerstörung und) sagten: ›Wer hat dies mit unseren Göttern gemacht? Er gehört zu den Frevlern.‹ Irgendwelche Leute sagten: ›Wir haben einen Burschen namens Abraham (in abfälliger Weise) von ihnen sprechen hören.‹ Sie sagten: ›Bringt ihn her (damit er) vor den Augen der Leute (Rede und Antwort steht)!‹ ... Er sagte: ›Wollt ihr denn an Gottes Statt etwas verehren, was euch weder etwas nützen noch Schaden zufügen kann? Pfui über euch und über das, was ihr an Gottes Statt verehrt! Habt ihr denn keinen Verstand?‹« (Sure 21,57-67)

Man versteht im Lichte dieser und anderer Stellen die charismatische Überzeugungskraft des Islam als Bekenntnis zu dem einen und wahren Gott nun besser. Als *Urgestein islamischen Glaubens* kann denn auch gelten, daß jede Form religiöser Verehrung oder Verherrlichung (»Latrie«) irdischer Werte oder Personen (»Idole«) radikal als »idolatrisch« und damit gottwidrig verworfen wird. Alle Werte oder Personen werden vor Gott auf ihren wahren Status reduziert: Menschenwerk, nichts als das Werk vergänglicher Menschen zu sein. Nichts und niemand darf an die Seite oder gar Stelle Gottes treten: kein Mensch, kein Ideal und keine Sache, kein Kollektiv und keine Nation. Abraham ist im Koran die archetypische Figur dieser *Absage an Idolatrie.* Schon Abraham hatte ja die Machtlosigkeit astraler Gebilde und von Menschenhand gestalteter Idole aus eigener Vernunft begriffen und zugunsten des einen und wahren Gottes verworfen (vgl. Sure 6,75-79). Schon Abraham hatte die Eitelkeit und Vergeblichkeit jedes Götzendienstes aus eigener Kraft erkannt und sich der Schöpfermacht des einen und wahren Gottes gebeugt. Sure 6 läßt denn auch Abraham sagen:

> »Ich wende mich nunmehr demjenigen zu, der Himmel und Erde geschaffen hat. (Ich verhalte mich so) als Hanif. Und ich bin kein Heide.« (6,79)

Abraham ist also auch im Koran *der Gott vertrauende Mensch.* Denn Voraussetzung für Abrahams Weg zu Gott war das Vertrauen, daß Gott ihm seinen Weg zeigen werde. Die Konsequenzen aus dieser Grundeinstellung Abrahams für jeden Muslim hat *Tilman Nagel* jüngst noch einmal so beschrieben: »Der Mensch, der dem Beispiel

Abrahams folgt und sich ganz dem einen Schöpfergott zuwendet – das Angesicht auf ihn richtet, so wie die Pilger sich der Gottheit der heiligen Stätte zuwandten -, der vollzieht den entscheidenden Schritt zum Heilsgewinn. Zugleich mit diesem Schritt unterwirft er sein ganzes Leben dem Sinn, der sich aus der nun bejahten Kreatürlichkeit ergibt: Als Geschöpf ist der Mensch seinem Schöpfer zu allumfassender Dankbarkeit verpflichtet. Die Dankesschuld leugnen, dies ist im Koran der Wesenskern des Unglaubens.«[19]

Ein *dritter Fixpunkt*: Abraham steht auch beim Propheten Modell für *Rettung, Exodus und Nachkommenverheißung* eines monotheistischen Glaubenskämpfers durch Gott selbst. Denn dieselbe Sure 21 hat auch diejenige Szene überliefert, die ebenfalls in jüdischen Kreisen in Umlauf war: die wundersame Errettung des götterstürzenden Abrahams aus dem Feuer sowie Auswanderung und die Ankündigung seiner auserwählten Nachkommenschaft:[20]

> »Sie sagten: ›Verbrennt ihn und helft (auf diese Weise) euren Göttern, wenn ihr (schon) vorhabt, etwas zu tun!‹ Wir sagten (als sie Abraham dem Feuer ausgesetzt hatten): ›Feuer! Sei für Abraham kühl und unschädlich!‹ Sie wollten eine List gegen ihn anwenden. Aber wir bewirkten, daß sie (selber) es waren, die am meisten verloren. Und wir retteten ihn und Lot in das Land, das wir für die Menschen in aller Welt gesegnet haben. Und wir schenkten ihm zusätzlich den Isaak und Jakob. Und alle machten wir zu Rechtschaffenen.« (21,68-72; vgl. auch 11,69-73)

Theologisch entscheidend ist, daß auch im Koran dasjenige Motiv wiederkehrt, das auch jüdische (Sir 44; 1 Makk 2) und christliche (Hebr. 11) Tradition mit Abraham verbunden hatte: Auf Abraham ruht Gottes Segen, weil er im Glauben an Gott – trotz vielfacher Prüfungen – als »treu« und »gehorsam« befunden wurde.

In den gleichen Zusammenhang gehört, daß der Prophet – ein *vierter Fixpunkt* – Abraham benutzt, um dem eigenen Volk gegenüber mit noch größerem Nachdruck *als Warner* vor dem *göttlichen Strafgericht* auftreten zu können. Die Abraham-Lot-Geschichte aus Genesis 18 und 19 wird dafür auch von Mohammed fruchtbar gemacht, der hier in großen Zügen die biblische Vorlage übernimmt: Besuch der Engel bei Abraham, Ankündigung der Strafe über Lots

Volk und Abrahams Fürsprache für die Gerechten, schließlich die Rettung Lots, der dem Gericht entgeht, freilich ohne seine Frau (vgl. Sure 11,69-83). Wichtig an diesen Stellen ist, daß *Abraham* nicht nur als Warner, sondern auch als *der Barmherzige* hingestellt wird, der sich vor Gott für die Sünder verwendet und um Vergebung bittet. Wie im Fall seines Vaters (Sure 26,86), so auch im Fall von Lot. Die entscheidende Passage lautet:

> »Abraham war mild, empfindsam und bußfertig. (Die Gesandten sagten:) ›Abraham! Laß davon ab! Die Entscheidung deines Herrn ist nun einmal eingetroffen, und eine unabwendbare Strafe wird über sie kommen.‹« (11,75f; vgl. 9,113f))

Das alles macht schon deutlich, was wir als den *fünften Fixpunkt* des Abraham-Bildes im Koran dieser Periode bezeichnen können: *Wiederentdeckung und Wiedererweckung der »Religion Abrahams«*, arabisch: millat Ibrahim. Sure 16 aus der späten mekkanischen Periode (620-622) bringt dies mit epigramatischer Kürze und Klarheit zum Ausdruck:

> »Abraham war eine Gemeinschaft (für sich), (dem einen) Gott demütig ergeben, ein Hanif und kein Heide, dankbar für Gottes Wohltaten. Gott hat ihn erwählt und auf einen geraden Weg geführt. Und wir haben ihm im Diesseits Gutes gegeben. Und im Jenseits gehört er zu den Rechtschaffenen. Darauf haben wir dir (die Weisung) eingegeben: Folg der Religion Abrahams, eines Hanifen – er war kein Heide.« (16,120-123)

Programmatisch also taucht hier jenes Wort auf, das schon in vorislamischer Zeit die Anhänger der »Religion Abrahams« gekennzeichnet hatte: Hanif. Das meint: entschiedener, unzweideutiger Monotheist. Hier und künftig verbunden mit der scharfen negativen Abgrenzung: »kein Heide«. Und das heißt: Keiner, der Gott irgend etwas oder irgend jemand »beigesellt« hätte, keiner also, welcher der Versuchung zur Idolatrie erlegen wäre.

Doch die Rede von der »Religion Abrahams« enthält noch eine weitere Dimension, ebenfalls typisch für die späte Mekka-Periode. Mit der Selbstbezeichnung »Religion Abrahams« legt nämlich der Prophet die Grundlage für eine spätere, von Judentum und Christentum unterschiedene religiöse Identität. Sure 6 aus dieser Periode weist bereits in diese Richtung, indem sie die »Religion Abrahams« als den »richtigen Glauben« betont und Mohammed als den ersten »richtigen« Gläubigen bezeichnet:

> »Sag: Mein Herr hat mich auf einen geraden Weg geführt, zu einem richtigen Glauben, der Religion Abrahams, eines Hanifen – er war kein Heide. Sag: Mein Gebet und meine Opferung (oder: mein Ritual), mein Leben und mein Tod gehören Gott, dem Herrn der Menschen in aller Welt. Er hat keinen Teilhaber (an der Herrschaft). Dies (zu bekennen) wurde mir befohlen. Und ich bin der erste von denen, die sich (Gott) ergeben haben.« (6,161-163)

Aber noch war es nicht so weit, noch vertraut der Prophet darauf, daß es im Streit mit den götzendienerischen Mekkanern *Verbündete gibt: Juden und Christen.* Denn keinen Zweifel läßt Mohammed in dieser Phase, daß die »Leute der Schrift« seine vollen Sympathien genießen. Keinen Zweifel läßt er daran, daß der Gott, dessen Offenbarungen er empfängt, auch der von Juden und Christen verehrte Gott ist. »Islam« ist somit noch nicht Bezeichnung für eine neue Religion, sondern Bezeichnung für die geforderte religiöse Grundhaltung des Menschen. »Islam« ist noch das, was es dem Wortsinn nach ursprünglich meint: Hingabe des Menschen an den Willen des einen und einzigen Gottes, Rechtgeleitetheit im Leben und Sterben. Noch Sure 6 aus der späten mekkanischen Zeit stellt noch einmal eine lange Liste biblisch-jüdischer Figuren zusammen, die alle zu den »Rechtgeleiteten« gehören: nicht nur die Abrahamssöhne Isaak und Jakob, sondern auch Noah und David, Salomo, Hiob, Josef, Mose und Aaron. Hinzu kommen: Zacharias, Johannes, Jesus und Elias, ferner Ismael, Elisa, Jonas und Lot (6,84-86). Ja, der Prophet fordert in dieser Phase seine Anhänger ausdrücklich auf, mit den »Leuten der Schrift nie anders als auf eine möglichst gute Art« umzugehen (29,46). Unmißverständlich verkündet er:

> »Und sagt: ›Wir glauben an das, was (als Offenbarung) zu uns und was zu euch herabgesandt worden ist. Unser und euer Gott ist einer. Ihm sind wir ergeben.‹ Und so haben wir die Schrift (als Offenbarung) zu dir herabgesandt. Diejenigen nun, denen wir (schon früher) die Schrift gegeben haben, glauben daran.« (29,46f)

Es kann nach all dem keine Frage sein: Noch am Ende der mekkanischen Periode war der Prophet davon überzeugt, daß man an die ihm gegebene sowie an die den Juden und Christen überlieferte Offenbarung in gleicher Weise glauben müsse. Und gerade in der jüdischen Tradition meinte er denn auch, den stärksten Rückhalt für seine neue, alte Botschaft gefunden zu haben, was die Tatsache erklärt: Abraham ist in der frühen mekkanischen Phase analog zur jüdischen Tradition vor allem der geprüfte, treue monotheistische Glaubenskämpfer, dessen damalige prophetische Warnung Mohammed für seinen eigenen prophetischen Kampf in Mekka eindrucksvoll neu belebt. Und doch rezipiert der Prophet keineswegs alles in der jüdischen Tradition, so daß sich die Frage immer mehr zuspitzte: Wie verhalten sich die verschiedenen Offenbarungen zueinander? Mußte dies nicht irgendwann geklärt werden? Ja. Aber am Ende der Zeit in Mekka war der Weg Mohammeds für verschiedene Entwicklungen noch offen. Nach 12 Jahren hatte sich im Verhältnis Mohammeds zu den Juden »eine Sachlage herausgebildet, die in zwei Richtungen entwicklungsfähig war: Die Juden und ihre Geschichte sind Kronzeugen (für die Sache des Propheten), aber Richtschnur und Kriterium ist die Offenbarung des Korans. Offen war noch, ob Mohammed sich den Juden anschließen würde oder die Juden sich der koranischen Offenbarung unterordneten.«[21] Was also passiert?

3. Strukturen einer neuen Religion: Die Zeit in Medina

Mohammed war mit großen Hoffnungen nach Medina umgesiedelt, im Jahre 622, als die Situation für ihn und seine Anhänger in Mekka unhaltbar geworden war. Wie Abraham nach der jüdischen Überlieferung aus Mesopotamien wegen der Verfolgung durch den heidnischen König Nimrod auswandern mußte, um von da aus nach Kanaan und Ägypten zu ziehen, so auch Mohammed, so daß Muslime später in der Auswanderung Abrahams das Urbild der »Hidschra« erblicken konnten (vgl. Sure 9,114; 21,71). 622: Dieses Jahr des »Exodus« von Mohammed und 75 seiner Getreuen in die 350 km entfernte Oasenstadt Yathrib markiert die größte Zäsur in der innerislamischen Geschichte, so daß dieses Jahr in der muslimischen Zeitrechnung als Jahr 1 gezählt wird. Yathrib wird von da ab Medinat annabi, Stadt des Propheten, kurz: Medina, genannt. Hier schließt sich denn auch in wenigen Jahren ein Großteil der Araber der prophetischen Botschaft an.[22]

Der Bruch mit den Juden

Die Hoffnungen Mohammeds auf eine Änderung seiner Situation in Medina waren vor allem deshalb so groß, weil diese Stadt im Gegensatz zu Mekka einen *bedeutenden Anteil von Juden* aufwies. Ja, ursprünglich war Medina sogar eine rein jüdische Siedlung gewesen. Und auch jetzt lebten hier immerhin noch drei jüdische Stämme (die Qaynuqa, die Qurayza und die Nadir), im ganzen rund 10000 Menschen. Sie wohnten zusammen mit nichtjüdischen arabischen Stämmen (den Aus und Chasradsch), was nicht ohne Spannungen und Rivalitäten blieb, zumal auch die Juden keine politische Einheit bildeten, wohl aber als Oasenbesitzer außerhalb oder als Goldschmiede innerhalb der Stadt über beträchtliche wirtschaftliche Macht und politischen Einfluß verfügten. Und gerade von den Juden hatte sich Mohammed ja schon lange Bundesgenossenschaft zur Verteidigung der gemeinsamen monotheistischen Sache versprochen – gegen die nach wie vor ungläubigen Mekkaner.

Mohammed war als Schiedsrichter von Stammesrivalitäten nach Yathrib gerufen worden. Taktisch geschickt und diplomatisch klug weiß der Prophet diese Situation für sich zu nutzen. Es gelingt ihm, in relativ kurzer Zeit in Medina politischen Einfluß auszuüben und mit Hilfe einer *»Gemeindeordnung«* (zweite Hälfte des Jahres 623) Frieden zwischen den zerstrittenen Stämmen zu schaffen. Die Juden? Sie werden hier noch ganz selbstverständlich als integrierter Teil des medinischen Gemeinwesens behandelt; ihre bisher bewahrte Eigenständigkeit vor allem auf religiösem Gebiet können sie behalten, was ihnen ausdrücklich bestätigt wird. Ja, mehr noch: In der ersten medinischen Phase bekräftigt Mohammed für seine ihm folgenden Gläubigen diejenigen religiösen Praktiken, bei denen er sich bisher am stärksten an die jüdische Tradition angelehnt hatte: Gebetszeiten, Sabbatruhe (für Muslime am Freitag), Gebetsrichtung gegen Jerusalem, Fasten am Versöhnungstag.[23]

Gewiß: Die medinische »Gemeindeordnung« ist mehr ein Dekret denn ein Vertrag zwischen zwei gleichberechtigten Partnern. Aber von einer Feindschaft gegen die Juden kann hier nicht die Rede sein. Im Gegenteil: Von den Juden wird Solidarität erwartet, konkret eine Beteiligung an dem zu erwartenden Krieg gegen das »ungläubige« Mekka. So heißt es in Artikel 37 der »Gemeindeordnung«: »Die Juden sind verpflichtet, ihre Abgaben zu zahlen und die Muslime die ihrigen. Sie helfen sich gegenseitig gegen diejenigen, die Krieg gegen die Leute dieses Dokuments führen. Zwischen ihnen gibt es eine gute Freundschaft, Wohlwollen und Treue ohne Betrug«.[24]

Aber die Hoffnungen Mohammeds auf Organisation eines monotheistischen Bündnisses gegen Mekka erwiesen sich je länger desto mehr als trügerisch. Die Juden Medinas dachten offenkundig nicht daran, Mohammed in seiner Prophetenrolle anzuerkennen – weder politisch (im Kampf gegen Mekka) noch religiös (Konversion zum Islam). Im Gegenteil: Der Koran selber läßt erkennen, daß die Juden Medinas auf Mohammeds prophetischen Anspruch ähnlich reagiert haben müssen wie die »Heiden« in Mekka – mit Spott und Ablehnung nämlich. Was brauchen wir einen neuen Propheten? Zu uns ist keiner gekommen! (vgl. Sure 5,19)[25]

Mohammed selber reagiert auf diese Ablehnung damit, daß er jetzt den Vorwurf an die Adresse der Juden massiv verstärkt: Sie haben die Schrift verfälscht; sie haben Gottes Wort entstellt; sie haben vor allem diejenigen Hinweise aus der Schrift ignoriert oder »geheimgehalten«, die auf Mohammeds Erscheinen hindeuten (Sure 5, 15f.). Und Mohammed tut einen weiteren folgenreichen Schritt. Hatte er vorher seinen Anhängern befohlen, ihre Gebete gegen Jerusalem zu richten und sich in ihren Gebets- und Fastengewohnheiten an die jüdische Tradition anzulehnen, so nimmt er nun eine entscheidende Änderung vor: Von jetzt ab gilt die *Gebetsrichtung* (arab.: gibla) aller Muslime *Mekka* und wird der Fastentermin auf den *Monat Ramadan* festgelegt (Sure 2,136-145). Ja, nachdem sich auch das politische Geschick Mohammeds günstig gewendet hat (seine überlegenen mekkanischen Gegner konnte er in der entscheidenden Schlacht bei Badr im zweiten Jahr der Hidschra überraschend schlagen), muß Mohammed auch keine weiteren politischen Rücksichten mehr auf die jüdischen Stämme in Medina nehmen. Zug um Zug werden sie in den nächsten Jahren (bei wechselndem Kriegsglück des Propheten) ausgeschaltet. Was an Juden übrig bleibt, wird am Ende hingeschlachtet. 600-900 Männer finden so den Tod, Frauen und Kinder werden zum größten Teil in Medina auf dem Sklavenmarkt verkauft.

Hand in Hand damit geht die Abrechnung Mohammeds mit den Bewohnern seiner Heimatstadt Mekka, die er unter so schmählichen Umständen hatte verlassen müssen. Die Änderung der Gebetsrichtung spornte die Muslime ohnehin noch mehr an, Mekkas habhaft zu werden. Und in der Tat können auch die Mekkaner je länger desto weniger Mohammeds Machtstellung ignorieren. Im Jahre 628 erhält Mohammed von den Mekkanern zum ersten Mal die vertragliche Zusicherung, die Kleine Pilgerfahrt ('Umra) dorthin machen zu können. Damit war der Prophet zumindest als gleichberechtigter Vertragspartner anerkannt. Und keine zwei Jahre später ist Mohammeds politisches Ziel erreicht: Ohne Widerstand zieht er in Mekka ein und ist damit Herrscher auch über diese Stadt. Nach der politischen kann jetzt die religionspolitische Frontbegradigung folgen, und im Jahre seines Todes (632) hat der Prophet bereits unumschränkte Herrschaft nicht nur über Mekka und Medina, sondern über ganz Arabien. In diesem Prozeß kommt es nun zu signifikanten Akzentverschiebungen gerade auch im Bild von Abraham.

Die neue Rolle Ismaels

Man kann die in Medina mit der Errichtung eines muslimischen Gemeinwesens beginnende Phase als Prozeß verstärkter Arabisierung der prophetischen Botschaft bezeichnen, vorausgesetzt, man verliert damit nicht die Universalität der Sache des Koran aus dem Blick. Ein erstes sichtbares Zeichen für diese »Arabisierung« ist dann die Tatsache, daß jetzt in der medinischen Phase die *Ismael-Traditionen* einen ganz anderen Stellenwert bekommen.

Es ist in der Tat auffällig, daß Ismael in den mekkanischen Suren zwar des öfteren genannt wird, aber in den meisten Fällen als Einzelgestalt, noch unverbunden mit Abraham (6,86; 19,54f; 21,85; 38, 45-48). Söhne Abrahams sind dem Propheten zunächst ganz selbstverständlich – analog der jüdisch-christlichen Tradition – Isaak und Jakob (6,84; 19,49; 21,72). Ismael dagegen scheint dem Propheten als Abrahamssohn nicht wichtig gewesen zu sein, wird er doch in Mekka lediglich als einer der Gesandten Gottes erwähnt, von denen es viele gibt: »Und gedenke in der Schrift des Ismael! Er war einer, der hält, was er verspricht, und ein Gesandter und Prophet. Er befahl seinen Angehörigen das Gebet (zu verrichten) und die Almosensteuer (zu geben)« (19,54f.). Ismael also ist zunächst (unabhängig von Abraham) einer der Propheten für sein Volk, für das er zugleich zwei Pflichten anordnet: Gebet und Almosensteuer. Bei dem Volk aber, von dem hier die Rede ist, dürfte es sich (da es um die Nachkommenschaft von Ismael geht, nicht jedoch von Isaak) bereits um Araber handeln. Woraus folgt: Der Prophet läßt zwar kein Wissen über die Abraham-Ismael-Kindschaft aller Araber als Nation erkennen, wohl aber Wissen davon, daß der Abraham-Sohn Ismael nach Arabien gehört, ja ein arabischer Prophet ist.

Umso begreiflicher, daß jetzt in der medinischen Phase im Zuge verstärkter Arabisierung diese Kenntnisse eine noch stärkere Bedeutung erlangen. Spielte Ismael in den mekkanischen Suren noch keine besondere Rolle, so tritt er nun aus seiner »isolierten und schattenhaften Existenz« (R. Paret)[26] heraus und wird zu *Abrahams bevorzugtem Sohn.* Er wird jetzt noch *vor* Isaak genannt. Sure 2 hat für dieses Ismael- und damit auch Abraham-Bild eine Schlüsselbedeutung. Hier heißt es:

> »Und Abraham befahl es seinen Söhnen an, (er) und Jakob (mit den Worten): ›Söhne! Gott hat euch eine auserlesene Religion gegeben. Ihr dürft ja nicht sterben, ohne (Gott) ergeben (muslim) zu sein‹. Oder waret ihr (vielleicht) Zeugen, als es mit Jakob aufs Sterben ging (so daß ihr glaubwürdig darüber aussagen könntet)? (Damals) als er zu seinen Söhnen sagte: ›Wem werdet ihr dienen, wenn ich (einmal) nicht mehr da bin?‹ Sie sagten: ›Dem Gott von dir und deinen Vätern Abraham, Ismael und Isaak als einem einzigen Gott. Ihm sind wir ergeben (muslim).‹« (2,132f)

Mehr noch: In derselben Sure läßt der Prophet Abraham den Wunsch äußern, Gott möge »unter ihnen« (d. h. unter den Nachkommen Abrahams) »einen Gesandten aus ihren eigenen Reihen« auftreten lassen, der ihnen Gottes »Verse« verlese, sie die Schrift und die Weisheit lehre und sie von der Unreinheit des Heidentums läutere (2,129). Und mit den »eigenen Reihen« sind keine anderen als die Araber gemeint. Mohammed nimmt also die Person Abrahams in Anspruch, um den Arabern einen eigenen Propheten anzukündigen, der selbstverständlich mit seiner eigenen Person identisch ist. Für ihn selber bedeutet dies: Er, Mohammed, ist ein Nachkomme Abrahams und Ismaels sowie ein auf Bitten Abrahams persönlich von Gott gesandter Prophet. Die Abraham-Ismael-Tradition seines Stammes, der Quraisch, dürfte also auf eine ganz neue Art fruchtbar gemacht worden sein.

Die neue Rolle der Ka'ba in Mekka

Ein zweites, noch markanteres Signal für eine »Arabisierung« der prophetischen Botschaft ist die Tatsache, daß der Prophet nun die Ka'ba zum Zentrum auch muslimischer Frömmigkeit macht. Denn nachdem Mohammed Mekka endgültig politisch-militärisch im Griff hat, geht er zu einer radikalen monotheistischen Purifizierung seiner Vaterstadt über. Alle heidnischen Heiligtümer werden zerstört, nur die Ka'ba – ebenfalls nach einer entsprechenden Reinigung – übriggelassen. Freilich nur, um deren Anziehungskraft nun für den muslimischen Glauben neu zu nutzen. Das ging um so leichter, als der Prophet jetzt auf diejenigen Traditionen zurückgreift, die von einer uralten *Verbindung* zwischen *Abraham, Ismael und der Ka'ba* berichten – möglicherweise in Aufnahme von Stammesüberlieferungen, ja möglicherweise in bewußter Parallele zu Traditionen, daß Abraham bereits am Ursprung der jüdischen Kultstätte, am Ursprung des Tempels zu Jerusalem (»Haus Abrahams«) gestanden hatte, der ja auf dem Abraham-Isaak-Berg Moria gebaut worden war...

Wie immer: Unübersehbar ist die Tatsache, daß jetzt erstmals im Koran Aussagen auftauchen, die einen Zusammenhang von Abraham, Ismael und der Ka'ba herstellen, was durchaus nicht einer gewissen Konsequenz entbehrte. Denn mit Abraham am Ursprung der Ka'ba konnte man dieses heidnische Heiligtum für die neue, alte »Religion Abrahams« viel selbstverständlicher in Anspruch nehmen. Das Heidentum an der Ka'ba war dann genau die Periode der »Unwissenheit«, die zwischen dem Ur-Abraham damals und den Abraham-Gläubigen heute liegt und die zu beseitigen der Prophet angetreten ist. Was aber erfahren wir über Abraham und die Ka'ba? Dieses:

– Das Gotteshaus in Mekka wird als »das erste (Gottes) Haus« bezeichnet, »das den Menschen aufgestellt worden« sei »zum Segen und zur Rechtleitung« – und zwar »für die Menschen in aller Welt«. Der Platz, auf dem es steht, wird »der (heilige) Platz Abrahams« genannt (Sure 3,96f.).

– Abraham und Ismael bekommen von Gott den Auftrag, den Platz Abrahams zu einer »Gebetsstätte« im Rahmen einer Wallfahrt zu machen. Zugleich werden sie von Gott verpflichtet, dieses Haus für diejenigen zu reinigen, »die die Umgangsprozession machen und sich dem Kult hingeben, und die sich verneigen und niederwerfen« (Sure 2,125).

– Das Gebethaus als Wallfahrtsstätte wird als Stätte der »Einkehr für die Menschen« und als »Ort der Sicherheit« bezeichnet, wohl eine Anspielung auf den während der Wallfahrt vier heilige Monate lang einzuhaltenden Landfrieden (Sure 2,125; vgl. 5.97).

– Abraham und Ismael werden als diejenigen bezeichnet, welche die »Grundmauern« der Ka'ba ausgeführt hätten. Anschließend sprechen beide das Gebet:

> »›Herr! Nimm (es) von uns an! Du bist der, der (alles) hört und weiß. Und mach, Herr, daß wir (beide) dir ergeben sind, und (mach) Leute aus unserer Nachkommenschaft zu einer dir ergebenen Gemeinde! Und zeig uns unsere Riten! Und wende dich uns (gnädig) wieder zu! Du bist ja der Gnädige und Barmherzige‹« (Sure 2, 127f)

Religionsgeschichtlich gesprochen handelt es sich bei dieser Verbindung von Abraham, Ismael und der Ka'ba zweifellos ebenfalls um eine »Kultlegende«[27]. Wie aber ist sie zu werten? Darf man so weit gehen und diese Verbindung als rein politischen Schachzug Mohammeds darstellen im Prozeß seiner Auseinandersetzung mit den Juden in Medina?[28] Oder soll man gar von »zwei Abrahams im Koran« reden, einem von Medina und einem von Mekka, die im Grunde unvereinbar miteinander seien?[29] Diese unter nichtmuslimischen Religionswissenschaftlern beliebten Thesen werden begreiflicherweise von Muslimen selber als Degradierung des Koran und als Abwertung seiner Autorität angesehen. Und schon rein koranexegetisch gilt: Abraham wird – wie wir sahen – bereits in mekkanischen Suren als Vorbild des reinen Gottesglaubens gepriesen, und die Verbindung zwischen Abraham und der Ka'ba dürfte nicht erst in Medina vom Propheten »erfunden« worden sein, als wäre Mohammed erst hier aus rein politischen Gründen auf diese »glänzende Idee« gekommen.[30] Sie hatte im Fall des Propheten wohl bereits stammesgeschichtliche Wurzeln. Ja, Sure 14 bestätigt noch einmal: Mohammed muß von Traditionen gewußt haben, daß die Bewohner des Tals von Mekka als Nachkommen Abrahams gelten. Wie anders wäre Sure 14,37 zu verstehen, wenn Abraham hier sagen kann:

> »Herr! Ich habe Leute aus meiner Nachkommenschaft in einem Tal, in dem kein Getreide wächst, bei deinem geheiligten Haus (d. h. der Ka'ba) Wohnung nehmen lassen, Herr, damit sie das Gebet verrichten.«

Andererseits aber ist vom Koran her völlig eindeutig: Erst in Medina ist vom biblischen Patriarchen als Begründer und Reformer des mekkanischen Heiligtums ausdrücklich die Rede, an anderer Stelle sogar als dessen »Bewohner« (Sure 22,26f). Erst in Medina stehen Abraham und Ismael am Beginn der muslimischen *Pilgerfahrt nach Mekka* (arab.: hadsch). Und gerade die Pilgerfahrt beweist eindrücklich, wie wenig die Arabisierung der prophetischen Botschaft mit einer Provinzialisierung identisch ist. Gerade die Pilgerfahrt unterstreicht die universale Dimension der prophetischen Botschaft, ist doch die Ka'ba nach koranischem Selbstverständnis von Gott aufgestellt »zum Segen und zur Rechtleitung für die Menschen in aller Welt«, ist doch die Wallfahrtsstätte eine Stätte der »Einkehr für die Menschen«. Ein Unterschied wird dabei nicht gemacht.[31] Im Gegenteil: Bis heute führt gerade die Pilgerfahrt die Muslime »an den Stätten zusammen, an denen die Propheten Abraham und Ismael lebten, Gott dienten, von denen Mohammed ausging, um den Islam aller Welt zu verkündigen«. Gerade die Pilgerschaft vermittelt »das große und einschneidende Erlebnis der Bruderschaft des Islam, einer Bruderschaft, die weder Rassen- noch Sprachschranken und keinerlei Nationalitätenunterschiede akzeptiert; die den Gegensatz von Arm und Reich im Angesicht Gottes aufhebt.«[32]

4. Abraham – der vorbildliche Muslim

Wir haben gesehen, daß Mohammed sich gerade an Abraham und Ismael klarmacht, was er religiös im Tiefsten will: Absage an jede Form von Idolatrie, Gehorsam gegenüber dem Willen des einen und wahren Gottes. »Glauben« ist für Mohammed nicht wie für Paulus Rechtfertigung des Gott-losen, sondern – wie für die jüdische Tradition und für bestimmte christliche Zeugen (Hebräerbrief) – Durchstehen einer Prüfung Gottes, *bewährtes Gottvertrauen*, Treue in der Befolgung von Gottes Willen.

Das Opfer: Begreifen, was »Islam« ist

Welche Szene aus der Abraham-Tradition könnte geeigneter sein, diese Art Glauben zu veranschaulichen, als die Szene auf dem »Berg« Morija! Und so kann es nicht verwundern, wenn auch die koranische Abraham-Theologie ihren Höhepunkt bei der Rezeption dieser Erzählung aus Genesis 22 findet. Auch hier soll am Modell Abrahams gezeigt werden, was wahrhaftiger Glaube ist und daß diejenigen, die eine solche Prüfung Gottes bestehen, sich als die von Gott Gesegneten begreifen können:

> »Und Abraham sagte: ›Ich will (jetzt) zu meinem Herrn gehen. Er wird mich rechtleiten. Herr! Schenk mir einen von den Rechtschaffenen (als Leibeserben)!‹ Und wir verkündeten ihm einen braven Jungen. Als er nun so weit (herangewachsen) war, daß er mit ihm (d. h. mit seinem Vater Abraham) den Lauf (zwischen as-Safa und al-Marwa?) machen konnte (oder: daß er mit ihm zur Arbeit gehen konnte?), sagte Abraham: ›Mein Sohn! Ich sah im Traum, daß ich dich schlachten werde. Überleg jetzt (und sag), was du (dazu) meinst!‹ Er sagte: ›Vater! Tu, was dir befohlen wird! Du wirst, so Gott will, finden, daß ich (einer) von denen bin, die (viel) aushalten können.‹ Als nun die beiden sich (in Gottes Willen) ergeben hatten und er ihn (d.h. Abraham seinen Sohn) auf die Stirn niedergeworfen hatte (um ihn zu schlachten), riefen wir ihn an: ›Abraham! Du hast (durch deine Bereitschaft zur Schlachtung deines Sohnes) den Traum (den du gehabt hast) wahr gemacht. (Damit soll es sein Bewenden haben.)‹ So vergelten wir denen, die fromm sind. Das ist die offensichtliche Prüfung (die wir Abraham auferlegt

> haben). Und wir lösten ihn (d. h. seinen Sohn, der geschlachtet werden sollte) mit einem gewaltigen Schlachtopfer aus. Und wir hinterließen ihm (als Vermächtnis) unter den späteren (Generationen den Segenswunsch): ›Heil sei über Abraham!‹. So vergelten wir denen, die fromm sind.« (Sure 37,99-109)

In der muslimischen Exegese gibt es dazu zwei Auslegungstraditionen – ermöglicht dadurch, daß der Name des »braven Jungen« an dieser Stelle des Koran zunächst nicht genannt wird. Eine Gruppe von Kommentatoren sieht hier – getreu der biblischen Überlieferung – Isaak geopfert, denn dieser wird zumindest im nächsten Vers (37,112) ausdrücklich erwähnt. Eine andere Gruppe will hier gezielt Ismael als denjenigen Sohn erkennen, den Abraham opfern will. Begreiflich, denn diese Version liegt ganz auf der Linie der Ismael-Priorität im späteren Islam. Ismael hätte sich damit bereits als vorbildlicher Muslim erwiesen, als ein Mensch also, der sich vorbehaltlos in den Willen Gottes ergibt, in der Prüfung als »fromm« befunden und deshalb von Gott gesegnet wird.[33]

Abrahams Opfer ist denn auch das *Urbild des rituellen Opfers*, das den Höhepunkt jeder großen Wallfahrt nach Mekka bildet (vgl. Sure 37,107; 2,124), Urbild auch des Opferfestes, das in der gesamten islamischen Welt am 10. Tag des Wallfahrtsmonats gefeiert wird. Wenn die Pilger im acht Kilometer von Medina gelegenen Dorf Mina die vorgeschriebenen Riten vollziehen, u. a. das Schlachten von Opfertieren wie Kamelen, Rindern, Schafen oder Ziegen (vgl. Sure 22,28.30), dann vollziehen sie nach ihrem Selbstverständnis die Opferbereitschaft Abrahams nach, dann vollziehen sie im wahrsten Sinne des Wortes »Islam« – nicht nur individuell, sondern auch kollektiv. Ja, mehr noch: Der Muslim erlebt im Vollzug des Opfers und der Wallfahrt Abrahams Leben noch einmal neu, realisiert und aktualisiert körperlich wie geistig, was Glauben wie Abraham heute bedeutet: Abschwörung jeder Idolatrie und Überantwortung an den einen und wahren Gott.[34]

Urmodell des wahrhaft Gläubigen

Dieser Prozeß der Beanspruchung Abrahams verdichtet sich in Medina nun immer stärker. Denn Abraham wird jetzt nicht nur als derjenige hingestellt, der die Ka'ba gegründet und gereinigt habe, sondern auch als derjenige, der alle *Pflichten eines frommen Muslim* bereits erfüllt habe. Vier der fünf Grundpfeiler des Islam als Religion (ausgenommen das Fasten im Monat Ramadan) werden denn jetzt auch auf Abraham zurückgeführt: nicht nur die Pilgerfahrt und der Glaubensgehorsam gegenüber dem einen und einzigen Schöpfergott, sondern auch das Ritualgebet und die Abgabe für die Armen. Dies alles ist Ausdruck der »Religion Abrahams«:

> »Ihr Gläubigen! Verneigt euch (beim Gottesdienst), werft euch (in Anbetung) nieder, dienet eurem Herrn und tut Gutes! Vielleicht wird es euch (dann) wohl ergehen. Und müht euch um Gottes willen ab, wie es sich gehört! Er hat euch erwählt. Und er hat euch in der Religion nichts auferlegt, was (euch) bedrückt. Die Religion eures Vaters Abraham! Er (d. h. Gott) hat euch Muslime genannt, (schon) früher und (nunmehr) in diesem (Koran), damit der Gesandte Zeuge über euch sei und ihr über die (anderen) Menschen Zeugen seiet. Verrichtet nun das Gebet, gebt die Almosensteuer und haltet an Gott fest! Er ist euer Schutzherr. Welch trefflicher Schutzherr und Helfer!« (Sure 22,77f.)

Zugleich muß man sehen: Für den Koran ist »vorbildliches Muslimsein« keine Verengung, sondern eine *Möglichkeit für jeden Menschen in Raum und Zeit.* Abraham steht gerade für diese Zeittiefe des Islam, und jenseits von Abraham sogar der erste Mensch, Adam, der im Koran bereits als Träger der Offenbarung und erster Prophet angesehen wird (Sure 20,122). Dies soll nur unterstreichen: Dem Koran zufolge ist von Anfang der Schöpfung an der wahre Glaube gelebt worden, haben Menschen ihr wahres Verhältnis zu Gott anerkannt. Von einer uranfänglichen Unheilsgeschichte der Menschheit (Adam, Kain), die dann durch eine »Heilsgeschichte« gewendet werden muß (Noah, Abraham), wie in der Bibel erzählt, weiß der Koran nichts. Von Anfang an gibt es »Islam«, ist wahrer Glaube da. Gewiß: Dieser wahre Glaube wurde im Verlauf der Geschichte verdunkelt, ist aber durch den Islam in seiner ursprünglichen Reinheit und Klarheit jetzt wiederhergestellt worden – im Interesse aller Menschen. Abraham als das Ur-Bild des Islam zeigt gerade so die Universalität der vom Propheten in ihrer Reinheit wiederhergestellten Wahrheit:

> »Er (Gott) sagte: ›Ich will dich zu einem Vorbild für die Menschen machen.‹ Abraham sagte: ›(Bezieh in deine Verheißung) auch Leute von meiner Nachkommenschaft (ein)!‹ Gott sagte: ›(Aber) auf die Frevler erstreckt sich mein Bund nicht.‹«
> (Sure 2,124)

Diese Stelle ist besonders aufschlußreich. Denn gerade die Aufforderung Abrahams an Gott, er möge seine Verheißung (auf große Nachkommenschaft) *auch* auf seine leiblichen Nachkommen (d. h. das Volk Israel) beziehen, zeigt die Stoßrichtung der ganzen Aussage: Abraham ist im Koran nicht Eigentum einer einzigen Glaubensgemeinschaft allein, er ist Vorbild im Glauben für *alle* Menschen. Mohammed kennt ebensowenig wie das Neue Testament ein heilsgeschichtlich-genealogisch verengtes Heilsverständnis. Daß leibliche Abkunft von Abraham irgendeinen heilsgeschichtlichen Zusammenhang oder gar Vorrang begründe, ist dem Koran völlig fremd, da es ja »richtiges Glauben« schon vor Abraham gegeben hat.

Mit Recht schreibt deshalb der Orientalist *Heribert Busse*: »In Sure 2,124 wird von zwei Dingen gesprochen: der Verheißung und dem Bund. In der Bibel bezieht der Bund sich auf das Land (vgl. Gen 15,18-21). Im Koran ist daraus die Heilsanwartschaft durch den Glauben geworden. Abraham wird hier mit den Augen der christlichen Überlieferung gesehen. Jesus streitet mit den Juden, die auf ihre Abstammung pochen und daraus ihre Heilgewißheit ableiten (Mt 3,9). Die Abstammung von Abraham nutzt aber nichts für das Heil, wenn der Glaube fehlt. Paulus sagt: ›Abraham ist der Vater der Gläubigen‹ (Röm 4,16). Der mit Abraham geschlossenen Bund bezieht sich auf die Gläubigen, nicht auf leibliche Nachkommenschaft. Im Koran ist die Sache gleich zurechtgerückt: Abraham bezieht den Bund ganz selbstverständlich nicht auf seine leibliche Nachkommenschaft, denn er soll ja zum Vorbild ›für die Menschen‹ werden. Da er um seine leiblichen Erben besorgt ist, will er sie in den Bund eingeschlossen wissen, was ihm auch bewilligt wird. Aber die Sünder bleiben ausgeschlossen! ›Die Menschen‹, deren Führer (imam) Abraham ist, sind die Gerechten und Gläubigen; unter ihnen können auch leibliche Nachkommen sein. Sie bilden eine Gruppe der Gläubigen und haben keinen höheren Anspruch als die anderen Gläubigen. Der Glaube rechtfertigt, nicht leibliche Abstammung von Abraham.«[35]

Wider den Eigentumsanspruch von Juden und Christen

Die entscheidende Wende in Medina gegenüber der mekkanischen Periode dürfte also gerade hier liegen: Abraham ist mehr als ein erprobter, treuer monotheistischer Glaubenskämpfer, er ist die archetypische Verkörperung von »Islam« als eines eigenständigen Glaubens (»hanif«, »muslim«), der durch die Muslime heute wieder neu, d. h. von allen Verzerrungen und Verfälschungen frei, zum Leuchten gebracht wird. Denn immer deutlicher muß dem Propheten im Verlauf seiner Auseinandersetzungen vor allem mit den Juden Medinas geworden sein: die religiöse Botschaft, die er vertritt, ist mit Judentum und Christentum doch nicht völlig vereinbar. Hatte er in der mekkanischen Phase noch geglaubt, nur eine reinere Form des Judentums zu vertreten, jedenfalls eine Form des Glaubens, die mit dem Judentum kompatibel war, so geht Mohammed jetzt immer stärker zu einer Abgrenzung seiner religiösen Botschaft von Judentum (und Christentum) über, ohne beiden ihren Wahrheitsanspruch völlig zu bestreiten. Mohammed bleibt auch in Medina dabei: Juden und Christen haben von Gott die Tora und das Evangelium bekommen, die in sich »Rechtleitung und Licht« (Sure 5,44.46), also Wort Gottes, enthält. Juden und Christen sind deshalb verpflichtet, sich an die Gesetze ihrer Heiligen Bücher zu halten, so wie die Muslime sich an die ihrigen:

> »Sag (zu den Leuten der Schrift): Wollt ihr mit uns über Gott streiten? Er ist doch (gleichermaßen) unser und euer Herr. Uns kommen (bei der Abrechnung) unsere Werke zu, und euch die euren. Wir sind ganz auf ihn eingestellt.« (2,139)

Aber unbestreitbar ist auch: Immer deutlicher hatte der Prophet erkannt, daß Juden und Christen deshalb unglaubwürdig waren, weil sie gegeneinander und untereinander im Streit lagen (vgl. Sure 23,53). Mit Abscheu muß der Prophet beobachtet haben, daß Juden und Christen sich in ihren jeweiligen Exklusivismus verbissen hatten und gerade auch die Christen untereinander dogmatischen Zerwürfnissen verfallen waren. Ihnen wird deshalb mit Gericht gedroht:

> »Die Juden sagen: ›Die Christen entbehren (in ihren Glaubensanschauungen) der Grundlage.‹ Und die Christen sagen: ›Die Juden entbehren (in ihren Glaubensanschauungen) der Grundlage.‹ Dabei lesen sie doch (in gleicher Weise) die Schrift. Diejenigen, die kein Wissen haben, (d.h. die Heiden?) sagen dasselbe. Aber Gott wird am Tag der Auferstehung zwischen ihnen entscheiden über das, worüber sie (in ihrem Erdenleben) uneins waren.« (2,113)

Die Konsequenzen, die Mohammed aus diesen Erfahrungen zog, waren weitreichend. Modell für Wahrheit konnten Judentum und Christentum nicht länger sein. Eine eigene Religion mußte diese Rolle übernehmen, eine Religion, die eigentlich von Anfang der Menschheit an schon da war, dann aber durch Streitigkeiten unter Juden und Christen verfälscht und verdunkelt worden war:

> »Als (einzig wahre) Religion gilt bei Gott der Islam. Und diejenigen, die die Schrift erhalten haben, wurden – in gegenseitiger Auflehnung – erst uneins, nachdem das Wissen zu ihnen gekommen war.« (3,19)

Anders gesagt: In Medina wird aus der prophetischen Sache jetzt immer stärker eine neue Religion im Rahmen einer neuen gesetzlichen Ordnung. Und für diese Religion wird *Abraham* nun immer stärker als Kronzeuge *gegen Judentum und Christentum* beansprucht. Das wirkt sich dadurch aus, daß Mohammed jetzt den Abraham-Exklusivismus von Juden und Christen direkt konterkariert. Und sein stärkster Hebel ist dabei die Erkenntnis, daß die »Religion Abrahams« nun einmal *vor* Judentum und Christentum da war und im Islam *nach* Judentum und Christentum wieder neu Gestalt gewinnt. Der Anspruch von Juden und Christen, jeweils allein der Weg zum Heil zu sein, wird von daher unterlaufen:

> »Und sie sagen: ›Ihr müßt Juden oder Christen sein, dann seid ihr rechtgeleitet.‹ Sag: Nein! (Für uns gibt es nur) die Religion Abrahams, eines Hanifen – er war kein Heide!« (2,135)

Wir werden sehen, welche Folgen dies hat.

5. Das Paradox: Die Islamisierung des Nichtmuslimen Abraham

Heißt dies nun, daß Mohammed den Erzvater Abraham ähnlich exklusiv für sich und seine Sache reklamiert hätte, wie dies jüdische und christliche Theologen im Verlauf der Jahrhunderte taten? Hier gilt es zu differenzieren. Grundsätzlich gilt: Abraham wird von Mohammed nie in so exzessiver Weise monopolisiert, wie dies im Judentum und Christentum geschah. Nirgendwo findet sich im Koran eine Aussage darüber, daß die Muslime nun exklusiv die wahren Abrahamskinder seien. Juden und Christen wird nirgendwo ihr Selbstanspruch auf Abrahamskindschaft grundsätzlich bestritten, wie dies Christen mit Juden gemacht hatten.

Abraham – Mohammed: Die Linie der wahren Religion

Und doch wäre das Bild von Mohammeds Abraham-Verständnis nicht vollständig, wenn man nicht auch die monopolisierenden, exklusivierenden *Tendenzen* in Mohammeds Umgang mit Abraham aufzeigen würde. Denn obwohl der Prophet exklusive Abrahams-Kindschaft für Muslime nicht beansprucht, läßt er doch an folgendem ebenfalls keinen Zweifel:

(1) Es gibt zwar keinen heilsgeschichtlichen Sonderstatus, wohl aber eine sachliche *Sonderstellung Mohammeds* als des faktisch besseren »Abrahamssohns« im Vergleich zu allen Propheten der Geschichte vorher. Schon in Sure 2 war ja Abraham der Wunsch an Gott in den Mund gelegt worden, daß aus seiner Nachkommenschaft, dem *Volk der Araber*, ein »eigener Prophet« entstehen möge. Im übrigen Koran werden denn auch die zahlreichen Propheten und Gesandten Gottes vor Mohammed auf Isaak zurückgeführt. Der letzte und definitive Prophet aber, Mohammed, auf Abrahams ersten Sohn, Ismael, den Mitbegründer der Ka'ba. Gesagt ist damit, »daß Mohammed *allein* in der Offenbarungsgeschichte soviel bedeutet wie die anderen Propheten aus dem Geschlechte Abrahams zusammengenommen«.[36]

(2) *Die Muslime stehen Abraham am nächsten.* Scharfsinnig hatte der Prophet die exklusive Beanspruchung Abrahams durch Juden und Christen durchschaut. Und mit großem Geschick hatte er ver-

sucht, genau diesen Eigentumsanspruch zu unterlaufen, zumal Juden und Christen auch noch darüber im Streit lagen. Mohammed, von Juden und Christen gleichermaßen abgewiesen, wehrt sich, indem er zielsicher den schwachen Punkt von Judentum und Christentum herausstellt: Tora und Evangelium gibt es erst *nach* Abraham, so daß von daher jeder Abraham-Exklusivismus in sich zusammenfallen muß. Sure 3 sagt hier noch einmal das Entscheidende:

> »Ihr Leute der Schrift! Warum streitet ihr über Abraham, wo doch die Tora und das Evangelium erst nach ihm herabgesandt worden sind? Habt ihr denn keinen Verstand? Ihr habt da über etwas gestritten, worüber ihr (an sich) Wissen habt. Warum streitet ihr nun aber über etwas, worüber ihr kein Wissen habt? Gott weiß Bescheid, ihr aber nicht. Abraham war weder Jude noch Christ. Er war vielmehr ein (Gott) ergebener Hanif, und kein Heide.« (3,65-67)

Mit größtem Selbstbewußtsein aber setzt der Prophet nun gegen den traditionellen Abraham-Exklusivismus von Juden und Christen die *sachliche Abraham-Priorität der Muslime.* Denn Sure 3 fährt fort:

> »Die Menschen, die Abraham am nächsten stehen, sind diejenigen, die ihm (und seiner Verkündigung) seinerzeit gefolgt sind, und dieser Prophet (d.h. Mohammed) und die, die (mit ihm) gläubig sind. Gott ist der Freund der Gläubigen.« (3,68)

Mohammed bestreitet also Juden und Christen nicht die Abrahamskindschaft, wohl aber den exklusiven Zugriff auf Abraham. Zugleich beansprucht er für seine Religion die größte Nähe zu Abraham, was umgekehrt heißt: Der Islam hält sich nicht für die exklusiv wahre (auch Judentum und Christentum haben Wahrheitsanteile), wohl aber für die *bessere Religion,* deren geschichtliches Erscheinen nötig war, weil Juden und Christen ihr ursprüngliches »Wissen« von Gott in Streitigkeiten verdunkelt hatten. Abraham ist dabei weder der erste noch der einzige biblische Prophet, wohl aber der exemplarische, der denn auch im Koran den Ehrentitel »Freund Gottes« (al-halil) erhalten kann, den er ebenfalls ja schon bei den Christen und Juden innehatte (Jak 2,23; Jes 41,8):

»Wer hätte eine bessere Religion, als wer sich Gott ergibt und dabei rechtschaffen ist und der Religion Abrahams folgt, eines Hanifen? Gott hat sich Abraham zum Freund (Halil) genommen. Und Gott gehört (alles), was im Himmel und auf der Erde ist. Er hat alles in seiner Gewalt.« (4,125f)

Der Islam als die älteste und echteste Religion

Wir erreichen damit den entscheidenden Punkt im Selbstverständnis des Islam als Religion, und dieser hat mit der Frage nach Wahrheit und Geschichtlichkeit zu tun. Denn offenbarungsgeschichtlich gesehen ist ja der Islam in der gleichen Situation dem Judentum und Christentum gegenüber wie es das Christentum dem Judentum gegenüber war. Als später in der Geschichte auftretende Glaubensgemeinschaft steht er gegenüber früheren in einem Legitimationzwang. Und dies umso stärker, als der Prophet Mohammed ja nicht die biblische Offenbarungsgeschichte verlassen, sondern sich ausdrücklich in die bisherige Offenbarungsgeschichte einreihen wollte. Um so stärker die Notwendigkeit, den eigenen Glauben vor Judentum und Christentum zu rechtfertigen – zumal den zahlreichen christlichen und jüdischen Gegnern gegenüber, mit denen sich der Prophet auseinandersetzen mußte.

Mohammed löst das Problem gerade unter Rückgriff auf Abraham. Denn wenn Abraham (vor Mose und Jesus) Urbild des wahrhaft Gläubigen war, Urbild auch des Muslimen, dann kann sich der Islam als Religion der Muslime zugleich als die jüngste und älteste Religion legitimieren. Denn mit Abraham steht ja fest: Es hat einen »Islam« vor dem Islam gegeben. Und der *universale Wahrheitsanspruch des Islam als Religion* wurzelt gerade in dieser Vorstellung: Der Islam, die Hinwendung zu Gott, ist »die Urform menschlicher Gottesverehrung, die Urform, die mit der Stiftungstat Abrahams und Ismaels in Mekka geschichtliche Wirklichkeit geworden ist und seitdem, wenn auch oft verdeckt, wirksam geblieben ist.«[37]

Der Islam begreift sich von daher nicht als eine auf einem bestimmten historischen Ereignis (Jesus Christus!) oder auf einer ethnischen Gruppe (Volk Israel!) gegründete Religion, sondern als »eine universale und ursprüngliche Wahrheit, die es immer gegeben hat und die es immer geben wird« – so einer der profiliertesten muslimischen Philosophen und Historiker unserer Zeit, *Seyyed Hossein Nasr*, der fortfährt: Der Islam »versteht sich selbst als Rückkehr zu dieser Wahrheit, die über und jenseits aller historischen Zufälligkeit steht. Der Koran bezieht sich denn auch auf Abraham, der lange vor der historischen Manifestation des Islam gelebt hat, als eines Muslim sowie als eines Hanifen; d. h.: der Islam gehört zu demjenigen ursprünglichen Monotheismus, der unter einigen wenigen Menschen überlebt hat, trotz des Abfalls der Mehrheit von Männern und Frauen in der späteren, dem Aufstieg des Islam vorausgehenden arabischen Gesellschaft, zu einer krassen Form von Götzendienerei und Polytheismus, welche die Muslime mit dem Zeitalter der Unwissenheit identifizieren.«[38]

Und wir müssen hinzufügen: Damit unterscheidet sich der Islam von Judentum und Christentum. Denn Juden wie Christen halten ja daran fest, daß Gott eine besondere Offenbarungsgeschichte für ein besonderes Volk wollte, mit diesem Volk ein Bundesverhältnis eingeht und seinen Segen für die anderen Völker über dieses Volk vermittelt. Damit unterscheidet sich Mohammeds Abraham-Theologie auch von der des Apostels Paulus. Denn Mohammed wollte nicht über den Abraham-Glauben die Inklusivität der Heiden (etwa seiner Araber) in die Bundes- und Segensgeschichte Gottes mit seinem auserwählten Volk betreiben und damit die Kontinuität der Bundes- und Segensgeschichte Israels aus muslimischer Perspektive bestätigen. Der Prophet begreift Abraham vielmehr von vornherein als Urbild wahren Glaubens, den jeder Mensch praktizieren kann, völlig unabhängig von Volkszugehörigkeit oder heilsgeschichtlicher Stellung. Von daher ist der Koran nicht an einer »heilsgeschichtlichen« Kontinuität interessiert, sondern an ursprünglicher Authentizität – ohne damit Israels und der Christen Glaubensanspruch zu verwerfen. Nach dem Koran »ist der islamische Abrahamismus von seinem Gründer her seinen Kindern ohne Unterschied, bevorzugt aber Jakob, vermacht worden. Eine solche Formulierung aber ist weit entfernt davon, ihn zum Privileg der Nachkommen Ismaels, d. h. der Araber, zu machen, und schließt die Juden in keiner Weise aus.«[39]

Das in Medina gewonnene prophetische Selbstbewußtsein Mohammeds kommt denn auch nirgendwo plastischer zum Ausdruck als in dem berühmt gewordenen Wort von Mohammed als dem *»Siegel der Propheten«* (Sure 33,40). Wichtig ist dabei zu sehen, daß wohl auch hier der Prophet einen zuvor von Christen erhobenen Exklusivitätsanspruch auszuhebeln versucht. Denn folgt man der Studie des Berliner Religionshistorikers *Carsten Colpe*, so ist die Rede von einem »Siegel« der Prophetie keineswegs islamischen, sondern bereits christlichen Ursprungs.[40] Schon der früheste lateinische Kirchenvater *Tertullian* (ca. 160 bis ca. 220 n. Chr.) hatte bereits in seiner Anti-Judenschrift Jesus Christus als »Siegel aller Propheten« bezeichnet. Wörtlich hatte Tertullian geschrieben:

> »Da alle Propheten von ihm (Christus) verkündeten, daß er kommen und zu leiden haben werde, da also die Prophetie durch seine Ankunft erfüllt ist, deshalb sagte man, die Vision und die Prophetie werde versiegelt, weil er selber das Siegel aller Propheten ist, da er alles erfüllt, was sie früher über ihn verkündigt hatten. Denn nach seiner Ankunft und nach seinem Leiden gibt es keine ›Visio‹ und keinen ›Propheten‹ mehr, welcher verkünden könnte, Christus werde kommen.«[41]

Durchaus denkbar ist somit, daß Mohammed diese Formel in solchen Kreisen vernommen hatte, die den Wahrheitsanspruch des Christentums glaubten ein für allemal gesichert zu haben. Getreu seinem sonstigen Verfahren der Anknüpfung und Überbietung biblischer Traditionen griff er auch hier zu und sah mit dieser Formel sein in Medina neugewonnenes prophetisches Selbstverständnis zusammengefaßt: Er verkündet nicht nur das neue-alte, sondern auch das »letzte« Wort gegenüber allen früheren Offenbarungen. Ein *Endgültigkeitsanspruch* gegenüber Judentum und Christentum wird damit erhoben, der der eigenen Religion jetzt scharfes Profil verschafft. Denn wer das »letzte Wort« hat, hat die Fülle der Wahrheit und kann damit alles Frühere als das Vor-läufige einordnen. Doch zugleich beansprucht der Islam auch – hier der Präexistenz-Christologie im Christentum analog (»Noch ehe Abraham wurde, bin ich«: Joh 8,58) – das *erste* Wort zu haben, in dem Mohammed nichts anderes verkündet als die ursprüngliche Religion Abrahams, der ein Muslim vor Mohammed war, wie all die anderen Väter und Propheten Israels auch.

Der Islam kennt somit auch als prophetisch-geschichtliche Religion durchaus eine *zyklische Zeitstruktur*, die nur die Vollkommenheit seines Wahrheitsanspruchs symbolisieren soll (der Kreis als Symbol der Vollkommenheit). So wie im Johannes-Evangelium Jesus Christus zugleich vor und nach Abraham war, so auch die Sache des Islam: Sie war vor Mohammed vorhanden (verkörpert insbesondere in Abraham) und tritt mit Mohammed wieder neu in die Geschichte, in deren Verlauf sie verfälscht und verzerrt worden war. Anders gesagt: Durch diese *Lehre eines Islam vor dem Islam* hat muslimische Theologie ihren Wahrheitsanspruch – strukturell analog dem Judentum und Christentum – gleichsam abgedichtet und vor konkurrierenden offenbarungsgeschichtlichen Angriffen geschützt. Theologisch entscheidend ist: So sehr der Islam sich in seiner historischen Durchbruchsgestalt aus den Konflikten zwischen Juden und Christen einerseits sowie den innerchristlichen Streitigkeiten andererseits erklärt, so ist sein Ursprung doch nicht rein historisch zu erfassen. Der Ursprung des Islam ist Gott selbst, so wie dies Juden für die Tora und Christen für das Christus-Ereignis beanspruchen.

Idealisierungsprozesse: Muslimische Traditionen

Nach alldem kann es nicht überraschen, wenn analog zu Judentum und Christentum in der weiteren islamischen Tradition der Prozeß der Universalisierung und Idealisierung des Propheten als Abraham-Sohn weitergeht – bis hin zu Theorien über die Irrtumslosigkeit und Sündenlosigkeit Abrahams.[42] Wir können all dies nur noch knapp andeuten und zeigen, daß Entwicklungen in drei Richtungen stattgefunden haben – wobei Historiker wie Muhammed Al-Tabari († 923) und Korankommentatoren wie Mahumud Al-Zamakhshari († 1144) die größten Autoritäten darstellten:[43]

(1) *Ausbau der Beziehung Abraham-Ismael.* Sowohl die Bibel wie der Koran waren ja recht karg in ihren Auskünften über die Beziehung Abrahams zu seinem Sohn Ismael gewesen. Während die Bibel sogar von einer Verstoßung Ismaels berichtet, kennt der Koran nur die Beziehung Abraham-Ismael im Zusammenhang mit der Begründung der Ka'ba in Mekka, bestenfalls noch Traditionen, die Ismael mit dem Tal von Mekka in Verbindung bringen. Aber von einer

Kommunikation zwischen Vater und Sohn wird nirgendwo berichtet; nirgendwo von einem persönlicheren Verhältnis.

Daß die weitere muslimische Tradition sich damit nicht zufriedengeben würde, kann man verstehen – bei der Bedeutung, die Abraham und Ismael nun einmal für den Islam als Religion erlangt hatten. In der nachkoranischen Tradition wird denn auch die Beziehung Abraham-Ismael ausgebaut. So wird etwa die in Genesis 21,19 berichtete Flucht- und Rettungsszene (Hagar mit Ismael) von der Wüste Negev in das Tal von Mekka verlegt. Dort sei es gewesen, wo Hagar für ihren Sohn nach Wasser gesucht habe. Verzweifelt sei sie siebenmal zwischen zwei Felsen (al-Marva und as-Safa) hin und her gelaufen, um nach Hilfe Ausschau zu halten. Von einem Engel habe sie schießlich die tröstliche Botschaft erhalten, die ihr Leben und das ihres Sohnes rettete. Denn eine Wasserquelle sei zu ihren Füßen entsprungen, genannt die Quelle Semsen. Und an dieser Quelle habe Abraham schließlich im Auftrag Gottes ein Heiligtum gegründet, die Ka'ba, als er Hagar und seinen Sohn Ismael einmal besuchte. Die Verbindung von Abraham zur Ka'ba ist damit lückenloser erklärt als im Koran. Und dieser Lauf der Hagar zwischen den Felsen al-Marva und as-Safa ist seit Jahrhunderten Teil des muslimischen Pilger- und Wallfahrtsrituals rund um die Ka'ba in Mekka.

(2) *Abrahamskindschaft für alle Araber.* All diese arabischen Abraham-Ismael-Traditionen ließen freilich eine Frage noch ungelöst: Wo kommen die Araber als Volk ursprünglich her? Aus der Linie Abraham-Ismael? Dies war ja zumindest aus jüdischen Quellen gut bekannt, und auch der Koran selber enthält dazu Hinweise, wie wir sahen, spärliche allerdings (Sure 14,37). Auch hier bemühten sich deshalb muslimische Theologen in der Folgezeit, noch verbliebene Erklärungslücken zu schließen. Sie begannen, bekannte Gründergestalten arabischer Stämme mit Figuren zu identifizierten, die aus biblischen Genealogie-Listen bekannt waren, und so eine Verbindung von den »Erzvätern« zur Arabischen Halbinsel herzustellen. *Montgomery Watt* hat hier den Befund zusammengefaßt: »Der biblischen Überlieferung zufolge (Gen 25,12-18) stammten gewisse nordarabische Stämme von Ismael ab, und die Tatsache, daß der Koran zwar die Abstammung von Abraham erwähnt, sie aber nicht besonders betont, weist vielleicht darauf hin, daß die Araber bereits eine

verschwommene Kenntnis der biblischen Überlieferung hatten. In den anderthalb Jahrhunderten nach Mohammeds Tod arbeiteten muslimische Gelehrte ganze Genealogien der arabsichen Stämme aus und verknüpften sie mit den Genealogien der Bibel. *Adnan*, der angebliche Stammvater der sog. nordarabischen Stämme, wurde über Ismael zu einem Nachkommen Abrahams erklärt, während *Qahatan*, der Stammvater der sog. südlichen Stämme, mit *Yoqtan* oder *Yaqtan* nach Genesis 10 ein Nachkomme Sems der vierten Generation, identifiziert wurde.«[44]

(3) *Mohammed ist der Gestalt Abrahams körperlich ähnlich*. Schon bei Ibn Ishaq sind die berühmt gewordene *Nachtreise und Himmelsreise des Propheten* kurz vor der Übersiedlung nach Medina überliefert. Die Grundzüge dieser Geschichten sind rasch skizziert: Während Mohammed an der Ka'ba zu Mekka schläft, weckt ihn der Engel Gabriel des Nachts, läßt ihn das Wunderpferd Buraq besteigen und ihn anschließend nach Jerusalem reiten. Dort trifft der Prophet »Gottes Freund Abraham« sowie Mose und Jesus inmitten anderer Propheten und betet mit ihnen. Später wird ihm eine Himmelsleiter herabgesandt, und der Prophet kann nun die verschiedenen Himmel durchlaufen. Schon im »zweiten Himmel« trifft er auf diejenigen, die in früherer Zeit an den einen und einzigen Gott geglaubt hatten: Jesus und Johannes den Täufer. Im »sechsten Himmel« trifft er sogar Mose, der als ein »Mann von dunkler Farbe, großem Wuchs und mit einer gekrümmten Nase« beschrieben wird. Dann kommt es auch zu einer *Begegnung auch mit Abraham*, und Mohammed macht die überraschende Entdeckung, daß er offenbar nicht nur geistig Abraham ähnlich ist, sondern auch physisch:

> »Und er (der Engel Gabriel) brachte mich in den siebten Himmel; dort sah ich einen Mann in reifem Alter auf einem Stuhl am Tore zum Paradiese sitzen, durch das an jedem Tag siebzigtausend Engel eintraten, die erst am Tag der Auferstehung wieder zurückkehren. Nie habe ich einen Mann gesehen, der mir ähnlicher war. Und Gabriel sprach: Dies ist dein Stammvater Abraham.«[45]

Wir können damit unsere Übersicht über das Abrahambild im Koran abschließen und folgern: Der Islam hat sich von einer ursprünglich prophetischen Botschaft hin zu einer eigenen Religion entwickelt – ganz wie auch das Christentum. Die Entwicklung der Abraham-Theologie im Islam zeigt denn auch einen unaufhaltsamen Prozeß der Selbstvervollkommnung des eigenen Wahrheitsanspruchs, der schließlich dem von Judentum und Christentum in nichts nachsteht. Was ursprünglich eine Wiederentdeckung und Herstellung der »Religion Abrahams« werden sollte, die Juden und Christen gleichermaßen einbezog, entwickelt sich zu einer neuen universal ausgerichteten Religion, die sich Judentum und Christentum sachlich überlegen fühlt und in der Juden und Christen jetzt in die Rolle der »Geduldeten« und »Schutzbefohlenen« (arab.: dhimmi) versetzt sind. Als »Leute des Buches« sind sie zwar keine »Ungläubigen« und genießen in einer muslimischen Gesellschaft rechtlichen Schutz. Zugleich aber sind sie im Vergleich zu den Muslimen »Andersgläubige«, die man zu Steuerabgaben verpflichtet und die Muslimen gegenüber rechtlich keineswegs gleichgestellt sind.[46]

6. Abraham – Eigentum jeder Religion

Wir stehen somit vor der religionsgeschichtlich bemerkenswerten Tatsache, daß sich auch im Islam im Blick auf Abraham strukturell gleiche Entwicklungsmuster abzeichnen. War schon im Judentum und Christentum die Tendenz erkennbar, Abraham als Eigentum der je eigenen Religion zu beanspruchen, so läßt sich diese Entwicklung auch im Koran verfolgen. Wir stehen auch hier vor einer paradoxen Konstellation. Machen wir uns die Struktur noch einmal bewußt:

Halachisierung Abrahams: Judentum

Im Judentum kommt es jenseits des kanonischen Schrifttextes (Genesis) nachexilisch vor allem in der außerkanonischen Literatur (»Jubiläenbuch«, »Apokalypse Abrahams«) sowie dann in der rabbinischen Tradition (Talmud, Midraschim) immer stärker zu einer exklusiven Judaisierung Abrahams, was konkret heißt: zu einer exklusiven Halachisierung Abrahams als des vorbildlichen Tora-Juden. Paradox genug: Der Nichtjude und ohne Tora lebende Abraham wird zu einer exklusiven jüdischen Gestalt, zu einem Urrabbi und Erzpriester und damit zum Archetyp des »halachischen Menschen«. Ja, mit der Überzeugung, daß es Tora und Halacha schon *vor Mose* gegeben habe (Kronzeuge: Abraham), hat die orthodox-rabbinische Theologie den jüdischen Wahrheitsanspruch gleichsam entgeschichtlicht, perfektioniert und damit gegen jede Kritik von außen immunisiert.

Verkirchlichung Abrahams: Christentum

Im Christentum kommt es – mit Anfängen im Neuen Testament (Johannes), aber im wesentlichen nachkanonisch – zu einer immer stärkeren Verchristlichung Abrahams, was im Klartext heißt: zu einer exklusiven Verkirchlichung Abrahams als eines exemplarischen Christen vor Christus. Paradox genug: Der Nichtjude und Nichtchrist Abraham wird zu einer exklusiven christlichen Gestalt, mit deren Hilfe man Juden jetzt den Status des Bundes- und Gottesvolkes entzieht. Ja, mit der Überzeugung, daß es christlichen Glauben vor Christus gegeben (Kronzeuge: Abraham), ja, daß Jesus Christus sogar selber *vor Abraham* existiert habe, hat orthodox-christliche Theologie den christlichen Wahrheitsanspruch ebenfalls entgeschichtlicht, perfektioniert und gegen Kritik von außen immunisiert.

Muslimisierung Abrahams: Islam

Im Islam schließlich kommt es nach der anfänglichen Betonung der Juden, Christen und Muslimen gemeinsamen »Religion Abrahams« in der zweiten Phase von Mohammeds Prophetie zu einer immer stärkeren Muslimisierung Abrahams als eines vorbildlichen Muslims – abgegrenzt von Juden und Christen. Paradox auch hier: Der Nichtjude, dann jüdische und christliche Glaubensheld Abraham wird zu einer exklusiven muslimischen Figur, mit deren Hilfe Muslime nun Juden und Christen den wahren Glaubens streitig machen. Ja, mit der Überzeugung, daß es »Islam« schon *vor Mohammed* gegeben habe (Kronzeuge: Abraham), wird auch in der islamischen Theologie der eigene Wahrheitsanspruch entgeschichtlicht, perfektioniert und gegen Kritik von außen immunisiert. Und in dieser Situation der Nichtbeziehung, der Exklusivität, der Absolutheitsansprüche verharren die drei monotheistischen Religionen seit Jahrhunderten. Alle berufen sich auf Abraham und alle beanspruchen Abraham als Eigentum für sich.

Was also? Macht es vor diesem Horizont überhaupt noch Sinn, ein Abraham-Gespräch zwischen Juden, Christen und Muslimen zu suchen? Ist es nicht reichlich naiv, angesichts dieses Befundes noch ernsthaft von einer »abrahamischen Ökumene« reden zu wollen? Ja mehr noch: Ist es nicht theologisch zumindest für Christen eher unzulässig, von »abrahamischen Religionen« oder gar von einer »abrahamischen Ökumene« zu reden? Wird auf diese Weise nicht die besondere Stellung der Religionen zueinander völlig eingeebnet? Christen bejahen doch mit Juden zusammen eine besondere »heilsgeschichtliche« Stellung des Volkes Israel. Auch für Christen bleibt ja das Volk Israel trotz Ablehnung Jesu als des Messias »von Gott geliebt um der Väter willen«. Und gerade Abraham steht ja bei Juden und Christen für diese besondere Offenbarungsgeschichte, durch die Judentum und Christentum auf besondere Weise miteinander verbunden sind.

Anders der Islam. Ihm ist ja – so der katholische Theologe und Islam-Spezialist *Hans Zirker* zu Recht – eine heilgeschichtliche Perspektive fremd. »Für ihn steht Abraham in der unüberschaubaren Menge der Propheten aller Völker, damit nimmt er in der muslimischen Einschätzung eine weit umfassendere typologische Stellung ein als in christlicher Theologie, wo er nur die drei besonderen Offenbarungsreligionen repräsentiert (soweit hier überhaupt der Islam neben dem Judentum noch mitgesehen wird).«[47]

Hat von daher Zirker nicht recht, wenn er bei der Rede von den drei »abrahamitischen Religionen« vor allzu leichten »theologischen Fehleinschätzungen« warnt, als ob »auch Muslime hier eine besondere heilsgeschichtliche Herkunftslinie und Verwandtschaft erkennen könnten«,[48] und daraus nüchtern folgert: »So ist Abraham zwischen dem biblischen Glauben und dem muslimischen nicht nur eine verbindende Gestalt, sondern gerade im Blick auf die Zukunft der Menschheit auch eine trennende«.[49] In der Tat: Zeigt nicht gerade Abraham, daß die drei Religionen sich unendlich weit voneinander entfernt haben und nicht daran denken, aufeinander zuzugehen? Auf all diese schwierigen Fragen wollen wir in unserem zweiten und letzten Hauptteil eine Antwort zu geben versuchen.

Teil B:

Perspektiven für eine abrahamische Ökumene

I. Voraussetzungen für ein ökumenisches Bewußtsein

Ist die Paradoxie der Abraham-Vereinnahmung aufzulösen? Wer dies versucht und ohne alle »theologische Fehleinschätzung« von abrahamischer »Ökumene« reden, wer im Geiste Abrahams trotz allem eine kritische und kreative ökumenische Friedenstheologie treiben will, sollte zunächst grundsätzlich klären, was Ökumene meint, ökumenisches Bewußtsein ist. Und dieses Bewußtsein kann man nur bestimmen, wenn man den heute veränderten Welthorizont beschreibt. Schon das Wort »Ökumene« zwingt ja dazu, meint es doch vom Wortsinn her »die ganze bewohnte Erde«. Ökumenisches Bewußtsein ist deshalb ein Denken in globaler Verflechtung mit anderen Kulturen und Religionen, in gegenseitiger Verantwortung innerhalb der einen Weltgemeinschaft. Wer ökumenisch denkt, denkt also in universalen Zusammenhängen, denkt menschheitsgeschichtlich, menschheitsverantwortlich. Wer ökumenisch denkt, dem ist nicht nur seine Region, Nation oder Religion wichtig, sondern das Geschick aller Religionen, die Zukunft der Menschheit als ganzer.

1. Der neue Welthorizont

Um die Veränderung aber einschätzen zu können, ist zunächst eine kurze Besinnung auf die unselige Geschichte gegenseitiger Aggression und Verwerfung unverzichtbar, schafft doch oft erst die gemeinsame Erinnerungsarbeit ein Bewußtsein für die Dringlichkeit ökumenischer Verständigung heute. Ohne Wille zur Ökumene keine Ökumene, ohne Trauerarbeit an gescheiterter Ökumene kein Wille zur künftigen Ökumene.

Notwendige Erinnerung an eine unselige Geschichte

Hunderte von Jahren nach dem Tode des Propheten Mohammed haben die drei Religionen – von einzelnen fruchtbaren Begegnungen abgesehen – teils in Selbstisolation, teils in aggressiver Konfrontation mit- und gegeneinander existiert: Judentum, Christentum und Islam. Ihre gemeinsame Geschichte umfaßt das ganze Spektrum von kultureller Befruchtung und religiöser Verständigung bis hin zu Krieg und Katastrophe. Das Judentum als die zahlenmäßig kleinste der Religionen gehörte dabei meist zu den Opfern. Während sie in muslimisch beherrschten Ländern (vor allem in Spanien bis 1492, dann im osmanischen Reich) als »Schriftbesitzer« auf Ganze gesehen rechtlich geschützt leben konnten (welch teilweise glänzende jüdisch-muslimische Symbiose im spanischen Cordoba des 10./11. Jahrhunderts!), werden Juden im »christlichen« Zentraleuropa des Hoch- und Spätmittelalters immer wieder von grauenhaften Unterdrückungs- und Verfolgungswellen erfaßt. Dabei bilden Pogrome, Zwangstaufen, Talmud-Verbrennungen nur die Spitze einer Politik rechtlicher Diskriminierung gegenüber einem Volk, das in den Augen zahlloser christlicher Theologen auch des Mittelalters (in der Nachfolge Augustins) »eigentlich« seine Existenzberechtigung verspielt hatte.

Anders noch einmal im Verhältnis *Christentum und Islam*. Hier rangen im Verlauf der Jahrhunderte zwei politisch-militärische Machtblöcke um Einfluß und Vorherrschaft. Und insbesondere christliche Theologen taten alles, um den Islam auch geistig abzuqualifizieren: entweder als bloße christliche Häresie (Johannes von Damaskus: ca. 675-753) oder als Objekt christlich begründeter Zurückweisung: so Petrus Venerabilis (1094-1156), Abt von Cluny, der 1143 die erste lateinische Koranübersetzung besorgte und mit weiteren polemisch-apologetischen Schriften die späteren Missionsstrategien der Kirche maßgeblich beeinflußte. Die kriegerischen Auseinandersetzungen zwischen christlichen und islamischen Mächten bekamen so eine Dimension des Fanatismus.

Während christliche Herrscher im Zuge von *sieben Kreuzzugsbewegungen* (erster Kreuzzug: 1096-99 – siebter Kreuzzug 1270) die Konfrontation mit Muslimen in Palästina suchen, nutzen umgekehrt muslimische Herrscher immer wieder die Chance, über Spanien hinaus auch das übrige *Europa unter ihre Kontrolle* zu bringen. Und nachdem durch die schicksalshafte Schlacht bei Portiers im Jahr 732 dem arabisch-islamischen Eroberungsdrang im Westen Einhalt geboten werden konnte, gehen die Eroberungszüge jetzt im Osten weiter, geführt von den türkischen Herrschern des osmanischen Reiches.

Längst sind weite Gebiete des früheren christlich-byzantinischen Imperiums auf dem Balkan erobert, da fällt im Jahre 1453 nach langer Belagerungszeit schließlich auch diejenige Stadt, die eine Symbolbedeutung für die gesamte Christenheit hat: *Konstantinopel*.

Seither grassiert Angst vor einem aggressiven Islam in Europa. Sie wird verstärkt, als keine hundert Jahre nach der Eroberung Konstantinopels die muslimischen Türken sogar vor der christlichen Kaiserstadt Wien stehen: 1529, zu Lebzeiten Martin Luthers, der den Islam ebenso polemisch aburteilt wie später das Judentum. Zwar werden die Türken zurückgeschlagen, erobern 1541 aber Budapest, zuvor Belgrad. Und keine 150 Jahre später belagern sie ein zweites Mal Wien (1683) und können erst nach jahrzehntelangen Feldzügen endgültig besiegt werden. Seit diesen Konfrontationen herrscht in Europa nicht nur »eine unglaubliche Verachtung des islamischen Glaubens« (L. Gardet) und eine blindmachende »antikoranische Tollwut« (G. C. Anawati)[1], sondern auch eine politische Islam-Angst, die von bestimmten christlichen Gruppen je nach politischer Interessenlage immer wieder effektiv genutzt wird. Christliche Fundamentalisten beschwören mit Vorliebe einen aller Geschichte angeblich zugrundeliegenden Schicksalskampf zwischen den finstern Söhnen Ismaels und den auserwählten Söhnen Israels, einen universalen »Erbschaftsstreit« unter der Irrsinnsalternative »Weltbrand oder Weltfrieden«.[2]

In jedem Fall gilt: Für das *Bild des Islam im Westen* hatten diese militärisch-politischen Konfrontationen verheerende Auswirkungen.[3] Ungezählte Menschen gerade in Europa glaubten und glauben, es beim Islam mit einer Religion der Gewalt zu tun zu haben, die nichts als »Feuer und Schwert« predigt und einem machtbesessenen, eroberungssüchtigen Propheten folgt, der ständig »heilige Kriege« vom Zaun bricht oder legitimiert. Vereinzelte Stimmen einer ökumenischen Friedenstheologie wie die des großen Kardinals *Nikolaus von Cues* (1401-1464) überhörte man dabei, Stimmen, die schon damals angesichts von kriegerischen Grausamkeiten (Eroberung Konstantinopels) für einen »Frieden im Glauben« (»De pace fidei«) eingetreten waren und die Vision entfaltet hatten, daß die Völker der Erde durch Religion versöhnt werden könnten, ohne ihrem ureigensten Bekenntnis untreu werden zu müssen.[4] Doch diese Stimmen verhallten ungehört. An eine »abrahamische Ökumene«, an eine friedenstiftende, versöhnende Besinnung auf den gemeinsamen »Vater« des Glaubens war dabei nicht zu denken angesichts der Selbstisolation des mittelalterlich-rabbinischen Judentums, der Enterbungstheologie ungezählter christlicher Theologen und der Militanz muslimischen Eroberungsdrangs ...

Nach Hunderten von Jahren militärisch-politisch-religiöser Expansion aber war die Dynamik des osmanischen Reiches allmählich erschöpft. Und spätestens nach der »christlichen« Rückeroberung Belgrads im Jahre 1717 durch die Habsburger hatte auch die »Hohe Pforte« in Istanbul ein vordringliches Interesse daran, den Besitzstand ihres Riesenreiches zu sichern und im Innern zu konsolidieren. Gleichzeitig aber gelang es christlich-europäischen Mächten (vor allem Frankreich, Großbritannien und Deutschland), im Zuge der europäischen Moderne des 18. und 19. Jahrhunderts auf fast allen entscheidenden Feldern führende Positionen einzunehmen: auf dem Gebiet vor allem von Wissenschaft, Technologie, Ökonomie und Industrie. Die Ausbeutung von Kolonien insbesondere in Afrika und Asien war dafür mitentscheidend. Ja, der Einfluß christlicher Mächte nahm nun eine universale, globale Dimension an, nachdem es vor allem Großbritannien gelungen war, im 19. Jahrhundert Zug um Zug ein »Empire« aufzubauen, das schließlich von Südafrika über Indien und Sri Lanka bis nach Australien und Kanada reichte. Auch die Länder Südamerikas standen ja längst unter christlicher Dominanz ...

Das Ende der eurozentrischen Moderne

Kein Wunder, daß die christlichen Kirchen am Ende des 19. Jahrhunderts hofften, die Nutznießer des Prozesses der Moderne werden zu können. Und diese Hoffnung war durchaus nicht unrealistisch. Denn hatte nicht gerade das Christentum sich zu dieser Zeit eine einzigartige Weltstellung »erobert«, und zwar im Zuge der von Europa ausgehenden Politik des Kolonialismus, Imperialismus und Expansionismus? Eine Verbindung von westlicher Kultur und christlicher Religion schien ja die Herrschaft über die alten Kulturländer übernommen zu haben. Indien war politisch-ökonomisch unter englischer Kontrolle, schien geistig ausgezehrt. Das osmanische Reich war politisch kraftlos geworden, der Islam schien reformunfähig.

China lag wirtschaftlich und geistig darnieder, war Spielball europäischer Mächte. Japan war isoliert, Afrika weitgehend kolonisiert. Kurz: Mit der Globalisierung von Technologie, Ökonomie und Industrie schien das Christentum die besten Aussichten zu haben, als die einzige Religion von Kraft und Dynamik sich universal durchzusetzen.[5]

Nach zwei Weltkriegen freilich sah die Welt anders aus, und auch die Rolle von Judentum und Islam begann eine andere zu werden. Konkret heißt das: Nach Jahrhunderten der Verfolgung und Diskriminierung hatten Juden am Ende des 19. Jahrhunderts unter der Führung des österreichischen Publizisten *Theodor Herzl* wie nie zuvor begonnen, konkret die Rückkehr in das dem Abraham vor uralten Zeiten »verheißene Land« zu planen. Dieser »zionistische« Plan ging in Erfüllung. Und als Krönung zahlreicher Einwanderungsbewegungen nach Palästina gelang 1948 unter dem charismatischen Politiker *David Ben Gurion* die Gründung eines selbständigen *Staates Israel*. Damit hatte das Judentum fast 19 Jahrhunderte nach der Zerstörung des zweiten Tempels (im Jahre 70 n. Chr. durch die Römer) wieder die alles zentrierende politische Mitte. Und mit diesem Zentrum erstarkte auch das Judentum als Religion, zumal bedeutende Denker wie Martin Buber, Franz Rosenzweig, Abraham Heschel und Josef Soloveitchik die alte Botschaft von Jahwe und seinem Volk in die Zeit der Moderne zu übersetzen verstanden.

Und der Islam? Spätestens nach der Ölkrise zu Beginn der 70er Jahre war der Weltöffentlichkeit die wirtschaftliche Macht der *muslimisch geprägten arabischen Staaten* bewußt geworden. Und spätestens mit dem Ende des Schah-Regimes im Iran (1979) durch einen der bedeutendsten Führer des shiitischen Islam, *Ajatollah Khomeini*, konnte jedermann sehen, daß der *Islam als Religion* noch durchaus in der Lage sein würde, weltpolitisch Geschichte zu schreiben. Die Zunahme der politischen und wirtschaftlichen Macht muslimisch geprägter Länder bedeutete denn auch ein Erstarken des Islam als Religion (insbesondere in Afrika). Der Islam zählt heute rund eine Milliarde Anhänger, von Indonesien (157 Millionen) über Pakistan (118 Millionen) und der Türkei (57 Millionen) bis hin nach Algerien und Marokko mit jeweils 25 Millionen Anhängern. In Deutschland leben derzeit rund 2 Millionen Muslime.

Und auch der Islam hat im Verlauf des 19. und 20. Jahrhunderts bedeutende Reformer aufzuweisen, die fähig waren, die Botschaft des Koran in eine neue Zeit zu übersetzen und so die geistige Wandlungsfähigkeit des Islam unter Beweis zu stellen: im Indien des 19. Jahrhunderts schon Sayyed Ahmed Khan und in dessen Nachfolge der geistige Vater Pakistans, der Dichter-Philosoph Muhamad Iqbal. Zu nennen vor allem auch der charismatische Vater eines modernen, reformorientierten Islam im Nahen und Mittleren Osten, Jamaladdin al-Afghani.[6] Und die gestiegene Bedeutung des Islam als Religion ist auch daran ablesbar, daß am Ende unseres Jahrhunderts gerade in nach Westen am stärksten geöffneten muslimischen Ländern wie der Türkei, Ägypten und Algerien fundamentalistische Strömungen im Zuge einer breiten Re-Islamisierungswelle immer größeren Zulauf bei immer mehr Menschen finden.

Was folgt aus dieser Entwicklung? Daraus folgt, daß die Erwartungen des Christentums, im Zuge der eurozentrischen Moderne im 20. Jahrhundert vollends die beherrschende universale Weltreligion zu werden, auf der ganzen Linie gescheitert sind. Die Welt wurde nicht nur nicht christianisiert, im Gegenteil: Die anderen Religionen der Menschheit stehen am Ende des 20. Jahrhunderts aufs Ganze gesehen stärker da als zu dessen Beginn. Das Weltbild der eurozentrisch-christlichen Moderne ist abgelöst. Wir sind in eine Epoche der Nach-Moderne eingetreten (H. Küng).[7]

Für die Beziehungen der Religionen untereinander im Paradigma der Nach-Moderne (ein Verlegenheits- und Suchbegriff, der zunächst nichts als die Differenzerfahrung zur Moderne beschreiben soll) bedeutet dies:

– gescheitert sind Versuche der Beseitigung einer Religion durch aggressive Missionsstrategien; gescheitert sind alle Versuche einer arrogant-triumphalistischen Herrschaft einer Religion über alle anderen Religionen;

– gescheitert sind aber auch subtile Aufhebungsversuche anderer Religionen in der einen Weltreligion oder synkretistische Vermischungsmodelle mit dem Ziel der einen universalen Religion aus Teilen anderer Religionen.

Stattdessen? Gewachsen ist das Bewußtsein, daß die Religionen zu einem friedlichen Miteinander und Füreinander (Koexistenz und

Proexistenz) in gegenseitigem Respekt, in Dialogbereitschaft und Zusammenarbeit kommen müssen. *Ökumenisches Bewußtsein* läßt sich deshalb so definieren: *umfassendes Wissen übereinander, Achtung voreinander, Verantwortung füreinander und Kooperation miteinander.* Theologische Grundvoraussetzung dafür ist, daß die Menschen in den Religionen sich gegenseitig betrachten als Angehörige der einen Menschheitsfamilie, denen je ein besonderer Weg von Gott und zu Gott aufgetragen, ja zugemutet ist. Dies gilt für die monotheistischen Religionen Judentum, Christentum und Islam in besonderer Weise, die sich alle drei auf den Glauben Abrahams berufen und den Gott Abrahams verehren. Deshalb dürfte auch ein Jude oder Muslim dem zumindest als Ideal zustimmen, was das Zweite Vatikanische Konzil (verbindlich für katholische Christen) über das Verhältnis der Religionen untereinander gesagt hat:

> »In unserer Zeit, da sich das Menschengeschlecht von Tag zu Tag enger zusammenschließt und die Beziehungen unter den verschiedenen Völkern sich mehren, erwägt die Kirche mit um so größerer Aufmerksamkeit, in welchem Verhältnis sie zu den nichtchristlichen Religonen steht. Gemäß ihrer Aufgabe, Einheit und Liebe unter den Menschen und damit auch unter den Völkern zu fördern, faßt sie vor allem das ins Auge, was den Menschen gemeinsam ist und sie zur Gemeinschaft untereinander führt.
> Alle Völker sind ja eine einzige Gemeinschaft, sie haben denselben Ursprung, da Gott das gesamte Menschengeschlecht auf dem gesamten Erdkreis wohnen ließ; auch haben sie Gott als ein und dasselbe letzte Ziel. Seine Vorsehung, die Bezeugung seiner Güte und seine Heilsratschlüsse erstrecken sich auf alle Menschen, bis die Erwählten vereint sein werden in der Heiligen Stadt, deren Licht die Herrlichkeit Gottes sein wird; werden doch alle Völker in seinem Lichte wandeln.« (»Nostra aetate« Nr. 1)

Die entscheidenden Stichworte zur *Bestimmung ökumenischen Bewußtseins* sind hier präsent:
– die Wahrnehmung einer immer engeren und miteinander verflochtenen Völkerwelt;
– die Notwendigkeit, Einheit und Liebe unter den Völkern zu fördern und sie so zu einer Gemeinschaft untereinander zu machen;

– das Bewußtsein, daß diese Gemeinschaft eine religiöse Basis hat: Gott selbst als Urgrund und als Ziel des gesamten Menschengeschlechtes.

2. Selbstkritik der Religionen als Weg zum Frieden

Daß aber die Gemeinschaft der Völker durch Weltunfrieden gefährdet ist, ist eine tagtäglich neue Erfahrung. Und daß hinter dem Weltunfrieden auch religiöse Kräfte stecken, ist jeden Tag neu eine erschreckende, schamvolle Einsicht.

Die Erklärung des Parlaments der Weltreligionen

Gibt es hier einen Weg der Umkehr? Diesen Weg der Umkehr gibt es nur durch die Fähigkeit, Selbstkritik zu üben, d. h. den *Schuldanteil der je eigenen Religion* selbstkritisch zu reflektieren. Dazu scheint heute mehr als früher eine Bereitschaft vorhanden. Maßstäbe hat hier die »Erklärung zum Weltethos« gesetzt, die vom Parlament der Weltreligionen am 4. September 1993 in Chicago verabschiedet wurde.[8] Denn diese von Vertretern aller großen Religionen (auch von Christen, Juden und Muslimen) unterschriebene Deklaration zielt darauf ab, unbeschadet aller unüberbrückbarer doktrinaler Differenzen einen *Grundkonsens* zumindest im Bereich des Ethos bewußt zu machen: einen Konsens bezüglich *verbindender Werte, unverrückbarer Maßstäbe und persönlicher Grundhaltungen.* Die Chicagoer Deklaration geht davon aus, daß es in allen großen Religionen – trotz aller inhaltlicher Unterschiede – gleiche oder ähnliche ethische Grundforderungen und unverrückbare Weisungen bereits gibt, die stärker als früher ans Licht gehoben werden sollten. Etwa die Grundforderung: »Jeder Mensch muß menschlich behandelt werden«, die in der berühmten »Goldenen Regel« konkretisiert wird. Diese lautet positiv formuliert: Was du willst, daß man dir tut, das tue auch den anderen! Diese »Goldene Regel« findet sich bei Konfuzius ebenso wie bei Rabbi Hillel und Jesus von Nazaret, findet sich im Islam und im Jainismus genauso wie im Buddhismus und Hinduismus. Auf dieser Grundlage können alle religiösen Traditionen vier »unverrückbare

Weisungen« aus ihren eigenen Glaubensquellen heraus mittragen:
– die Verpflichtung auf eine Kultur der *Gewaltlosigkeit* und der Ehrfurcht vor allem Leben;
– die Verpflichtung auf eine Kultur der *Solidarität* und eine gerechte Weltwirtschaftsordnung;
– die Verpflichtung auf eine Kultur der *Toleranz* und ein Leben in Wahrhaftigkeit;
– die Verpflichtung auf eine Kultur der *Gleichberechtigung und der Partnerschaft* von Mann und Frau.

Wider den religiösen Fanatismus

Wir können hier nicht ins Detail gehen. Doch für unseren Zusammenhang ist noch der Hinweis wichtig, daß sich in der Erklärung vor allem auch *Kritisches an die Adresse aller Religionen* findet. Denn in allen Religionen gibt es einen bedeutenden Anteil von Fanatikern, die statt ökumenischer Verständigung militante Abgrenzung betreiben, statt Zusammenarbeit und Verständigung religiöse Wahrheitsarroganz und aggressive Konfrontation. Hier warnt die Erklärung ausdrücklich:

> »Immer wieder neu beobachten wir, wie an nicht wenigen Orten dieser Welt Führer und Anhänger von Religionen Aggression, Fanatismus, Haß und Fremdenfeindlichkeit schüren, ja sogar gewaltsame und blutige Auseinandersetzungen inspirieren und legitimieren. Religion wird oft für rein machtpolitische Zwecke bis hin zum Krieg mißbraucht. Das erfüllt uns mit Abscheu.«[9]

Gerade also auch für die Vertreter der Religionen gilt: Verpflichtung auf eine Kultur der Toleranz und ein Leben in Wahrhaftigkeit! An die Adresse der »Repräsentanten von Religionen« wird denn auch unzweideutig formuliert:

> »Wenn sie Vorurteile, Haß und Feindschaft gegenüber Andersgläubigen schüren, wenn sie Fanatismus predigen oder gar Glaubenskriege initiieren oder legitimieren, verdienen sie die Verurteilung der Menschen und den Verlust ihrer Gefolgschaft«.[10]

Ökumenisches Bewußtsein also setzt den *Willen zur Wahrhaftigkeit* voraus: die Bereitschaft, Zerrbildern vom jeweils anderen in seiner eigenen Tradition entgegenzutreten, Ignoranz über die jeweils anderen zu bekämpfen und diejenigen Kräfte zu stärken, die davon überzeugt sind:

> »Jeder Mensch – ohne Unterschied von Alter, Geschlecht, Rasse, Hautfarbe, körperlicher oder geistiger Fähigkeit, Sprache, Religion, politischer Anschauung, nationaler oder sozialer Herkunft – besitzt eine unveräußerliche und unantastbare Würde ... Jedes Volk soll dem anderen, jede Rasse soll der anderen, jede Religion soll der anderen Toleranz, Respekt, gar Hochschätzung entgegenbringen. Minderheiten – sie seien rassischer, ethnischer oder religiöser Art – bedürfen unseres Schutzes und unserer Förderung.«[11]

Das beste Mittel freilich, die Intoleranz und die Respektlosigkeit gegenüber anderen abzubauen, besteht darin, jeder Versuchung zum Exklusivismus zu widerstehen. Denn solange jede Religion auf Kosten und unter Abwertung aller anderen exklusiv die ganze Wahrheit und allein sämtliche Heilsmittel zu besitzen beansprucht, wird einer latenten oder offenen Wahrheits- und Heilsarroganz Tür und Tor geöffnet. Diese ist dann der Rechtfertigungsgrund für Überlegenheitsgefühle, militante Bekehrungsversuche oder verachtende Ausgrenzung anderer Menschen. Eine Theologie ist vonnöten, welche es Menschen in den Religionen argumentativ ermöglicht, den eigenen Wahrheitsanspruch aufrechtzuerhalten, ohne andere Wahrheitsansprüche auszuschließen oder gar zu verteufeln. An einer solchen Theologie der Religionen wird heute in allen großen religiösen Traditionen gearbeitet. Darauf kann im Rahmen dieser Studie nur hingewiesen werden. Wir bleiben hier auf das Verhältnis Judentum, Christentum und Islam konzentriert. Nur einige theologische Grundelemente einer solchen Theologie der Religionen können und müssen im folgenden erwähnt werden, da sie zur unverzichtbaren Voraussetzung einer sinnvollen Rede von »abrahamischer Ökumene« gehören. Und in keiner Tradition sind solche Grundelemente je ganz verdrängt worden. Es gilt im folgenden eine Gegengeschichte zu erzählen.

3. Heil für andere im Zeichen Noahs: Das Judentum

Neben Abraham hat es schon immer eine zweite große biblische Figur im Judentum gegeben, welche gerade auch orthodoxen Juden interreligiöse Beziehungsfähigkeit ermöglicht. Denn anders als das Christentum und ähnlich wie der Islam hat selbst das orthodoxe Judentum nie die Vorstellung entwickelt: außerhalb Israels kein Heil. Auf diese Weise hat das Judentum von vornherein jede missionarische Aggressivität gegenüber anderen Religionen vermieden. *Noah* kommt hier eine noch stärkere Rolle zu als Abraham. Wir erinnern uns: Noch vor Abraham hatte Gott mit Noah, dem Stammvater »aller Völker der Erde« (Gen 9,19), einen *ersten Bund* geschlossen: die Selbstverpflichtung auf Erhaltung der gesamten Schöpfung. Zugleich hatte Gott Noah und seinen Söhnen konkrete Gebote und Verbote aufgetragen (Gen 9,4-6).

Warum die Gebote Noahs wichtig sind

Im rabbinischen Diskurs nun werden diese Gebote, die sogenannten *noachidischen Gebote*, als Auftrag Gottes für die Gesamtmenschheit verstanden, da ja das ganze Menschengeschlecht von Noah und dessen Söhnen abstammt.[12] Sieben Vorschriften sind es: sechs davon sind Verbote (Götzendienst, Mord, Unzucht, Blasphemie, Raub und Brutalität gegen Tiere), eines davon ist ein Gebot (die Pflicht, Gerichtshöfe einzusetzen). Im Traktat »Sanhedrin« des babylonischen Talmuds kann man die entscheidende rabbinische Debatte dazu nachlesen:

> »Unsere Meister lehrten: Sieben Gebote wurden den Nachkommen Noahs geboten: In Bezug auf Rechtspflege, Lästerung des Namens, Götzendienst, Unzucht, Blutvergießen, Raub und ein Stück von einem lebenden Tier. Rabbi Chananja, Gamlas Sohn, sagt dazu: Das gilt auch für das Blut eines lebenden Tieres. Rabbi Chidka sagt dazu: Das gilt auch für die Kastration. Rabbi Schimon sagt dazu: Das gilt auch für die Zauberei. Rabbi Jose sagt dazu: Auch vor alledem, was im Abschnitt von der Zauberei gesagt wird, ist ein Nachkomme Noahs gewarnt.« (b Sanhedrin 56a/56b)

Nach rabbinischer Auffassung ist damit klar: Die gesamte Menschheit ist verpflichtet, Vielgötterei und Blasphemie, Mord und Raub, Unzucht und Brutalität gegen Tiere zu vermeiden und Gerichtshöfe zur Regelung von Rechtsstreitigkeiten einzurichten. Theologisch entscheidend dabei: Halten die Völker der Welt sich an diese Gebote, können sie nach rabbinischer Lehre als Gerechte aus den nichtjüdischen Völkern »Anteil an der kommenden Welt« erhalten. Niemand also muß Jude werden, um nach orthodox-jüdischer Auffassung das Heil zu erlangen. Israel allein ist verpflichtet, alle 613 Gebote und Verbote der Tora einzuhalten. Für die »Heiden« genügen diese sieben. Auch hier ist es dem großen mittelalterlichen jüdischen Gelehrten Moses Maimonides zu verdanken, daß die Frage nach dem Anteil der Gerechten unter den nichtjüdischen Völkern an der kommenden Welt verknüpft wurde mit den noachidischen Geboten.[13]

Für die *interreligiöse Dialogfähigkeit des Judentums* ist damit die Grundlage gelegt. Auch Christen und Muslime, ja alle Menschen, können »Söhne Noahs« genannt werden, wenn sie die Gebote Noahs einhalten. Die Existenz der noachidischen Gebote dient also der universalen Verständigung und der interreligiösen Toleranz. Auch der Gedanke eines von allen Religionen getragenen gemeinsamen Ethos, wie er in der zitierten und auch von jüdischen Theologen unterschriebenen Erklärung des Weltparlamentes der Religionen in Chicago zum Ausdruck kommt, hat hier seinen sowohl biblischen wie innerjüdischen Grund. Für jüdische Theologen heute jedenfalls bedeutet die Bundes-Theologie in Verbindung mit Noah zusammen mit der Bundes-Theologie in Verbindung mit Abraham eine willkommene Legitimierung des jüdischen Universalismus und der interreligiösen Verständigung in einer Welt, die gekennzeichnet ist durch die Pluralität der Religionen.[14]

Was Judesein heute meint

Eines der eindrucksvollsten Zeugnisse für diese Dimension jüdischer Existenz findet sich freilich nicht bei einem jüdischen Theologen, sondern im »*New Union Prayer Book*« des amerikanischen Reformjudentums, herausgegeben von der Central Conference of American Rabbies. Hier findet sich ein eindrucksvolles Kapitel über »Israels

Mission« in der Welt. In meditativen Texten wird dargelegt, was *Auserwähltheit Israels* heute bedeuten kann – im Blick auf eine veränderte Weltlage [15]:

> »Das Gefühl, auserwählt zu sein, hat sich tief in die Seele unseres Volkes eingeprägt. Und doch fühlte es sich nie anderen Nationen überlegen, denn es wußte, daß alle Menschen Gottes Kinder sind. Es war nicht ihre Abstammung, sondern der Besitz der Tora, der sie zu einem auserwählten Volk machte. Für Jahrhunderte stand es allein im Aufrechterhalten göttlicher Wahrheit und des Wegs der Tora in einer Welt, geprägt von Ignoranz, Aberglauben und Brutalität. Und doch glaubte unser Volk immer, daß auch andere erwählt werden könnten, wenn sie nur den Weg Gottes für sich wählen würden. Nur ein Privileg beanspruchte unser Volk für sich: Gott und seiner Wahrheit zu dienen. Und mit diesem Privileg kam eine schwere Verantwortung: ›Du aus allen Familien der Erde hast mich am besten gekannt; deshalb will ich dich umso stärker für alle deine Fehler verantwortlich machen.‹ Israel gebar im Verlaufe der Zeit andere Religionen, die viele Menschen zu Gott brachten, aber unsere Verantwortung besteht weiter, denn unser Auftrag bleibt unerfüllt. Er wird bleiben, bis die Erde mit dem Wissen Gottes angefüllt ist, so wie das Meer mit Wasser.«

Daran schließt sich eine Selbstreflexion auf das an, was *Judesein heute* bedeutet, einschließlich einer Selbstbesinnung auf die besonderen Aufgaben des Juden in der Welt:

> »Ich bin ein Jude, weil der Glaube Israels
> von mir keine Abdankung meiner Vernunft fordert.
> Ich bin ein Jude, weil der Glaube Israels
> von mir alle Hingabe meines Herzens verlangt.
> Ich bin ein Jude, weil überall dort,
> wo Leid Tränen erzeugt, ein Jude weint.
> Ich bin ein Jude, weil immer dann,
> wenn Verzweiflung sich ausschreit, der Jude hofft.
> Ich bin ein Jude, weil die Welt Israels
> die älteste und die jüngste ist.
> Ich bin ein Jude, weil die Verheißung Israels
> eine universale Verheißung ist.
> Ich bin ein Jude, weil – für Israel –
> die Welt noch nicht vollendet ist: wir vollenden sie.

Ich bin ein Jude, weil – für Israel –
die Menschheit noch nicht geschaffen ist; wir schaffen sie.
Ich bin ein Jude, weil Israel die Menschheit und deren Einheit
über die Nationen und selbst über Israel setzt.
Ich bin ein Jude, weil Israel über die Menschheit
– die ein Abbild der göttlichen Einheit ist –
jene Einheit setzt, die göttlich ist.«

Und wie sieht die Entwicklung im Christentum aus? Wie hat sich hier interreligiöse Beziehungsfähigkeit entwickelt?

4. Die Heilsmöglichkeit der Nichtchristen: Das Christentum

Das Christentum war seit den Zeiten Augustins, der sogar den Bekehrungszwang gegenüber Ungläubigen propagierte (»Coge intrare«)[16] sowie des von Augustin inspirierten Konzils von Florenz (1442) auf den dogmatisch beinharten Glaubenssatz festgelegt: »Niemand, weder Heide noch Jude, weder Ungläubiger noch ein von der Kirche Getrennter, kann des ewigen Heils teilhaftig werden, verfällt vielmehr dem ewigen Feuer, wenn er sich nicht vor dem Tode der katholischen Kirche anschließt.« Auch die Reformation hatte in Sachen Religionsfreiheit keinen Fortschritt gebracht: Aus dem »Extra ecclesiam nulla salus« wurde ein »Extra Christum nulla salus«, ging es doch der Reformation vor allem um konkrete Christen- bzw. Kirchenfreiheit, nicht aber um allgemeine Religionsfreiheit, die denn auch erst ein typisches Produkt der Moderne ist. Daß vor diesem Hintergrund eine positive religiöse Wertschätzung gerade auch von Judentum und Islam nicht aufkommen konnte, versteht sich von selbst. Beide Religionen galten jahrhundertelang als Produkte von Irrglauben, Unglauben und Selbsttäuschung. Insbesondere der Islam wurde lange Zeit als eine »teuflische Religion« denunziert, die sich »nach der üblichen Weise des Satans« nur deshalb mit einiger Wahrheit verkleide, »um die Menschen besser zu täuschen.«[17]

Miteinander statt Polemik: Protestantische Kirchen

Die Spätfolgen eines solchen innerchristlichen Dogmatismus lassen sich bis in unsere Zeit hinein verfolgen. 1984 veröffentlichte die Konferenz bekennender Gemeinschaften in den *evangelischen Kirchen Deutschlands* sowie die Arbeitsgemeinschaft Evangelikaler Missionen eine Stellungnahme unter dem Titel »Christliches Bekenntnis und biblischer Auftrag angesichts des Islam«. Gleich zu Anfang dieses Papiers wird das Konzept einer angeblich »kommenden ›abrahamitischen Ökumene‹ der drei monotheistischen Weltreligionen« skeptisch hinterfragt. Ein »innerkirchlicher Liberalismus« wird angegriffen, der zu einer »Überbetonung des Humanistisch-Sozialen« und zu einem Verkümmern der »biblisch-theologischen Lehre« geführt habe. Christen seien dem Islam gegenüber »entweder wohlwollend-gutgläubig und gleichgültig oder auch hilflos und ängstlich«. In dieser »Notlage« müsse ein klares Wort gesprochen werden. Und dies fällt denn auch nach altem Muster aus:

> – *Dämonisierung:* »Wir erkennen im Islam eine endzeitliche antichristliche Verführungsmacht (1 Joh 2,18.22), die sowohl dem alten Bundesvolk der Juden als auch der Kirche Jesu Christi widerstreitet.«
> – *Täuschung:* »Ihre Gefährlichkeit liegt in ihrer täuschenden Nachahmung der biblischen Offenbarung. Wir rufen deshalb alle Christen auf, den Islam wachsam zu studieren, seinen Anhängern evangelistisch zielklar zu begegnen, seinen Irrlehren aber in geistlicher Abwehrbereitschaft (Epheser 6,10-17) entgegenzutreten.«
> – *Verzerrung:* »Wir wenden uns gegen die Auffassung, daß Christen und Muslime an den ›gleichen Gott‹ glauben. Zwar hat sich der Schöpfer in seinen Werken allen Menschen (Röm 1,19f.) kundgetan. Darum ist auch nicht zu übersehen, daß der islamische Glaube wichtige Züge der Selbstoffenbarung Gottes widerspiegelt. Die Muslime meinen, den einen, wahren Gott anzubeten. Aber ein sorgfältiges Prüfen im Lichte des biblischen Gesamtzeugnisses erweist die islamische Gottesvorstellung von dem einen Schöpfer, Richter und Allerbarmer – bei aller Ähnlichkeit der Begriffe – als ein menschliches Zerrbild des wahren Gottes.«[18]

Doch auch im Protestantismus haben sich andere Stimmen erhoben, die sowohl ein neues Verhältnis zwischen Christen und Juden als auch zwischen Christen und Muslimen fordern. Was das *Verhältnis zwischen Israel und der Kirche* betrifft, so hat der Berliner protestantische Neutestamentler *Peter von der Osten-Sacken* stellvertretend für viele die Veränderung auf eine Weise beschrieben, wie auch wir in unserem Kapitel »Abraham und das Christentum« das Verhältnis Israel – Kirche bestimmt haben: »Israels Herkunft gründet in dem Verheißungswort an Abraham. Die Gegenwart des Gottesvolkes wird gekennzeichnet durch die unverbrüchliche Geltung seiner Erwählung (Röm 9,1-5; 11,29). Seine Zukunft ist bestimmt durch die unumstößliche Gewißheit: ›Ganz Israel wird gerettet werden‹ (Röm 11,26). All das gilt, obwohl und auch wenn das jüdische Volk seiner Mehrheit nach das Evangelium als Medium der Teilhabe an endzeitlicher Rettung ablehnt. Dies ist die in Röm 9-11 niedergelegte Sicht und damit die Perspektive eines Zeugnisses, das zu dem kanonisch gewordenen Evangelium der Frühzeit gehört. Aus diesem Zeugnis gehen das – theologisch begründete – Existenzrecht und die bleibende Begabung des Gottesvolkes Israel mit solcher Eindeutigkeit hervor, daß die theologisch geläufige Rede vom ›Ende Israels‹ und dergleichen mehr, gemessen am paulinischen Evangelium, pure Häresie darstellt, wie lutherisch, evangelisch, katholisch, orthodox oder christlich auch immer sich die Vertreter dieser Auffassung geben mögen.«[19]

Im selben Geist ist auch die bahnbrechende Studie des *Rates der Evangelischen Kirche in Deutschland* aus dem Jahre 1979 verfaßt, die unter dem Titel »Christen und Juden« erschien. Im selben Geist auch zahlreiche Stellungnahmen seither von Synoden und Gremien aus dem Raum des deutschen und internationalen Protestantismus.[20] Ihnen allen ist das Bemühen gemeinsam, das Verhältnis von Israel und Kirche nicht länger mit Kategorien wie Beerbung, Ersetzung oder Überbietung zu bestimmen. Im Gegenteil: *Abschied von einer fatalen Enterbungstheologie* ist der cantus firmus all dieser Stellungnahmen. Sie wurden freilich (Gott sei es geklagt) erst möglich nach der entsetzlichen Erfahrung der nationalsozialistischen Terror- und Vernichtungspraxis gegenüber Juden, die Christen die Augen auch dafür öffnete, daß ihre Christologie und Ekklesiologie oft eine antijudaistische Schattenseite hatte.

Stattdessen haben wir es im Raum des Protestantismus mit einer geschichtlich beispiellosen *Re-Rezeption der Israel-Theologie des Apostels Paulus* zu tun, der schon damals – wie wir sahen – Heidenchristen auffordern mußte, keine Überheblichkeit gegenüber Juden aufkommen zu lassen und sich stets daran zu erinnern: »Nicht du trägst die Wurzel, sondern die Wurzel trägt dich«. So wurde es möglich, Israel und Kirche theologisch in ihrer jeweiligen Eigenständigkeit und Aufeinander-Verwiesenheit vor Gott zu bedenken.[21]

Ähnliches läßt sich zum *Verhältnis Kirche – Islam* sagen. Anders als evangelikale Kirchen, die den Islam als »endzeitliche antichristliche Verführungsmacht« dämonisieren, den Glauben der Muslime als »täuschende Nachahmung der biblischen Offenbarung« und als »Zerrbild des wahren Gottes« abkanzeln, fordert ein 1990 von der *Vereinigten Evangelisch-Lutherischen Kirche* Deutschlands herausgegebenes Arbeitsbuch eine »christliche Würdigung« des Islam: Bei aller »Verpflichtung zum Zeugnis« auch ein »Hören aufeinander«. Zwar legt sich diese Stellungnahme in der Frage des Heils für Muslime nicht konkret fest und spiegelt damit eine theologische Verlegenheit wider, die auch auf höchster protestantischer Kirchenebene, dem Weltrat der Kirchen, in dieser Frage seit Jahren herrscht.[22] Nur eine vage, doppeldeutige Formel kann man anbieten: »Deshalb ist für Christen Heil an die Erfahrung der Liebe Gottes, die in Jesus Christus Gestalt annahm, gebunden. Außerhalb dieser Liebe können sie kein Heil erkennen. Allerdings hat der Glaube auch seit je erkannt: Menschen können die Grenzen der Liebe Gottes nicht bestimmen«.[23] Zugleich aber läßt man von seiten der Evangelisch-Lutherischen Kirche keinen Zweifel, daß Juden und Christen in »derselben Glaubenstradition« stehen und vieles gemeinsam haben:

> »Eine Würdigung aus christlicher Sicht hat zunächst von der gegenseitigen Nähe der beiden Religionen auszugehen. Das ist nicht selbstverständlich angesichts einer jahrhundertealten Auseinandersetzung, in der fast immer nur das Trennende betont wurde. Doch ist das islamische Bekenntnis zu dem einzigen Gott gar nicht denkbar, ohne das biblische Gebot ›Ich bin der Herr, dein Gott, du sollst keine anderen Götter neben mir haben‹ (Ex 20,2f.). Diese Nähe ist Ausdruck der Tatsache, daß Christentum und Islam – zusammen mit dem Judentum – in derselben Glaubenstradition stehen. Christen und Muslime

> haben deshalb viele Gemeinsamkeiten in zentralen Fragen des Glaubens und Lebens: Dankbarkeit für die Schöpfung und Verantwortung für ihre Bewahrung, Geborgenheit aus dem Glauben an Gott, Erwartung des Gerichts über das menschliche Tun, Kritik an der Vergötzung diesseitiger Ziele und Güter, Einsatz für Gerechtigkeit und Frieden, Solidarität mit den Schwächeren.«[24]

Aus dieser Besinnung auf dieselbe Glaubenstradition folgt die Forderung nach einem angemessenen Verhalten. Dieses besteht im Aufeinanderhören und Einanderrespektieren. Gastlichkeit, gute Nachbarschaft, Freundlichkeit und Friedfertigkeit könnten Ausdruck des jeweiligen Glaubenszeugnisses sein:

> »In einem solchen Aufeinanderhören und Einanderrespektieren ist zwischen Christen und Muslimen eine offene Begegnung möglich, die das Zeugnis des Glaubens miteinschließt. ... Christen und Muslime können ein konkretes und anschauliches Zeugnis für ihren Glauben geben, wenn sie in guter Nachbarschaft miteinander leben. Gastlichkeit und Nachbarschaft haben von alters her sowohl im islamischen Ethos als auch in vielen christlichen Zeugnissen einen hohen Stellenwert. Sie sollten auch bei der Gestaltung der Begegnung und Beziehung zwischen christlichen und islamischen Gemeinden am gleichen Wohnort bestimmend sein, damit Muslime und Christen freundlich und friedlich zusammenleben können.«[25]

Hochachtung für Juden und Muslime: Katholische Kirche

Ein noch größerer Wandel ist im Raum der katholischen Kirche erkennbar. Denn das *Zweite Vatikanische Konzil* bedeutet sowohl für die theologische Zuordnung von Kirche und nichtchristlichen Religionen wie in der Frage des Heils von Nichtchristen einen epochalen Durchbruch.[26] Nichts Vergleichbares ist in den anderen christlichen Kirchen auf Weltebene bisher geschehen, was auch von muslimischer Seite bemerkt wurde: »Nichts desgleichen ist von einer autoritativen protestantischen Körperschaft gekommen wie dem Weltrat der Kirchen, den Nationalräten der Kirchen rund um die Welt, von der

Griechischen Orthodoxie oder der Russischen Orthodoxie oder von einem Sanhedrin oder Rabbiner-Rat«.[27] Wie sieht das konkret aus?

In einem seiner dogmatischen Schlüsseldokumente, der Konstitution über die Kirche *(»Lumen Gentium«)*, bestimmt das Konzil das Verhältnis von Kirche und Nichtchristen nicht länger konfrontativ, sondern relational: mit Hilfe eines *Modells konzentrischer Kreise.* Das ist – bei allen problematischen Aspekten dieses Modells – ein entscheidender theologischer Fortschritt. Konkret heißt dies nämlich: Zunächst gilt die christliche Heilszusage denjenigen, welche Christus-Nachfolge in der Gemeinschaft der Kirche leben wollen. Und wenn Christus die Mitte des Kreises bildet, bilden die ersten Ringe dann konsequenterweise auch die christlichen Kirchen. Darum »lagern« sich je nach Grad ihrer sachlichen Nähe zur Christus-Mitte die anderen Religionen, zunächst das Judentum, dann der Islam, dann die nichtabrahamischen Religionen. Zu Juden und Muslimen heißt es in Kapitel 16 der »Kirchenkonstitution«:

> »Diejenigen endlich, die das Evangelium noch nicht empfangen haben, sind auf das Gottesvolk auf verschiedene Weise hingeordnet. In erster Linie jenes Volk, dem der Bund und die Verheißungen gegeben worden sind und aus dem Christus dem Fleische nach geboren ist (vgl. Röm 9,4-5), dieses seiner Erwählung nach um der Väter willen so teure Volk: die Gaben und Berufung Gottes nämlich sind ohne Reue (vgl. Röm 11,28-29). Der Heilswille umfaßt aber auch die, welche den Schöpfer anerkennen, unter ihnen besonders die Muslim, die sich zum Glauben Abrahams bekennen und mit uns den einen Gott anbeten, den barmherzigen, der die Menschen am Jüngsten Tag richten wird.«

Aus dieser theologischen Grundsatzbestimmung (»Heilswille Gottes«) folgt dann auch ein Wort über die Heilsmöglichkeit von Menschen, die vom Evangelium Jesu Christi und seiner Kirche ohne ihre Schuld keine Kenntnis haben können. Im selben Abschnitt fährt das Konzil fort:

> »Aber auch den anderen, die in Schatten und Bildern den unbekannten Gott suchen, auch solchen ist Gott nicht ferne, da er allen Leben und Atem und alles gibt (vgl. Apg 17,25-28)

> und als Erlöser will, daß alle Menschen gerettet werden (vgl. 1 Tim 2,4). Wer nämlich das Evangelium Christi und seine Kirche ohne Schuld nicht kennt, Gott aber aus ehrlichem Herzen sucht, seinen im Anruf des Gewissens erkannten Willen unter dem Einfluß der Gnade in der Tat zu erfüllen trachtet, kann das ewige Heil erlangen.«

Daraus folgt: Auch Juden und Muslime sind nach dem Vaticanum II nicht mehr »dem ewigen Feuer« verfallen, »das dem Teufel und seinen Engeln bereitet« sei; sie können das ewige Heil erlangen – auch auf ihrem Weg! Judentum und Islam sind damit faktisch als »legitime Heilswege« (K. Rahner) anerkannt, auf denen Gott auf seine Weise Menschen zu der von ihm bestimmten Vollendung führt. Und gerade im Blick auf die Muslime ist es von epochaler Bedeutung, daß das Konzil mit der jahrhundertealten antimuslimischen Polemik Schluß macht: daß Allah, wie Gott im Koran genannt wird, nicht identisch mit dem Gott der biblischen Offenbarung sei, sondern dessen dämonisches Zerrbild. Ausdrücklich nämlich sagt das Konzil: Muslime beten mit »uns« Christen »den einen Gott an«.

Grunddaten einer christlichen Theologie der Religionen sind damit gesetzt, die wir im Interesse einer Theologie der abrahamischen Ökumene auswerten können. Wie aber steht es mit dem Islam? Kann denn hier von einer interreligiösen Dialogfähigkeit überhaupt die Rede sein?

5. Keinen Zwang im Glauben: Der Islam

Allen, insbesondere Christen, die ihre Klischees über die Intoleranz des Islam hegen und pflegen, sei es gesagt: Gewiß hat es in der Geschichte islamischer Theologie absolutistische und exklusivistische Selbstauslegungen gegeben. Aber im Gegensatz zum Christentum konnte sich im Islam nie eine universal verbreitete und verbindliche Lehre durchsetzen, nach der Juden und Christen vom Heil definitiv ausgeschlossen wären, wenn sie sich nicht vorher zum Islam bekehrten. Ein »Extra«-Dogma kennt der Islam so wenig wie das Judentum. Ja, im Vergleich der drei monotheistischen Religionen war stets das Christentum die bei weitem intoleranteste Religion!

Statt Exklusivismus Universalismus

So dürfen Christen sich nicht wundern, wenn klassische muslimische Theologen seit den Zeiten von Mohammad Al-Tabari (gest. 923) oder Abu Muhammad b. Ali b. Hazm (gest. 1064) immer wieder die Absolutheit des Islam als der einzig wahren und vollkommenen Version des ursprünglichen abrahamischen Monotheismus behaupteten. Solche Theologen taten damit nichts anderes als was christliche Theologen jahrhundertelang mit den Juden taten, deren Religion man durch das Christentum für «überholt« erklärte. Insbesondere eine Koranstelle wurde stets als Rechtfertigung eines solch exklusivistischen Heilsanspruchs herangezogen: »Wenn sich aber einer eine andere Religion als den Islam wünscht, wird es nicht (als Ersatz für den wahren Glauben) von ihm angenommen werden. Und im Jenseits gehört er zu denen, die (letzten Endes) den Schaden haben« (3,85; vgl. auch 9,33). Diese Stelle wurde mit Hilfe der Abrogations- und Supersessionstheorie (von Rechtsanordnungen auf die Religionen übertragen) so ausgelegt, daß eine frühere Offenbarung durch eine spätere »aufgehoben« wurde (Abrogation, arab.: naskh). Die Juden und Christen gegebene Offenbarung konnte so als durch den Islam »überholt«, »überboten« (Supersession) dargestellt werden. Ihren Heilsanspruch hatten diese Religionen damit eingebüßt; Heil gibt es nur durch Bekehrung zum Islam.

Doch ein unvoreingenommenes Studium läßt erkennen, daß der Koran selber zur Frage der Überbietung früherer abrahamischer Offenbarungen schweigt. Weder ein direktes noch ein indirektes Zeugnis gibt es, bei dem der Koran sich selber als »Abschaffer« früherer Offenbarungsschriften verstünde. Zwar wird die Verfälschung und Verzerrung der Uroffenbarung durch Juden und Christen behauptet, damit aber gerade nicht die Gültigkeit dieser Offenbarungen völlig bestritten. Mit den Worten des in den USA lebenden muslimischen Theologen *Abdulaziz Sachedina*: »*Der Koran selbst betrachtet sich nicht als die Schrift, welche die jüdisch-christliche Offenbarung außer Kraft setzt.* Manche muslimische Exegeten der klassischen Zeit jedoch, die es sich angelegen sein ließen, einerseits der muslimischen *Umma* eine exklusive und unabhängige Identität zu verschaffen und andererseits den Anspruch des Islam zu verteidigen, die unverfälschte

Gestalt der vorausgegangenen Offenbarungen darzustellen, entwikkeln hermeneutische Kunstgriffe, um durch Extrapolation solch eine theologische Position zu begründen. So verstanden sie das Wort ›Islam‹ in Sure 3, Vers 85, mehr als Eigennamen einer von Muhammad gebrachten historischen Religion denn als einen Allgemeinbegriff für den Akt der ›Hingabe‹ an den Willen Gottes.«[28] Grundtenor der Offenbarungen im Koran ist denn auch, daß Heil allen zugesprochen wird, die »an Gott und den Jüngsten Tag glauben und tun, was recht ist« (Sure 2,62). Und das gilt nach derselben Sure nicht nur für die Muslime, sondern insbesondere auch für »diejenigen, die dem Judentum angehören, und die Christen und die Sabier«, ja, für »alle« Menschen.

Es ist von daher kein Zufall, daß ähnlich wie in der jüdischen und christlichen so auch in der modernen muslimischen Theologie die Entwicklung zu einer *umfassenden Theologie der Religionen* voll im Gang ist. Und dies aus einem genuin theologischen Grund. Denn es würde der Universalität göttlicher Offenbarung an die Menschheit widersprechen, wenn man zwar Juden und Christen das Heil auf ihrem Wege erlaubte, Millionen anderer Menschen aber nicht. Dialogoffene muslimische Theologinnen und Theologen wie Mahmud Ayoub, Ismail al Faruqi, Khalid Duran, Mohammed Talbi, Mohammed Arkoun, Fathi Osman, Riffat Hassan, Abdoldjavad Falaturi stehen hier an vorderster Front.[29] Nach *Seyyd Hossein Nasr* führt vor allem eine Rückbesinnung auf die Lehre des Koran von der Universalität der Offenbarung sowie auf die islamische Mystik (Sufismus) und die islamischen Metaphysiker zu einer solchen Theologie sowie zu der Einsicht in die »transzendente Einheit der Religionen«.[30]

Dialog aus Glauben: Wetteifer im Guten

Man kann von daher verstehen, daß heutige Vertreter des Islam für Dialogfreundlichkeit nicht aus vorgetäuschten Toleranzgefühlen, sondern aus echter Glaubensüberzeugung eintreten. So erklärt der in Wien lebende bosnische Muslim *Smail Balic*, der große Vedienste um das Gespräch zwischen Christentum und Islam in Europa hat: »Trotz der unterschiedlichen Standpunkte, die der Islam einerseits und das Judentum und Christentum andererseits zu gewissen zentralen

Glaubensfragen beziehen, ist ein friedliches Zusammenleben der Offenbarungsreligionen nach der Theologie des Islam vertretbar. Es ist sogar in gewissem Sinne ein religiöses Gebot. Der Islam ist dialogfreundlich und für die gemeinsamen Anliegen offen. Eine Zusammenarbeit ist möglich. Sie ist heute geradezu ein unaufschiebbares Erfordernis«.[31]

Anders gesagt: Zwar gibt es auch im Islam eine Exklusivformel »Ein Gott – eine Religion«, aber gleichwohl erkennt der Koran die älteren Heilswege an, die dem Islam vorausgingen. Zwar übt der Koran massive Kritik an bestimmten Vertretern von Judentum und Christentum, aber beide Religionen werden nicht als Irrlehren oder »Unglauben« einfach verketzert. Zwar sind für den Koran nicht alle Religionen gleichwertig, zwar werden Juden und Christen eingeladen, sich zum Islam als der allein wahren Religion zu bekehren. Gleichzeitig aber spricht sich der Koran für ein *Nebeneinander von Tora, Evangelium und Koran* aus – und zwar durchgängig. Zwar besteht zwischen Sure 2,62 und Sure 3,85 eine Spannung. Diese aber kann – nach Aussagen eines der bedeutendsten muslimischen Gelehrten, des Pakistaners *Fazlur Rahman*, so aufgelöst werden: Nach dem Koran ist es zwar »besser, ja der Menschheit obliegend, Mohammeds Botschaft zu akzeptieren, wo dies aber nicht geschieht, wird das Leben nach der eigenen prophetischen Botschaft für hinreichend erachtet, selbst wenn dies nicht das gesamte göttliche Gebot erfüllt«[32].

Anders gesagt: Im Unterschied zum traditionellen Judentum, das Jesus und Mohammed als Propheten ablehnt, und im Unterschied auch zum traditionellen Christentum, das Mose in Christus überwunden glaubt und Mohammed in seinem Prophetenanspruch zurückweist, hat Mohammed Moses und Jesus stets als Gottesgesandten zu verehren gelehrt. Judentum und Christentum sind deshalb unverzichtbare Bestandteile des islamischen Heilswegs. Ja mehr noch: Juden und Christen sind nach dem Koran gehalten, in erster Linie ihren Schriften zu folgen (Sure 2,62); nur wer sich an nichts hält, ist ein Frevler (Sure 5,43-48), der mit Gericht bedroht wird. Über allem steht der Grundsatz (und hierin unterscheidet sich Mohammed deutlich von Augustin): »In der Religion gibt es keinen Zwang« (Sure 2,256). Vielmehr gilt: »Ruf (die Menschen) mit Weisheit und einer guten Ermahnung auf den Weg deines Herrn und streite mit ihnen auf eine möglichst gute Art. Dein Herr weiß sehr wohl, wer von seinem Weg abirrt, und wer rechtgeleitet ist.« (Sure 16,125)

Eine Schlüsselbedeutung für *muslimische Toleranz*,[33] die in der konkreten Praxis bestimmter Kulturen und Gesellschaften selbstverständlich genauso oft verraten wurde und wird, wie von Juden beispielsweise die Gerechtigkeit oder von Christen die Liebe, kommt zweifellos den Aussagen in Sure 5 zu. Und nachdem man diese gelesen hat, steht einem sofort die »Ringparabel« im großen Versöhnungsdrama des deutschen Dichters *Gotthold Ephraim Lessing* vor Augen: in »Nathan, dem Weisen«, wo ja im Rahmen eines Familienstücks die drei großen abrahamischen Religionen als Teile einer einzigen Familie dargestellt werden. Die Pointe dieses Stückes besteht denn auch darin, daß sich am Schluß der Handlung die unterschiedlichen Personen als Mitglieder einer einzigen großen Familie erkennen. Alle sind miteinander verwandt, und weil sie dies begreifen, am Ende auch zur Versöhnung bereit. Lessing dürfte damit den Geist muslimischer Toleranz kongenial erkannt und entsprechend umgesetzt haben.[34] In Sure 5 heißt es denn auch:

> »Für jeden von euch (die ihr verschiedenen Bekenntnissen angehört) haben wir ein (eigenes) Brauchtum (?) und einen (eigenen) Weg bestimmt. Und wenn Gott gewollt hätte, hätte er euch zu einer einzigen Gemeinschaft gemacht. Aber er (teilte euch in verschiedene Gemeinschaften auf und) wollte euch (so) in dem, was er euch (d.h. jeder Gruppe von euch) (von der Offenbarung) gegeben hat, auf die Probe stellen. Wetteifert nun nach den guten Dingen! Zu Gott werdet ihr (dereinst) allesamt zurückkehren. Und dann wird er euch Kunde geben über das, worüber ihr (im Diesseits) uneins waret.« (Sure 5,48; vgl. 2,111f; 4,95)

Nach Auffassung des Koran ist also der Unterschied zwischen den drei abrahamischen Religionen nicht Ausdruck menschlicher Sünde und Unvollkommenheit, der durch die Anstrengung einer Religion wieder wettgemacht werden müßte. Die *Pluralität der drei abrahamischen Religionen entspricht vielmehr Gottes Willen*! Jede Religion hat von Gott einen eigenen Weg zugewiesen bekommen. Zwar stehen die einzelnen Religionen unter einer »Probe« Gottes; sie haben sich zu bewähren, auch indem sie ihren Glauben gegenüber den anderen einbringen. Aber niemand wird von Gott aufgefordert, die jeweils anderen in sein Lager (gar noch gewaltsam) herüberzuziehen. Aufgefordert werden vielmehr alle, um die »guten Dinge« miteinander zu wetteifern.[35] Und schließlich noch: Gott wird die Differenzen zwischen den Religionen erst im Eschaton auflösen! Eine Gelassenheit ist deshalb gegenüber den abrahamischen Geschwisterreligionen durchaus angebracht, eine *muslimische Gelassenheit*, die sich aus der Überzeugung speist: »Unser und euer Gott ist einer« (Sure 29,46).

Wir konnten zeigen: In allen drei religiösen Traditionen gibt es eine Theologie »jenseits des Exklusivismus«. Das Christentum hat hier zweifellos die größere Entwicklung durchmachen müssen. Und deshalb ist es von besonderer Bedeutung, wenn ein wichtiges offizielles Dialog-Dokument der katholischen Kirche vom Jahre 1981 Klarheit darüber schafft, daß interreligiöse Begegnung kein raffiniert getarnter Missionsversuch sein darf. In Aufnahme von Sure 5,48 heißt es: »Allein ein tiefgehender offener Dialog zwischen Muslimen, Juden und Christen könnte diese, in ihrer Treue zum Glauben Abrahams, dazu führen, die Gründe für ihre Unterschiede zu erkennen und die Wege zu ihren religiösen Berührungspunkten zu entdecken ... Der Dialog kann daher auf keinen Fall das Ziel haben, um jeden Preis den anderen zu der Religion seines Partners bekehren zu wollen oder zu versuchen, ihn dazu zu bringen, an dem Glauben, aus dem er lebt, zu zweifeln. Ganz im Gegenteil! Im Rahmen eines heiligen ›geistigen Wettkampfs‹, wo die Gläubigen ›nach den guten Dingen wetteifern‹ (Koran 5,48), wollen sie sich gegenseitig helfen, einander zu übertreffen, um dem besser zu entsprechen, was der Herr von ihnen verlangt hat, und ihm so näherkommen und das Gewicht des Guten in der Welt vermehren.«[36]

Mit einem solchen Abschied vom Exklusivismus aber ist nun auch die theologische Voraussetzung für eine ökumenische Friedenstheologie im Geiste Abrahams gegeben. Denn die Rede von einer abrahamischen Ökumene kann ja nicht ganz sinnlos sein, wenn es theologische Grundlagen für ein Miteinander von Juden, Christen und Muslimen gibt. Ja, ein solches Miteinander kann von Abraham her noch ganz anders konkretisiert werden. Doch bevor wir Perspektiven für eine solche Ökumene entwickeln, wollen wir klarstellen, was abrahamische Ökumene nicht sein soll und kann.

II. Was abrahamische Ökumene nicht sein kann

Wir sagten schon zu Beginn dieses zweiten Hauptteils: »Ökumene« heißt vom ursprünglichen griechischen Wortsinn her die »ganze bewohnte Erde«. Wer ökumenisch denkt, denkt in globalen, universalen Zusammenhängen, denkt menschheitsgeschichtlich, menschheitsverantwortlich. Wer ökumenisch denkt, dem ist nicht nur seine Region, Nation oder Religion wichtig, sondern das Geschick aller Religionen, die Zukunft der Menschheit als ganzer.

1. Der Unterschied zur christlichen Ökumene

Die Rede von Ökumene hat ihren historischen Ort im Raum des Protestantismus am Ende des 19. Jahrhunderts. Das erste Weltparlament der Religionen in Chicago 1893, dann die Weltmissionskonferenz 1910 in Edinburgh, später die erste Weltkonferenz für »Praktisches Christentum« (1921 in Stockholm), schließlich die erste Weltkonferenz für »Glaube und Kirchenverfassung« (Lausanne 1927) sind Schritte auf dem Weg zu einer Institutionalisierung der innerprotestantischen ökumenischen Bewegung, die 1948 – unter dem Eindruck des völkermordenden Zweiten Weltkriegs – ihren Höhepunkt in der Gründung des »Weltrats der Kirchen« findet. Er nimmt seinen Sitz in Genf.[1] Angetreten waren die Initiatoren dieser Bewegung (vor allem John Mott, Robert Gardiner und Erzbischof Nathan Söderblom) mit dem Ziel der Herstellung einer *Gemeinsamkeit christlicher Kirchen* in den Bereichen Verkündigung (»Mission«), praktisches Handeln (»Life and Work«) sowie Bekenntnis und Kirchenstruktur (»Faith and Order«). Ziel war, wie später formuliert wurde, eine *Einheit in Verschiedenheit.* Die eine Mitte bildet Jesus Christus, der dem Johannes-Evangelium zufolge bereits selber die Christen zur Einheit gerufen hatte: »Heiliger Vater, bewahre sie in deinem Namen, den du mir gegeben hast, damit sie eins seien wie wir« (Joh 17,11).

Gewiß: Die *katholische Kirche* hatte sich lange Zeit der ökumenischen Bewegung verweigert. Katholischsein und Ökumenischsein schlossen sich jahrhundertelang aus, verstand sich doch die katholische Kirche exklusivistisch als »allein seligmachend«. Noch im Jahre 1928 spricht sich Papst Pius XI. in seiner Enzyklika »Mortalium animos« entschieden gegen jede Teilnahme von Katholiken an der ökumenischen Bewegung aus. Ökumenisch Engagierte werden als »Panchristen« diffamiert, die einem falschen Kirchenverständnis Vorschub leisteten. Doch das Zweite Vatikanische Konzil nimmt auch hier eine entscheidende Wendung vor. Im bahnbrechenden »Dekret über den Ökumenismus« (»Unitatis redintegratio«) wird es sogar als eine der »Hauptaufgaben« des Konzils bezeichnet, die Einheit aller Christen wiederherstellen zu helfen. Die ökumenische Bewegung wird jetzt nicht länger diskreditiert, sondern als Produkt »der Gnade des Heiligen Geistes« verstanden. Die Spaltung unter den Christen wird als Widerspruch gegen den »Willen Christi«, als ein »Ärgernis für die Welt und ein Schaden für die heilige Sache der Verkündigung des Evangeliums« betrachtet. Seit diesem Dekret kann man nun auch gesamtchristlich Ökumene so definieren: *Christliche Ökumene zielt auf Gemeinsamkeit in Bekenntnis, Praxis und Gemeinschaftsstruktur unter den verschiedenen christlichen Kirchen, die sich gemeinsam bekennen zu Jesus Christus, ihrem Herrn und Erlöser.*

Kann man nun dieses christliche Einheitsverständnis auf das Verhältnis von Judentum, Christentum und Islam übertragen, wenn man von einer Ökumene der abrahamischen Religionen spricht? Nein. Denn die Glaubens-Unterschiede, die es im jeweiligen Selbstverständnis von Islam, Christentum und Judentum gibt und die sich in einem theologischen Reflexionsprozeß über die Jahrhunderte ausdifferenziert und vertieft haben, sind nicht zu vergleichen mit den Unterschieden zwischen den verschiedenen christlichen Kirchen. Denn Judentum, Christentum und Islam bilden nun einmal drei unterschiedliche Religionen, nicht einfach drei verschiedene Abraham-Konfessionen. Und während man von einer gemeinsamen christlichen Tradition sprechen kann, so eben doch nicht in derselben Weise von einer gemeinsamen jüdisch-christlich-muslimischen Tradition. Sie wäre in der Tat – um mit dem amerikanischen jüdischen Gelehrten *Jacob Neusner* zu sprechen – ein »Mythos«[2], und man sollte auch nicht aus gutgemeinten ökumenischen Gründen hier Konzessionen machen.[3]

Hinzu kommt ja, wie wir sahen: Auch in ihrem Binnenverhältns zueinander sind die drei Religionen nicht gleich. Judentum und Christentum sind über die Hebräische Bibel »heilsgeschichtlich« in besonderer Weise verbunden. Das gilt in der gleichen Weise nicht für den Islam. Theologisch besteht also über die gemeinsame Bundesgeschichte nach christlichem Selbstverständnis ein anderes Verhältnis zum Judentum wie zum Islam. Kurz: Die Rede von »abrahamischer Ökumene« darf die strukturellen theologischen Differenzen weder im Binnenverhältnis der drei Religionen zueinander noch in ihrem Außenverhältnis überspielen oder nivellieren. In wesentlichen theologischen wie anthropologischen Fragen sind Juden, Christen und Muslime so weit voneinander entfernt, daß von einer Einheit in Bekenntnis, Praxis und Gemeinschaftsstruktur nicht die Rede sein kann und unter irdischen Bedingungen vermutlich auch nie sein wird.

2. Kein schwärmerisches Zurück zu Abraham

Doch wäre die Existenz dieser großen, zum Teil belastenden Unterschiede nicht Anlaß genug, endlich die unselige Geschichte der Abgrenzungen und Ausschließungen hinter sich zu lassen und zum einfachen Glauben Abrahams zurückzukehren? Wäre abrahamische Ökumene nicht denkbar und wünschenswert als *Rückkehr zum ursprünglichen Glauben Abrahams*, den ja alle drei Religionen als ihren Vater im Glauben verehren? Warum nicht alle Institutionen, Dogmen und Riten, warum nicht die Halacha, das Kirchenrecht und die Sharia, die sich zwischen die Söhne und Töchter Abrahams geschoben haben, entschlossen loslassen und die große Einfachheit des Lebens vor Gott wiedergewinnen, wie sie Abraham vorgelebt hat? Warum nicht eine »Gemeinschaft Abrahams« gründen und dies als Herausforderung nehmen, Juden, Christen und Muslime im Zeichen Abrahams endlich zu einen und zu versöhnen?

Ein Grund spricht dagegen: *Niemand kann aus der Geschichte seiner Glaubensgemeinschaft springen.* Wer dies tut, arbeitet mit einer fatalen und falschen Dekadenzhermeneutik im Blick auf die

Geschichte. Als ob es zwischen Abraham und heute nur »Abfall« im Glauben gegeben hätte, nur Entfremdung, Verzerrung oder Verdunklung. Als ob es zwischen Abraham und heute nicht eine legitime, das heißt gottgewollte und geistgewirkte Glaubensentwicklung in allen drei Religionen gegeben hätte, die sich im Recht, im Kult und in der Lehre Ausdruck verschafften. Als ob es bei allem Unwesen in den Religionen, das die Geschichte freisetzte, nicht auch ein Erkennen und Praktizieren des Wesentlichen gegeben hätte. Als ob Gottes Geist – bei allem menschlichen Ungeist – sich nicht in allen Räumen und Zeiten, in allen Menschen und Völkern durchgesetzt hätte. Als ob Abrahams Glauben nicht durch die Propheten und Gottesgesandten Mose, Jesus und Mohammed aufgenommen und für die je eigene Glaubensgemeinschaft definitiv konkretisiert worden wäre. Es ist nicht nur faktisch sinnlos, sondern auch theologisch illegitim, einen abstrakten »historischen« Abraham aus den Glaubensgemeinschaften ablösen zu wollen, um ihn gegen diese Gemeinschaften auszuspielen. Ohne zum Beispiel die Gemeinschaft des jüdischen Volkes wären ja die Erinnerungen an Abraham noch nicht einmal überliefert worden. Abraham gab und gibt es nur als Teil und Funktion einer Glaubensgemeinschaft. Deshalb muß klar sein: Wenn wir von einer Ökumene zwischen Juden, Christen und Muslimen im Zeichen Abrahams reden, wollen wir Moses, Jesus und Mohammed nicht durch Abraham ersetzen und Abraham nicht von der Synagoge, der Kirche und der Umma ablösen. Was heißt das konkret?

3. Abraham ersetzt nicht Mose, »unseren Meister«

Das heißt anerkennen: Was Abraham grundgelegt hat, hat »Mose« in der Tora für Juden ein für allemal entfaltet: in *Weisungen für das Leben*, konkret in Geboten und Verboten. Zeigt Abraham, wie der Mensch zum Glauben an den einen und einzigen Gott kommen kann und wie sich dieser Glaube in einer langen Lebensgeschichte bewährt, so bringt die Tora vom Sinai eine Weisung, mit der man sein Leben vor Gott ordnen und strukturieren kann. Zeigt Abraham insbesondere in »Moria«, was geprüfter Glaube an den rätselhaften, in seiner Gnädigkeit unberechenbaren, in seiner Menschlichkeit überraschenden Gott heißen kann, so die Tora, wie man vor diesem Gott in der Gemeinschaft des einen Volkes leben soll – jedes Jahr (die großen Feste), jede Woche (Werktage und Sabbat), jede Stunde (Gebetszeiten, Reinheits- und Speisevorschriften). Die Tora vom Sinai, schriftlich wie mündlich: sie ist ein *prinzipiell offener Lernprozeß*, in dem der Jude Gottes offenbarten Willen, Gottes Absicht mit Schöpfung, Geschichte und Volk immer tiefer zu erkennen hofft. Mit einem Wort: Ohne die Struktur »Sinai« will das jüdische Volk den Glauben Abrahams nicht am Alltag der Welt realisieren.

Der Judaist *Reinhold Mayer* dürfte hierzu das für das Judentum Entscheidende gesagt haben: »Mit Abraham, der den Anruf Gottes in besonderer Weise vernommen hat, beginnt der entscheidende Einschnitt. Indem er aus seiner Sicherheit in die Ungesichertheit, aus seiner Gebundenheit in die Freiheit trat, ist er zum Vorbild aller Glaubenden und zu ihrem Vater geworden. Das Abrahamitische ist für Israel immer wichtig geblieben, denn ohne Glauben würde das Gebot erstarren. Und Mose hat das Volk Israel aus seiner Knechtschaft in Ägypten in die Wüste zum Sinai in die Freiheit geführt und ist ihnen dadurch zum Meister und Lehrer geworden. Weil der Glaube nicht Bestand hat ohne das Gebot, darum wird vor allem die Gleichzeitigkeit aller Späteren mit Mose, dem Mann des Gebots, betont«.[4] Das *Abrahamische* also und das *Mosaische*, Glauben und Gebot, »Moria« und »Sinai«, gehören im Judentum engstens zusammen. Abraham kann deshalb nicht einfach gegen Mose ausgespielt werden. Ja, mehr noch: Mit der Tora beansprucht das jüdische Volk, die definitive Offenbarung Gottes anvertraut bekommen zu haben. Viele Juden freilich meinen daraus folgern zu dürfen, daß diese Tora gelebt werden könne, ohne an Christentum und Islam irgendeinen Gedanken zu verschwenden. Mit vollem Selbstbewußtsein behaupten sie: Christentum und Islam bräuchten für ihr Selbstverständnis das Judentum, das Judentum aber brauche weder Christentum noch Islam.

4. Abraham ersetzt nicht Jesus, »den Christus«

Christen verstehen sich – spätestens seit der Abraham- und Israeltheologie des Völkerapostels Paulus – als *Kinder Abrahams im Geist.* Und doch wäre es falsch, diese Abrahamskindschaft gegen die Christuskindschaft auszuspielen. Die Parole »Abrahams Glaube genügt« kann die Parole für Christen genauso wenig sein wie für Juden. Zwar ist nach Paulus Abrahams Glauben ein rechtfertigender Glaube. Derselbe Apostel aber hat ja keinen Zweifel daran gelassen, daß nur der Glaube an Jesus als den auferweckten Herrn Christen zu Abrahamskindern macht. Als frühere Heiden haben sie keinerlei Anspruch auf diesen Ehrentitel. Erst über den Glauben an den von Gott auferweckten gekreuzigten Herrn sind sie nach ihrem Selbstverständnis in die Segens- und Bundesgeschichte Gottes mit seinem auserwählten Volk hineingenommen: »Wenn ihr aber zu Christus gehört, dann seid ihr Abrahams Nachkommen, Erben kraft der Verheißung« (Röm 3,29).

Hier liegt denn auch der entscheidende Dissenspunkt zwischen orthodoxen Juden und Christen in Sachen Abraham bis heute. Kein Heide hat das Recht, sich »Kind Abrahams« zu nennen, wenn er sich nicht zuvor in aller Form zum Judentum bekannt hat, in aller Form konvertiert ist. Christen also beanspruchen diesen Ehrentitel zu Unrecht. Massen von Heidenvölkern betrachten sich illegitimerweise über den Christusglauben als Abrahamskinder, ohne sich den »Werken des Gesetzes« zu unterziehen. Das muß in den Augen orthodoxer Juden wie eine Anmaßung klingen.

Christen aber müssen an diesem Punkt geduldig streiten, streiten im Geist der Freiheit und Liebe Gottes. Die entscheidende christliche Rückfrage an die jüdische Orthodoxie lautet deshalb seit uralten Zeiten: Ist Gott nicht frei, sich andere Abrahamskinder zu schaffen, auch außerhalb seines auserwählten Volkes? Ist der allmächtige und allgütige Gott dem System der Halacha unterworfen? Hat Gott nicht – nach dem ursprünglichen Wortlaut der Tora – durch Abraham »alle Völker« segnen wollen? »Ist denn Gott nur der Gott der Juden, nicht auch der Heiden?« (Röm 3,29) In der Tat: Die christliche Gegenthese gegen den orthodox-jüdischen Abraham-Exklusivismus lautet seit uralten Zeiten: »Gott kann aus diesen Steinen Kinder Abrahams machen« (Mt 3,9) oder noch konkreter: »Viele werden von Osten und Westen kommen und mit Abraham, Isaak und Jakob im Himmelreich zu Tisch sitzen« (Mt 8,11).

Und doch gilt: Für Christen ist die Abrahamskindschaft im Geist wichtig, und wieviel Grauenhaftes wäre den ursprünglichen Abrahamskindern erspart geblieben, wenn Christen sich stets daran erinnert hätten. Erinnert an den allerersten Satz ihres »Neuen Testamentes«: »Stammbaum Jesu Christi, des Sohnes Davids, des Sohnes Abrahams«. Aber entscheidend für Christen ist: Jesus Christus ist ihr Herr, niemand sonst. Abrahams Glaubensgeschichte mag die »Vorwegnahme« des Evangeliums von einem Gott sein, der auch die Gott-losen rechtfertigt. Das Evangelium selber wird verkörpert durch *Person und Sache Jesu Christi.* Hier wird für Christen entfaltet, was es heißt, vor Gott zu leben und zu sterben. Hier wird für den Alltag der Welt konkret, was Glaube, Liebe und Hoffnung meint. Hier wird für Christen vor allem ihre Freiheit von allen Gesetzeswerken begründet, so daß es für Christen ein für allemal ein Gerechtfertigtsein durch Gott gibt ohne Verpflichtung auf die Halacha.

Gewiß – schon nach dem allerersten Satz des Neuen Testamentes ist und bleibt Jesus Christus ein »Sohn Abrahams«, und alle, die in seinem Geiste glauben und leben, können mit Stolz sich Söhne oder Töchter Abrahams nennen. Abraham ist und bleibt »unser aller Vater vor Gott«. Aber »der Weg, die Wahrheit und das Leben« bleibt für Christinnen und Christen Jesus, der gekreuzigte, auferweckte und im Geist präsente Herr, dessen Nachfolge im Alltag der Welt man anzustreben versucht. Jesus Christus ist und bleibt für Christinnen und Christen der »Urheber und Vollender des Glaubens« (Hebr. 12,2). Viele Christen freilich meinen daraus folgern zu dürfen, daß durch die Offenbarung in Jesus Christus die Offenbarung Gottes in der Tora »überboten« worden sei, so daß dieser nur noch im Blick auf Christus Bedeutung zukomme. Das Judentum wird dann nur noch als »Vorgeschichte« des Christentums »zugelassen«, der Islam für theologisch irrelevant erklärt.

5. Abraham ersetzt nicht Mohammed, »den Propheten«

Abrahamskindschaft im Glauben: Auch der Prophet Mohammed beansprucht dies für die Muslime der Sache nach. Hier unterscheidet er sich strukturell in nichts von der Selbstbehauptung des Judenchristen Paulus gegen die Traditionalisten des jüdischen Establishments. Zwar beansprucht Mohammed über Ismael für sich sogar die physische Abrahamskindschaft. Aber der erneuerte Glaube Abrahams, den der Prophet erwecken will, ist davon unabhängig. Ihn kann jeder erlangen, aus welchem Volk auch immer jemand stammt. Der Islam begreift sich von daher zu Recht – ähnlich wie das Christentum – als eine universale Menschheitsreligion. Hinzu kommt: Niemand hat so radikal direkt eine »Rückkehr« zu Abraham gefordert wie der Prophet. Selbst Paulus hatte nur beansprucht, in Abraham die Vorwegnahme des Evangeliums zu sehen. Mohammed behauptet mehr: Der Islam als Religion ist die Religion Abrahams. Ja, Abraham als Hanif ist »Islam« in Person: vertrauende Hingabe an den Willen Gottes.

Und doch läßt auch der Islam keinen Zweifel daran, daß der Koran des Propheten nicht einfach durch Abraham ersetzt werden kann. Mag der Koran auch nichts anderes enthalten als die Religion Abrahams, so ist dieses Buch dennoch nötig, um diese Religion Abrahams für eine neue Glaubensgemeinschaft zu konkretisieren. Mag der Prophet auch nichts anderes sein als ein »Warner« vor allen Abweichungen von dieser ursprünglichen Religion, ein Warner vor aller Idolatrie, so ist dennoch seine Weisung für das konkrete Leben unverzichtbar. Worauf es für einen Muslim ankommt in Leben und Sterben, zeigt nicht Abraham allein, das zeigt die ganze weitere Offenbarungsgeschichte, die Mose und Jesus gleichermaßen umfaßt und die im Propheten Mohammed und dem von ihm vermittelten Koran ihren Gipfelpunkt erreicht. Hier erhält der Muslim das Licht der untrüglichen Wahrheit, die Normen für sein richtiges Handeln, die umfassende Ordnung für sein Leben. Abraham mag der Anfang aller Prophetie sein, Mohammed ist das »Siegel«.

Viele Muslime freilich meinen daraus folgern zu dürfen, daß der Islam Judentum und Christentum in sich »aufgehoben« und »überboten« habe. Was Christen jahrhundertelang mit Juden taten, tun

Muslime mit Juden und Christen: sie erklären sie zur »Vorgeschichte« des Islam. So erreicht das polemische Ausgrenzungsmuster seinen Höhepunkt: Erklären Juden Christentum und Islam als für ihr Glaubensverständnis irrelevant, erklären Christen das Judentum für überholt und den Islam für häretisch, so erklären Muslime den Glauben von Juden und Christen als im Islam »überwunden«. Was also? Wenn Ökumene im Zeichen Abrahams nicht einfach das Überspringen der jeweiligen Glaubensgeschichte in einem naiv-schwärmerischen »Zurück zu Abraham« meint, wenn Abraham nicht gegen Mose, Jesus und Mohammed ausgespielt werden kann, wenn die jeweiligen Geltungsansprüche nicht einfach unter Hinweis auf Abraham ignoriert werden können, was kann dann »abrahamische Ökumene« positiv bedeuten?

III. Was abrahamische Ökumene bedeuten kann

Wir konnten als theologische Voraussetzung ökumenischen Bewußtseins zeigen: Juden, Christen und Muslime haben sich als Glaubensgemeinschaften zu begreifen gelernt, die von Gott einen je eigenen Weg zugewiesen bekommen haben. Unterschiedlich sind die Mittler des Willens Gottes, unterschiedlich die konkrete Ausgestaltung des Weges zu Gott. Aber ein Wahrheits-und Heilsexklusivismus ist bei Besinnung auf die jeweils maßgebenden Botschaften und Ur-Kunden nicht länger zu rechtfertigen – unbeschadet der weiterbestehenden Geltungsansprüche.

1. Abraham – eine bleibend kritische Gestalt

Was Abraham betrifft, so ist nun folgendes theologisch entscheidend: Obwohl Abraham Mose, Jesus und Mohammed nicht ersetzt, löschen aber auch umgekehrt die Tora, das Evangelium und der Koran Abrahams Bedeutung nicht aus. Im Gegenteil: Abraham bleibt ja gerade nach dem Selbstverständis dieser heiligen Schriften das *Ur-Bild* des Glaubens. Und dadurch auch eine *kritische Bezugsgestalt* aller gewachsenen Glaubensgemeinschaften. Warum?

Bleibendes Ur-Bild des Glaubens

Abraham zeigt in allen Traditionen, worauf es für den Menschen vor Gott letztlich ankommt: nicht auf gesetzliche religiöse Leistungen, sondern auf die Hingabe an den Willen Gottes, auf geprüftes Vertrauen in Gott. Nur so steht der Mensch vor Gott als Gerechtfertigter da, ist er im wahrsten Sinn des Wortes »Hanif«, »Muslim«. Das aber bedeutet umgekehrt: Tora, Evangelium und Koran sind Konkretionen des Glaubens Abrahams, Wiederbelebungsversuche. Sie wollten den Glauben Abrahams nicht durch ein Religionssystem ersetzen, sondern für den Alltag des Menschen zum Leuchten bringen. Sie wollen auf ihre Weise zeigen: Juden, Christen und Muslime haben es wie schon Abraham mit einem Gott zu tun, der das Nichtseiende ins Dasein ruft und vom Menschen allein emuna, pistis, islam erwartet: hingebendes Vertrauen also. Kurz: Wenn von abrahamischer Ökumene die Rede ist, kann es nicht um ursprungsvergessene Suspension, sondern um eine gegenwarts- und zukunftsrelevante Konkretion des Glaubens Abrahams gehen – im Lichte von Tora, Evangelium und Koran. Abraham bleibt eine Bezugsgestalt, an der spätere Traditionen von Synagoge, Kirche und Umma kritisch gemessen werden können und müssen.

Abrahamische Ökumene kann deshalb nur meinen: *Verlebendigung des Glaubens Abrahams*, konkretisiert in Tora, Evangelium und Koran und reflektiert unter den Bedingungen einer je neuen Zeit – Verlebendigung im Geist! Abrahams Glauben zu verlebendigen, heißt aber auch, Abrahams Fremdheit ernstnehmen, von der wir zu Beginn dieses Buches auf der Basis der Genesis berichtet haben. Das Erbe Abrahams ist kein Depot, kein System, kein totes Material, sondern eine dynamische Glaubensgeschichte, die der stets neuen kritischen Relecture bedarf. Abrahams Vermächtnis muß immer wieder aus traditionellen Erstarrungen befreit werden. Abraham ist kein Glaubensdenkmal, kein religiöser Gigant aus fernen Jahrtausenden. Abraham ist kein Mensch des Glaubensbesitzes, sondern der Glaubensbewegung, nicht der Glaubenssicherheit, sondern der Glaubenssuche, nicht der Glaubensarroganz, sondern der Glaubensdemut.

Die Fremdheit Abrahams als Kritik aller Traditionen

Nehmen also Juden, Christen und Muslime Abraham als Ur-Bild ihres Glaubens ernst, so können sie mit ihm noch Überraschungen erleben. Denn in allen Traditionen von Synagoge, Kirche oder Umma ist das, was Abrahams Glauben nach den Ur-Berichten bedeutet, noch keineswegs ausgeschöpft. Alle Traditionen haben ein bestimmtes Bild von Abraham, aber dieses Bild ist zugleich selektiv. Alle Traditionen haben ein Abraham-Verständnis, dies aber ist abhängig von ihren jeweiligen theologischen oder institutionellen Interessen. Von der ursprünglichen »Fremdheit« Abrahams ist in vielen Traditionen – wie wir sahen – nichts mehr übriggeblieben. Man hat ihn vereinnahmt, funktionalisiert, politisiert. Man hat ihn erhöht und idealisiert – und dadurch den Abraham der Genesis erheblich verändert!

Wer aber heute ökumenisch über Abraham reden will, entkommt nur dann der simplen Selbstbestätigung, wenn er bereit ist, an den ursprünglichen Abrahamtexten kritisch Maß zu nehmen, die Verengungen zu durchschauen und Abraham *in allen seinen Dimensionen* zu entdecken. Ohne die Anerkennung der Normativität der ursprünglichen Abraham-Überlieferungen im Buche Genesis (der ursprünglich »historische« Abraham bleibt ein für allemal im Dunkel der Geschichte) kann es keine kritische Re-lecture der gewachsenen Abraham-Traditionen geben. Neues Testament und Koran stehen dem nicht entgegen, erkennen sie doch die Autorität der Hebräischen Bibel als Offenbarungsquelle durchaus an. Wer also diese kritische Hermeneutik zurückweist, versperrt sich der befreienden Öffnung für Abraham selber. Der verweigert das Kriterium, dem Mißbrauch Abrahams für religiöse oder politische Zwecke Widerstand entgegenzusetzen. Und wieviel Schindluder ist schon mit Abraham aus religiösen, pädagogischen oder gar militärischen Interessen getrieben worden![1] Nicht der Abraham der Ur-Kunde kommt dann zur Sprache, sondern der Abraham, den Menschen zur Projektionsfigur ihrer Wünsche, Interessen und Machtgelüste gemacht haben. Das Maßnehmen an den normativen Abraham-Texten der Genesis aber bedeutet nichts weniger als eine radikale, heilsame Kritik an allen Verzweckungen und Verengungen Abrahams durch Synagoge, Kirche und Umma, bedeutet vor allem: radikale Kritik an aller Abraham-Idolatrie.

Erinnerung aus Verantwortung füreinander

Denn Treue zu Abraham ist nur dann mehr als ein Schlagwort, wenn Menschen in allen drei Traditionen noch bereit sind, auf den Abraham der Schrift zu hören, wie er in *allen* seinen Dimensionen nun einmal weder im Talmud noch im Neuen Testament noch im Koran, sondern im Buche Genesis überliefert ist. Mit *Claus Westermann* wird man sagen können: »In dem Maße, in dem die traditionsgeschichtliche und die archäologische Forschung den Überbau einer idealisierten Abrahamsgestalt abgebaut hat, könnte die einfache Vätergestalt

Abrahams für alle drei Religionen an Bedeutung gewinnen. Die Differenzen sind in der sekundären Deutung, dem Überbau, begründet. Was wirklich gemeinsam ist, das ist der Vater Abraham, wie er in den ältesten Schichten der Traditionen der Genesis begegnet.«[2]

Wenn dies aber klar ist, wenn darüber hinaus – wie wir betont haben – ökumenisches Denken Denken in globalen Dimensionen heißt, Denken in Verflechtungen miteinander und Verantwortung füreinander, dann kann jetzt das, was *abrahamische Ökumene* bedeutet, *positiv so definiert* werden: *Juden*, die sich in ihrem konkreten Leben nach Mose, ihrem Lehrer, richten, *Christen*, die sich im konkreten Leben an Jesus, ihrem Christus, orientieren, *Muslime*, die ihr Leben konkret nach der Botschaft ihres Propheten, niedergelegt im Koran, ausrichten, *erkennen ihre besondere Verbindung miteinander, Achtung voreinander und Verantwortung füreinander, weil sie ihren gemeinsamen geschichtlichen Ursprung ernstnehmen*: Abraham, Hagar und Sara, die Stammeltern ihres Glaubens. Wer ökumenisch im Geiste des Urvaters und der Urmütter denkt, hört auf, allein an das Wohl der Synagoge, der Kirche oder der Umma zu denken. Dem ist es nicht gleichgültig, wie es um das Schicksal der anderen »Geschwister« bestellt ist. Der praktiziert echte Geschwisterlichkeit im besten Sinne des Wortes.

Gewiß: Die Familienmetapher sollte nicht allzu idealistisch strapaziert werden, gehören doch gerade zu einer »gesunden« Familie Individualität, Rivalität, Distanz, unter Umständen auch Streit und Exodus.[3] Juden, Christen und Muslime haben ja auch von dieser Freiheit in der Vergangenheit reichlich Gebrauch gemacht. Doch ein unverzichtbarer Gedanke ist mit der Metapher »Familie« verbunden: Bei aller Respektierung der jeweiligen Eigenständigkeit doch ein Bewußtsein der Zusammengehörigkeit, der Verantwortlichkeit, ja der Sorge füreinander und Solidarität miteinander.

2. Die Gegenwart Abrahams im anderen erkennen

Was aber sind die theologischen Grundlagen einer solchen abrahamischen Ökumene? Gibt es trotz aller strukturellen Differenzen im Binnenverhältnis zueinander genuin *theologische* Gründe, ja gibt es

Notwendigkeiten, von einer besonderen Verbindung zwischen Juden, Christen und Muslimen zu reden? Wir müssen nun das, das wir zu Noah, Abraham, Isaak, Ismael und Jesus im ersten Teil dieses Buches ausgeführt haben, noch einmal bündeln und im Interesse einer Theologie der abrahamischen Ökumene auswerten. In einem zweiten Schritt werden wir Stimmen aus dem zeitgenössischen Judentum, Christentum und Islam anführen, welche sich direkt oder indirekt für eine Ökumene zwischen Juden, Christen und Muslimen aussprechen. Nicht das Wort »abrahamische Ökumene«, das für viele noch zu neu oder zu mißverständlich ist, statistisch nachzuweisen ist unser Ziel, sondern Stimmen zu dokumentieren, die sich für die Sache engagieren.

Biblische Grundlagen: Noah – Abraham – Ismael – Jesus

Daß Israel seine Stellung als von Gott auserwähltes Volk stets auch im Blick auf andere Völker rechtfertigen mußte, zeigt schon das Buch Genesis mit den Gestalten Noah und Abraham. Noah gilt ja als Stammvater einer nach der Sintflut ausgelöschten neuen Menschheit. Von seinen drei Söhnen »stammen alle Völker der Erde ab« (9,19). Mit Noah hatte Gott einen Bund zugunsten der gesamten Schöpfung geschlossen, und alle Menschen in allen Völkern stehen unter diesem Bundessegen, wenn sie die »noachidischen Gebote« einhalten. Und wir sahen ein Zweites: Abraham ist ja in der Genesis nicht nur der Bundesträger für Israel, sondern auch der Segensmittler für andere Völker. Im Judentum war denn auch stets – bis in die rabbinische Theologie hinein – das Bewußtsein wachgehalten worden: Über Abraham kann auch ein Nichtjude in die besondere Bundesgeschichte Gottes mit seinem Volk eintreten, wenn er als Proselyt sich diesem Gott unterwirft.

Thesenhaft sei deshalb das für Juden und Christen verbindliche und verbindende Glaubenszeugnis der Schrift noch einmal zusammengefaßt:

(1) Unter allen Menschen außerhalb der biblischen Offenbarungsgeschichte gibt es »Gerechte«, die sich an die noachidischen Gebote halten. Ohne Jude werden zu müssen, bekommen sie »Anteil an der kommenden Welt«. Auch für Christen ist der im Noah-Bund zum

Ausdruck kommende *universale Heilswille Gottes* entscheidend. Er wird im Neuen Testament bekräftigt mit dem Wort aus dem ersten Brief an Timotheus: »Gott will, daß alle Menschen gerettet werden und zur Erkenntnis der Wahrheit gelangen« (2,4).

(2) Die Erwählung eines Volkes als Volk Gottes darf nicht verabsolutiert werden. Gerade Abraham bezeugt, daß über Israel hinaus auch *andere Völker von Gott bejaht und gesegnet* sind.

(3) Das erwählte Volk Gottes darf Gottes Gnade nicht exklusiv für seine eigene Abstammungslinie (Abraham / Sara – Isaak / Jakob) reklamieren. Auch *andere Menschen* außerhalb dieser Linie stehen *unter Gottes rettender Gnade.*

(4) Das Volk Gottes und die Völker stehen in einem *wechselseitigen Abhängigkeitsverhältnis.* So wie die Existenz Israels Voraussetzung dafür ist, daß die Völker von Gott gesegnet sind, so die Existenz der Völker, daß Israel Gottes Heil nicht exklusivistisch auf sich selbst reduziert. Erfahren die Völker durch ihr Verhalten zu Israel Heil, so befreien die Völker umgekehrt Israel von einer unheilvollen Verkapselung in einen heilsgeschichtlichen Solipsismus.

(5) Die universale Dimension der Abraham-Verheißung und des Abraham-Segens glauben Christen in ihrem *Zeugnis zu Jesus Christus* aufgenommen. Der Glaube an Jesus Christus hat es zahlreichen Völkern ermöglicht, mit der befreienden Wirklichkeit des wahren Gottes konfrontiert zu werden. Er hat sie gelehrt, daß Glauben im Tiefsten unbedingtes Vertrauen auf Gottes Wort bedeutet. Und gerade der Glaube an Jesus Christus hat ja auch Menschen zu Kindern Abrahams gemacht, die nicht schon abstammungsmäßig der speziellen Bundes-Linie Abraham-Isaak-Jakob angehören. Auf diese Weise haben sie den ursprünglich dem Abraham verheißenen universalen Segen Gottes zu *wahrer Universalität* verholfen.

Ähnlich sorgfältig wie die Noah- und Abraham-Texte sind die *Ismael-Texte der Genesis* theologisch auszuwerten. Wir deuteten es zu Beginn unseres Islam-Kapitels bereits an: Ismael ist der Urvater der arabischen Stämme und damit auch des Islam, der sich ausdrücklich auf ihn beruft. Diese Dimension heute theologisch länger auszublenden, wäre geschichts- und gottesblind. Daß Gott, der nach dem Zeugnis der Schrift auch der Herr der Geschichte ist und die Geschicke der Völker lenkt, mit Ismael und dessen Nachkommen offenbar seine besonderen Pläne hat, kann nur der nicht sehen, der als Jude oder Christ in einer heilsgeschichtlichen Selbstüberschätzung gefangen ist. Daß Israel und für Christen auch die Kirche als Volk Gottes in einem besonderen Bundesverhältnis zu Gott stehen, wird damit ja nicht angetastet. Wer also die Schrift *in allen ihren Dimensionen* ernst nimmt, kommt um die Feststellung nicht herum: Über den durch Noah, Abraham und Christus verbürgten Heilswillen hinaus ist den arabischen Völkern ein besonderer Segen durch Gott zugesagt, insofern sich diese Völker physisch oder geistig als Nachkommen Abraham-Ismaels verstehen. Und warum sollte dieser Segen ausgerechnet dann aufhören, als die Menschen dieser Völker begannen, »Islam« zu praktizieren: Hingabe an den Willen des einen und wahren Gottes Abrahams?

Analysiert man dagegen die Texte im Lichte unserer geschichtlichen Erfahrung, so kann deutlich werden: Mit Ismael und seinen Nachkommen soll die Abraham-Isaak-Christus-Tradition von Synagoge und Kirche offensichtlich ihrerseits davor bewahrt werden, wahrheitsexklusivistisch und heilszufrieden zu erstarren. Sie erreicht noch einmal eine neue Stufe der Universalität. Die Ismael-Texte der Genesis sind für Juden wie Christen der Schlüssel zu einem theologischen Verständnis des Islam. Im Prinzip ist dies kein neuer Gedanke, hat man doch das Aufkommen des Islam insbesondere in der christlichen Theologie des Mittelalters schon immer mit Hagars und Ismaels Schicksal in Verbindung gebracht – freilich mit der Absicht polemischer Denunziation. Die Muslime wurden als Hagarener und Ismaeliten verspottet, ihre Militanz wurde mit den Aussagen über Ismael erklärt (»wie ein Wildesel«). Im Lichte unserer geschichtlichen Erfahrungen aber ist es an der Zeit, die Ismael-Texte nun konstruktiv im Interesse einer abrahamischen Ökumene zu interpretieren, nachdem Juden und Christen schlechterdings nicht länger übersehen können, daß es den Islam fast eintausendvierhundert Jahre gibt. Dieses Faktum ist nicht länger theologisch für irrelevant zu erklären.

Ohne das besondere Bundesverhältnis Gottes zu seinem Volk Israel und damit für Christen zur Kirche aus den Augen zu verlieren, läßt sich deshalb aufgrund der Ismael-Texte der Genesis folgendes *theologisch zur Bedeutung des Islam* sagen:

(1) Über die Linie Abraham – Ismael stehen die Völker des durch

den Abraham-Sohn Mohammed vermittelten Glaubens unter Gottes besonderem Schutz. Schon daß es Ismael und seine Nachkommen überhaupt gibt, ist nicht des Menschen, sondern ausschließlich *Gottes Wille.* Daß Ismael überlebt hat, entspricht nicht des Menschen Absicht, sondern Gottes Plan.

(2) Der Stammvater des Islam, Ismael, trägt das *Bundeszeichen Gottes*, das auch Juden tragen. Er demonstriert auf diese Weise eindrücklich, daß auch andere Abraham-Kinder Anteil an der Bundesgeschichte Gottes mit seinem erwählten Volk haben – einschließlich der Nachkommenschaft. Denn:

(3) Auch Ismaels Nachkommen stehen unter Gottes *besonderem Segen.* Damit ist jeder Segens-Exklusivismus Israels aufgebrochen – nicht nur durch die Existenz der Abrahamskinder in der Nachfolge Jesu Christi, sondern auch der Abrahamskinder in der Nachfolge des Propheten.

(4) Ismael ist der von Abraham nach Gottes Willen verstoßene Sohn, der dennoch auf besondere Weise wie Abraham von Gott geliebt zu sein scheint. Denn auf denkwürdige Weise spiegelt sich gerade in diesem Sohn das Schicksal des Vaters wider: So wie Abraham auf Gottes Wort hin aus seiner Heimat ins Exil ging, so Ismael durch das Wort Gottes und seines Vaters in das Exil der Wüste. Doch so wie Abraham von Gott Fruchtbarkeit und Nachkommenschaft verheißen bekam, so auch der verbannte Abraham-Sohn Ismael.

(5) Aus heutiger Perspektive ist zu sagen: In Ismaels Schicksal wird auf eine rätselhafte Weise das zwiespältige Verhältnis von Juden und Christen zu ihrer Bruderreligion Islam vorweggenommen. Indem diese die Nachkommen ihres Bruders Ismael verachteten und verstießen, trieben sie »Ismael« noch weiter in die Wüste hinein ...

Das alles heißt: Die Ismael-Traditionen der Genesis sind für Juden und Christen noch heute eine theologische Herausforderung, haben beide doch auf diesen Abraham-Sohn und auf den Glauben seiner Nachkommenschaft bisher meist mit theologischer Verlegenheit oder Verwerfung reagiert. Doch bei unvoreingenommener Betrachtung läßt die Schrift keinen Zweifel daran, daß mit der Figur Ismaels jedes dualistische Denken in Heils- und Unheilsgeschichte bereits aufgebrochen ist. Ismael paßt ja schon hier in keine dieser Kategorien. Heutige alttestamentliche Exegese trägt dem Rechnung. Denn schon einer der bedeutendsten Alttestamentler dieses Jahrhunderts, der Protestant *Gerhard von Rad*, konstatierte in seinem Genesis-Kommentar das »merkwürdige heilgeschichtliche Thema« in dieser Ismael-Erzählung von Genesis 21: »nämlich das Heraustreten aus dem Haus Abrahams, die Entstehung eines Nebenbetriebes der Heilsgeschichte«. Zwar werde dieser die »dem legitimen Abrahamssohn zugesprochenen Heilsgüter nicht erben«, doch fällt er dadurch gerade »nicht aus einem Schutz- und Segensverhältnis zu Jahwe« heraus.[4] Und *Claus Westermann* hat zu Recht daran erinnert, daß durch die Bewahrung dieser Erzählung als Teil seiner Heiligen Schriften das Volk Israel sich selber ein Doppeltes gesagt habe: »Durch die Vertreibung Ismaels wird das Volk, das seinen Vater Abraham nennt, auf die eine Linie, die Nachkommen Isaaks, begrenzt. Die besondere Geschichte dieses Volkes erfordert die Sonderung von dem ›Sohn der Magd‹, die Gott selbst geboten hatte. Aber der Segen Gottes geht auch mit Ismael: er soll ›ein großes Volk‹ werden. Hier wird im Gegensatz zu dem Freund-Feind-Denken an einer Verwandtschaft Israels mit anderen Völkern aus der Frühzeit festgehalten. Der Vater Abraham hat trotz der Betonung der einen legitimen Isaak-Linie eine zu anderen Völkern überbrückende Bedeutung.«[5]

Von daher wird vielleicht begreiflicher, warum der Ökumene stiftende Geist Abrahams unter Juden, Christen und Muslimen nie ganz ausgetrieben werden konnte, trotz aller Gegenversuche. Immer hat es Männer und Frauen jüdischer, christlicher und muslimischer Herkunft gegeben, welche die Erinnerung an Abraham, Hagar und Sara für gegenseitige Achtung und Sorge nutzten. Dankbar wird man deshalb registrieren, daß wir nach Jahrhunderten eines fatalen Abraham-Exklusivismus ökumenisch vor einer neuen Situation stehen: Juden, Christen und Muslime sind bereit, die Angehörigen der je anderen Glaubensgemeinschaft als Kinder Abrahams voll anzuerkennen und daraus die nötigen Konsequenzen zu ziehen.

Abrahamische Ökumene: Jüdische Perspektiven

Der ursprünglich universal ausgerichtete Segen Gottes für die Völker über Abraham ist in der jüdischen Tradition immer wieder erinnert worden. Schon universalistisch ausgerichtete jüdische Denker der

Vergangenheit wie Philo von Alexandrien und Flavius Josephus hatten Abraham als Kosmopoliten und als Ur-Bild einer allen Menschen möglichen Gotteserkenntnis beschrieben. Schon diese Theologen konnten zeigen: Durch Abraham bleibt das Judentum auf sich selbst konzentriert und kann zugleich universal offen bleiben für Menschen aus den Völkern.

Gewiß: Die Selbstabsonderungstendenzen im orthodox-rabbinischen Judentum sind nicht zu bagatellisieren. Wir haben zeigen können, daß Abraham im rabbinischen Judentum ein Archetyp des »halachischen Menschen« geworden ist, ein Urrabbi und Erzpriester. Vom Segen für die Völker war im rabbinischen Judentum nur der Segen für Israel und die Proselyten übriggeblieben. Nur insofern sich jemand aus den Völkern zu dem einen und wahren Gott Israels bekehren, nur insofern jemand zum Judentum übertreten will, kann er in den Segen Abrahams einbezogen werden. Aber auch dies sollte man nicht allein in seinen negativen Aspekten sehen. Denn damit haben ja auch die Rabbinen zumindest grundsätzlich bejaht, daß Abrahamskindschaft *nicht* allein auf *physische Abstammung beschränkt* ist. Es gibt »Proselyten« und »Gottesfürchtige«, die über Abraham und Sara in eine Verbindung mit dem Gottesvolk treten können.

Diese universale Dimension rabbinischer Theologie sei deshalb noch einmal in Erinnerung gerufen. So der Midrasch von *Abraham und Sara als Vater und Mutter der Nationen der Erde*: »Alle Heiden in der ganzen Welt, welche die Konversion akzeptieren, und alle Heiden in der ganzen Welt, die Gott fürchten, stammen von den Kindern ab, welche die Milch der Sara tranken. Und deshalb wird von Sara gesagt, sie sei ›eine freudige Mutter ihrer Kinder‹«. Erinnert sei auch an die »Sprüche der Väter«, wo derjenige ein »Schüler Abrahams« genannt wird, der »ein gutes Auge, eine bescheidene Seele und einen demütigen Geist« hat. Erinnert sei ferner an Moses Maimonides, der von Abraham sagt, er habe »viele Kinder unter die Fittiche der göttlichen Herrlichkeit eingeführt«. Erinnert sei schließlich an die rabbinische Theorie der späten Beschneidung: Abraham als Archetyp eines Menschen, der seinen Glauben nicht »besitzt«, sondern im Verlauf einer langen Lebensgeschichte erringt, der nicht von vornherein gläubiger Jude ist, sondern erst im hohen Alter durch die Beschneidung »Jude« wird. Ja, gerade durch seine späte Beschneidung hat Abraham

– auch den Rabbinen zufolge – für alle Zukunft es auch Nichtjuden ermöglicht, zum Judentum überzutreten.

Diese Theologie eröffnet gerade heute im Zeitalter eines bewußt wahrgenommenen weltweiten religiösen Pluralismus innerjüdisch ökumenische Chancen, bleibt doch selbst das orthodoxe Judentum über Abraham interreligiös beziehungsfähig. So hat der in Jerusalem lebende und für den interreligiösen Dialog engagierte orthodoxe Rabbiner *David Hartman* in seinem grundlegenden Buch zur neueren jüdischen Bundestheologie »Living Covenant« (1985) betont: »Abrahams Bund bedeutet die Zurückweisung der Idee, daß die Bundes-Verpflichtung nach rassischen oder biologischen Bedingungen definiert wird. So wird es von der Halacha verstanden. Die Vorherrschaft von Normen über Biologie und Rasse ist nach halachischen Regeln so evident, daß ein Konvertit, der aus welchem soziokulturellen oder rassischen Hintergrund auch immer in den Bund eintritt, sich auf Abraham als auf seinen oder ihren Vater beziehen kann. Der Konvertit kann wie jeder geborene Jude sich im Gebet an Gott als ›unseren Gott und Gott unserer Väter, Gott Abrahams, Gott Isaaks, Gott Jakobs‹ wenden. Indem Gott Abraham auserwählte, machte er die Bundesreligion für alle zugänglich. Abraham ist der Vater aller, die seinem Lebensweg nacheifern und seine Werte, Normen und Glaubensüberzeugungen praktizieren«.[6]

Anders gesagt: Auch Christen und Muslime können nach heutigem orthodoxem Verständnis als »Kinder Abrahams« angesehen werden, ohne daß Israel seine ursprüngliche und damit einzigartige Abrahamskindschaft preisgeben müßte – insbesondere die Abraham-Verheißung und den Abraham-Bund im Blick auf das konkrete Land. Wie es denn auch in der »Meditation« des »New Union Prayerbook« heißt: »Israel gebar im Laufe der Zeit andere Religionen, die viele Menschen zu Gott brachten, aber unsere Verantwortung besteht weiter, denn unser Auftrag bleibt unerfüllt«. Der jüdische Theologe *David Flusser* hat hier den entscheidenden Punkt herausgestellt: »Im Judentum kann die Existenz des Christentums (und des Islams) verstanden werden als die Erfüllung von Gottes Verheißung an Abraham, ihn zum Vater vieler Völker zu machen ... Mehr noch: Juden können Christen (und Muslime) als Gottesfürchtige betrachten, heidnische Nachkommen von Noah, die das Heidentum zurückgewiesen haben und gerettet werden, wenn sie sich in ethischer Weise verhalten«.[7]

Es ist deshalb ein erfreuliches ökumenisches Signal, wenn nicht nur Vertreter des Reformjudentums (neben Flusser auch Lapide und Friedländer[8]), sondern auch *heutige Vertreter jüdischer Orthodoxie* den Glauben von Christen und Muslimen theologisch ernster nehmen als früher. Grundlage dafür ist die neuere jüdische *Covenant-Theology*, zu der neben David Hartman und Eugene Borowitz auch einer der angesehensten orthodoxen amerikanischen Rabbiner, *Irving Greenberg*, zu zählen ist. In seinem neuesten Buch »The Jewish Way« (1988) plädiert Greenberg denn auch für einen »offenen Bund« (»open covenant«), der Israels besondere Verpflichtungen umgreift, »ohne die Gültigkeit anderer Verpflichtungen und Religionen« zu verneinen. Gerade für die wachsende Kommunikation in der einen Welt sei dieses Modell von großer Bedeutung.

Greenberg affirmiert deshalb nicht nur die jüdisch-orthodox gegebene Möglichkeit, daß jeder Mensch freiwillig in die »Familie Abrahams« eintreten könne, sondern mehr: Da der Bund offen sei, sei er auch »offen für weitere Offenbarungen in der Geschichte«. Neue Erlösungsereignisse hätten den Bund bestätigt und die Welt »näher an das messianische Zeitalter« gebracht: »Durch den sich öffnenden Bund wurden viele Heiden in den messianischen Prozeß hineingenommen; sie wurden Partner im Bunde Gottes mit der Menschheit. Dies festzustellen, untergräbt in keiner Weise die Gültigkeit und Integrität des Sinai-Vertrags mit Israel. Nach dem Holocaust und im Licht des Pluralismus einer postmodernen Welt werden Christentum und Islam ihren eigenen Anspruch zurückweisen müssen, das Judentum überwunden zu haben. Und auch die Juden werden mehr als früher anerkennen müssen, daß diese Religionen aus dem ursprünglichen Bund herausgewachsen sind. Eine solche Entwicklung – ohne irgendwelche Abstriche am Judentum – zeigt nur, daß der ursprüngliche Bund weitergeht, Früchte bringt und Leben hat.«[9]

Christen und Muslime also – auch nach heutigem jüdisch-orthodoxen Verständnis – als *lebendige Zeugen eines lebendigen Bundes Gottes mit Abraham.* In diesem Sinne dürfte auch der Beitrag eines anderen orthodoxen jüdischen Theologen der Vereinigten Staaten, *Michael Wyschogrod*, zu verstehen sein, wenn er über Islam und Christentum schreibt: »Die Forderung der Stunde ist ein Zusammenrücken all jener, deren Leben unter dem Urteil des Gottes Abrahams geführt wird. Denn die Kinder Abrahams zu lehren, die Gegenwart des Patriarchen in den Anhängern der anderen abrahamischen Glaubensbekenntnisse zu erkennen: das ist die Forderung Abrahams, des Lehrers von Beerscheba. Wir sollten diese Forderung nicht zurückweisen«.[10]

Darum muß es in der Tat gehen, wenn von einer abrahamischen Ökumene die Rede ist: *die Kinder Abrahams zu lehren, die Gegenwart des Patriarchen in den Anhängern der anderen abrahamischen Glaubensgemeinschaften zu erkennen*! Nur so kann die Paradoxie der Abraham-Vereinnahmung in allen Traditionen überwunden werden. In diesem Geist arbeiten heute erfreulicherweise auch im Staat Israel ungezählte Gruppen im Dialog oder Trialog zusammen – Hoffnungssignale einer besseren Zukunft.[11]

Abrahamische Ökumene: Christliche Perspektiven

Mit der Anerkennung der Gegenwart Abrahams in den anderen Abraham-Kindern tat sich gerade das *Christentum* jahrhundertelang besonders schwer. Das Judentum war – wie wir sahen – enterbt worden; Christen hatten sich als die einzigen Abrahamskinder betrachtet. So war man erst recht nicht bereit, diese Abrahamskindschaft mit den Muslimen zu teilen. Zwar hatte man sich Juden gegenüber auf die Freiheit Gottes berufen, aus beliebigen »Steinen« Kinder Abrahams machen zu können, aber dieselbe Freiheit wollte man Gott nehmen, als diese »Steine« nicht mehr Heidenchristen, sondern heidnische Muslime waren. Daß der Stammbaum Abraham auch nach Christi Tod und Auferweckung noch einmal lebendige Zweige austreiben würde, daß Gott sich die Freiheit nehmen würde, neue und andere Kinder Abrahams zu schaffen, lag jahrhundertelang außerhalb des christlichen Vorstellungshorizonts. Gerade der Glaube der Muslime war als häretisches menschliches Zerrbild des wahren Gottes verunglimpft, der Islam als »antichristliche Verführungsmacht« dämonisiert worden.

Aber auch dort, wo Christen (wie die katholische Kirche auf dem Zweiten Vatikanischen Konzil) in der Frage des Heils von Nichtchristen eine Wendung von 180 Grad vollzogen und zu einem relationaldialogischen Zuordnungsmodell von Kirche und Weltreligionen vorstießen, sind *theologische Verlegenheiten* insbesondere im Verhältnis Kirche – Islam unverkennbar, die tiefe biblisch-historische Wurzeln haben. Wir wollen uns dies anhand einer Strukturanalyse der Erklärung »Nostra Aetate« klarmachen, mit der das Zweite Vatikanische Konzil über »Lumen Gentium« Nr. 16 hinaus das »Verhältnis der Kirche zu den nichtchristlichen Religionen« in epochaler Weise neu zu bestimmen versuchte.

Schon in »Lumen Gentium« Nr. 16 hatte das Konzil von einer Zuordnung von Nichtchristen zur Kirche gesprochen und dabei »in erster Linie« auf jenes erwählte »Volk« verwiesen (der Name »Israel« wird nicht ausgesprochen). Zwischen »Israel« und der Kirche, die sich hier pauschal mit dem »Gottesvolk« identifiziert, besteht also eine besondere Beziehung wie zu keiner anderen Religion. Warum aber hat dann das Konzil das nähere *Verhältnis zu Israel* nicht auch konsequent als Teil der Kirchenkonstitution oder des Ökumenismus-Dekrets reflektiert? Sie hätte damit ja diese ihre besondere Beziehung zu Israel theologisch eindrucksvoll unterstreichen können, die ja in der Tat nicht einfach mit der zu den anderen Weltreligionen vergleichbar ist. Pläne in dieser Richtung bestanden durchaus, aber aus politischen und dogmatischen Erwägungen nahm man davon Abstand auf dem Konzil.[12]

So finden sich nun die Selbstaussagen der katholischen Kirche über die Juden in einem Dekret über alle nichtchristlichen Religionen, was doch wieder den Verdacht nährt, als seien die Beziehungen der Kirche zu Israel gerade nichts Besonderes, sondern mit denen zu Hinduismus, Buddhismus und den Naturreligionen auf eine Stufe zu stellen. Inhaltlich freilich wird man die Israel betreffenden Passagen aus dieser Erklärung als eine *epochale Wendung der katholischen Kirche in der Judenfrage* bezeichnen müssen. Nichts auch nur annähernd Vergleichbares gibt es in der Geschichte dieser Kirche zuvor. Denn ausdrücklich wird mit der obersten Autorität eines Konzils erklärt, daß die Kirche ihr Selbstverständnis nicht länger ohne Israel oder gegen Israel klären wolle, sondern nur im Gedenken an Israel (der Name fällt wiederum nicht, nur allgemeine Formeln wie »Stamm Abrahams« oder »jüdisches Volk«). Gewiß: Die theologischen Deutungsschemata zur Verhältnisbestimmung von Israel und Kirche sind hier noch unverkennbar traditionell. Israel wird nach wie vor ausschließlich in seiner Funktion für die Kirche gesehen, gewissermaßen »heilsgeschichtlich« funktionalisiert. Die entscheidenden Kategorien sind »vorgebildet« und »eingeschlossen«. Israel also wird nach wie vor als geistliches »Erbe« der Kirche betrachtet und für den Prozeß der Selbstreflektion der Kirche vereinnahmt. Ein Wort über das lebendige Judentum fällt in dieser Erklärung nicht.

Und doch wird in »Nostra Aetate« Nr. 4 kein Zweifel daran gelassen, daß es eine dauernde geistliche Verbindung zwischen Kirche und Israel gibt. Ja, mit der Israel-Theologie des Apostels Paulus wird daran festgehalten: Die Juden seien trotz Verweigerung des Evangeliums »immer noch von Gott geliebt um der Väter willen«; seien »doch seine Gnadengaben und seine Berufung unwiderruflich«. Die entscheidende Passage lautet:

> »Bei ihrer Besinnung auf das Geheimnis der Kirche gedenkt die Heilige Synode des Bandes, wodurch das Volk des Neuen Bundes mit dem Stamme Abrahams geistlich verbunden ist. So anerkennt die Kirche Christi, daß nach dem Heilsgeheimnis Gottes die Anfänge ihres Glaubens und ihrer Erwählung sich schon bei den Patriarchen, bei Mose und den Propheten finden. Sie bekennt, daß alle Christgläubigen als Söhne Abrahams dem Glauben nach in der Berufung dieses Patriarchen eingeschlossen sind und daß in dem Auszug des erwählten Volkes aus dem Lande der Knechtschaft das Heil der Kirche geheimnisvoll vorgebildet ist. Deshalb kann die Kirche auch nicht vergessen, daß sie durch jenes Volk, mit dem Gott aus unsagbarem Erbarmen den Alten Bund geschlossen hat, die Offenbarung des Alten Testamentes empfing und genährt wird von der Wurzel des guten Ölbaums, in den die Heiden als wilde Schößlinge eingepfropft sind.«

Für eine christliche Theologie der abrahamischen Ökumene mit Juden sind damit auch kirchlich-lehramtlicherseits die Grundlagen gelegt: Es gibt nach Aussagen des Konzils keinen christlichen Glauben und keine christliche Kirche, welche die Anfänge bei den »Vätern« und die Integration in die mit Abraham beginnende Verheißungs- und Bundesgeschichte vergessen dürften. Wie aber steht es mit dem Verhältnis der Kirche zu den Muslimen?

Es ist seltsam: Die gleiche theologische Verlegenheit, die beim Schicksal Ismaels schon in der Genesis erkennbar war, kommt zurück, wenn die Kirche ihr *Verhältnis zu den* geistigen Nachkommen Ismaels, den *Muslimen*, beschreiben will. Denn einerseits wird der Islam (die Religion wird auch hier aus theologischen Gründen nicht genannt, nur vom Glauben der »Muslime« wird gesprochen) in der Erklärung *vor* dem Judentum behandelt, was im Strukturgefälle dieser Erklärung die zweitgrößte Distanz zur Kirche signalisieren soll. Andererseits wird dem Islam ein besonderer Abschnitt gewidmet, der nicht so summarisch ausfällt wie das, was zu den asiatischen Religionen Hinduismus und Buddhismus gesagt ist. Einerseits wird der Islam wie jede andere Weltreligion eingestuft und damit unter die allgemeine Anerkennungsformel subsumiert, auch in dieser Religion sei »nicht selten ein Strahl jener Wahrheit« erkennbar, die »alle Menschen« erleuchte. Damit also werden die Muslime wie alle anderen »Heiden« außerhalb der biblischen Offenbarungsgeschichte behandelt und für die Selbstreflexion der Kirche völlig unbeachtet gelassen.

Andererseits aber kann in der den Islam betreffenden Passage nicht geleugnet werden, daß im Islam biblische Traditionen eine konstitutive Rolle spielen, unter anderem biblische Schlüsselgestalten wie Abraham, Jesus und Maria. Der Islam kann deshalb nicht einfach als eine Religion hingestellt werden, in der gelegentlich einmal »ein Strahl« der Wahrheit aufleuchtet, sondern ist mit »Lumen Gentium« Nr. 16 eine Glaubensgemeinschaft, wo Menschen »sich zum Glauben Abrahams bekennen und mit uns den einen Gott anbeten«, was theologisch – wie wir hörten – einer epochalen Neubewertung gleichkommt. Die entscheidende Passage (»Nostra aetate« Nr. 3):

> »Mit Hochachtung betrachtet die Kirche auch die Muslime, die den alleinigen Gott anbeten, den lebendigen und in sich seienden, barmherzigen und allmächtigen, den Schöpfer Himmels und der Erde, der zu den Menschen gesprochen hat. Sie mühen sich, auch seinen verborgenen Ratschlüssen sich mit ganzer Seele zu unterwerfen, so wie Abraham sich Gott unterworfen hat, auf den der islamische Glaube sich gerne beruft. Jesus, den sie allerdings nicht als Gott anerkennen, verehren sie doch als Propheten, und sie ehren seine jungfräuliche Mutter Maria, die sie bisweilen auch in Frömmigkeit anrufen. Über-

> dies erwarten sie den Tag des Gerichtes, an dem Gott alle Menschen auferweckt und ihnen vergilt. Deshalb legen sie Wert auf sittliche Lebenshaltung und verehren Gott besonders durch Gebet, Almosen und Fasten. Da es jedoch im Lauf der Jahrhunderte zu manchen Zwistigkeiten und Feindschaften zwischen Christen und Muslimen kam, ermahnt die Heilige Synode alle, das Vergangene beiseite zu lassen, sich aufrichtig um gegenseitiges Verstehen zu bemühen und gemeinsam einzutreten für Schutz und Förderung der sozialen Gerechtigkeit, der sittlichen Güter und nicht zuletzt des Friedens und der Freiheit für alle Menschen.«

Hält man die Konzilstexte über die Muslime und die Juden nebeneinander, ergeben sich bemerkenswerte inhaltliche Überschneidungen. Sie können nach offizieller katholischer Lehre schon jetzt Grundlagen einer abrahamischen Ökumene aus christlicher Perspektive sein. Denn nach diesen Texten stimmen alle drei Religionen schon jetzt darin überein:

(1) In der Anerkenntnis, daß es nur den *einen und einzigen Gott* gibt.

(2) In der Bestimmung, daß dieser Gott unverwechselbare *»Eigenschaften«* hat: Lebendigkeit, Barmherzigkeit, Allmächtigkeit und Schöpfertum.

(3) In der Überzeugung, daß dieser Gott gegenüber den Menschen nicht stumm geblieben ist, sondern gesprochen, sich *offenbart* hat.

(4) Im Verständnis, daß *Glauben* Vertrauen auf den Willen Gottes ist nach den Vorbildern: Abraham, Mose, Propheten.

(5) In der Hoffnung, daß Gott einen nur ihm bekannten *zukünftigen Tag* ermöglicht, »an dem alle Völker mit *einer* Stimme den Herrn anrufen und ihm Schulter an Schulter dienen«.

(6) In der *endzeitlichen Erwartung*, daß die Menschen auferstehen und gerichtet werden durch einen Gott, der den Menschen nach ihren Taten vergilt.

(7) Im Bemühen, eine schlimme Vergangenheit nicht länger dominieren zu lassen, sondern in der Welt von heute zu »gegenseitigem Verstehen« zu finden, »gegenseitige Kenntnis und Achtung« zu üben und im »brüderlichen Gespräch« sich zu begegnen.

(8) In der Bereitschaft, sich gemeinsam einzusetzen für das Wohl der Menschheit: für Schutz und Förderung der sozialen Gerechtig-

keit, der sittlichen Güter, des Friedens und der Freiheit für alle Menschen.

Aber gehörte zum »gegenseitigen Verstehen« nicht auch eine *andere theologische Fundierung* des Verhältnisses von Kirche und Islam, nachdem diese Fundierung im Verhältnis von Kirche und Israel so erfreulich selbstkritisch durchgeführt wurde? Reicht es für eine christliche Theologie wirklich hin – so fragt zurecht der katholische Theologe *Hans Zirker* – den Islam »zum einen all den anderen Religionen zuzuordnen ... und zum anderen darüber hinaus noch die einzelnen Elemente aufzuzählen, die ihm mit der biblischen Tradition gemeinsam sind«? Müßte nicht »vor allem bedacht werden, ob und wie der Endgültigkeitsanspruch des christlichen Glaubens mit einer weitergehenden Religionsgeschichte so zusammen gesehen werden kann, daß diese nicht von vornherein als schlechterdings illegitim gelten muß«? Wie also müßte sich das Christentum begreifen, »wenn es nicht nur die fundamentalen religiösen Erfahrungen wahrnimmt, die ihm vorausgehen und denen es sich selbst verdankt, sondern auch diejenigen ernsthaft beachtet, die in seinem eigenen kulturellen Umfeld, ja mit ihm selbst gemacht werden und über es hinausführen? Denn der Islam gehört mit zur Geschichte des Christentums; er ist – obwohl für das Christentum eine ›andere‹ Religion – zugleich doch auch ein Element von dessen Identität.«[13]

Die Konzilserklärung also läßt noch viele theologische Fragen unbeantwortet und gibt damit Raum für ein vertieftes theologisches Nachdenken, zumal auch im Fall des Islam wesentliche Elemente des islamischen Selbstverständnisses noch nicht einmal erwähnt werden: weder die Rolle des Propheten Mohammed noch des Koran, weder die Rolle der Glaubensgemeinschaft (Umma) noch die des Religionsgesetzes (Scharia). Der Islam bleibt damit eine besondere *theologische* Herausforderung gerade auch für Christen. Er ist eine »andere« Religion und bejaht doch große Teile der biblischen Offenbarungsgeschichte. Er ist in seinem Glauben den Christen ganz nah und doch etwas ganz Eigenständiges. Keine der von Christen bisher benutzten theologischen Kategorien wurde ihm deshalb gerecht: weder polemische Kategorien wie »Häresie« oder »menschlich-dämonisches Zerrbild« noch positiv gemeinte Kategorien wie »Vorbereitung auf das Evangelium« oder »natürliche Gotteserkenntnis«. Nein, so wie Ismael eine besondere Stellung schon im Selbstzeugnis Israels einnahm, eine rätselhafte Zwitterstellung als ausgegrenzter und doch gesegneter, als exilierter und doch geliebter Abrahamssohn, so werden Christen auch über den Islam religiös-theologisch noch einmal neu und anders als bisher nachdenken müssen, wenn sie mit ihrem Glauben daran ernst machen, daß Gott die Geschicke aller Völker lenkt und mit der Menschheit nur *einen* Plan zur Verwirklichung seines Heils verfolgt.

Der Islam kann deshalb theologisch nicht einfach wie alle außerbiblischen Religionen behandelt werden. Er muß eine theologisch konstitutive Rolle in der Selbstreflexion der Kirche einnehmen, wenn man das biblische Glaubenszeugnis voll ernstnimmt. Und man braucht nur Judentum, Christentum und Islam mit den nichtbiblischen Religionen asiatischen Ursprungs zu vergleichen, um die innere Verwandtschaft der drei abrahamischen Religionen voll zu realisieren. Mit Recht hat *Hans Küng* darauf verwiesen: »Man braucht in ökumenischen Dialogen zusammen mit Juden und Muslimen nur Vertretern der indischen und chinesischen Stromsysteme gegenüberzusitzen, um zu merken, wieviel Juden, Christen und Muslimen nun doch trotz allem Streit gemeinsam ist. Es ist ein weitgehend ähnliches Grundverständnis von Gott, von Menschen, von der Welt und der Weltgeschichte überhaupt. Eine Art abrahamische Ökumene, die in einer langen Geschichte begründet ist und die durch alle Feindschaft und Kriege nicht ausgetilgt werden konnte.«[14]

Auch andere Vertreter der Gegenwartstheologie betonen die besondere Verbindung der drei großen abrahamischen Religionen. So der katholische Münchner Alttestamentler *Manfred Görg*, der jüngst in einem eindringlichen Plädoyer darauf hingewiesen hat: »Abraham ist eigentlich eine der Kristallisationsgestalten, in der man am ehesten Judentum, Christentum und auch den Islam zusammenführen kann, weil ja Abraham diesen drei großen Religionen als ›Vater‹ gilt. ›Segen‹ bedeutet also, daß durch die Anlehnung an Abraham, an Abrahams Schoß, so etwas wie eine Kommunikation zustande kommt, die die Religionen und die Völker miteinander verbinden kann. Die Verheißung zielt also auf diesen universalen Anspruch, daß bei der Rückbindung und Rückerinnerung an eine Gestalt wie Abraham etwas ganz Großartiges geschieht, daß sich die so zerstrittenen Religionen der Völker, die im Laufe der Zeit immer wieder ihren Ursprung vergessen haben, am ehesten wiederfinden, wenn sie sich auf diese exemplarische Gestalt des Gerechten konzentrieren, die ja ganz anders dasteht als menschliche Herrschaftsidole.«[15]

Man wird aber bei einer theologischen Zuordnung von Judentum, Christentum und Islam nur weiterkommen, wenn man das Zeugnis der Schrift über Abraham und Ismael voll ernst nimmt, wie wir es zu Beginn dieses Kapitels zusammengefaßt haben. Hier ist auf die Arbeit des französischen katholischen Theologen und Islam-Spezialisten *Youakim Moubarac* zu verweisen, die dem Geist seines großen Lehrers und bahnbrechenden katholischen Orientalisten *Louis Massignon* verpflichtet ist. Dieser große französische Gelehrte (1893-1962) hat ein Forscherleben lang (große Studien zur islamischen Mystik) über das »abrahamische Geheimnis« des Islam nachgedacht und sich in seiner Liebe für die Tiefe der islamischen Spiritualität für eine kopernikanische Wende in der christlich-theologischen Betrachtung des Islam eingesetzt: von der Mission zum Dialog. Von Massignon stammt das berühmt gewordene Wort über die drei Religionen: Israel sei »eingewurzelt in der Hoffnung«, das Christentum »hingegeben an die Liebe«, der Islam »zentriert auf den Glauben«.[16] Die epochale Erklärung des Zeiten Vatikanischen Konzils über die Hochschätzung des Glaubens von Muslimen verdankt sich denn auch maßgeblich Massignons Einfluß, dessen Abraham-Verständnis in einem seiner Schlüsseltexte »Die drei Gebete Abrahams« (1949) zum Ausdruck kommt.[17] In seinem Geist wird das christlich-muslimische Gespräch seit den 50er Jahren fortgesetzt von Louis Gardet, Youakim Moubarac, Giulio Basetti-Sani und Herbert Mason.

Selbstverständlich spricht sich auch Moubarac gegen eine Nivellierung der besonderen bundesgeschichtlichen Beziehungen im Innenverhältnis von Judentum, Christentum und Islam aus, als könne man als Christ eine besondere Heilsgeschichte an Christus vorbei konstruieren. Aber nachdrücklich hat Moubarac dafür plädiert, die Genesis-Texte über Ismael im Kontext von Gottes Verheißung, Erwählung und Bund theologisch auszuwerten und dadurch den Islam als echten »Abrahamismus« im biblischen Sinn zu betrachten, nicht lediglich als »Ismaelismus«, d. h. als den Glauben irgendeines »heidnischen« Volkes. Nimmt man diese theologische Auswertung vor, so wird man nach Moubarac zu diesen Perspektiven gelangen: Die

»großen Realitäten der Verheißung, der Auserwählung und des Bundes ... werden Gottes Großzügigkeit jedem Stammes- und Klassenprivileg gegenüber kundtun. Im Lichte dieser Großzügigkeit muß nicht allein nach dem Evangelium, sondern auch nach der an Abraham ergangenen Verheißung angenommen werden, daß alle ausgeschlossen sind durch die Sünde und alle erlöst durch die Gnade. Es gibt im übrigen eine Umkehr des Abrahamsgleichnisses der beiden Söhne in dem gleichsinnigen Gleichnis des Evangeliums, wo der, der sich ausgeschlossen hat, nachher der geliebte Sohn des Vaters wird. Dementsprechende Überlegungen relativieren, ja entleeren schließlich den muslimischen Ismaelitismus auf derselben Grundlage wie das jüdische Exklusivitäts- und das christliche Elitebewußtsein. Diese kritische Prüfung dessen, was in der Schrift zum Abrahamthema gesagt ist, muß notwendig dazu auffordern, die Idee von der Einzigkeit und folglich Enge einer sogenannten heiligen Geschichte im Verhältnis als profan und in ihrer mangelnden Differenzierbarkeit als heillos angesehenen Geschichte schlechthin neu zu überdenken. Der exemplarische Charakter der heiligen Geschichte selbst könnte dazu veranlassen, andere Exemplaritäten anzuerkennen, anstatt sie zu verschleiern oder auszuschließen.«[18]

In diesem Sinne der Anerkennung »anderer Exemplaritäten« in der Segensgeschichte Gottes wird man als Christ eine Ökumene zwischen den drei abrahamischen Religionen nicht nur ethisch-praktisch nützlich finden, sondern theologisch bejahen *müssen.* Gottes Geist, für Christen identisch mit dem Geist des auferweckten und erhöhten Jesus Christus, ist bekanntnlich nicht kirchlich zu domestizieren, wie schon die Schrift zeigt. Es gibt nun einmal diese »geheimnisvolle Komplementarität zwischen den drei abrahamischen Religionen« (C. Geffré).[19] Und da abrahamische Ökumene für Christen ihre Grundlage in der Heiligen Schrift findet, ist sie nicht einfach in die menschliche Beliebigkeit gestellt. Es gibt vielmehr zutiefst religiöse Gründe, die für eine solche Ökumene eintreten lassen. Präziser gesagt: Abrahamische Ökumene entspricht nicht in erster Linie menschlichen Strategien, Friedensprogrammen oder gutem sozialem Willen, sondern Gottes Absicht mit der Menschheit. Umso stärker gilt es sich dann einzusetzen für Strategien der Toleranz, des Friedens, der Versöhnung und sozialen Gerechtigkeit.

Insbesondere also für Christen gilt: Hören sie auf das ihnen vorgegebene Glaubenszeugnis Israels, so werden sie nicht nur Geschichte und Geschick des alten Bundesvolkes theologisch ernstzunehmen haben, sondern auch Geschichte und Geschick derjenigen Menschen, die durch die Verkündigung des Propheten Mohammed, niedergelegt im Koran, zu dem Glauben an denjenigen Gott gekommen sind, der der Gott Abrahams, Isaaks und Jakobs und der Vater Jesu Christi ist. Sie werden sich stets daran erinnern, daß derjenige Abrahams-Sohn, den Muslime als ihren Urvater betrachten, Ismael, gegen allen menschlichen Willen unter dem besonderen Schutz und Segen Gottes steht – trotz seines harten Schicksals als verstoßener und alleingelassener Abrahamssohn. Sie werden bei der Auslegung ihrer eigenen Glaubensgeschichte nie vergessen, daß nicht nur Jesus Christus ein »Sohn Abrahams« ist und Christen im Glauben an Jesus Christus zu Abrahamskindern werden, sie werden auch – ohne Verwischung der Unterschiede – stets den Abrahamsohn und dessen Nachkommen mit »Hochachtung« behandeln, dessen Mutter in ihrer größten Bedrängnis von Gott die Verheißung bekam: »Zu einem großen Volk will ich ihn machen« und über den die Schrift unmißverständlich sagt: »Gott war mit dem Knaben.«

Hier liegt der tiefste theologische Grund, warum Christen auch das Glaubenszeugnis eines weiteren Abrahamssohnes ernstnehmen müssen, Mohammed, der sein Volk und andere Völker aus religiöser Gleichgültigkeit, Götzendienerei, Diesseitsverhaftetheit und sozialer Ungerechtigkeit aufrüttelte und sie mit dem »Glauben Abrahams« an den in seiner Gnade unbegreiflichen und in seiner Freiheit unberechenbaren Gott konfrontierte. Denn ohne die Offenbarungsschriften Bibel und Koran zu harmonisieren und damit die Widersprüche zu überspielen oder über eine Heilsgeschichte an Christus vorbei zu spekulieren, werden sie den Geist Gottes, der für Christen der Geist des auferweckten und erhöhten Jesus Christus ist, im Aufkommen des Islam erkennen. So wie das Fortbestehen des lebendigen Judentums Christen theologisch zum Umdenken zwang, so muß auch der fast 1400 Jahre fortbestehende Islam als ein Zeichen Gottes nicht nur für Muslime, sondern auch für Juden und Christen betrachtet werden, das zur Besinnung ermahnt. Deshalb sind die Fragen, die Kardinal *Carlo Maria Martini*, Erzbischof von Mailand, 1990 zum

Thema »Wir und der Islam« aufgeworfen hat, theologisch weiterzuverfolgen: »Was haben Christen vom Islam zu denken? Was bedeutet das für einen Christen vom Gesichtspunkt der Heilsgeschichte und der Erfüllung des göttlichen Bildes in der Welt her? Warum hat Gott erlaubt, daß der Islam als einzige große geschichtliche Religion sechs Jahrhunderte nach Christus entstanden ist, zumal einzelne der ersten Zeugen ihn für eine christliche Irrlehre hielten, einen abgeschnittenen Ast vom einzigen und identischen Baum? Welchen Sinn im göttlichen Plan kann das Entstehen einer Religion haben, die in gewisser Weise dem Christentum näher steht als die anderen geschichtlichen Religionen, gleichzeitig so kämpferisch, derart fähig zur Eroberung, daß einige befürchten, sie könne mit der Kraft ihres Zeugnisses viele Proselyten machen in einem Europa, das entkräftet und ohne Wert ist?«[20]

Abrahamische Ökumene: Muslimische Perspektiven

Auch der *Islam* tat sich jahrhundertelang schwer, zu Christen und Juden mehr als eine triumphalistisch-paternalistische Grundhaltung einzunehmen. Wir haben vom theologisch bedingten Unterschied zwischen Ungläubigen und Andersgläubigen schon im Koran berichtet; auch von der rechtlich minderwertigen Stellung von Juden und Christen im muslimischen Gesellschaftskontext; ebenso von späteren muslimischen Exegeten, die den Absolutheitsanspruch des Islam als exklusiven Heilswegs mit Hilfe einer Abrogations- und Supersessionstheologie untermauerten, die der christlicher Theologen in nichts nachstand.[21] Und niemand gibt sich Illusionen darüber hin, daß es auch im gegenwärtigen Islam (zumal in den arabischen Stammländern) einflußreiche Vertreter gibt, die öffentlich wirksam eine aggressive Haltung gegen Juden und Christen einnehmen, die apologetisch-polemische Tradition islamischer Theologie fortsetzen und eine Totalkonfrontation mit den anderen Religionen betreiben.[22]

Doch darf dies alles den Blick für die *innere Pluralität des zeitgenössischen Islam* nicht verstellen. Längst haben sich auch hier Stimmen erhoben, die für ein gleichberechtigtes Miteinander von Juden, Christen und Muslimen eintreten. Diese können sich dafür auf den Koran selber berufen, der die faktisch gegebene Pluralität der Religionen bejaht, selber einen ständigen »Dialog« mit Nichtmuslimen geführt und klare Anweisung für ein gutes Miteinander im Gespräch mit Nichtmuslimen gegeben hat. Koranische Grundlage einer abrahamischen Ökumene ist denn auch das, was in Sure 3,64 steht:

> »Sag: Ihr Leute der Schrift! Kommt her zu einem Wort des Ausgleichs zwischen uns und euch! (Einigen wir uns darauf), daß wir Gott allein dienen und ihm nichts (als Teilhabe an seiner Göttlichkeit) beigesellen, und daß wir (Menschen) uns nicht untereinander an Gottes Statt zu Herren nehmen. Wenn sie sich aber abwenden, dann sagt: ›Bezeugt, daß wir (Gott) ergeben sind!‹«

Es ist also der Koran selber – so Fazlur Rahman –, der »eine Art enger Kooperation zwischen Judentum, Christentum und Islam im Blick hat, und der Juden und Christen einlädt, sich den Muslimen in einem solchen Ziel anzuschließen« – im Ziel des »Ausgleichs« eben.[23]

Auf dieser Grundlage können heutige muslimische Theologinnen und Theologen für eine »abrahamische Ökumene« der Sache nach eintreten (selbst wenn das Wort bei ihnen selten vorkommt). Auf eine »Wolke von Zeugen« wäre auch hier zu verweisen.[24] Nur wenige seien aufgerufen. So plädiert eine der profiliertesten muslimischen Theologinnen unserer Zeit, die in Pakistan geborene und in den USA lehrende *Riffat Hassan* entschieden dafür: »Jeder, der den Koran ohne Vorurteile liest, wird sich bewußt sein, daß der Islam in seinen Idealen wahrhaft universal ist. In diesem Kontext ist die Beobachtung interessant, daß das Alte Testament öfter vom Gott Abrahams, Isaaks und Jakobs spricht, der Koran aber niemals. Er beschreibt den Islam als Religion Abrahams und der anderen Propheten, aber beschreibt Gott nicht als Gott Abrahams oder als Gott Mohammeds... Für Muslime ist Abraham die Verkörperung des im Islam implizierten Universalimus, und es ist der abrahamische Geist, der es Muslimen möglich macht, ›Zeuge für die Menschheit‹ (vgl. Sure 22,78) zu werden.«[25]

In diesem Geist des abrahamischen Universalismus haben auch andere muslimische Theologen aus Deutschland, Ägypten und Tunesien für ein kooperatives Verhältnis von Juden, Christen und Muslimen plädiert. So erklärt der Leiter des Zentralinstituts »Islam-Archiv

Deutschland« in Soest, *Mohammad Salim Abdullah*, einer der wenigen in Deutschland zur Verfügung stehenden muslimischen Dialogpartner, in seinem Buch »Islam. Für das Gespräch mit Christen« (1992): »Es ist das Bewußtsein des gemeinsamen Glaubenserbes, das die Möglichkeit eröffnet, das Trennende weniger schmerzlich zu empfinden, über das Trennende hinweg einander in Frieden und Zuneigung zu begegnen. Aber es wird im Koran auch davon gesprochen, daß die Gleichheit und Gleichberechtigung der Partner eine der wichtigsten Grundvoraussetzungen für den Dialog ist. Keiner darf den anderen missionieren oder vereinnahmen wollen, ihm die Heiligkeit seines Zeugnisses absprechen. Die einen sollen nicht Herren der anderen sein; Gott allein ist der Herr. Er allein stiftet Überzeugungen und Heil, er allein befähigt zum Zeugnis, niemand kann sein Ratgeber sein. Der Koran ermahnt die Menschen unterschiedlichster Glaubensweise, das Lob Gottes nicht gegeneinander, sondern miteinander zu singen«.[26] Und was eine »abrahamische Ökumene« betrifft: »Juden, Christen und Moslems können sich als Dialoggemeinschaft, als Tischgemeinschaft oder als Wettbewerbsgemeinschaft zusammenfinden«.[27]

In die gleiche Richtung geht auch das Buch zweier ägyptischer muslimischer Theologen, des ägyptischen Religionsministers *Abdel Munim Al Nimr* und des Diplomaten *Hamdy Mahmoud Azzam*: »Der Islam. Plädoyer eines Moslems« (1981). Dort heißt es: »Der Islam begnügt sich mit der Verkündigung der Lehre und seiner Botschaft, es bleibt aber den Menschen voll überlassen, nach ihrer freien Urteilskraft daran zu glauben oder auch nicht. Der Islam empfiehlt seinen Gläubigen, sich friedvoll gegenüber den ›Leuten des Buches‹ – Christen und Juden – zu verhalten. Und rede mit den ›Leuten des Buches‹ nie anders als auf gute Art (Sure 29,46). Die Moslems sind angehalten, in Güte mit den Juden und Christen zu leben und ihnen zu ermöglichen, Gott in Freiheit nach ihrer Art zu ehren und anzubeten. Ihre Gebets- und Religionsstätten in einem islamischen Staat sind zu schützen, dieselben Rechte wie für Moslems werden ihnen garantiert, und sie sollen ebenbürtige Bürger eines solchen Staates sein. Die Pflichten des Moslems gegenüber den Christen und den Juden sind bindend für ihn; er hat sich im diesseitigen wie im jenseitigen Leben hierfür vor Gott zu verantworten.«[28]

Direkt das Wort Ökumenismus benutzt sogar einer der Pioniere des neueren islamisch-christlichen Dialogs, der tunesische Gelehrte *Mohammed Talbi.* In seinem Beitrag zu einem Religionsgespräch Christen – Muslime erklärte er noch 1992: »Wir können zwar unsere Divergenzen nicht verleugnen. Aber, wenn es uns gelänge, unsere Divergenzen ein wenig zu mildern und unsere Konvergenzen zu erhöhen, ohne demgegenüber Zugeständnisse zu machen, was nicht aufeinander zurückgeführt, was nicht miteinander versöhnt werden und worüber man nicht verhandeln kann, so würde uns dies helfen, unsere konvergierenden Werte des Glaubens, die nicht gering zu veranschlagen sind, gemeinsam zu vertiefen. Auf diesem Wege könnten wir das Miteinander stützen, was Jacques Berque das Miteinander-Leben, das gemeinsame Bemühen und den gegenseitigen Ökumenismus nennt, ein Ökumenismus, der seine erste Wurzel in dem unerschütterlichen Vertrauen auf den Einen hat, der wollte, daß das Universum, getragen und fruchtbar gemacht durch den Menschen, von verschiedener Art sei, und einen Sinn habe und sinnvoll sei ... Setzen wir in der Erwartung, einmal erleuchtet zu werden über unsere Differenzen, wie Abraham unser Vertrauen auf Gott: im aufmerksamen Hinhören auf sein Wort, mit einer Hoffnung, die kein Aufgeben kennt, die weder Sorglosigkeit bedeutet noch eine Schläfrigkeit in Gleichgültigkeit.«[29]

»Bruderschaft Abrahams« in Frankreich. Und anderswo?

Deutlich wurde bei all diesen Stimmen: Für eine abrahamische Ökumene eintreten heißt nicht, die trennenden Differenzen zwischen Judentum, Christentum und Islam zu überspielen oder einzuebnen, sondern im richtigen Geist gesprächsfähig machen. Heißt, solche Gespräche nicht im Ungeist der Heilsarroganz und der Wahrheitsrechthaberei führen, sondern im Geist der Hochachtung für das je verschiedene Glaubenszeugnis und den je verschiedenen Glaubensweg – in geschwisterlicher Sorge füreinander. Und wie drückt man seine Sorge füreinander besser aus als dadurch, daß man soviel wie möglich vom anderen zu lernen sucht, gerade weil die Geschwister so lange getrennt voneinander gelebt haben. Abrahamische Ökumene ist deshalb auch eine *Ökumene des Lernens, des Studierens, des geistigen*

Durcharbeitens der je anderen Religionen, Kulturen und Zivilisationen. Keine theologische Verständigung ohne umfassende Kenntnisse voneinander und dauernde gegenseitige Lernbereitschaft. Keine abrahamische Ökumene, ohne daß man das Selbstverständnis des je anderen ernstnimmt und aufhört, den anderen stets nur aus dem eigenen Blickwinkel heraus zu betrachten. Das ist oft mühselig und im Alltag eines Juden, Christen oder Muslimen unbequem, aber billiger ist abrahamische Ökumene nicht zu haben. Wer sich für sie engagiert, wird zuerst seine eigene, oft erschreckende Ignoranz über die anderen Traditionen bei sich selber bekämpfen, für den Abbau von Zerrbildern und Vorurteilen eintreten und vom anderen nichts als gesichert und endgültig hinnehmen, was nicht dessen eigenem Selbstverständnis entspricht.

Ein schönes Zeugnis für diese Ökumene des gegenseitigen Lernens, des Studierens und geistigen Durcharbeitens stellt die *»Fraternité d'Abraham«* dar, die »Bruderschaft Abrahams«, die seit 1967 in Frankreich interreligiöse Verständigungsarbeit leistet. Unter der Schirmherrschaft der Führer der drei großen religiösen Traditionen in Frankreich hat sich diese »Fraternité d'Abraham« der Aufgabe verschrieben, die »spirituellen, moralischen und kulturellen Werte aus der abrahamischen Tradition« zu fördern und das »Verständnis füreinander zu vertiefen sowie die soziale Gerechtigkeit und die moralischen Werte, den Frieden und die Freiheit zu schützen und zu fördern«. In einem Manifest hat diese Gemeinschaft ihr Selbstverständnis so beschrieben:

> »Drei Weltreligionen, drei monotheistische Religionen, nämlich Judentum, Christentum und Islam, beziehen sich ausdrücklich auf denselben Patriarchen: Abraham. Ob aufgrund der Tradition, wie die Nachkommen Ismaels und Israels, oder ob, wie die Christen, aufgrund einer rein geistigen Abstammung: die einen wie die anderen betrachten sich als Kinder Abrahams. Der Apostel Paulus sagt: ›Alle, die glauben, sind Kinder Abrahams‹. So sind Millionen Gläubige vereint in der Erinnerung an ein und denselben Menschen, Vater ihrer Völker, Vorbild im Glauben an den einzigen Gott, von grundlegender Bedeutung für die Religion der einen wie der anderen. Der Koran sieht in ihm ›einen Führer, einen Allah ergebe-

nen Menschen, der erwählt wurde und geleitet hat auf den rechten Weg‹.

In einer Welt, die entzweit, unaufhörlich bedroht und allzuoft zerrüttet ist durch Rivalität und Feindschaft unter den Völkern, scheint es deshalb mehr als je zuvor an der Zeit, daß sich all diejenigen in geschwisterlicher und friedfertiger Weise zusammenschließen, die ›in Abraham, dem Glaubenden‹ den Stammvater ihrer eigenen Religion, ja ihrer selbst sehen. Juden, Christen und Muslime teilen den Glauben an Gott, aber auch den Glauben an Gottes Wohlwollen, das allen Menschen gleichermaßen gilt, an sein Erbarmen und seine großmütige Gastfreundschaft. Warum sollten sie dann nicht gemeinsam daran arbeiten, eine brüderliche Welt zu schaffen? Das wäre das schönste Zeugnis für die Ernsthaftigkeit und die Wahrheit ihres Glaubens an den Gott Abrahams, Isaaks und Jakobs, das sie den anderen Menschen geben können. Das wäre auch die beste Antwort auf diejenigen, die die Religion zu einem Opium des Volkes erklärt haben.

Daß die Verwandtschaft all derer, die ›den Glauben an Abraham, den Glaubenden‹ teilen, in den Herzen der Massen von heute aufscheine wie ein Ferment des Friedens und der gegenseitigen Hilfe, das fähig wäre, Enthusiasmus und Großmut im Dienste aller wahrhaft humanen Angelegenheiten hervorzurufen – ist das nicht das Zeugnis, und das denkbar überzeugendste, das die Welt von ihnen erwartet? Deshalb haben einige Juden, Christen und Muslime beschlossen, sich zusammenzuschließen, um sich all das bewußt zu machen, was, von Abraham an, ihr gemeinsames spirituelles und kulturelles Erbe ist, aber auch, um gemeinsam an einer wirklichen Aussöhnung untereinander zu arbeiten. Das betrifft diejenigen, die, in welcher Form auch immer, Nachkommen Abrahams sind, und zwar mit dem Ziel, die Welt von den Übeln des Hasses, der fanatischen Gewalttaten, des Stolzes auf Rasse und Blut zu befreien, indem ihr die authentischen und göttlichen Quellen eines brüderlichen Humanismus vor Augen geführt werden.«[30]

Meines Wissens gibt es bisher weder in den englischsprachigen Ländern noch im deutschsprachigen Raum oder sonstwo eine solch dauerhafte, institutionalisierte »Fraternité d'Abraham«, ohne mit dieser Feststellung die Arbeit zahlreicher Gesprächskreise, Studiengruppen und Dialogzentren abwerten zu wollen. Aber wie schwierig die Einrichtung einer solch dauerhaften institutionalisierten Organisation zu sein scheint, zeigt das Beispiel der spanischen Stadt *Barcelona.* Für die olympischen Sommerspiele 1992 hatte man dort für interreligiöse Gottesdienste und Begegnungen einen eigenen Bau errichtet mit dem vielversprechenden Namen »Centro Abraham«. Statt aber dieses auch architektonisch einzigartige Bauwerk über die Spiele hinaus für interreligiöse Ökumene im Geiste Abrahams zu nutzen, hat man es danach in eine katholische Kirche zurückverwandelt. Man hat offenbar in Barcelona noch keine Verwendung für Bauwerke, welche den Ursprung der großen Religionen in dem einen Gott symbolisieren – und dies unbekümmert um die Tatsache, daß auch in Barcelona Tausende von Muslimen und Hunderte von Juden leben ...

Doch gerade in Deutschland wäre eine solche »Fraternité d'Abraham« angesichts der gesellschaftlich fragilen Situation zwischen Deutschen und Türken einerseits sowie zwischen Deutschen und Juden andererseits von entscheidender gesellschaftlicher Bedeutung. Gerade die im Geiste Abrahams engagierten Menschen auf allen Seiten (die jetzt schon in zahlreichen Studiengruppen und Gesprächskreisen beisammen sind) könnten noch wirksamer dazu beitragen, daß die unselige Saat von Fremdenfeindlichkeit, Rassismus, Nationalismus und Fanatismus nicht weiter aufgeht. Ein öffentlich sichtbares und wirksames Netzwerk abrahamischer Ökumene könnte mit Nachdruck darauf hinwirken, daß Konflikte im Vorfeld aufgefangen, konkrete Hilfsprogramme entwickelt, Aufklärungsarbeit geleistet und ein Geist kooperierender Verständigung und Hilfe verbreitet wird. Kurz: Aus der theologischen Notwendigkeit einer abrahamischen Ökumene muß die konkrete politische Praxis in Gesellschaft und Politik folgen. Theologisch wird dabei entscheidend sein, ob Juden, Christen und Muslime damit Schluß machen, die jeweils anderen als »Ungläubige«, »Abgefallene« oder »Überholte« zu bezeichnen, und anfangen, sich als »Brüder« und »Schwestern« im Geist anzunehmen, gemeinsam unterwegs zu dem je größeren Gott nach dem Vorbild ihrer Stammeltern Abraham, Hagar und Sara.

Wenn aber Juden, Christen und Muslime heute sich gegenseitig als Kinder Abrahams annehmen, dann kann diese Akzeptanz in drei großen Bereichen konkretisiert werden: im Bereich des Gottesglaubens, der Friedensarbeit und der Spiritualität. Dazu sollen zum Abschluß dieses Buches in aller Knappheit noch einige Linien skizziert werden.

3. Gott-Vertrauen jenseits von Intoleranz und Idolatrie

Wenn Juden, Christen und Muslime sich gegenseitig als »Kinder Abrahams« annehmen können, wenn sie in diesem Sinne zu einer Ökumene im Geiste Abrahams fähig sind: dann werden sie diese ihre ökumenische Gemeinschaft immer wieder vertiefen durch die Besinnung auf das, was Glauben an den einen und wahren Gott meint: den Gott, dem Abraham in einer langen Lebensgeschichte das Vertrauen trotz aller Zumutungen nicht aufkündigte. Und von diesem Gott Abrahams erzählt uns das Buch Genesis. Wir können jetzt noch einmal das aufnehmen und weiterführen, was wir zu Beginn dieses Buches über Abraham schon angedeutet haben.

Gottesglauben ohne Unduldsamkeit

Liest man die Abrahamsgeschichte der Genesis nicht schon durch die Brille der Traditionen, sondern versucht vielmehr, Abraham reden zu lassen, wie die Genesis ihn sprechen läßt, dann gilt: Abraham glaubte an seinen persönlichen Gott, den das Buch Genesis denn auch stets den »Gott Abrahams« nennt. Aber Abraham war nicht das, was die Tradition vor allem von Judentum und Islam aus ihm gemacht hat: ein kämpferischer und intoleranter Zerstörer. Gewiß: Das Buch Genesis berichtet unzweideutig davon, wie Abraham seinen Gott verehrt, sich in Treue ihm anvertraut und auch dann noch an ihm festhält, als dieser Gott das Äußerste von ihm verlangt: das Opfer seines Sohnes, auf den er so lange und schmerzlich hatte warten müssen. Aber von einem berichtet das Buch Genesis nicht: von Abrahams Intoleranz gegenüber anderen Glaubensformen, von Abrahams Unduldsamkeit gegenüber Menschen, die ihren Gott auf ihre Weise verehren. Der Abraham der Genesis ist keine apokalyptische Kampffigur, kein fanatischer Exklusivist, kein rasender Ikonoklast.

Im Gegenteil: Diese Ur-Geschichten von Abraham lassen – so hörten wir – eine ausgesprochen familiäre Atmosphäre erkennen –

ohne Ausschließlichkeit, Unduldsamkeit oder Polemik gegen andere religiöse Praktiken. Es herrscht eine *Familienreligiosität*, die in keiner Weise exklusiv war. Abraham kann seinen Gott verehren, ohne anderen Menschen die Verehrung ihrer Götter zu bestreiten. So baut er denn auch gleich zu Beginn seines Auftritts in Kanaan seinem Gott einen Altar (ausdrücklich *neben* den Kultstätten anderer Götter). Er folgt seinem Gott und läßt andere Götter gelten. Wir hören kein Wort davon, daß Abraham durch das Bergland von Palästina gezogen wäre, um die Altäre anderer Götter auszurotten, wie dies später in Israel religionsgesetzlich angeordnet wurde (Dt 12,2f). Erst über das Buch Josua, im deuteronomistisch beeinflußten Schluß des 24. Kapitels, wird ja erstmals ein Gottesexklusivismus in die Abrahamsgeschichte eingetragen. Er entspricht den Erfahrungen des späteren Judentums, nicht aber der Wirklichkeit des Stammvaters Abraham. Was folgt daraus für Juden, Christen und Muslime heute?

Freiheit von religiösen Systemzwängen

Daraus müssen Konsequenzen für das *Binnenverhältnis des einzelnen Gläubigen zu Synagoge, Kirche oder Umma* genauso folgen wie für das Verhältnis zu den nichtabrahamischen Religionen. Wir können all das aus Raumgründen hier nur andeuten. Für die christliche Tradition jedenfalls bringt die Besinnung auf Abraham einen Zuwachs an innerer Toleranz und Integrationsfähigkeit. Denn schon die urchristliche Abraham-Geschichte lebte ja von der Erfahrung der Freiheit gegenüber einem rein gesetzlichen Denken. Abraham war ja der gesetzliche Privatbesitz eines einzigen Volkes geworden. Im Geist der Freiheit Gottes betrieben Christen die Sprengung dieser Fessel, das Öffnen der Grenzen.

Christliche Abraham-Theologie wird deshalb ihrem Anspruch nur gerecht, wenn sie – so der katholische Alttestamentler *Walter Groß* – zu diesem einen fähig macht: »Sie öffnet zu enge Grenzen für andere, die auch dazugehören wollen, aber von diesen Schranken zurückgehalten werden. Sie schaut nicht auf Abgrenzung, sondern auf Zugewinn weiterer Menschen; und vor allem: sie sichert sich nicht ängstlich durch Gesetzesvorschriften, durch kontrollierbare religiöse Leistungen ab, sondern sie setzt auf die Freiheit des Glaubens, sie vertraut den Glaubenden und dem in ihnen wirkenden göttlichen Geist«.[31] Christliche Abraham-Theologie gewinnt also ihre Überzeugungskraft aus der Erinnerung daran – so der katholische Neutestamentler *Michael Theobald* –, »daß mit Abraham kein Leistungsträger, kein Erfolgsmensch, auch kein Heiliger oder Frommer *Identifikationsfigur* der christlichen Gemeinde ist, sondern schlicht ein Sünder, der das, was er *wurde*, nämlich ein Gerechter, nicht eigener Leistung, sondern dem liebenden, verzeihenden, erneuernden und Zukunft eröffnenden Wort Gottes verdankt. Damit ist Abraham aber auch *Integrationsfigur*, die sich nicht selbst durch ihre Leistung profiliert, niemanden durch ihre Heiligkeit erdrückt, vielmehr jeden an die Gnade Gottes verweist, der sie alle in gleicher Weise bedürfen. Das gibt heute zu denken, nicht nur angesichts einer in Konfessionen gespaltenen Kirche, der die verbindenden Integrationsfiguren fehlen, sondern auch im Blick auf unsere Ortsgemeinden, die unter anderem aufgrund soziologischer Gesetzmäßigkeit oft genug der Versuchung unterliegen, sich homogen zu gebärden, und dadurch manch einen, ohne es vielleicht ausdrücklich zu wollen, aus dem eigenen Lebenskreis ausgrenzen.«[32] Diese Integrationsfähigkeit im Geiste Abrahams also ist der Testfall für die Glaubwürdigkeit »abrahamischer Ökumene« aus christlicher Sicht.

Einen Testfall für abrahamische Glaubwürdigkeit in Blick auf den Islam stellt zweifellos das *Problem der Menschenrechte* dar. Es kann hier nur angedeutet werden – und zwar ohne alle christliche Selbstgerechtigkeit. Denn unvergessen bleibt: Es waren die christlichen Kirchen, die sich rund eineinhalb Jahrhunderte geweigert haben, die durch die amerikanische und französische Revolution propagierten Allgemeinen Menschenrechte theologisch zu legitimieren.[33] Doch diese Feststellung befreit nicht von der Notwendigkeit, auf das Problem der Menschenrechte in vielen islamischen Ländern hinzuweisen[34] – auf ein Problem, das auch von Muslimen selbstkritisch eingestanden wird.[35] So kennt etwa die Verfassung des Iran von 1979 kein allgemeines Grundrecht auf Religionsfreiheit. Religiöse Minderheiten wie die Bahai stehen praktisch völlig rechtlos da. Gerade auch im Zivilrecht, insbesondere im Personenstandrecht (Ausnahme: Türkei, Tunesien), steht das islamische Recht (die Scharia) im Widerspruch zu der UNO-Menschenrechtserklärung, werden doch Christen oder

Juden nach wie vor von Rechts wegen daran gehindert, muslimische Frauen zu heiraten, während umgekehrt einem Muslim die Heirat mit einer Jüdin oder Christin gestattet ist; die Heirat zwischen Muslimen und »Polytheisten« ist rechtlich überhaupt nicht möglich.

Besonders belastend gerade auch für den interreligiösen Dialog ist das *Problem der »Apostasie«*, des Glaubensabfalls.[36] Jüngste Fälle von Todesdrohungen oder Todesstrafen gegen Schriftsteller wie Salman Rushdie (ein Brite pakistanischer Herkunft, der wegen seines Romans »Satanische Verse« von Ajatollah Khomeini zum Tode verurteilt wurde) oder gegen Reformer wie den Sudanesen Mohammed Taha (1985 im Sudan unter dem Regime von General Numeri hingerichtet) zeigen einen krassen Gegensatz zwischen traditionellem Islam und allgemeinen Menschenrechten, der auch durch die »Allgemeine Islamische Menschenrechtserklärung« des Islamrats für Europa von 1991 oder auch durch die (zum Teil wieder verschärfte) Islamische Menschenrechtserklärung der Organisation der Islamischen Konferenz (Kairo 1990) nicht aus der Welt geschafft werden konnte.[37]

Abrahamische Ökumene aber fordert gerade dies: den je anderen (gerade auch den Dissidenten in der eigenen Tradition) in seiner vollen Menschenwürde zu respektieren und für die Realisierung seiner Menschenrechte Sorge zu tragen. Abrahamische Ökumene, die innere oder äußere Feinde zuerst produzierte, dann ausgrenzte oder gar verfolgte, wäre ein Widerspruch in sich selbst. Ist nicht Abraham in der biblischen Ur-Kunde selber ein »Fremder«, ein »Außenseiter« und dennoch ein von Gott Erwählter? Wird nicht Abraham in allen Traditionen der *»Freund Gottes«* genannt, der Mensch also, zu dem Gott in einem besonderen freundschaftlichen Verhältnis steht und der auf diese Weise die Freundschaft zu Gott lehren kann? Spricht der Koran nicht davon, Abraham sei »mild, empfindsam und bußfertig» gewesen? (Sure 11,75). Und da sollten die drei Traditionen nicht in Widerspruch zu ihrem Ursprung geraten, wenn sie Abraham ausschließlich zum Freund der Synagoge, der Kirche oder der Umma machten oder zur Kampffigur gegen innere Feinde?

Keine Ausgrenzung nichtabrahamischer Religionen

In der Tat: Macht man mit dem Geist abrahamischer Integrationsfähigkeit ernst, dann werden Juden, Christen und Muslime ihren gemeinsamen Glauben nie fanatisch und intolerant abgrenzen gegen andere Glaubensformen. Abrahamische Ökumene auf Kosten etwa von Hindus oder Buddhisten wäre ein Verrat an der Sache Abrahams. Die Selbstverabsolutierung der abrahamischen Religionen ist ein Widerspruch zu Abraham. Mit Abraham ist keine exklusivistische und absolutistische Relgionspolitik zu machen. Denn der Abraham der Genesis fordert bei aller Entschiedenheit des Bekenntnisses zu seinem Gott nicht die aggressive Abgrenzung oder gar Vernichtung anderer Glaubensformen. Abrahamische Ökumene kann deshalb unmöglich konzipiert werden als monotheistisches Bollwerk gegen nichtabrahamische Religionen, als seien diese von vornherein Ausdruck verwerflichen Aberglaubens.

Der christliche Theologe *Theo Sundermeier*, vielerfahren in theoretischer wie praktischer Missions- und Dialogarbeit, hat deshalb völlig zu Recht gefordert, daß man die Abraham-Geschichte heute im *Kontext des Pluralismus der Religionen* sehen müsse. Abrahamische Ökumene dürfe nicht zur Ausgrenzung nichtabrahamischer Religionen führen. Mit Recht hat dieser Protestant darauf hingewiesen: »Abraham hat keine Machtansprüche und projiziert sie nicht in sein Gottesbild. Er will nicht herrschen. Dem Machtstreben, der tiefsten Versuchung des Menschen überhaupt, widersteht er. Wer unterwegs ist, kann nicht herrschen. Bei Sichem schlägt er seine Zelte auf. Nach Luthers Übersetzung bei der ›Eiche More‹. Das klingt so anheimelnd und fast idyllisch. Die Wirklichkeit ist anders. Er zeltet bei einem Orakelbaum, d. h. bei einem kanaanitischen Heiligtum. Nein, hier schlägt kein eifernder Gottesmann die Donarseiche nieder, aber er macht auch keinen großen Bogen um das Heiligtum anderer Religionen. Hier, an eben jenem Ort, da man auf andere Weise Gott anzubeten pflegt, da betet auch er. Er verdammt nicht das Heiligtum der anderen, aber er betet auch nicht die hier verehrte Gottheit an. Die Stimme *seines* Gottes vernimmt er, wie später noch einmal bei Bethel. Er baut neben dem bestehenden einen neuen Altar. Gemeinsamkeit und Differenz werden deutlich. Abraham selbst hat offenbar die

Gemeinsamkeit nicht als Gefahr gesehen, wie andere Generationen nach ihm«.[38]

In diesem Sinne dürfte es sich lohnen, die Abraham-Geschichte der Genesis heute noch einmal im Interesse einer so dringend benötigten *biblischen Theologie der Religionen* zu lesen. Auch dabei wird man überraschende Entdeckungen machen – und zwar zunächst bei zwei Schlüsselszenen: Abrahams Begegnung mit König Abimelech sowie mit dem Jerusalemer Priesterkönig Melchisedek. Denn überlieferungsgeschichtlich überraschend, aber eben für Abrahams religiöse Friedfertigkeit typisch, ist die Szene mit *Abimelech, dem König von Gerar* (Gen 20,1-18). Es ist die zweite Szene, in der Abraham seine Ehefrau Sara als eigene Schwester ausgibt. Warum? Aus Angst, in Gerar gäbe es »keine Gottesfurcht«, und man würde ihn wegen Saras Schönheit umbringen. Sara wird denn auch prompt von Abimelech in dessen Harem abgeführt. Gott aber – so will es diese Geschichte – eröffnet dem König noch in derselben Nacht im Traum den wahren Sachverhalt (diese Frau ist verheiratet!) und droht den Tod an. Reumütig und erschrocken zugleich stellt Abimelech Abraham zur Rede: Warum hast du mich belogen und getäuscht? Ja, mehr noch: Der König beschenkt Abraham reichlich, so daß dieser nun »als Prophet« (20,7) für den König bei Gott eintritt und Gott von einer Strafe absieht.

Eine seltsame Geschichte, seltsam wegen des überraschenden Perspektivenwechsels, den sie enthält. Denn es ist ja Abraham, der in dieser Geschichte zunächst ins Zwielicht gerät. Mit einem Überlebenstrick hatte er den unschuldigen König in Lebensgefahr gebracht. Und es ist der heidnische, kanaanäische König, dem Abraham zunächst jede »Gottesfurcht« abgesprochen hatte und der sich am Ende als gottesfürchtiger denn Abraham erweist. Persönlich ohne Schuld und umsichtig auf die Erfüllung des Willens Gottes bedacht, steht dieser König am Ende gerechtfertigter da als Abraham, dem Gott auch noch die Ent-Schuldigung des schuldlosen Königs aufträgt. Die Kommentatoren haben denn auch zu Recht von einem »universalistischen Zug« in dieser Geschichte gesprochen, werde hier doch gezeigt, »daß es ›Gottesfurcht‹ auch außerhalb Israels« geben könne und »eine Haltung der Ehrfurcht auch bei einem kanaanäischen König zu finden« sei.[39] Mehr noch: daß es im Grunde »demütigend für Abraham« sei, sich »von dem Heiden in der Gottesfurcht übertreffen« zu lassen.[40]

Noch herausfordernder freilich ist die Begegnung Abrahams mit dem Oberpriester des kanaanäischen Heiligtums zu Jerusalem, mit *Melchisedek* (Gen 14,18-20). Denn hier fällt ja auf, daß Abraham – soeben erfolgreich als Führer eines Krieges – nicht nur den Segen und die Gaben (Brot und Wein) dieses »Götzendieners« akzeptiert, vielmehr diesem Priester des Gottes El-Eljon »den Zehnten« seiner Kriegsbeute abtritt, was mit der Anerkennung eines Eigentumsanspruchs, eines Hoheitsrechts identisch ist. Eine erstaunliche Geschichte in der Tat, von der schon *Gerhard von Rad* meinte: »Eine so positive, tolerante Einschätzung eines außerisraelitischen, kanaanäischen Kultus ist im Alten Testamens sonst ohne Beispiel«.[41]

Hier ist denn auch der Ort, eine Diskussion einzubringen, die der amerikanische jüdische Theologe *Jakob Petuchowski* 1979 angestoßen und in der er Melchisedek sogar als »Urgestalt der Ökumene« bezeichnet hatte. Denn auch Petuchowski war aufgefallen: Die Bibel erzählt wie selbstverständlich davon, daß es zur Zeit Abrahams einen nicht-hebräischen Priester des Höchsten Gottes mit Namen Melchisedek gegeben habe. Selbst Abraham verweigere einem solchen heidnischen Priester den Respekt nicht. Damit ist nach Petuchowski das theologische Problem aufgeworfen, ob nach dem Zeugnis der Schrift Jude und Nichtjude religiös gleichberechtigt seien vor Gott. Zur Lösung dieses Problems greift auch Petuchowski auf die rabbinische Diskussion um die noachidischen Gebote und die »Gerechten unter den Völkern« zurück. Gerade Melchisedek könne dann als einer derjenigen begriffen werden, der zwar nicht in der Abraham-Jakob/Israel-Bundeslinie stehe, wohl aber durch Gottes Bund mit Noah ein Gerechter aus den Völkern sei.

Petuchowski folgert daraus: »Der Mythos des Noah-Bundes kann uns noch heute als Zugang zu den Weltreligionen von großer Hilfe sein. Auch der rabbinische Begriff von den ›Gerechten *unter* den nichtjüdischen Völkern‹ und sein juristischer Niederschlag in der Vorstellung von den ›Sieben Geboten der Söhne Noahs‹ können uns als Maßstäbe bei der Beurteilung der nicht-biblischen Religionen dienen. Dabei wird wohl auch ausschlaggebend bleiben, daß die Rabbinen von den ›Gerechten unter den Völkern‹ sprachen – ohne damit alle Völker automatisch als ›gerecht‹ zu bezeichnen. Der sittliche Maßstab wird nicht aufgegeben ... Melchisedek war weder Jude, Christ noch Muslim. Dennoch nennt ihn die Bibel ›Priester des Höchsten Gottes‹, und entrichtet Abraham ihm den Zehnten. Gott hat seine Diener und seine Priester, wo auch immer er sie haben will, sogar außerhalb der biblischen Religionsgemeinschaften. Und Abrahams Nachkommen werden lernen müssen, diesen Dienern und Priestern Gottes die Achtung nicht zu verweigern.«[42]

In der nachfolgenden Diskussion hat der katholische Neutestamentler *Franz Mussner* seinem jüdischen Partner ausdrücklich zugestimmt und auf das »Geben und Nehmen« zwischen Melchisedek und Abraham noch einmal eigens hingewiesen: Melchisedek segne Abraham und preise Gott, den Allerhöchsten; und durch Abraham selber würden dann die Völker Segen empfangen. Das aber verbinde die Abrahamserzählungen gerade mit den Noaherzählungen in Genesis 9, und deshalb dürfe im Lichte der Noaherzählungen nicht verwundern, daß in Genesis 14 ein König von Jerusalem, Melchisedek, ein »Priester des Gottes, des Allerhöchsten« auftrete, der mit dem »Schöpfer Himmels und der Erde« und mit »Jahwe«, dem Gott Israels, identifiziert werde. Mussner wörtlich: »Mag die Melchisedek-Erzählung in Genesis 14 zunächst auch wie ein ›Fremdkörper‹ wirken, im Licht des Noahbundes zeigen sich universelle Heilszusammenhänge, die den Schöpfergott und den Gott Israels verbinden, die Völker in das Bundesheil miteinbeziehen und in den ›Weltreligionen‹, repräsentiert durch Noah und Melchisedek, ›Spuren der Wahrheit‹ finden lassen. Auch in den Weltreligionen sieht Gott seinen Namen verherrlicht«.[43]

Man wird deshalb der Abraham-Meditation des protestantischen Exegeten *Claus Westermann* nicht ohne innere Bewegung folgen, der Betrachtung eines Mannes, der – wie wir selber in diesem Buch des öfteren sahen – mehr als andere christliche Theologen durch seine Genesis-Kommentare dafür getan hat, daß die Abraham-Gestalt auch heute zum Leuchten kommt. Bei einem christlich-islamischen Religionsgespräch führte Westermann im Rahmen einer Gebetsstunde aus (und ist es ganz undenkbar, daß ein Muslim oder ein Jude dem zustimmen könnten?):

»Abraham steht am Anfang.
Er steht am Anfang in den drei Religionen, der des Judentums, des Christentums, des Islams. Könnte er, weil er für alle drei am Anfang steht, eine neue Bedeutung bekommen in einer Zeit, in der das Verhältnis der Religionen zueinander sich wandelt in einer säkularisierten Welt?
Er könnte eine neue Bedeutung gewinnen nur, wenn in den drei Religionen im Verständnis der Gestalt des Abraham etwas Gemeinsames gefunden werden könnte. Das sollte nicht unmöglich sein, wenn man sich klar macht: Abraham war kein Israelit, er war kein Muslim, er war kein Christ. Er war vor allen dreien.
Abraham steht am Anfang.
Darum war vieles bei ihm anders. Anders als bei den Israeliten, anders als bei den Christen, anders als bei den Muslimen. Abraham hat als Glied und als Vater einer Familie gelebt, die Familie war die sein Dasein bestimmende Gemeinschaftsform. Eine die Familie übergreifende, weitere Gemeinschaftsform gab es für ihn noch nicht. Abraham gehörte weder einem Stamm an, noch gehörte er einem Volk an, noch gehörte er einer die Familie übergreifenden Religions- oder Kultgemeinschaft an...
Auf seinem Weg durch die Zeit und auf seinem Weg durch den Raum war Abrahams Leben ein Leben mit Gott. Gott war in seinem Leben das Notwendige, das Selbstverständliche. Gott gab seinem Leben einen Sinn, Gott war mit ihm.
So elementar, so selbstverständlich, so notwendig war für ihn diese Gottesbeziehung, daß sie einer gedanklichen Begründung nicht bedurfte, daß sie eines vom alltäglichen Leben gesonderten Kultes, daß sie eines Theologen und Priesters noch nicht bedurfte. Wo es um Tod und Leben geht, haben die Theorien über Gott zu schweigen. Da gilt nur die Wirklichkeit Gottes. Darum war es auch eine Gottesbeziehung ohne Gegensätze. In der ganzen Vätergeschichte gibt es keine Spur eines Gegensatzes gegen andere Religionen, gibt es keine Spur von Polemik gegen andere Religionen.
Abraham steht am Anfang. Er ist kein großer Mann gewesen. Er hat keine großen Leistungen aufzuweisen. Aber er ist der Vater. Seine Gottesbeziehung war elementar, und darum war sie notwendig. Es ging in ihr um das Überleben, um das Überleben auf dem Weg durch die Zeit, um das Überleben auf dem Weg durch den Raum. Abraham hat sich auf diesem Weg an Gott gehalten.
Gott war mit ihm.«[44]

Wider alte und neue Götzendienerei

All diese Abraham-Texte der Schrift, all diese Auslegungen von jüdischer, christlicher und muslimischer Seite unterstreichen noch einmal auf eindrückliche Weise: Wer sich als Jude, Christ oder Muslim auf den Abraham der Genesis einläßt, der trifft eben nicht auf eine Situation des Kampfes, sondern der Friedfertigkeit und Integrationsfähigkeit. Abraham ist eben eine Figur auf der Grenze, ein Wanderer und Gottsucher. Wenn Juden, Christen und Muslime sich daran erinnern, wird Abraham nie der Garant von Traditionalismus, Dogmatismus und Ritualismus sein. Dann heißt Judesein, Christsein und Muslimsein im Geiste Abrahams: unterwegs sein zu dem je größeren, unbegreiflichen Gott, offen sein für die Anforderungen eines Lebens vor Gott, offen sein für Gottes unberechenbare Anwesenheit auch bei den jeweils anderen, bei Menschen, die man möglicherweise gerade ausgegrenzt hat.

Abraham zeigt: Glaube ist nicht etwas, was der Mensch einmal »hat« oder »besitzt«; Glauben heißt: ein Leben vor Gott leben im Zeichen der Ungesichertheit und Unverfügbarkeit. Mit Recht hat deshalb *Carlo Maria Martini*, in einem meditativen Abrahambuch davon gesprochen: »Abraham ist der Mensch, der Gott sucht. Abraham sind alle Menschen, die Gott suchen. Abraham ist jeder von uns auf seinem Weg zu Gott, jeder, der unterwegs ist, um seinem Wort zu folgen.«[45] Mit Recht hat deshalb *Youakim Moubarac* ein wesentliches Moment zum Verständnis des Islam herausgehoben, wenn er die Erfahrung Mohammeds an die Abraham-Erfahrung bindet, eine Erfahrung, die auch Juden und Christen wichtig ist: »Noch tiefer hat sich Mohammed in Abraham aufgrund einer gemeinsamen religiösen Lebenslage wiedererkannt. Es ist die des Menschen in der Wüste, fremd in der Welt und allein vor Gott ... Der Islam wurde nicht im Frieden der Wohnung des Vaters geboren, und er ist nicht dafür geschaffen, im Hause der legitimen Frau zu bleiben. ›Der Islam ist in der Fremde geboren‹, sagt der Hadith, ›und er wird als Fremder enden; selig sind die, die sich zu diesem Schicksal unter Fremden bekennen.‹ Diese Betrachtungsweise der Verheißung und des Erbes Abrahams als Bedingung geistiger Existenz ist nicht nur für den Islam interessant.«[46]

Aber Abrahams Toleranz ist keine billige – und hier liegt das Wahrheitsmoment solcher Traditionen (GenR 38, Sure 21), die Abraham als *Kämpfer wider die Götzen* schildern. Denn hier kämpft ja Abraham nicht gegen ein anderes Verständnis Gottes, eine andere Religion, sondern gegen Götzendienerei, was konkret heißt: Vergötzung irdischer Dinge, die sich in Wirklichkeit als Selbstfabrikationen des Menschen entlarven. Abrahams Toleranz also erstreckt sich nicht auf Idolatrie – damals oder heute. Im Gegenteil: Wer sich auf Abraham beruft, wird im Namen des einen und wahren Gottes jeder Idolatrie wehren. Und Idolatrie tritt heute nicht mehr in der Form der Anbetung holzgeschnitzter Götterbilder auf, sondern in neuen Transformationen: Nationalismus, Fremdenhaß, Konsumismus, Rassismus und Sexismus. Der deutsche evangelische Theologe *Martin Stöhr*, Präsident des Internationalen Rates der Juden und Christen, hat dies bei der Eröffnung einer Tagung über den »Segen Abrahams im Heiligen Land heute« (im Juli 1993 in Haifa/Israel) deutlich ausgesprochen: »Abraham ist kein bequemer Vater. Dem Midrasch Rabba und Sure 21 zufolge, zerstörte er die Idole, und in einem Tag riß er die Maske von Dingen, die nicht aus Gott waren, sondern aus menschlicher Kreation. Und die Idole antworteten nicht. Ich bin davon überzeugt, daß unsere Idole heute nicht länger aus Ton sind, wie die des Vaters Abraham. Ich vermute vielmehr, daß sie aus dem Rohmaterial von Vorurteil, Ignoranz und Angst bestehen. Aber sie scheinen eine hohe Ausdauer zu haben, und zuweilen erscheinen sie sogar recht fromm ... In meinem eigenen Land dienen neuerdings die Menschen den Idolen des Nationalismus, der Fremdenangst und des Antisemitismus«.[47]

4. Frieden machen durch Teilung und Vertrag

Daß Abraham nicht nur ein großer Kämpfer war, sondern auch ein großer Friedensstifter, davon berichtet die Genesis ausführlich. Wie haben Christen, Juden und Muslime dies je vergessen können?

Wie Abraham Frieden schloß

Frieden macht Abraham – folgen wir der Schrift – auf zweierlei Weise: durch Landteilung oder durch einen Friedensvertrag. Schon das zweite Kapitel der Abrahamsgeschichte (Kap. 13) berichtet von Abrahams Friedensfähigkeit. Denn zwischen den Hirten Abrahams und den Hirten seines Enkels Lot war es zum Streit gekommen über die besten Weideplätze im Land. Das Land war zu eng für beide geworden, zumal auch noch andere Völker wie die Kanaaniter und Perisiter hier siedelten. Und was tut Abraham? Er stiftet Frieden, indem er eine *Landteilung* vornimmt:

> »Da sagte Abram zu Lot: Zwischen mir und dir, zwischen meinen und deinen Hirten soll es keinen Streit geben; wir sind doch Brüder. Liegt nicht das ganze Land vor dir? Trenn dich also von mir! Wenn du nach links willst, gehe ich nach rechts; wenn du nach rechts willst, gehe ich nach links. ... Da wählte sich Lot die ganze Jordangegend aus. Lot brach nach Osten auf, und sie trennten sich voneinander.« (13,8f)

Und wer könnte die zweite Friedens-Geschichte vergessen? Es ist die Gründungs-Legende des Ortes Beerscheba in der Wüste Negev. Denn als es zwischen Abraham und dem Philister Abimelech zu einem Streit wegen eines Brunnens kommt, schließt Abraham mit ihm einen *Vertrag*, den er mit der Übergabe von sieben Lämmern an Abimelech bekräftigt:

> »Die sieben Lämmer, sagte er (Abraham), sollst du von mir annehmen als Beweis dafür, daß ich diesen Brunnen gegraben habe. Darum nannte er den Ort Beerscheba (Siebenbrunn, oder Eidbrunn); denn dort leisteten beide einen Eid. Sie schlossen also zu Beerscheba einen Vertrag. Dann machten sich Abimelech und sein Feldherr Pichol auf und kehrten ins Philisterland zurück. Abraham aber pflanzte eine Tamariske in Beerscheba und rief dort den Herrn an unter dem Namen: Gott, der Ewige.« (21,30-33)

Frieden schaffen mittels Landteilung und Verträgen: Wer könnte die Analogien zur heutigen politischen Lage übersehen? Juden, Christen und Muslimen betrachten sich als Kinder Abrahams, sie tun aber im konkreten Fall (Bosnien, Israel-Palästina) das Gegenteil von ihrem Vater Abraham. Sie verkrallen sich in grauenhafte Kämpfe um ein und dasselbe Land, das sie nicht zu teilen vermögen. Sie sind unfähig zum Abschluß von Friedensverträgen, da ihnen das gegenseitige Vertrauen fehlt, da ihre Herzen voll sind von Mißtrauen, Verachtung und Haß. Das Beispiel Abraham wird in gegenseitigen Schußwechseln, Bombenteppichen und Terrorübergriffen zerfetzt wie Rauch in der Luft ...

Friedensstimmen im Geiste Abrahams

Und doch gibt es auch hier Friedensstimmen im Geiste Abrahams, die Mut machen, Stimmen von Juden, Christen und Muslimen. Der britische Reform-Rabbiner *Jonathan Magonet* berichtet, er habe zusammen mit seinem Rabbiner-Kollegen Lionel Blue dafür gesorgt, daß in das Gebetbuch für die hohen Feiertage der Reformsynagogen Großbritanniens auch ein Gedicht des israelischen, 1904 in Polen geborenen Schriftstellers *Shin Shalom* (Shalom Joseph Shapira) aufgenommen wird – und zwar im »Bewußtsein des Problems der Versöhnung zwischen Israel und der arabischen Welt und der Notwendigkeit, dies innerhalb der Liturgie symbolhaft« zum Ausdruck zu bringen.[48] Am zweiten Tag des großen Festes Rosh Hashanah kann deshalb in allen Synagogen Großbritanniens folgendes Gedicht gelesen werden, in dem Shin Shalom aus seiner Erfahrung in Israel heraus die Versöhnung mit dem Stammvater der Araber, Ismael, beschwört:

»Ismael, mein Bruder,
wie lange sollen wir einander bekämpfen?
Mein Bruder aus vergangenen Zeiten,
mein Bruder – Hagars Sohn,
mein Bruder, der Wanderer.
Ein Engel war uns beiden gesandt,
ein Engel wachte über unserem Heranwachsen -
da ist die Wüste, toddrohend durch Durst,
ich, ein Opfer auf dem Altar, Sarahs Erster.
Ismael, mein Bruder,
hör mein Bitten:
es war ein Engel, der dich an mich band...

Die Zeit wird knapp, leg den Haß schlafen.
Schulter an Schulter, laß uns unsere Schafe tränken.«[49]

Erinnert sei auch an den 20. November 1977. Jahrzehntelang hatten Israel und Ägypten blutige und verlustreiche Kriege geführt; der letzte lag gerade vier Jahre zurück. Erbitterte Feindschaft zwischen den beiden Ländern herrscht. Da unternimmt der ägyptische Staatspräsident *Anwar el-Sadat* zur Verblüffung der Weltöffentlichkeit eine Reise nach Jerusalem und spricht vor dem israelischen Parlament, der Knesset. Gläubiger Muslim, der er ist, beginnt Sadat seine Friedensrede mit der Erinnerung daran, was Juden, Christen und Muslime gemeinsam haben: »Ich komme heute zu Ihnen, um von einer festen Basis aus eine neue Form des Lebens zu gestalten und Frieden herbeizuführen. Wir alle lieben dieses Land, dieses Land Gottes, wir alle, Muslime, Christen und Juden, die wir Gott verehren. Gottes Lehren und Gebote sind: Liebe, Ehrlichkeit, Sicherheit und Frieden.« Und dann erinnert Sadat im Verlauf seiner Rede nicht zufällig an die Gestalt Abrahams: »Das Schicksal will es, daß meine Friedensreise zu Ihnen zusammenfällt mit dem islamischen Heiligen Fest des Opfers Abrahams – Friede sei mit ihm -, dem Vorfahren der Araber und der Juden, dem Knecht Gottes, der nicht aus Schwäche, sondern aus einer gewaltigen geistigen Kraft und aus freiem Willen seinen eigenen Sohn opferte und auf diese Weise einen festen und unerschütterlichen Glauben an Ideale personifizierte, die für die Menschheit größte Bedeutung gehabt haben.«[50]

Abrahamische Friedensmission: Anwar el-Sadat

Anwar el-Sadat wollte hier bewußt die Abraham-Tradition zum Leuchten bringen, um sie auch Juden und Christen vorbildhaft vor Augen zu stellen. Abraham steht bei ihm für den unerschütterlichen Glauben an die »geistige Kraft«, die Opferbereitschaft und das Festhalten an Idealen. Das alles braucht es, damit die Völker zu neuen Ufern geführt werden können. Sadats Reise zeigt, daß tiefe religiöse Überzeugungen die Realpolitik positiv beeinflussen können. *Realpolitik und Spiritualität* müssen keine getrennten Bereiche sein, sondern können zum Wohle der Völker zusammenspielen. Der religiöse

Glaube kann eine Fackel sein. Sie aber sollte nicht ständig der Politik hinterhergetragen werden, sondern den Weg der Politik erleuchten. Anwar el-Sadat ist dafür ein Beispiel.

Ja, wie ernst es dem gläubigen Muslim Sadat mit seiner Friedensmission im Geiste Abrahams war, bezeugt ein unvoreingenommener Zeitgenosse, der frühere deutsche Bundeskanzler *Helmut Schmidt.* In seinen Erinnerungen findet sich ein Gespräch, das er mit Sadat in den 70er Jahren geführt hat:

> »Ich werde nie ein stundenlanges Gespräch vergessen. Wir fuhren den Nil aufwärts, es war dunkel, und wir haben, glaube ich, die ganze Nacht unter einem Sternenhimmel gesessen und philosophiert. Das heißt, im wesentlichen hat er gesprochen; ich habe immer nur Fragen gestellt. Er erzählte Dinge, die mir damals – das ist beinahe zwei Jahrzehnte her – ganz unbekannt waren. Er erzählte, daß in der Mohammed zuteil gewordenen Offenbarung, wie sie im Koran ihren Niederschlag findet, alle drei Schriftreligionen in großem Respekt behandelt werden. Ich hatte nicht gewußt, daß alle drei die gleichen Propheten nennen, mit zwei Ausnahmen: Die Thora enthält nicht den christlichen und koranischen Propheten Jesus, und das Neue Testament enthält nicht den islamischen Propheten Mohammed. Aber im übrigen kommen sie fast alle in den drei Heiligen Schriften vor. Besonders beeindruckt hat mich seine Darstellung, wonach alle drei monotheistischen Schriftreligionen ihre Offenbarung am Sinai erfahren hatten, daß wir alle Kinder Abrahams seien. In allen drei Religionen empfängt Mose die Tafeln. Es muß doch möglich sein, daß den Menschen wieder bewußt gemacht wird: Sie alle stammen aus derselben Wurzel. Dann muß es möglich werden, daß sie zum Frieden miteinander finden.«[51]

Anwar el-Sadat war in der Tat ein Politiker, der begriffen hatte, daß ohne Einbeziehung der religiös-spirituellen Dimension der Menschen ein Frieden auf Dauer nicht zu haben sein wird. Denn ohne diese Dimension wird es kein Vertrauen geben, das den politisch gewünschten und juristisch ausgehandelten Verträgen Dauerhaftigkeit verleiht. Ja, eine Friedenspolitik aus religiöser Überzeugung kann ganz anders die Gewissen prägen, die Herzen ergreifen und Menschen, die früher Feinde waren, zur Umkehr bewegen. »Der Islam«

hört dann auf, für Menschen im Westen, »der Westen« hört dann auf, für Muslime das Feindbild zu sein, die Projektionsfolie für Ängste, Kriegsszenarien und apokalyptische Dramen. Abrahamische Ökumene beginnt mit einer Ent-feindung der Kinder Abrahams. Aus Ver-gegnungen werden endlich echte Be-gegnungen.

Die Friedensbereitschaft aber braucht ihre Friedenssymbole. Und auch die abrahamische Ökumene braucht nicht nur ihre theologische Fundierung und praktische Umsetzung, sondern auch ihre symbolische Repräsentation: Orte der Abraham-Erinnerung, welche die Religionen nicht trennen, sondern in Gespräch und Gebet zusammenführen können. Im Lande Abrahams gibt es dafür zwei Orte von großer symbolischer Tiefenbedeutung.

Friedensorte der Kinder Abrahams: Hebron – Jerusalem?

Wir erinnern uns an das, was die Genesis berichtet: Abraham starb mit 175 Jahren, »betagt und lebenssatt«, und wurde in der *Höhle von Machpela bei Mamre* (heute: Hebron) bestattet, dort, wo er ein Grundstück sich zuvor erworben hatte. Und an seinem Grab stand nicht nur sein Sohn Isaak, sondern überraschenderweise auch der vertriebene Sohn Ismael. Mit diesem Text (Gen 25,7-11) hat Israel ein für allemal eine Szene von ergreifender Symbolik überliefert, ein Bild der Versöhnung von Brüdern, die man zu Feinden gemacht hatte und die dennoch fähig sind, Seite an Seite an der Leiche ihres gemeinsamen Vaters zu stehen.

Hebron heißt arabisch denn auch in Anspielung auf Abraham al-Khalil, Stadt »des Freundes« des barmherzigen Gottes. Und die Grabstätte Abrahams dort heißt Haram al-Khalil. Diese Stätte ist von einzigartiger Bedeutung, theologisch wie ökumenisch, und zwar für alle drei Religionen. Denn hier befinden sich neben der Grabstätte Abrahams der Überlieferung nach auch die Gräber von Sara, Isaak, Rebecca, Leah und Joseph. Hier haben sich die drei Religionen in Mauern und Gebäuden »verewigt«: Der Raum mit den Grabstätten wurde im Mittelalter zu einer christlichen Kirche, erbaut unter Benutzung herodianischer Fundamente und Mauern. In der muslimisch-mamelukischen Epoche wurden zwei Moscheen an den beiden Längsseiten dieser ehemaligen Kirche angefügt. Seit 1967 befindet sich zwischen den Grabstätten von Sara und Abraham auch eine Synagoge.

Hebron, al-Khalil, liegt heute auf der »Westbank«, in den »besetzten Gebieten«. Und ähnlich wie in Jerusalem prallen auch hier theologische Symbolik (»Stadt des Freundes Gottes«) und politische Realität schonungslos aufeinander. Bis auf die Zähne bewaffnet stehen sich hier Söhne Isaaks und Söhne Ismaels als erbitterte Feinde gegenüber. Hetze, Haß und Mißtrauen auf beiden Seiten. Todesopfer sind – zumal seit der Intifada – seit Jahren an der Tagesordnung. Noch am 25. Februar 1994 richtete hier der Amok-Lauf eines fanatisierten israelischen Siedlers ein entsetzliches Blutbad an – am Grabe Abrahams und Saras! Mit dem erklärten Ziel, den Friedensprozeß zwischen Israelis und Palästinensern zu untergraben, drang dieser einer ultrareligiösen Splittergruppe angehörige Fanatiker in die Ibrahim-Moschee zu Hebron ein und feuerte dort auf betende (!) Menschen, bevor er selber umkam. 29 Tote und Dutzende von Verletzten blieben zurück...

Eine Schockwelle des Entsetzens ging vor allem durch diejenigen Gruppen in Israel, die ihre Hoffnung ganz auf den Friedensprozeß gesetzt hatten. Maßnahmen wurden ergriffen, diesen Prozeß des Friedens nicht wieder im Blut ersticken zu lassen, nachdem er im September 1993 so hoffnungsvoll begonnen hatte und kurz vor konkreten vertraglichen Vereinbarungen stand. Der israelische Publizist *Uri Avnery* stellte zu Recht dieses Ereignis in einen größeren religiösen und politischen Kontext: »Die Machpela-Höhle ist – abgesehen vom Tempelberg zu Jerusalem – der empfindlichste Ort im ganzen Land. Der biblischen Legende nach sind dort die Erzväter und -mütter begraben. Abraham, der legendäre Vater aller Juden und Araber, kaufte sie, um hier seine geliebte Frau Sara zu bestatten. Heute steht dort ein Bauwerk, das Moslems wie Juden heilig ist ... Am 24. August 1929 waren in Hebron 67 fromme Juden von Arabern umgebracht worden. Viele andere wurden damals von Arabern gerettet, aber die jüdische Gemeinde war so gut wie ausgelöscht. Nach dem Sechstagekrieg schließt sich eine Gruppe rechtsradikaler Siedler dort ein und wurde dann von der Regierung der Arbeitspartei nebenan in Kirjat Arba angesiedelt. Die extremen Ultras aber etablierten sich unter Armee-Schutz im Zentrum Hebrons selbst. Seitdem ist diese Stadt

Schauplatz ununterbrochener Gewaltakte.«[52] Mittlerweile freilich ist die verantwortliche ultraorthodoxe religiöse Splittergruppe von der israelischen Regierung als das eingestuft worden, was sie in Wirklichkeit war: eine Terrororganisation. Sie wurde verboten. Muslimisch-palästinensische Terroristen ihrerseits aber haben das Massaker von Hebron zum Anlaß genommen, ihre eigene Mordpolitik fortzusetzen. Bei einem Terroranschlag im April 1994, gerechtfertigt als »Rache für Hebron«, fielen in der Stadt Afula acht unschuldige israelische Bürger einem Bombenattentat zum Opfer...

Und doch gibt es nach wie vor ungezählte Menschen gerade auch unter Israelis und Palästinensern, welche nicht länger bereit sind, den Frieden von Terroristen zerbomben zu lassen. Und ungezählte Menschen gibt es auf beiden Seiten, welche die Hoffnung auch auf eine religiöse Verständigung nicht aufgegeben haben. So hat *Shalom Ben-Chorin* noch jüngst der Vision Ausdruck gegeben, daß gerade diese Grabstätte Abrahams zu einer *Stätte ökumenischer Begegnung* werden möge: Juden und Muslime versöhnt wie Isaak und Ismael am Grabe ihres Stammvaters Abraham, nachdem sie sich jahrzehntelang in erbitterter Feindschaft bekämpft haben. Und man wird in der Tat fragen dürfen: Ist es völlig undenkbar, daß trotz aller Morde und trotz allem Haß eines Tages geschieht, was Ben-Chorin uns vor Augen stellt? »Ismael und Isaak waren einander nicht hold, aber an der Leiche ihres Vaters vereinigten sie sich und begruben ihn gemeinsam in der Höhle Machpela in Hebron. Diese Gemeinsamkeit ist heute vergessen. Die Höhle Machpela ist heilige Stätte der Juden und Araber, eigentlich nicht die Höhle selbst, sondern die Moschee, die sich darüber erhebt; sie wird von den Arabern beansprucht, ist aber fraglos auch den Juden als zugehörig zu betrachten. Niemand denkt heute daran, diese heilige Stätte des Judentums und des Islam zum Schauplatz ökumenischer Begegnung zu machen, was durchaus der biblischen Tradition entsprechen würde«.[53] Ja, in einem Interview hat Ben-Shorin der Hoffnung Ausdruck verliehen: »Abraham hatte zwei Söhne: Ismael, den Stammvater der Araber, und Isaak, den Stammvater der Juden. Sie waren einander nicht hold. Aber an der Leiche ihres Vaters, in der Höhle Machpela in Hebron, haben sie gemeinsam getrauert und sich versöhnt. Es ist meine Hoffnung und mein Gebet, daß sich diese Versöhnung wiederholt«.[54]

Aber wäre nicht noch eine weitere Friedensstätte ökumenischer Versöhnung im Lande Abrahams denkbar: der *Tempelberg zu Jerusalem* (arab. Haram esh-Sharif)? Der katholische Theologe *Hans Küng* hat in seinem Buch »Das Judentum« (1991) eindringlich diese Möglichkeit ins Spiel gebracht.[55] Und in der Tat ist dieser Platz von überragender theologischer Bedeutung, ist doch Jerusalem nicht nur für Juden und Christen, sondern auch für Muslime der Treffpunkt der Kinder Abrahams. Hier hatten bekanntlich der erste und zweite Tempel gestanden – an dem Ort, den man seit König Salomos Zeiten mit »Moria« identifziert (die Genesis spricht nur allgemein vom »Land Moria«). Dies ist der Ort, an dem der Überlieferung zufolge Abraham seinen Sohn Isaak hatte opfern sollen. Über einem riesigen nackten Felsen mitten auf dem Tempelberg erhebt sich seit dem Jahre 691 ein einzigartiges Bauwerk: der Felsendom (arab.: Kubbat al-Sakhra), das drittwichtigste Heiligtum des Islam nach Medina und Mekka. Dieser Felsendom ist nach heutiger muslimischer Tradition die Gedenkstätte für des Propheten Mohammed Himmelsreise, auf der er ja – wie wir hörten – der nachkoranischen Überlieferung zufolge nicht nur Abraham begegnet war, sondern geradezu seine physische Identität mit Abraham entdeckt hatte. Es dürfte also kein Zufall sein, daß die muslimische Tradition die Himmelsreise des Propheten hier lokalisiert sieht (der Koran in der immer wieder hierfür zitierten Sure 17 gibt keinen genauen Ort an), war dieser Ort doch schon für Juden und Christen in einzigartiger Weise mit Abraham verbunden, dessen »Religion« der Islam zu sein beansprucht.

Jahrhundertelang ist an diesem Ort *exklusivistische Religionspolitik* getrieben worden, was bis heute anhält. Extremistische jüdische Gruppen betreiben den Wiederaufbau ihres Tempels (zum dritten Mal, nachdem in den vergangenen 19 Jahrhunderten zwei Versuche in dieser Richtung gescheitert waren). Christen – zunächst an diesem von Jesus »verfluchten« Ort (vgl. Mk 13,2) nicht interessiert – haben unter der Kreuzfahrer-Herrschaft (1099-1291) die hier mittlerweile errichteten muslimischen Bauwerke zu Residenzzwecken (el-Aksa-Moschee) oder als Kirche (Felsendom) benutzt – so die Überlegenheit des Christentums über Judentum und Islam demonstrierend: Eine Kirche anstelle des Tempels! Eine Kirche in einer Moschee! Die Muslime ihrerseits haben vor und nach der Kreuzfahrerzeit bis auf den heutigen Tag den Tempelberg nicht bloß als fromme Erinnerungsstätte an Abraham und Mohammed betrachtet. Schon der Gründer des Felsendoms, der Umayaden-Kalif Abd al-Malik, hatte dieses einzigartig Bauwerk errichten lassen mit der Absicht, Juden und Christen genau an dieser Stelle die Überlegenheit des Islam geradezu räumlich-architektonisch vor Augen zu führen.

Jeder Besucher dieses ungemein eindrucksvollen Platzes spürt denn auch geradezu physisch: Dieser Ort ist mit religionspolitischer Energie aufgeladen. Muslime sind die stolzen Herren des Platzes, und jeden Freitag hallt er wider vom Gebetsruf der Mullahs. Christen betreten diesen Platz mit gemischten Gefühlen, können sie doch vom Schicksal Jesu, das vom Tempel wesentlich mitbestimmt wurde, nicht einfach absehen. Und ein orthodoxer Jude weigert sich bis heute, diesen Platz zu besuchen – und zwar aus Angst, er könnte das in seiner genauen Lokation unbekannte ehemalige innerste Heiligtum des Tempels betreten. Aber Hunderte von Juden stehen täglich unterhalb des Platzes an der sogenannten »westlichen Mauer«, und die Luft vibriert von ihren Gebeten. Nicht selten ist auch der Tempelberg Ausgangspunkt entsetzlicher Gewalt. Noch am 8. Oktober 1990 war es hier zu einem schockierenden Massaker an Palästinensern durch israelische Sicherheitskräfte gekommen, bei dem 20 Muslime getötet und Dutzende verwundet worden waren ...

Aus begreiflichen Gründen sind Muslime übervorsichtig, ökumenische Pläne mit diesem Platz zu akzeptieren, fürchten sie doch den Verlust der Kontrolle über ihr drittwichtigstes Heiligtum. Vielleicht können deshalb Christen hier freier als andere ihrer abrahamischen Geschwister zum Nachdenken einladen. Christen verbinden ja theologisch mit diesem Platz keinerlei Ansprüche. Christen können von daher ohne eigene Interessen selbstlos für ökumenisches Bewußtsein werben – und zwar in der Überzeugung: Abrahamische Ökumene ist das Gegenteil mißtrauischer, auf Abgrenzung oder Übertrumpfung bedachter Religionspolitik. Grundlage abrahamischer Ökumene ist – so haben wir sie beschrieben – eine Theologie des universalen Friedens, die auf Respekt für das je andere Glaubenszeugnis beruht. Mit Recht schreibt *Youakim Moubarac*: »Der Islam fordert Juden und Christen auf, zu einem Einverständnis zwischen ›Schriftbesitzern‹ zu kommen... Die Herausforderung des Islam stellt sich auf diese Weise als die eines sozusagen praktischen Monotheismus dar, der in die Ordnung der Zeiten unter Erwartung des Tages von Gottes Urteil einzufügen ist. Juden und Christen obliegt es, den einen aus Gründen der Hoffnung, den anderen aus Gründen der Liebe, das Herannahen dieses Tages zu beschleunigen. Der Islam, der keineswegs widerspricht, fordert Christen vielmehr auf, sich aufrichtig zu zeigen und treu zu ihrem Wort zu stehen; er lädt sie ein, im Glauben an den Gott Abrahams zur Einheit der Welt zu kommen. Überdies verleiht die Tatsache, daß die überwiegende Mehrheit der Völker, die sich zu ihm bekennen, mit den Massen der dritten Welt zusammenfällt, seiner Einladung eine besondere Aktualität.«[56]

Wäre es deshalb nicht denkbar – nach einer politischen und rechtlichen Regelung für alle »heiligen Stätten« -, daß Juden, Christen und Muslime sich zu bestimmen Anlässen gerade im Felsendom versammelten, um ihrer Stammeltern Abraham, Hagar und Sara zu gedenken sowie zu dem einen Gott zu beten, den schon Abraham und Sara verehrten, den Jesus von Nazaret seinen »Vater« nannte und den auch der Prophet Mohammed als barmherzigen Gott erfuhr? Beten selbstverständlich nicht als Teil des jeweiligen offiziellen Ritualgebetes am Freitag, Sabbat oder Sonntag, wohl aber in informeller Weise, spontan, frei, ungebunden? Könnte deshalb nicht gerade dieser einzigartige Felsendom zu einer spirituellen Friedensstätte für Juden, Christen und Muslime werden, die sich hier jahrhundertelang ihre Überlegenheit vordemonstrierten – so das Erbe ihrer eigenen Stammeltern verratend? Hat aber ein solcher Vorschlag überhaupt Aussicht, ernst genommen zu werden? Ein ermutigendes Zeichen kommt – nachdem ein erster Friedensschluß zwischen Palästinensern und Israelis im September 1993 vereinbart wurde – gerade auch von muslimischer Seite. Auf die Frage des deutschen Nachrichtenmagazins »Focus« an den jordanischen *König Hussein*, der christliche Theologe Hans Küng habe den Felsendom als Symbol der Gottesverehrung sowie der Einheit und Versöhnung der drei abrahamischen Religionen vorgeschlagen, antwortete der König: »Jerusalem kann dieser Ort der Versöhnung sein. Was ich mir vorstelle, ist der hier angesprochene Geist«.[57]

5. Gemeinsam beten um Frieden und Versöhnung

Aber können Juden, Christen und Muslime überhaupt miteinander beten? Wir können hier keine umfassende interreligiöse Theologie des Gebetes entwickeln.[58] Nur Hinweise in praktischer Absicht sind möglich. Sie aber sind unverzichtbar, weil viele für interreligiöse Ökumene engagierte Menschen gerade in dieser Frage verunsichert und zurückhaltend sind. Theologisch muß deshalb folgendes gesagt werden:

Darf man miteinander beten?

(1) Gebete sind nicht »Orte« theologischer Kontroversen oder künstlicher theologischer Synthesen. Was theologisch im Vorfeld nicht geklärt wurde, kann nicht einfach Gegenstand eines gemeinsamen Gebetes sein. Man kann nicht theologische Differenzen einfach wegbeten wollen. Christen werden deshalb Juden und Muslimen nie zumuten, Gebete mitzusprechen, die trinitarische Formeln benutzen. Umgekehrt kann von Christen nicht verlangt werden, daß sie Gebete mitsprechen, in denen in besonderer Weise das jüdisches Gesetzverständnis oder das islamische Heilsverständnis betont werden. Wenn Juden, Christen und Muslime miteinander beten, dann nur als Ausdruck gemeinsamer Überzeugungen. Dabei dürften insbesondere solche Gebete möglich und sinnvoll sein, die um Gottes Segen für den Frieden bitten sowie um die Weisheit, die Differenzen zwischen den Religionen stärker im Lichte schon bestehender Gemeinsamkeiten zu betrachten. Gebete also um Gottes Kraft und Weisheit zur Verständigung und Versöhnung, nachdem wir Menschen uns immer wieder als so schwach und kleingeistig erweisen.

(2) In der Gebetspraxis der verschiedenen Traditionen sind bereits Elemente der je anderen Traditionen »aufgehoben«. So können Christen seit jeher Gebete mitsprechen, die auch dem Judentum teuer sind: insbesondere die Psalmen. Von daher dürfte es für Christen keine Schwierigkeit sein, mit Juden zusammen zu beten und sich dabei Gebete aus der jüdischen Tradition zueigen zu machen. Die jüdische Theologin *Pnina Navè* hat ein solches eindrucksvolles jüdisches Gebetbuch »für Christen« zusammengestellt.[59] Was ja umgekehrt

heißt: Juden dürften keine unüberwindbaren Schwierigkeit haben, Gebete christlicher Tradition zu sprechen, die ihre jüdische Herkunft noch erkennen lassen: das »Unser Vater« etwa, das der Jude Jesus von Nazaret seine jüdischen Jünger lehrte und dessen Strukturelemente die Synagoge bis heute in ihrem eigenen Gebetsleben bewahrt hat. Juden und Christen können also zusammen »wie Jesus« beten, was nach Pnina Navè konkret heißt: »Beten, wie Jesus es lehrte, ist das Hinhören auf den Bruder und den Fremden. Es ist Kraftschöpfen und Ausbreiten, Nachdenken und Alleinseinkönnen, um dann wieder ganz mit anderen zu leben und zu wirken. Es ist Bereitsein für den ständigen Dienst.«[60]

(3) Wie aber steht es mit dem Verhältnis von Juden und Christen einerseits zu den Muslimen andererseits? Die Antwort kann nach all dem, was wir über die theologischen Grundlagen einer abrahamischen Ökumene gehört haben, nur lauten: Wenn Christen Ernst machen mit der Tatsache, daß auch Muslime denselben Gott anbeten, dann können sie auch mit Muslimen zusammen Gebete an diesen Gott richten: den Schöpfer des Himmels und der Erde, den barmherzigen und gnädigen Lenker der Geschichte, den Richter und Vollender von Welt und Menschheit. Dasselbe dürfte für Juden gelten: Wenn sie die Gegenwart des Patriarchen Abraham in den anderen Geschwistern anerkennen können, dann können sie nicht nur mit Christen, sondern auch mit Muslimen zusammen zu diesem Gott beten. Die international bekannte Orientalistin *Annemarie Schimmel* hat in diesem Sinn ein Büchlein »Gebete aus dem Islam« (1978) zusammengestellt, strukturiert nach den Bitten des »Vater unser«. Empfehlend hat der damalige Präsident des Vatikanischen Sekretariats für die Nichtchristen dazu geschrieben: »Diesen ebenso notwendigen wie oftmals schwierigen Bemühungen (um Zusammenarbeit) würde aber gleichsam die Seele fehlen, wollte man das Gebet dabei außer acht lassen, in dem der gemeinsame Glaube an den einen Gott seinen lebendigen Ausdruck findet. Es ist deshalb zu begrüßen, wenn der Gebetsschatz der islamischen Religion in einer ebenso sachkundigen wir sorgfältigen Auswahl den christlichen Betern nahegebracht wird. Hiermit verbindet sich die Hoffnung, daß dieses Buch als Instrument einer geistlichen Annäherung zwischen Christen und Muslimen seine guten Dienste vielen erweisen möge.«[61]

In ungezählten Treffen der drei abrahamischen Religionen überall auf der Welt wird mittlerweile in diesem Sinne zwischen Juden, Christen und Muslimen nicht nur analysiert und diskutiert, es wird auch gebetet. Mit Recht hat deshalb der um die abrahamische Ökumene verdiente christliche Theologe *Walter Strolz* herausgestellt: »Was das Gebet betrifft, so ist mit Entschiedenheit festzuhalten, daß gerade durch die *wechselseitige* Freilegung des Gebetsschatzes von Judentum, Christentum und Islam künftige Religionsgespräche eine breitere religiöse und mitmenschliche Grundlage erhalten könnten«.[62]

Erinnert sei deshalb an eines der eindrücklichsten ökumenischen Ereignisse der neueren Kirchengeschichte: das *Friedenstreffen* der Religionen in der Stadt eines der größten Christen, der auch außerhalb des Christentums Verehrung genießt: in der Stadt des Heiligen Franziskus, *Assisi*, am 27. Oktober 1986. Mit dem Oberhaupt der katholischen Kirche versammelten sich Religionsführer aller großen Weltreligionen, darunter Vertreter des Judentums und des Islam. Zwar haben die Religionen dort noch nicht gemeinsam gebetet, wohl aber gleichzeitig.[63] Doch gerade für Juden, Christen und Muslime dürfte es keine unüberwindlichen theologischen Hindernisse geben, wenn sie nicht nur wie in Assisi nebeneinander, sondern miteinander zu dem einen und selben Gott beten, zu dem schon Abraham gebetet hatte.

Das Vatikanische Sekretariat für die Nichtchristen hat dazu 1981 das Nötige und Richtige gesagt und dabei von einer abrahamischen Gastfreundschaft gesprochen:

> »Es kann geschehen, daß Christen und Muslime das Bedürfnis empfinden, miteinander zu beten, wobei sie gleichzeitig auch feststellen, wie schwierig das ist. Offenbar müssen beide das rituelle Gebet und den offiziellen Kult des Partners respektieren, ohne direkt daran teilnehmen zu wollen. Es genügt, sympathischer Zeuge zu sein, wo jemand dazu eingeladen wird, oder wo einer im Namen der abrahamischen Gastfreundschaft bittet, zugegen sein zu dürfen. Der wahre Dialog verlangt hier, aufdringliche Einladungen zu unterlassen. Sie wären nur Anlaß zu Mißverständnissen. Manche sähen darin eine versteckte Form von Proselytismus, andere vermuteten praktischen Syn-

kretismus. Dasselbe gilt von der gegenseitigen Benutzung der Heiligen Bücher und der Glaubensdokumente. Der Koran gehört an erster Stelle den Muslimen, und die Fatiha ist sein ihm eigenes Gebet. Ebenso wie das Neue Testament zunächst den Christen gehört und wie das Vaterunser Ausdruck vor allem ihres Glaubens ist. Es ist Hochachtung vor dem Glauben der anderen, hier jeden Versuch von Annexion zu unterlassen. Man könnte sich hingegen denken, daß man auf der einen wie auf der anderen Seite im Beispiel der Mystiker und Heiligen die notwendige Kühnheit findet, gemeinsame Formen des Lob- und Bittgebetes zu entwickeln, die ein gemeinschaftliches Gebetserlebnis erlauben.«[64]

Wie man miteinander beten könnte

Das Schlüsselgebet der *islamischen Traditio*n ist in der Tat die Eröffnungssure des Koran, die Fatiha. Sie wurde in Assisi ebenso gesprochen wie auch bei anderen ökumenischen Treffen.[65] Juden und Christen müssen hier keine Berührungsängste haben, wenn sie stets im Bewußtsein halten, daß dieses Gebet eben zuerst den Muslimen gehört:

> »Im Namen Allahs, des Allbarmherzigen!
> Lob und Preis sei Allah,
> dem Herrn aller Weltenbewohner,
> dem gnädigen Allerbarmer,
> der am Tage des Gerichtes herrscht.
> Dir allein wollen wir dienen,
> und zu dir allein flehen wir um Beistand.
> Führe uns den rechten Weg,
> den Weg derer, welche sich Deiner Gnade freuen –
> nicht den Pfad jener, über die du zürnst
> oder die in die Irre gehen!«

Das gleiche gilt für das Gebet Abrahams, wie es der Koran enthält:

> »O Herr, auf dich vertrauen wir, und zu dir wenden wir uns voll Reue, und zu dir geht unsere Reise. Unser Herr, mach uns nicht zur Versuchung für jene, die nicht glauben, und vergib uns, o unser Herr. Wahrlich, du bist der Mächtige, der Weise.« (Sure 60,4f)

Von *Juden* wurde in Assisi u.a. das folgende Gebet gesprochen. Christen und Muslime dürften keinen Grund haben, hier nicht einzustimmen.

> »Unser Gott im Himmel, der Herr des Friedens, wird Gnade und Barmherzigkeit über uns und allen Völkern der Erde walten lassen, die seine Barmherzigkeit und Gnade erflehen und um Frieden bitten und ihn suchen.
> Unser Gott im Himmel, gib uns die Kraft, zu handeln, zu wirken und zu leben, bis der Geist von oben sich über uns zeigt und die Wüste zum Weinberg wird und der Weinberg sich als Wald erweist.«[66]

Christen haben in Assisi eines der eindrücklichsten Gebete des Heiligen Franziskus gesprochen. Müßten Juden und Muslime davon Abstand nehmen?

> »Herr,
> mach mich zu einem Werkzeug deines Friedens,
> daß ich liebe, wo man haßt;
> daß ich verzeihe, wo man beleidigt;
> daß ich verbinde, wo Streit ist;
> daß ich die Wahrheit sage, wo Irrtum ist;
> daß ich Glauben bringe, wo Zweifel droht;
> daß ich Hoffnung wecke, wo Verzweiflung quält;
> daß ich Licht entzünde, wo Finsternis regiert;
> daß ich Freude bringe, wo der Kummer wohnt.«[67]

In diesem Geist könnten auch bei ökumenischen Gebetstreffen zwischen Juden, Christen und Muslimen viele spontane Gebete formuliert werden. Ist doch das eine sicher: Ohne Gebet keine wirkliche, geistig vertiefte Ökumene, *ohne Spiritualiät keine Ökumenizität.* Es wäre an der Zeit, ein jüdisch-christlich-muslimisches *Gebetbuch* zu erarbeiten, das bei ökumenischen Anlässen benutzt werden könnte und wo all das an theologischen und spirituellen Erfahrungen eingeflossen wäre, was die letzten Jahre ökumenischer Gespräche zwischen Juden, Christen und Muslimen erbracht haben. Gerade auch für die noch in Zukunft anwachsende Zahl interreligiöser Ehen dürfte ein solches Gebetbuch von großer praktischer Bedeutung sein.

In einem solchen Gebetbuch könnte etwa die Meditation eines der größten Mystiker des Islam, *Ibn'Arabi* stehen, der im jüdisch-christlich-muslimischen Milieu Spaniens aufwuchs. Sie lautet:

> »Einem, dessen Religion verschieden ist von der meinen,
> werde ich nicht länger sagen:
> Meine Religion ist besser als die deine.
> Denn mein Herz ist bereit, jegliche Form anzunehmen,
> eine Weide für Gazellen zu sein,
> ein Kloster für Mönche,
> ein Tempel für Götzenbilder,
> die Ka'ba für den, der ein Gelübde gemacht hat,
> die Tafeln der Tora, die Schriftrolle des Korans.
> Für mich gibt es nur die Religion der Liebe:
> Wohin immer mich ihr Aufstieg führt,
> wird Liebe mein Bekenntnis sein und mein Glaube.«[68]

In einem solchen Gebetbuch könnte aber auch das Gebet stehen, das *Hans Küng* im Interesse der abrahamischen Ökumene entworfen hat:

> »Verborgener, ewiger, unermeßlicher, erbarmungsreicher Gott,
> außer dem es keinen anderen Gott gibt.
> Groß bist Du und allen Lobes würdig.
> Deine Kraft und Gnade erhält das All!
> Du Gott der Treue ohne Falsch, gerecht und wahrhaftig,
> hast den Abraham, Deinen Dir ergebenen Diener,
> zum Vater vieler Völker erwählt
> und hast gesprochen durch die Propheten.
> Dein Name sei geheiligt und gepriesen in aller Welt,
> und Dein Wille geschehe, wo immer Menschen leben.
> Lebendiger und gütiger Gott, erhöre unser Gebet:
> Groß geworden ist unsere Schuld.
> Vergib uns Kindern Abrahams unsere Kriege,
> unsere Feindschaften, unsere Missetaten gegeneinander.
> Erlöse uns aus aller Not und schenke uns den Frieden.
> Segne Du, Lenker unseres Geschicks,
> die Leiter und Führer der Staaten,
> daß sie nicht gieren nach Macht und Ehre,
> sondern handeln in Verantwortung für das Wohlergehen
> und den Frieden der Menschen.
> Führe Du unsere Religionsgemeinschaften und ihre Vorsteher,
> damit sie die Botschaft vom Frieden nicht nur verkünden,
> sondern auch selber leben.

Uns allen aber, und auch denen, die nicht zu uns gehören,
schenke Deine Gnade, Barmherzigkeit und alles Gute
und führe uns Du, Gott der Lebendigen,
auf dem rechten Weg in Deine ewige Herrlichkeit.«[69]

Unterwegs zur Sache Abrahams

»Ihr Leute der Schrift! Warum streitet ihr über Abraham, wo doch die Tora und das Evangelium erst nach ihm herabgesandt worden sind? Habt Ihr denn keinen Verstand? Ihr habt da über etwas gestritten, worüber ihr (an sich) Wissen habt. Abraham war weder Jude noch Christ. Er war vielmehr ein Gott ergebener Hanif und kein Heide« – so der Koran, Sure 3,65-67. Wir sind am Ende dieses Buches, aber nicht am Ende der Sache. Diese weist in die Zukunft. Denn eine Ökumene zwischen Juden, Christen und Muslimen steckt erst in den Anfängen. Sie aber wird es nur geben, wenn man die Wahrheit, die in der zitierten Koranstelle ausgesprochen ist, ernst nimmt und auch den Islam davon nicht ausklammert. Ihr Leute der Schrift – warum streitet ihr über Abraham? War Abraham nicht früher als Tora und Evangelium, früher aber auch als der Koran, früher also als Judentum, Christentum und Islam? Wer diese Frage ernst nimmt, muß es in der Tat als vor Gott unverantwortlich empfinden, wenn diejenigen Religionen, die ursprünglich nichts anderes wollten als den Glauben Abrahams zum Leuchten zu bringen, ausgerechnet unter Berufung auf Abraham sich weiter ausgrenzten, anfeindeten, ja bekriegten. Der gemeinsame Ursprung wäre als Quellgrund der Wahrheit wiederzuentdecken.

Anders gesagt: Abrahamische Ökumene wird es nur geben, wenn Menschen in allen drei Religionen einsehen: Keine der großen Traditionen kann Abraham für sich allein beanspruchen, keine die Überlegenheit der eigenen Tradition von Abraham her legitimieren. Abraham ist größer als alle jüdischen, christlichen und muslimischen Abrahambilder von ihm. Abraham ist gottgläubiger und damit herausfordernder für alle Traditionen, die ihn für ihre eigenen Selbstprofilierungszwecke funktionalisieren. Abraham ist also weder Jude noch Christ, aber auch nicht einfach ein Anhänger des Islam, sondern der *»Freund Gottes«* (nach Jes 41,6, Jak 2,23, Sure 4,125), der die *Freund-*

schaft zu Gott lehren kann. Und diese Freundschaft zu Gott sollte nicht dadurch verspielt werden, daß man Abraham exklusiv zum Freund der Synagoge, der Kirche oder der Umma macht.

Wer aber ökumenisch-geschwisterlich denkt im Geiste Abrahams, Hagars und Saras, der hat Abschied genommen von jedem Exklusivismus und so die Paradoxie der Abraham-Vereinnahmung aufgelöst. Der hat in Dankbarkeit anerkannt, wie fruchtbar der Stamm der Eltern gewesen ist – durch all die Jahrhunderte hindurch. Der empfindet nicht länger Eifersucht und Mißgunst, sondern Freude darüber, wieviele verschiedene Kinder aus der einen Wurzel stammen und wieviel Glaubenssubstanz, Hoffnungsenergie und Liebeskraft aus dieser Wurzel kamen und noch kommen. Der hat einen Schlußstrich gezogen unter eine Theologie, welche den Segen der Eltern allein für den eigenen Zweig reklamiert.

Nur dann also hat das ökumenische Gespräch zwischen Juden, Christen und Muslimen einen Sinn, wenn nicht die Funktionalisierung Abrahams für den eigenen Wahrheitsanspruch im Vordergrund steht, sondern die *Sache* Abrahams, zu der alle Glaubenden immer wieder auf dem Weg sind: Abkehr von falschen Idolen (darunter besonders die Selbsterhöhung über andere) und das Vertrauen auf den einen und wahren Gott, der je größer ist als alle von Menschen gemachten religiösen Traditionen und Konventionen, auf einen Gott also, »der die Toten lebendig macht und das, was nicht ist, ins Dasein ruft«. Abrahamische Ökumene wird es nur geben, wenn Juden, Christen und Muslime sich alle miteinander begreifen als »Hanife« wie Abraham: als Gott-Sucher, Gott-Vertrauende, Gott-Beschenkte. Abrahamskinder sind gerade nicht die, die »ein böses Auge, eine aufgeblasene Seele und einen überheblichen Geist« haben, sondern diejenigen, die »ein gutes Auge, eine bescheidene Seele und einen demütigen Geist« besitzen, wie die jüdische Tradition sagt. Ja, wenn Abraham nach Auskunft des Koran »mild, empfindsam und bußfertig war«, dann ist ein Nachkomme Abrahams derjenige, »der sich über die Menschen erbarmt«. Kurz: Glauben wie Abraham heißt für Juden, Christen und Muslime nicht starres Festhalten an Vergangenheiten und ererbten Besitztümern, sondern Fortziehen, Aufbrechen »ohne zu wissen, wohin man kommt« (Hebr. 17,8), »Hoffen gegen alle Hoffnung« (Röm 4,18).

Die Zukunft Europas und des Mittleren Ostens im dritten Jahrtausend dürfte entscheidend davon abhängen, ob Juden, Christen und Muslime zu dieser Art abrahamischer Geschwisterlichkeit finden oder nicht, ob sie fähig sind, wie Abraham immer wieder aufzubrechen und so ein Segen für die gesamte Menschheit zu sein. Der in Cambridge (England) lehrende britische katholische Theologe *Nicholas Lash* hat jüngst noch einmal dieses entscheidende theologische Vermächtnis Abrahams herausgestellt: daß der von Juden, Christen und Muslimen in der Nachfolge Abrahams zu leistende »Gehorsam eine Rolle spielen müsse, um Segen und Freundschaft allen Völkerfamlien der Erde zu bringen«: »Es ist eine Sache ziemlicher Dringlichkeit, daß Juden, Christen und Muslime einen Sinn gemeinsamer Verantwortung für ›alle Völker der Erde‹ wiederentdecken und Prozesse und Institutionen schaffen für gegenseitige Erziehung und Zusammenarbeit.«[70]

In der Tat: Wenn Juden, Christen und Muslime in diesem Sinn »abrahamische Ökumene« praktizieren, ist die Welt um ein Stück Freundlichkeit, Gerechtigkeit und Menschlichkeit reicher. Das Jahr 2000 wäre für die Christenheit eine einzigartige Gelegenheit, weltweit abrahamische Gastfreundschaft und Geschwisterlichkeit zu demonstrieren – von den Kirchenführern in Rom, Konstantinopel, Moskau, Genf und Canterbury angefangen bis hin zu den Gemeinden vor Ort, wo immer die Kinder Abrahams zusammenleben. Ein besseres »Geburtstagsgeschenk« könnte die Christenheit den Völkern und Religionen der Erde kaum machen.[71] Es sollte im Bewußtsein gegeben werden, daß Juden, Christen und Muslime wie Abraham an den Gott glauben, der Tote lebendig und abgestorbene Beziehungen wieder fruchtbar macht.

Ein besonderes Wort des Dankes

Die Initialzündung zu diesem Buch kam aus der wissenschaftlichen Begleitung des Buches »Das Judentum«, das Hans Küng im Rahmen seines Projektes »Kein Weltfriede ohne Religionsfriede« im Jahre 1991 vorgelegt hat. Hier befindet sich bereits ein kleiner, aber sehr inspirierender Abschnitt über Abraham und seine Bedeutung für Judentum, Christentum und Islam sowie eine erste theologische Grundlegung »abrahamischer Ökumene«. Für alles, was ich hier an Anregung empfangen habe, bin ich Hans Küng zu besonderem Dank verpflichtet.

Die Hoffnung aber, daß ein Buch über dieses Thema trotz aller Schwierigkeiten Sinn macht, verdanke ich meinen jüdischen, christlichen und muslimischen Partnerinnen und Partnern im »International Scholars' Annual Trialogue«. Seit Jahren treffen wir uns einmal im Jahr, um über Grundfragen von Judentum, Christentum und Islam gemeinsam zu debattieren. Ich bin dankbar, daß ich Teil dieses ökumenischen Lernprozesses sein kann. Und diese Dankbarkeit will ich durch die Widmung für dieses Buch ausdrücken.

Finanziell und organisatorisch ermöglicht wird unser Unternehmen durch den »National Council of Christians and Jews« (New York), der mittlerweile auf eine mehr als 60jährige Geschichte zurückblicken kann (1991 beschrieben vom britischen Ökumeniker Marcus Braybrooke: »Children of the One God. A History of the Council of Christians and Jews«). 1927 gegründet, hat der »National Council« in den folgenden Jahrzehnten Pionierarbeit geleistet für die Verständigung zwischen Christen und Juden. Großer Wert wurde dabei auf die Erziehungsarbeit an der Basis der jüdischen und christlichen Gemeinden gelegt. Aber nicht nur darin war der »Council« vorbildlich, sondern auch in seiner entschlossenen Öffnung des »Dialogs« zwischen Christen und Juden zu einem »Trialog« zwischen Juden, Christen und Muslimen.

Was unseren »Trialog« betrifft, habe ich meinem christlichen Kollegen und Freund, Professor Leonard Swidler von der Temple-University Philadelphia, besonderes zu danken, der mich zu diesem Unternehmen eingeladen hat. In vielen Gesprächen habe ich hier

Unschätzbares lernen können, über Abraham besonders von meinen jüdischen Freunden Prof. Arthur Green (Brandeis University/Boston) und Prof. Rivka Horwitz (Ben-Gurion-Universität/Beerscheba), aber auch von meinen muslimischen Freunden Prof. Riffat Hassan (Pakistan / University of Louisville) und Prof. Fathi Osman (Ägypten / Los Angeles).

Dank habe ich darüber hinaus Tübinger Kollegen abzustatten, die trotz vielfacher Belastungen auf meine Bitte hin einzelne Kapitel dieses Buch kritisch durchgesehen und mir zahlreiche wichtige Hinweise gegeben haben: Prof. Josef van Ess (Islamkunde), Prof. Michael Theobald und Prof. Christian Dietzfelbinger (beide Neues Testament). Dank auch für kritische Lektüre des Manuskriptes an Mitglieder meiner Familie: an meinen Vater Alfred Kuschel (Oberhausen) sowie meinen Schwager Ralf Becker (Rottweil). Ermutigung und Anregung habe ich darüber hinaus erfahren von meinem früheren langjährigen Mitarbeiter Dr. Georg Langenhorst (jetzt Koblenz) sowie von dessen Nachfolger Dipl.-Theol. Georg Fröhlich, der mir außerdem bei der Literaturbeschaffung sowie den Korrekturarbeiten eine unverzichtbare Stütze war. Auf Frau Ute Netuschil konnte ich mich wie immer verlassen bei der geduldigen und bewundernswert kundigen technischen Realisierung der vielen Fassungen dieses Manuskriptes.

Karl-Josef Kuschel

Anmerkungen

Motto, Vorwort und Vorspiel

1 **M. J. Bin-Gorion**, Die Sagen der Juden, Mythen, Legenden, Auslegungen, Berlin 1935, S. 268.

2 **G. Kepel**, La revanche de Dieu, Paris 1991; dt.: Die Rache Gottes. Radikale Moslems, Christen und Juden auf dem Vormarsch, München 1991.

3 **S. Ben-Chorin**, Die Erwählung Israels. Ein theologisch-politischer Traktat, München 1993, S. 127.

4 Den im Deutschen noch weitverbreiteten Sprachgebrauch »abrahamitisch« gilt es zu korrigieren. Das Wort ist nicht nur sprachlich unnötig kompliziert, sondern sachlich mißverständlich. »Abrahamitisch« kann ja wörtlich genommen nur heißen »abraham-artig« oder »abraham-ähnlich«. »Abrahamisch« meint dagegen sachlich präzise abraham-entsprechend, abraham-verpflichtet.

5 Theologiegeschichtlich begründet wird dieses Anliegen in meinem Buch: **K.-J. Kuschel** (Hrsg.), Christentum und nichtchristliche Religionen. Theologische Modelle im 20. Jahrhundert, Darmstadt 1994. Vgl. ebenso: **H. Küng – K.-J. Kuschel** (Hrsg.), Weltfrieden durch Religionsfrieden. Antworten aus den Weltreligionen, München 1993 (Serie Piper 1862).

6 **M. Braybrooke**, Pilgrimage of Hope. One Hundred Years of Global Interfaith Dialogue, London 1992.

7 Modellhaft dafür stehen bereits folgende Publikationen: **Abraham. Pere des croyants** (mit Beiträgen von Card. Tisserant, R. de Vaux, J. Starcky, J. Guillet, P. Démann, J. Daniélou, B. Botte, P. de Menasce, Y. Moubarac, P. Mesnard), Paris 1952. **R. Martin-Achard**, Actualité d'Abraham, Neuchatel 1969; **ders.**, Abraham sacrifiant. De l'épreuve du Moriya à la nuit d'Auschwitz, Aubonne (CH) 1988. **M. Stöhr** (Hrsg.), Abrahams Kinder. Juden – Christen – Moslems, Frankfurt/M. 1983. **B. Antes**, Abraham in Judentum, Christentum und Islam, in: Christen und Juden. Ein notwendiger Dialog, Hannover 1988, S. 11-15. Art. **»Abraham«**, in: Lexikon religiöser Grundbegriffe. Judentum – Christentum – Islam, hrsg. v. A. Th. Khoury, Graz – Wien – Köln 1987, S. 7-11 (mit Beiträgen von P. Navè Levinson – G. Evers – S. Balic). **Abraham**, Paris 1992 (mit Beiträgen von E. Moatti, P. Rocalve, M. Hamidullah).

8 Zur Forschungsgeschichte vgl. neuerdings: **M. Kessler – J. Wertheimer** (Hrsg.), Nelly Sachs. Neue Interpretationen, Tübingen 1994 (darin auch mein Aufsatz: **K.-J. Kuschel**, Hiob und Jesus. Die Gedichte der Nelly Sachs als theologische Herausforderung, S. 203-224).

9 **R. Dinesen – H. Müssener** (Hrsg.), Briefe der Nelly Sachs, Frankfurt/M. 1984, S. 64. 65 (künftig abgekürzt mit Briefe + Seite).

10 Briefe, S. 88.

11 Briefe, S. 37.

12 Briefe, S. 46.

13 Briefe, S. 51.
14 Briefe, S. 65. 65.
15 Briefe, S. 67f.
16 Briefe, S. 214.
17 **J. G. Herder**, Abrahams Kindheit, in: Sämtliche Werke Bd. XXVI, hrsg. v. **B. Suphan**, Berlin 1882, S. 334-338.
18 **N. Sachs**, Abram im Salz. Ein Spiel für Wort, Mimus, Musik, in: **dies.**, Zeichen im Sand. Die szenischen Dichtungen der Nelly Sachs, Frankfurt/M. 1962, S. 93-122, Zitat S. 97. Vgl. auch das Abraham-Gedicht, in: **N. Sachs**, Fahrt ins Staublose. Die Gedichte der Nelly Sachs, Frankfurt/M. 1961, S. 88f.
19 **N. Sachs**, Brief an W. A. Berendsohn vom 2. 4. 1952, in: **W. A. Berendsohn**, Nelly Sachs. Einführung in das Werk der Dichterin jüdischen Schicksals, Darmstadt 1974, S. 165.
20 Briefe, S. 66.
21 **N. Sachs**, Brief an W. A. Berendsohn vom 1. 9. 1946, in: aaO S. 135 (s. Anm. 19).
22 Zum biographischen Hintergrund des Stückes vgl. **R. Dinesen**, Nelly Sachs. Eine Biographie, Frankfurt/M. 1992, S. 162-179. Ebenso: **G. Fritsch-Vivié**, Nelly Sachs. Mit Selbstzeugnissen und Bilddokumenten, Hamburg 1993, S. 79-81.
23 **N. Sachs**, Brief an W. A. Berendson, S. 135 (s. Anm. 19).
24 **N. Sachs**, Abram im Salz, S. 105 (s. Anm. 18).
25 **R. Dinesen**, aaO S. 167 (s. Anm. 22).
26 Vgl. dazu **E. Drewermann**, Tiefenpsychologie und Exegese, Bd. I, Freiburg/Br. 1984, bes. S. 187-200.
27 **N. Sachs**, Abram im Salz, S. 108 (s. Anm. 18).
28 Briefe, S. 171.
29 Briefe, S. 116.
30 Briefe, S. 115.
31 Briefe, S. 202f.
32 Mit diesem Gedanken nimmt Nelly Sachs bereits heutige **tiefenpsychologische Abraham-Deutungen** vorweg, wie sie im deutschsprachigen Raum am eindrücklichsten vorgelegt hat: **M. Kassel**, Biblische Urbilder. Tiefenpsychologische Auslegung nach C. G. Jung, München 1980, S. 208-257.

A. Abraham als Eigentum von Judentum, Christentum und Islam

I. Abraham und das Judentum

1 Belege dazu im ausführlichen Forschungsbericht von **C. Westermann**, Genesis 12-50, Darmstadt [3]1992. Vgl. ebenso die neuesten Geschichten bzw. Religionsgeschichten des Volkes Israel: **H. Donner**, Geschichte des

Volkes Israel und seiner Nachbarn in Grundzügen, Bd. I-II, Göttingen 1984-1986 (bes. Bd. I, S. 73-84). **R. Albertz**, Religionsgeschichte Israels in alttestamentlicher Zeit, Bd. I-II, Göttingen 1992 (bes. Bd. I, S. 45-68). Die neueste »Einleitung in das Alte Testament« (Düsseldorf 1994) durch den katholischen Exegeten **F.-J. Stendebach** spricht allerdings wieder ohne nähere Begründung von den »Vätern« als »legendären Gestalten«, als »›fiktiven‹ Ahnengestalten« (S. 79).

2 **H. Donner**, aaO Bd. I, S. 77.

3 Vgl. dazu die neueste Untersuchung von **F. Crüsemann**, Die Tora. Theologie und Sozialgeschichte des alttestamentlichen Gesetzes, München 1992, S. 387-393.

4 **P. Weimar**, Art. »Abraham«, in: Neues Bibellexikon, hrsg. v. M. Görg – B. Lang, Bd. I, Zürich 1991, Sp. 18.

5 **R. E. Clements**, Art. »Abraham«, in: Theologisches Wörterbuch zum Alten Testament, hrsg. v. G. J. Botterweck – H. Ringgren, Bd. I, Stuttgart – Berlin – Köln – Mainz 1973, Sp. 60f. Vgl. auch den informativen Überblick über Abraham im Alten Testament von **R. Martin-Achard**, Art. »Abraham«, in: Theologische Realenzyklopädie, Bd. I, Berlin – New York 1977, S. 364-372.

6 **F. Crüsemann**, aaO S. 387 (s. Anm. 3).

7 **F. Crüsemann**, aaO S. 393.

8 So die überzeugende Darstellung des Tübinger Alttestamentlers **H. Gese**, Die Komposition der Abrahamserzählung, in: **ders.**, Alttestamentliche Studien, Tübingen 1991, S. 29-51.

9 **J. van Seters**, Abraham in History and Tradition, New Haven – London 1975; **ders.**, Prologue to History. The Yahwist as Historian in Genesis, Zürich 1992; **ders.**, Art. »Araham«, in: The Encyclopedia of Religion, hrsg. v. M. Eliade, Bd. I, New York – London 1987, S. 13-17. Ebenso **H. H. Schmid**, Der sogenannte Jahwist. Beobachtungen und Fragen zur Pentateuch-Forschung, Zürich 1976. Neuerdings auch **C. H. Levin**, Der Jahwist, Göttingen 1993.

10 So **R. Rendtorff**, Das überlieferungsgeschichtliche Problem des Pentateuch, Berlin – New York 1977 sowie **E. Blum**, Die Komposition der Vätergeschichte, Neukirchen-Vluyn 1984.

11 Ich folge hier **H. Gese**, aaO S. 31 (s. Anm. 8). Ebenso dem bis heute maßgebenden Genesis-Kommentar von **C. Westermann**, Genesis, B I-III, Neukirchen-Vluyn 1983-92 (jeweils die neueste Auflage). Ebenfalls an den Ergebnissen der neueren Urkundenhypothese halten fest: **J. Scharbert**, Genesis 1-11, Würzburg 1983, [3]1990, S. 9f. **F.-L. Hossfeld**, Der Pentateuch, in: Höre, Israel: Jahwe ist einzig. Bausteine für eine Theologie des Alten Testamentes, Stuttgart 1987, S. 11-68. **F.-J. Stendebach**, aaO S. 73-123 (s. Anm. 1).

12 Vgl. **B. Beer**, Leben Abrahams nach Auffassung der jüdischen Sage, Leipzig 1859. Reichhaltiges Material zum Leben Abrahams auch bei **L. Ginzberg**, The Legends of the Jews, Bd. I, Philadelphia 1909, S. 183-308. Die Quellen dazu in Bd. V, Philadelphia 1925, S. 207-269.

13 **H. Donner**, aaO Bd. I, S. 79 (s. Anm. 1). Ebenso: **M. Weippert**, Synkretismus und Monotheismus. Religionsinterne Konfliktbewältigung im

alten Israel, in: J. Assmann – D. Harth (Hrsg.), Kultur und Konflikt, Frankfurt/Main 1990, S. 143-179, bes. S. 144f. Vgl. auch: **M. Weippert**, Geschichte Israels am Scheideweg, in: Theologische Rundschau 58 (1993), S. 71-103.

14 **R. Albertz**, aaO Bd. I, S. 57 (s. Anm. 1).

15 **H. Donner**, aaO Bd. I, S. 80 (s. Anm. 1). Vgl. **R. Albertz**, aaO Bd. I, S. 47-68. Zur Kritik an der These von A. Alt vgl. neuerdings **M. Köckert**, Vätergott und Väterverheißungen. Eine Auseinandersetzung mit Albrecht Alt und seinen Erben, Göttingen 1988.

16 **R. Albertz**, aaO Bd. I, S. 57 (s. Anm. 1).

17 **H. Donner**, aaO Bd. I, S. 75 (s. Anm. 1).

18 **R. Albertz**, aaO Bd. I, S. 52.

19 **R. Albertz**, aaO Bd. I, S. 57.

20 **R. Patai**, The Seed of Abraham. Jews and Arabs in Contact and Conflict, Salt Lake City 1986, S. 17.

21 Vgl. **F. Crüsemann**, aaO S. 398-400 (s. Anm. 3). **R. Albertz**, aaO Bd. II, S. 419-421.

22 Zum theologischen Problem des Lachens vgl. meine Studie: **K.-J. Kuschel**, Lachen. Gottes und der Menschen Kunst, Freiburg/Br. 1994 (bes. Teil II: Vom Lachen der Menschen und vom Lachen Gottes: Ein biblisches Tableau).

23 **J. Scharbert**, aaO S. 146 (s. Anm. 11). **C. Westermann** spricht hier von einem »universalistischen Zug« der Priesterschrift (Genesis, Bd. II, Neukirchen-Vluyn [2]1989, S. 325).

24 Der Satz Genesis 12,3c muß nicht passivisch, er kann auch reflexiv übersetzt werden: »Und in dir sollen sich segnen alle Geschlechter der Erde« oder »Unter Hinweis auf dich sollen sich Segen wünschen«. Ein wesentlicher inhaltlicher Unterschied dürfte damit nicht verbunden sein, wie auch **C. Westermann** betont hat (Genesis Bd. II, S. 176). Vgl. ebenso **W. Zimmerli**, 1. Mose 12-25: Abraham, Zürich 1976, S. 20. Sowie **J. Scharbert**, aaO S. 128 (s. Anm. 11).

25 **C. Westermann**, Genesis, Bd. II, S. 176. Vgl. auch zu Gen 17,19f bes. S. 325f..

26 Vgl. dazu **E. Haag**, Die Abrahamtradition in Gen 15, in: M. Görg (Hrsg.), Die Väter Israels. Beiträge zur Theologie der Patriarchenüberlieferungen im Alten Testament, Stuttgart 1989, S. 83-106.

27 **Th. Mann**, Josef und seine Brüder, Bd. I (Die Geschichte Jaakobs), Frankfurt/Main 1983, S. 9-13.

28 So **E. Levinas**, Die Spur des Anderen (1963), in: **ders.**, Die Spur des Anderen. Untersuchungen zur Phänomenologie und Sozialphilosophie, Freiburg – München 1983, S. 209-235, bes. S. 211 und 215f. Englische Ausgabe: **E. Levinas**, The Trace of the Other, in: M. Taylor (Hrsg.), Deconstruction in Context, Chicago 1986, S. 345-359, Zitat S. 348. Vgl. dazu **K. Ziarek**, Semantics of Proximity: Language and the Other in the Philosophy of E. Levinas, in: Research in Phenomenology 19 (1989), S. 213-247.

29 Vgl. dazu: **O. Kaiser**, Der Gott des Alten Testamentes. Theologie des Alten Testamentes, Bd. I, Göttingen 1993, S. 168-176.

30 Die weitere große **Wirkungsgeschichte** der Abraham-Erzählungen (insbes. auch der Isaak-Oper-Szene) können wir im engen Rahmen dieser Studie leider nicht behandeln. Darüber lohnte eine eigene Studie. Hingewiesen aber sei auf **S. Kierkegaard**, Furcht und Zittern. Dialektische Lyrik von Johannes D. Silentio (1843). **M. Buber**, Abraham der Seher, in: Werke, Bd. II (Schriften zur Bibel), München 1964, S. 873-893. Bemerkenswerte Abraham-Gedichte haben neben Nelly Sachs auch geschrieben: E. Lasker-Schüler, K. Wolfskehl, S. Ben-Chorin, A. Paris Gütersloh. Zur Wirkungsgeschichte vgl.: **M. Bocian**, Art. »Abraham«, in: **ders.**, Lexikon der biblischen Personen mit ihrem Fortleben in Judentum, Christentum, Islam, Dichtung, Musik und Kunst, Stuttgart 1989, S. 15-24. Zur Wirkung insbesondere des Abraham-Opfer-Motivs vgl. **P. Tschuggnall**, Das Abraham-Opfer als Glaubensparadox. Bibeltheologischer Befund – literarische Rezeption – Kierkegaards Deutung, Bern – Frankfurt – Bern – New York 1989.

31 **E. Wiesel**, Die Opferung Isaaks: Geschichte des Überlebenden, in: **ders.**, Adam oder das Geheimnis des Anfangs. Brüderliche Urgestalten, Freiburg/Br. 1980, S. 75-105, Zitat S. 99.101.

32 **E. Blum**, aaO S. 59 (s. Anm. 10).

33 Um die Frage, welche Rolle die Patriarchen im Deuteronomium und in der deuteronomistischen Tradition spielen, ist es zu einer Kontroverse gekommen. Der negativen These von **Th. Römer**, Israels Väter. Untersuchungen zur Väter-Thematik im Deuteronomium und in der deuteronomistischen Tradition, Freiburg – Göttingen 1990, hat energisch widersprochen: **N. Lohfink**, Die Väter Israels im Deuteronomium. Mit einer Stellungnahme von Th. Römer, Freiburg – Göttingen 1991.

34 Vgl. **N. Füglister**, Psalm 105 und die Väterverheißung, in: M. Görg (Hrsg.), Die Väter Israels, S. 41-59 (s. Anm. 26).

35 Vgl. dazu **E. Zenger**, Der Gott Abrahams und die Völker. Beobachtungen zu Psalm 47, in: M. Görg (Hrsg.), Die Väter Israels, S. 413-430 (s. Anm. 26).

36 Zur Theologie von **Ben Sira** vgl. **K.-J. Kuschel**, Geboren vor aller Zeit? Der Streit um Christi Ursprung. München 1990, S. 248-253 (Lit.!)

37 **S. Holm-Nielsen**, Religiöse Poesie des Spätjudentums, in: Aufstieg und Niedergang der Römischen Welt, Bd. XIX/1, Berlin – New York 1971, S. 152-186, Zitat S. 164.

38 Vgl. dazu die grundlegende Studie von **M. Hengel**, Judentum und Hellenismus. Studien zu ihrer Begegnung unter besonderer Berücksichtigung Palästinas bis zur Mitte des 2. Jhs. v. Chr., ^{2}1973.

39 **M. Hengel**, aaO S. 133.

40 Abraham taucht in den Qumran-Schriften selber nur am Rande auf. So im **Genesis-Apokryphon** und in der **Damaskus-Schrift**. Texte in: J. Maier – K. Schubert (Hrsg.), Die Qumran-Essener. Texte der Schriftrollen und Lebensbilder der Gemeinde, ^{3}1992, S. 279-287 u. 168-192. In denselben essenisch-qumranischen Umkreis gehört vermutlich auch die Schrift »**Testament Abrahams**«, eine legendarische Ausschmückung des Todes Abrahams. Text bei: E. Janssen (Hrsg.), Jüdische Schriften aus hellenistisch-römischer Zeit, Bd. III/2, Gütersloh 1975, S. 193-256.

41 **Das Buch der Jubiläen**, hrsg. v. K. Berger, Gütersloh 1981 (Jüdische Schriften aus hellenistisch-römischer Zeit, Bd. II/3).
42 **K. Berger**, in: aaO S. 298.
43 **Das Buch der Jubiläen**, Kap. XII,17.
44 **Das Buch der Jubiläen**, Kap. XII,27.
45 Vgl. **Das Buch der Jubiläen**, Kap. XVIII,16.
46 **Das Buch der Jubiläen**, Kap. XV,30.
47 **Das Buch der Jubiläen**, Kap. XXII,23f.
48 Zur Wirkung im Islam vgl. Kap. III in diesem Teil dieses Buches.
49 Zur Theologie der **Apokalyptik** vgl.: **K.-J. Kuschel**, Geboren vor aller Zeit? Der Streit um Christi Ursprung, München 1990, S. 262-276 (Lit.!)
50 So **E. Schürer**, Geschichte des Jüdischen Volkes, Bd. III (1909), Neudruck Hildesheim – New York 1970, S. 260.
51 **Die Apokalypse Abrahams**, hrsg. v. B. Philonenko-Sayar – M. Philonenko, Gütersloh 1983 (Jüdische Schriften aus hellenistisch-römischer Zeit, Bd. V/5).
52 Vgl. **Apokalypse Abrahams**, Kap. XXVII,3.
53 **Apokalypse Abrahams**, Kap. XIII,4.
54 **Apokalypse Abrahams**, Kap. XXIX,15.
55 Vgl. zur **Philo-Forschung: W. Haase** (Hrsg.), Aufstieg und Niedergang der Römischen Welt, Bd. XXI/1 (Hellenistisches Judentum in römischer Zeit: Philo und Josephus), Berlin – New York 1984.
56 **Philo von Alexandrien**, Über die Tugenden, in: Die Werke in deutscher Übersetzung, hrsg. v. L. Cohn u. a., Bd. II, Berlin, ^{2}1962, S. 313-377, Zitat S. 373-375. Vgl. auch: **ders.**, Über Abraham, in: Die Werke, Bd. I, S. 91-152; **ders.**, Über Abrahams Wanderung, in: Die Werke, Bd. V, S. 152-213.
57 **C. Colpe**, Art. »Philo von Alexandrien«, in: Die Religion in Geschichte und Gegenwart, Bd. V, Tübingen ^{3}1961, Sp. 345.
58 **Philo von Alexandrien**, Über Abraham, S. 97.
59 **Flavius Josephus**, Jüdische Altertümer, übers. und mit Einleitung und Anmerkungen versehen von H. Clementz, Wiesbaden o. J., Buch I, Kap. 13,4. Zur Josephus-Forschung vgl.: **A. Schalit** (Hrsg.), Zur Josephus-Forschung, Darmstadt 1973. **L. H. Feldman**, Flavius Josephus Reviseded: The Man, His Writings and His Significance, in: Aufstieg und Niedergang der Römischen Welt, Bd. XXI/2, Berlin – NewYork 1984, S. 763-862.
60 **Flavius Josephus**, Jüdische Altertümer, Buch I, Kap. 7,1.
61 Ebd.
62 Ebd.
63 **Flavius Josephus**, aaO Buch I, Kap. 8,2.
64 Vgl. **D. Georgi**, Die Gegner des Paulus im 2. Korrintherbrief, Neukirchen-Vluyn 1964, S. 63-82. Ebenso: **G. Mayer**, Aspekte des Abrahambildes in der hellenistisch-jüdischen Literatur, in: Evangelische Theologie 32 (1972), S. 118-127.
65 **D. Georgi**, aaO S. 68.
66 **G. Mayer**, aaO S. 125 (s. Anm. 64).
67 **Flavius Josephus**, aaO Buch I, Kap. 17.

68 **S. Sandmel**, Philo's Place in Judaism. A Study of Conceptions of Abraham in Jewish Literature, New York 1971, S. 75.
69 **S. Sandmel**, aaO S. 76.
70 **L. H. Feldman**, aaO S. 796 (s. Anm. 59).
71 Ebd.
72 So treffend **M. Theobald**, Römerbrief (Kap. 1-11), Stuttgart 1992, S. 123.
73 **Y. Amir**, Die hellenistische Gestalt des Judentums bei Philo von Alexandrien, Neukirchen-Vluyn 1983, S. 24.
74 **D. Georgi**, aaO S. 64 (s. Anm. 64).
75 Zum Paradigmen-Begriff und seiner Anwendung auf das Judentum vgl. **H. Küng**, Das Judentum, München 1991.
76 Vgl. dazu die einführenden Studien von **G. Stemberger**, Das klassische Judentum. Kultur und Geschichte der rabbinischen Zeit, München 1979; **ders.**, Der Talmud, Einführung – Texte – Erläuterungen, München [2]1987; **ders.**, Midrasch. Vom Umgang der Rabbinen mit der Bibel, München 1989. Ebenso: **P. Navè-Levinson**, Einführung in die rabbinische Theologie, Darmstadt [3]1993.
77 **S. Sandmel**, Philos Place in Judaism, S. 211 (s. Anm. 68).
78 Ein umfassender Überblick über das Abrahambild der Rabbinen bei: **P. Billerbeck**, Abrahams Leben und Bedeutung nach Auffassung der älteren Haggada, in: Nathanael 15 (1899), S. 43-57. 118-128. 137-157. 161-179; 16 (1900) 33-57.65-80. Ebenso: **H. L. Strack – P. Billerbeck**, Kommentar zum Neuen Testament aus Talmud und Midrasch, Bd. III, München 1926, [6]1975, S. 186-217. Art. »Abraham«, in: Jüdisches Lexikon. Ein enzyklopädisches Handbuch des jüdischen Wissens, Bd. I, Berlin 1927, S. 34-38. Art. »Abraham«, in: Encylopaedia Judaica, Bd. I, Berlin 1928, S. 374-405. **S. Sandmel**, Philos Place in Judaism, S. 77-95 (s. Anm. 68). **R. P. Schmitz**, Art. »Abraham III«, in: Theologische Realenzyklopädie, Bd. I, Berlin – New York 1977, S. 382-385. **F. E. Wieser**, Die Abrahamvorstellungen im Neuen Testament, Frankfurt/M. – New York 1987, S. 153-179 (Lit.!).
79 Zu diesem Problemkomplex vgl. **K.-J. Kuschel**, Geboren vor aller Zeit? Der Streit um Christi Ursprung, München 1990, bes. S. 276-281 (Lit.!).
80 Zugrunde gelegt wurden folgende Ausgaben: GenR = Der Midrasch Bereschit Rabba. Das ist die haggadische Auslegung der Genesis, übersetzt von A. Wünsche, Leipzig 1881. NumR = Der tannaitische Midrasch Sifre zu Numeri, übersetzt und erklärt v. K. G. Kuhn, Stuttgart 1959. B.M. = Babylonischer Talmud Traktat Bava Mezia. Mid.Hag.Gen = Agadischer Commentar zum Pentateuch, hrsg. v. S. Buber, Wien 1894 (Gen = Buch Genesis).
81 **Pirqe de Rabbi Eliezer**, translated and annoted by G. Friedlander, London 1916, 29.
82 **Midrasch Tanchuma**, hrsg. v. S. Buber, Lekh-Lekha, Gen 3 zu Gen 17,1ff, Teil V.
83 **GenR** 64, Kap. 26,5. Vgl. zur innerjüdischen Diskussion über Abraham und die Halacha die schöne Studie von **A. Green**, Devotion and Comandment. The Faith of Abraham in the Hasidic Imagination, West

Orange, N.J. 1989.

84 **GenR** 14, Kap 2,7.

85 Vgl. **Pirqe Aboth**. Sayings of the Jewish Fathers, ed. by Ch. Taylor, Amsterdam 1970, VI/10.

86 **GenR** 48, Kap. 18,1.

87 Vgl. **C. Thoma – S. Lauer** (Hrsg.), Die Gleichnisse der Rabbinen. Teil I. Pesiqta de Rav Kahana (PesK). Einleitung, Übersetzung, Parallelen, Kommentar, Texte, Bern – Frankfurt/M. 1986, S. 263.

88 **Midrasch Tehillim** oder haggadische Erklärung der Psalmen, hrsg. v. A. Wünsche, Bd. I, Trier 1892, S. 163f (zu Psalm XVIII,29).

89 Vgl. **W. Grundmann**, Art. »deixos«, in: Theologisches Wörterbuch zum Neuen Testament, Bd. II, Stuttgart 1935, S. 39, unter Bezugnahme auf b Sanh 108b. Ich verdanke den Hinweis auf diesen Text **H. Kessler**, der in seinem Buch darauf verweist: Sucht den Lebenden nicht bei den Toten. Die Auferstehung Jesu Christi in biblischer, fundamentaltheologischer und systematischer Sicht, Düsseldorf 1985, S. 344.

90 **GenR** 95, Kap. 46,28; 64, Kap. 26,5.

91 **GenR** 38, Kap. 11,28; vgl. auch bPes 118a.

92 **GenR** 39, Kap. 12,5.

93 **GenR** 39, Kap. 12,1.

94 Vgl. 4. Esra 3, 13-19.

95 **GenR** 55, Kap. 22,1. Vgl. eine Variation dieses Ismael-Isaak-Wettstreits nach Erscheinen des Islam in Targum Pseudo-Jonathan Gen 22,1.

96 **LevR** 36 (133C).

97 Vgl. dazu die grundlegende Studie von **B. J. Bamberger**, Proselytism in the Talmudic Period (1939), New York 1968. Ebenso: **M. Goodman**, Proselytising in Rabbinic Judaism, in: Journal of Jews Studies 40 (1989), S. 175-185.

98 Lekh-Lekha, Gen 3; Gen 14,1ff, Teil I (s. Anm. 82).

99 **GenR** 46, Kap. 17,1.

100 **Mechilta**. Ein tannaitischer Midrasch zu Exodus, übersetzt und erläutert von J. Winter und A. Wünsche, Leipzig 1909, Nachdruck Hildesheim – Zürich – New York 1990, Zitat S. 305. Mischpatim (Nesikin), 18,22.

101 Belege bei **J. Petuchowski – C. Thoma**, Lexikon der jüdisch-christlichen Begegnung, Freiburg/Br. 1989, S. 265-268 (Art. »Noachidische Gebote«).

102 **Pesikta Rabbati**, Discourses for Feasts, Fasts and Special Sabbaths, Bd. I-II, translated by W. G. Braude, New Haven-London 1968, 43,4; vgl. GenR, 53,9.

103 Vgl. dazu **S. J. D. Cohen**, The Rabbinic Conversion Ceremony, in: Journal of Jews Studies 41 (1990), S. 177-203.

104 **A. Green**, Devotion and Comandment (s. Anm. 83).

105 **Pirqe Aboth** V, 28f (s. Anm. 85).

106 **Betsa**, 32b.

107 **D. Hartman**, Maimonides. Torah and Philosophic Quest, Philadelphia – New York – Jerusalem 1976, S. 58.59.

108 **Moses Maimonides**, Der Proselyt. Ein Gutachten, in: **ders.**, Ein systematischer Querschitt durch sein Werk, ausgewählt und übertragen und ein-

geleitet von N. N. Glatzer, Berlin 1935, S. 111-115.
109 **J. Petuchowski**, Art. »Abraham«, in: Lexikon der jüdisch-christlichen Begegnung, Sp. 4 (s. Anm. 101).

II. Abraham und das Christentum

1 Zum Abraham-Bild des Neuen Testamentes: **K. Berger**, Art. »Abraham II«, in: Theologische Realenzyklopädie, Bd. I, Berlin – New York 1977, S. 372-382. **F. E. Wieser**, Die Abraham-Vorstellungen im Neuen Testament, Bern – Frankfurt/M. 1987. **J. S. Siker**, Disinheriting the Jews. Abraham in early Christian Controversy, Louisville, Ken. 1991 (Lit.!)
2 Die Spannweite der historischen Jesus-Forschung der letzten Jahrzehnte läßt sich ablesen an den zwei englischsprachigen Studien: **C. H. Dodd**, The Founder of Christianity, New York – London 1970 sowie **J. P. Meier**, A Marginal Jew. Rethinking the Historical Jesus, New York – London 1991 (wobei dieser Titel bei einem katholischen Exegeten wie Meier selbstverständlich als ironisch-verfremdendes Zitat gemeint ist). Ein modischer Öko-Psycho-Jesus wurde präsentiert vom deutschen Journalisten **F. Alt**, Jesus der erste neue Mann, München 1989.
3 **J. Gnilka**, Jesus von Nazaret. Botschaft und Geschichte, Freiburg/Br. 1990, S. 195.
4 Die Schlüsselfunktion von Ps 110 für die frühe Christenheit hat herausgearbeitet: **M. Hengel**, Die Inthronisation Christi zur Rechten Gottes und Ps 110,1 in: M. Philonenko (Hrsg.), Le trône de Dieu, Tübingen 1993, S. 108-194.
5 **L. Schenke**, Die Urgemeinde. Geschichtliche und theologische Entwicklung, Stuttgart – Berlin – Köln 1990, S. 311.
6 Vgl. dazu die neueste Studie von **M. Reiser**, Die Gerichtspredigt Jesu. Eine Untersuchung zur eschatologischen Verkündigung Jesu und ihrem frühjüdischen Hintergrund, Münster 1990.
7 Vgl. dazu den grundlegenden Aufsatz von **D. Zeller**, Das Logion Mt 8,11f / Lk 13,28f und das Motiv der »Völkerwallfahrt«, in: Biblische Zeitschrift 15 (1971), S. 222-237; 16 (1972), S. 84-93.
8 So **D. Lührmann**, Die Redaktion der Logienquelle, Neukirchen-Vluyn 1969, S. 86.
9 **S. Schulz**, Q. Die Spruchquelle der Evangelisten, Zürich 1972, S. 244.
10 **M. Reiser**, aaO S. 221 (s. Anm. 6).
11 **U. Luz**, Das Evangelium nach Matthäus (Mt 8-17), Zürich – Neukirchen-Vluyn 1990, S. 16.
12 **L. Schenke**, aaO S. 315 (s. Anm. 5).
13 **W. Groß – K.-J. Kuschel**, »Ich schaffe Finsternis und Unheil!« Ist Gott verantwortlich für das Übel, Mainz 1992, S. 29f.
14 Zum **Abraham-Bild des Paulus** vgl. neben den unter Anm. 1 genannten Studien noch besonders: **C. Dietzfelbinger**, Paulus und das Alte Testament. Die Hermeneutik des Paulus, untersucht an seiner Deutung der Gestalt Abrahams, München 1961. **K. Berger**, Abraham in den Paulinischen Hauptbriefen, in: Münchner Theologische Zeitschrift 17 (1966),

S. 47-89. **H. Boers**, Theology Out of the Ghetto. A New Testament Exegetical Study Concerning Religious Exclusiveness, Leiden 1971.

15 Vgl. dazu die neueste Studie von **B. Niebuhr**, Heidenapostel aus Israel. Die jüdische Identität des Paulus nach ihrer Darstellung in seinen Briefen, Tübingen 1992.

16 Zur Theologie des **Galaterbriefs** vgl.: **K.-J. Kuschel**, Geboren vor aller Zeit? Der Streit um Christi Ursprung, München 1990, S. 345-354 (Lit.!).

17 Zum Gesetzesverständnis bei Paulus vgl. die präzise Analyse bei **H. Küng**, Das Judentum, München 1991, S. 590-609.

18 **J. Roloff**, Die Kirche im Neuen Testament, Göttingen 1993, S. 125.

19 Ebd.

20 Vgl. dazu **F. Mußner**, Theologische »Wiedergutmachung« am Beispiel der Auslegung des Galaterbriefs, in: ders., Die Kraft der Wurzel. Judentum – Jesus – Kirche, Freiburg/Br. 1987, S. 55-64.

21 **S. Ben-Chorin**, Predigt zu Gal 4,22-5,1, in: F.-W. Marquardt, Aber Zion nenne ich Mutter ... Evangelische Israel-Predigten mit jüdischen Antworten, München 1989, S. 45-47, Zitat S. 45.

22 **F. Mußner**, aaO S. 59f (s. Anm. 20).

23 **H. D. Betz**, Der Galaterbrief, München 1988, S. 283f. Das zuvor zitierte Wort von **G. Ebeling** findet sich in seinem Buch: Die Wahrheit des Evangeliums. Eine Lesehilfe zum Galaterbrief, Tübingen 1981, S. 255.

24 Zur Theologie des **Römerbriefs** vgl. **K.-J. Kuschel**, aaO S. 385-390 (s. Anm. 16). In der Zwischenzeit sind noch folgende Kommentare zu diesem Brief erschienen: **K. Berger**, Gottes einziger Ölbaum. Betrachtungen zum Römerbrief, Stuttgart 1990. **M. Theobald**, Römerbrief, Bd. I-II, Stuttgart 1992-93.

25 **F.-W. Marquardt**, Das christliche Bekenntnis zu Jesus, dem Juden. Eine Christologie, Bd. I, München 1990, S. 211f. Die neuere Diskussion um Israel-Kirche ist jüngst zusammengefaßt worden von: **H. J. Körner**, Volk Gottes-Kirche-Israel. Das Verhältnis der Kirche zum Judentum als Thema ökumenischer Kirchenkunde und ökumenischer Theologie, in: Zeitschrift für Theologie und Kirche 91 (1994) H. 1, S. 51-79.

26 **N. Brox**, »Sara zum Beispiel...« Israel im 1. Petrusbrief, in: P.-G. Müller – W. Stenger (Hrsg.), Kontinuität und Einheit. Für Franz Mußner, Freiburg 1981, S. 484-493, Zitat S. 493.

27 **J. Roloff**, aaO S. 151f (s. Anm. 18).

28 **P. Dschulnigg**, Rabbinische Gleichnisse und das Neue Testament. Die Gleichnisse der PesK im Vergleich mit den Gleichnissen Jesu und dem Neuen Testament, Bern – Frankfurt/M. 1988, S. 386.

29 **J. S. Siker**, aaO S. 126f (s. Anm. 1).

30 **J. Roloff**, aaO S. 204.206 (s. Anm. 18).

31 Zur Theologie des **Hebräerbriefs** vgl. **K.-J. Kuschel**, aaO S. 450-463 (s. Anm. 16). An neuen Kommentaren in der Zwischenzeit erschienen: **E. Grässer**, An die Hebräer, Bd. I-II, Zürich – Neukirchen-Vluyn 1990-1993 (EKK); **H.-F. Weiss**, Der Brief an die Hebräer, Göttingen 1991 (KKNT).

32 So **H. Stadelmann**, Zur Christologie des Hebräerbriefs in der neueren

Diskussion, in: Theologischer Bericht, Bd. II, Zürich 1973, S. 135-221, Zitat S. 147.

33 Zur Funktion der Rede von der Präexistenz und Schöpfungsmittlerschaft Jesu Christi im Hebräerbrief vgl. meine Anm. 16 genannte Studie.

34 Vgl. dazu **H. Köster**, Die Auslegung der Abraham-Verheißung in Hebr 6, in: R. Rendtorff – K. Koch (Hrsg.), Studien zur Theologie der alttestamentlichen Überlieferungen, Neukirchen-Vluyn 1961, S. 95-109.

35 Dem widerspricht gerade nicht die Aussage des Hebräerbriefs von einem »neuen Bund«, der den »ersten für veraltet erklärt« (8,13). Denn achtet man auf den Kontext und den Argumentationszusammenhang, so wird klar, daß der Hebräerbrief hier ein Jeremia-Zitat vom »neuen Bund« (31,31-34) aufgegriffen und für seine Zwecke dienstbar gemacht hat. Nicht der »alte Bund« soll durch Jesus für veraltet erklärt werden, sondern der Tempelkult. Vgl. dazu **E. Zenger**, Das Erste Testament. Die jüdische Bibel und die Christen, Düsseldorf 1991, S. 108.

36 Vgl. zu diesem Problemkomplex neuerdings: **E. Zenger** (Hrsg.), Der Neue Bund im Alten. Studien zur Bundestheologie der beiden Testamente, Freiburg/Br. 1993.

37 Zur Geschichte der johanneischen Gemeinde und zur Christologie des **Johannes-Evangeliums** vgl. **K.-J. Kuschel**, aaO S. 468-506 (s. Anm. 16). Erscheinen in diesem Abschnitt Namen in Klammern, so beziehen sich diese auf Kommentare zum Johannes-Evangelium, die in meinem Buch aufgelistet sind.

38 So **K. Wengst**, Bedrängte Gemeinde und verherrlichter Christus. Ein Versuch über das Johannes-Evangelium, München [4]1992, S. 101. Ob das uns hier besonders interessierende Streitgespräch in Kap. 8 ein von gnostischem Dualismus geprägter »Fremdkörper« im Johannesevangelium ist und damit »im schärfsten Gegensatz« zu dem steht, »was das Johannesevangelium von Jesus sagt«, wie **C. Westermann** neuerdings behauptet, kann hier nicht entschieden werden und muß der exegetischen Fachdiskussion überlassen werden: **C. Westermann**, Das Johannesevangelium aus der Sicht des AT, Stuttgart 1994, S. 31. 49.

39 **K. Wengst**, aaO S. 133f.

40 **K. Wengst**, aaO S. 126 unter Verweis auf **R. Schnackenburg**, Das Johannes-Evangelium, Bd. II, Freiburg/Br. [4]1985, S. 259.

41 **J. S. Siker**, aaO S. 134 (s. Anm. 1).

42 **R. Schnackenburg**, aaO S. 283 (s. Anm. 40).

43 **J. Roloff**, aaO S. 305 (s. Anm. 18).

44 Dieser Prozeß der Enterbung des Judentums und der Verchristlichung Israels ist in der Forschung mittlerweile gut aufgearbeitet: **K.-H. Rengstorf – S. v. Kortzfleisch** (Hrsg.), Kirche und Synagoge. Handbuch zur Geschichte von Christen und Juden, Bd. I-II, Stuttgart 1968-70, dtv-Taschenbuchausgabe München 1988. **H. Schreckenberg**, Die christlichen Adversus-Judaeos-Texte und ihr literarisches Umfeld (1.-11. Jhd.), Bern-Frankfurt/M. 1982; **ders.** Die christlichen Adversus-Judaeos-Texte (11.-13. Jhd.), mit einer Ikonographie des Judenthemas bis zum vierten Laterankonzil, Bern – Frankfurt/M. 1988. Zum **Abraham-Bild** in der frühen Kirche: **W. Völker**, Das Abrahambild bei Philo, Origenes und Ambro-

sius, in: Theologische Studien und Kritiken 103 (1931), S. 199-207. **Th. Klauser**, Art. »Abraham«, in: Reallexikon für Antike und Christentum, hrsg. v. **Th. Klauser**, Bd. I, Stuttgart 1950, Sp. 18-27. **R. L. Wilken**, The Christianizing of Abraham: The Interpretation of Abraham in Early Christianity, in: Concordia Theological Monthley 43 (1972), S. 723-731. **J. S. Siker**, Disinheriting the Jews, S. 144-184 (s. Anm. 1).

45 **K. Wengst**, Einleitung zum Barnabasbrief, in: ders. (Hrsg.), Schriften des Urchristentums, Bd. II, Darmstadt 1984, S. 131.

46 **H. Schreckenberg**, aaO S. 174 (s. Anm. 44).

47 **H. Schreckenberg**, aaO S. 178.

48 Text der **Ignatius-Briefe** in: W. R. Schoedel (Hrsg.), Die Briefe des Ignatius von Antiochien. Ein Kommentar, München 1990.

49 **Ignatius von Antiochien**, An die Philadelphier 6,1.

50 **Ignatius von Antiochien**, aaO 9,1.

51 Zur Theologie von **Justin** vgl. neuerdings: **M. Hengel**, Die Septuaginta als von den Christen beanspruchte Schriftensammlung bei Justin und den Vätern vor Origenes, in: J. D. G. Dunn (Hrsg.), Jews and Christians. The Parting of the Ways, A.D. 70 to 135, Tübingen 1992, S. 39-84.

52 **Justin**, Dialog mit dem Juden Trypho, Kap. 119, 5-6, in: Des heiligen Philosophen und Märtyrers Justins Dialog mit dem Juden Trypho, übers. v. **Ph. Haeuser**, München 1917 (Bibliothek der Kirchenväter, Bd. 33). Künftig abgekürzt zitiert mit »Dialog« plus Kap.

53 **Dialog**, Kap. 120, 2.

54 Ebd.

55 **Dialog**, Kap. 131, 2.

56 Zitiert bei **H. Schreckenberg**, aaO S. 186 (s. Anm. 44).

57 Ebd.

58 **Dialog**, Kap. 11,5.

59 **E. Endres**, Die gelbe Farbe. Die Entwicklung der Judenfeindschaft aus dem Christentum, München 1989, S. 94.

60 **Kirche und Synagoge**, Bd. I, S. 95 (s. Anm. 44).

61 Textbeleg in: **Kirche und Synagoge**, Bd. I, S. 93.

62 **Aurelius Augustinus**, Vorträge über das Evangelium des Johannes, Bd. 2, übers. und mit einer Einleitung versehen von **Th. Specht**, München 1913, S. 236 (Bibliothek der Kirchenväter, Bd. 11).

63 Zitiert nach: **P. Brown**, Der heilige Augustinus. Lehrer der Kirche und Erneuerer der Geistesgeschichte, München 1975, S. 278.

64 **P. Brown**, aaO S. 278f.

65 **Aurelius Augustinus**, Vom Gottesstaat, Buch 16, Kap. 16. Zitiert wird nach der Ausgabe: Vom Gottesstaat, aus dem Lateinischen übertragen v. **W. Timme**, eingeleitet und kommentiert von C. Andresen, Zürich 1955, dtv-Taschenbuchausgabe in 2 Bdn. 1977/78. Künftig abgekürzt zitiert mit »Gottesstaat« plus Stelle.

66 **Gottesstaat**, Buch 16, Kap. 28.

67 **Gottesstaat**, Buch 16, Kap. 26.

68 **Gottesstaat**, Buch 16, Kap. 35.

69 **Gottesstaat**, Buch 16, Kap. 37.

III. Abraham und der Islam

1 Der **Koran** wird zitiert nach der **Übersetzung** von **R. Paret**, Bd. I (Text), Bd. II (Kommentar), Stuttgart – Berlin – Köln – Mainz 1979/80. Es gehört zur Eigentümlichkeit dieser Übersetzung, daß sie für das Deutsche wichtige Sinnergänzungen in Klammern hinzusetzt.
Zum **Abraham-Bild im Koran: Y. Moubarac**, Abraham dans le Coran, Paris 1958. **H. Speyer**, Die biblischen Erzählungen im Koran, Hildesheim 1961. **J. Hjärpe**, Art. »Abraham IV«, in: Theologische Realenzyklopädie, Bd. I, Berlin – New York 1977, S. 386f. **J. Bouman**, Gott und Mensch im Koran. Eine Strukturform religiöser Anthropologie anhand des Beispiels Allah und Muhammad, Darmstadt 1977, [2]1989. Art. »Ibrahim« und »Ismail«, in: Handwörterbuch des Islam, hrsg. v. A. J. Wensinck – J. H. Kramers, Leiden 1976, S. 192f u. S. 222. **R. Paret**, Art. »Ibrahim« und »Ismail«, in: The Encyclopedia of Islam. New Edition, Bd. III, Leiden 1979, S. 980f sowie Bd. IV, Leiden 1979, S. 184f. **K.-W. Tröger**, Mohammed und Abraham. Der Prozeß der Ablösung des frühen Islam vom Judentum und seine Vorgeschichte, in: Kairos 22 (1980), S. 188-200. **L. Hagemann**, Propheten – Zeugen des Glaubens. Koranische und biblische Deutungen, Graz 1985, [2]1993, S. 51-64; **ders.**, Art. »Abraham«, in: Islam-Lexikon. Geschichte – Ideen – Gestalten, Bd. I, Freiburg/Br. 1991, S. 32-35. Art. »Abraham«, in: The Concise Encyclopedia of Islam, hrsg. v. C. Glassé, San Francisco 1989, S. 18f. **M. Hamidullah**, Abraham selon le Coran et la tradition islamique, in: Abraham, Paris 1992, S. 127-167.

2 Vgl. dazu die überzeugende Analyse von **P. van Buren**, A Theology of the Jewish-Christian Reality, Bd. II, San Francisco 1983, S. 136-142.

3 Vgl. **R. Patai**, The Seed of Abraham. Jews and Arabs in Contact and Conflict, Salt Lake City 1986, S. 18-33. Umstritten ist in der Forschung allerdings, ob es sich bei den hier erwähnten »Söhnen Ismaels« um die wirklichen Ahnen der Araber handelt. »Ismaeliten« und »Araber« können somit nicht einfach identifiziert werden. Vgl. dazu **I. Eph'al**, »Ishmael« and »Arab(s)«: A Transformation of Ethnological Terms, in: Journal of Near Eastern Studies 35 (1976), S. 225-235; **ders.**, The Ancient Arabs. Nomads on the Borders of the Fertile Crescent 9th-5th Centuries BC, Leiden 1982, bes. S. 233-240. Eine Auseinandersetzung mit I. Eph'al sowie eine detaillierte Begründung der Gegenthese bei: **I. Shahid**, Byzantium and the Arabs in the Fifth Century, Baltimore 1989, S. 332-344.

4 **Das Buch der Jubiläen**, Kap. 20, 12 (s. Teil A I, Anm. 41).

5 **Flavius Josephus**, Jüdische Altertümer, Buch I, Kap. 13, 2 (s. Teil A I, Anm. 59).

6 **Flavius Josephus**, aaO Kap. 13, 4.

7 Belege bei **H. Schmid**, Ismael im Alten Testament und im Koran, in: Judaica 32 (1976), S. 67-81.119-129.

8 So **C. Westermann** deutlicher als im großen Kommentar in seiner Kurzfassung: Im Anfang. 1. Mose (Genesis), Bd. I, Neukirchen-Vluyn 1986, S. 258.

9 Vgl. dazu die umfassende Studie von **R. Dagorn**, La Geste d'Ismael

d'après l'onomastique et la Tradition Arabes, Genf 1981.

10 **A. Guillaume**, The Life of Mohammad. A Translation of Ibn Ishaq's »Sirat Rasul Allah«, Oxford-NewYork-Delhi, 1955, S. 3.

11 **T. Nagel**, Staat und Glaubensgemeinschaft im Islam, Bd. I, Zürich – München 1981, S. 27f; **ders.**, Der Koran. Einführung – Texte – Erläuterungen, München 1983, [2]1991, S. 88f. Ebenso **I. Shahid**, aaO S. 338-349 (s. Anm. 3).

12 **A. Guillaume**, aaO S. 99 (s. Anm. 10)

13 **R. Paret**, Mohammed und der Koran, Stuttgart – Berlin – Köln – Mainz 1957, [6]1985, S. 20. Vgl. auch **W. M. Watt**, Mohammad at Mekka, Oxford-New York-Delhi 1953, S. 96f.158-164. Ebenso: **K. Armstrong**, Mohammad. A Biography of the Prophet, San Francisco 1991, S. 70f.

14 Vgl. dazu: **T. Nagel**, Der Koran. Einführung – Texte – Erläuterungen, München 1983, [2]1991, S. 86-118 (»Das Leben Mohammads im Spiegel des Korans. Die Entwicklung des prophetischen Selbstverständnisses«).

15 Belege dazu bei **A. I. Katsh**, Judaism in Islam. Biblical and Talmudic Backgrounds of the Quran and its Commentaries, New York 1954, [3]1980. **N. A. Stillman**, The Jews of Arab Lands. A History and Source Book, Philadelphia 1979. **B. Louis**, The Jews of Islam, Princeton 1984; dt.: Die Juden in der islamischen Welt. Vom frühen Mittelalter bis ins 20. Jahrhundert, München 1987. **J. D. McAuliffe**, Quranic Christians. An Analysis of Classical and Moderen Exegesis, Cambridge 1991. **J. Bouman**, Der Koran und die Juden. Die Geschichte einer Tragödie, Darmstadt 1990.

16 **T. Nagel**, Geschichte der islamischen Theologie. Von Mohammed bis zur Gegenwart, München 1994, S. 19.

17 **J. van Ess**, Mohammed und der Koran: Prophetie und Offenbarung, in: H. Küng u. a., Christentum und Weltreligionen. Hinführung zum Dialog mit Islam, Hinduismus und Buddhismus, München 1984, S. 38.

18 **H. Speyer**, aaO S. 140 (s. Anm. 1).

19 **T. Nagel**, aaO S. 27 (s. Anm. 16).

20 Jüdische Parallelen: b Pesachim 118a; Midrasch Numeri Rabba 2,11. Weitere Belege bei **K. Appel**, »Abraham als dreijähriger Knabe im Feuerofen des Nimrod«, in: Kairos 25 (1983), S. 36-40.

21 **J. Bouman**, aaO S. 54 (s. Anm. 15).

22 Vgl. dazu die umfassende Darstellung von **W. M. Watt**, Mohammed at Medina, Oxford 1956.

23 Vgl. dazu **J. Bouman**, aaO S. 60-64 (s. Anm. 15).

24 Zit. nach **J. Bouman**, aaO S. 66.

25 Vgl. auch **A. Guillaume**, The Life of Mohammed, S. 266 (s. Anm. 10).

26 **R. Paret**, Art. »Ibrahim«, in: The Encyclopedia of Islam. New Edition, Bd. III, Leiden 1979, S. 980.

27 **R. Paret**, Mohammed und der Koran, S. 121 (s. Anm. 13).

28 So die provokative These des holländischen Orientalisten **C. Snouck Hurgronje**, Het Mekkaansche Feest, Leiden 1880; auch in: Verspreide Geschriften, Bd. I, Bonn – Leipzig 1923, S. 1-124.

29 So **F. E. Peters**, The Children of Abraham. Judaism – Christianity – Islam, Princeton 1982, S. 197; vgl. auch die sehr instruktiven und mate-

rialreichen Textsammlungen von **F. E. Peters**, Judaism, Christianity, and Islam. The Classical Texts and Their Interpretation, Bd. I-III, Princeton 1990.

30 Der These von **C. Snouck Hurgronje** haben mit guten Gründen widersprochen: **Y. Moubarac** (s. Anm. 1), aber auch: **E. Beck**, Die Gestalt des Abraham am Wendepunkt der Entwicklung Mohammeds, in: Le Museon 65 (1952), S. 73-94. Vgl. zu dieser Kontroverse neuerdings: **W. A. Bijlefeld**, Controversies around the Quranic Ibrahim Narrative and Its »Orientalist« Interpretations, in: The Muslim World 72 (1982), S. 81-94. Von muslimischer Seite hat Einspruch erhoben: **F. Rahman**, Major Themes of the Quran, Mineapolis – Chicago 1980, bes. S. 132-170.

31 Mit Recht hat deshalb die aus Pakistan stammende und in den USA lebende muslimische Theologin Riffat Hassan gefordert, daß aufgrund dieser Koranaussage die Heiligtümer von Mekka nicht länger den Muslimen allein vorbehalten bleiben, sondern geöffnet werden sollten für »alle Menschen«: **R. Hassan**, Feast of Sacrifice in Islam: Abraham, Hagar and Ishmael, in: A. Lacoque (Hrsg.), Commitment and Commemoration. Jews, Christians, and Muslems in Dialogue, Chicago 1994.

32 **M. S. Abdullah**, Islam. Für das Gespräch mit Christen, Gütersloh 1992, S. 63.

33 Vgl. dazu **I. Goldziher**, Die Richtungen der islamischen Koranauslegung, Leiden 1920, S. 79-81. Belege auch bei **R. Patai**, The Seed of Abraham, S. 32 (s. Anm. 3), sowie bei **J. van Ess**, Theologie und Gesellschaft im 2. und 3. Jahrhundert Hidschra. Eine Geschichte des religiösen Denkens im frühen Islam, Bd. V, Berlin – New York 1993, S. 173f.

34 Wie sehr die Hingabe an Abraham während der Wallfahrt geradezu mystische Züge annehmen kann, macht das eindrucksvolle Buch deutlich: **A. Shariati**, Hajj. Reflections on its Rituals, Albuquerque, N.M. 1992. Den (abrahamischen) Ursprung sowie die Geschichte der Wallfahrt hat neuerdings umfassend dargestellt: **F. E. Peters**, The Hajj. The Muslim Pilgrimage to Mecca and the Holy Places, Princeton 1994.

35 **H. Busse**, Die theologischen Beziehungen des Islams zu Judentum und Christentum. Grundlagen des Dialogs im Koran und die gegenwärtige Situation, Darmstadt, 1988, ^{2}1991, S. 85.

36 **H. Stieglecker**, Die Glaubenslehren des Islam, Bd. I-III, München – Paderborn – Wien, 1960-62, S. 202 (zu Abraham s. Bd. II, 196-210).

37 **T. Nagel**, Der Koran, S. 135 (s. Anm. 14).

38 **S. Hossein-Nasr**, Islam, in: A. Sharma (Hrsg.), Our Religions, San Francisco 1993, S. 427-532, Zitat S. 429.

39 **Y. Moubarac**, Fragen des Katholizismus an den Islam, in: H. Vorgrimler – R. van der Gucht (Hrsg.), Bilanz der Theologie im 20. Jahrhundert, Bd. I, Freiburg/Br. 1969, S. 423-456, Zitat S. 431.

40 **C. Colpe**, Das Siegel der Propheten. Historische Beziehungen zwischen Judentum, Judenchristentum, Heidentum und frühem Islam, Berlin 1990.

41 **Tertullian**, Adversus Judaeos, hrsg. v. H. Tränkle, Wiesbaden 1964, S. 18. Vgl. **C. Colpe**, aaO S. 30 (s. Anm. 40).

42 Belege bei: **M. Ayoub**, The Quran and Its Interpreters, Bd. I-II, Albany

1984-1992. Hier in Bd. I, S. 264-66 zur Irrtumslosigkeit und Sündenlosigkeit Abrahams.

43 Texte dazu in folgenden Quellenwerken: **G. Weil**, Biblische Legenden der Muselmänner. Aus arabischen Quellen zusammengetragen und mit jüdischen Werken verglichen, Frankfurt/M. 1845, S. 68-99. **F. Wüstenfeld** (Hrsg.), Geschichte der Stadt Mekka. Nach den arabischen Chroniken bearbeitet, Leipzig 1861, S. 4-10. **M. Grünbaum**, Neue Beiträge zur semitischen Sagenkunde, Leiden 1893 (zu Abraham: S. 89-132). **M. Lings**, Mohammad. His Life, Based on the Earliest Sources, Cambridge 1983, S. 1-5. Eine gute Zusammenstellung der klassischen Texte bietet neuerdings auch: **F. E. Peters**, A Reader on Classical Islam, Princeton 1994, bes. S. 13-20. 35-42.

44 **W. M. Watt**, Der Islam, Bd. I (Mohammed und die Frühzeit – Islamisches Recht – Religiöses Leben), Stuttgart – Berlin – Köln – Mainz 1980, S. 124.

45 **A. Guillaume**, The Life of Mohammed, S. 186. Auch in der gekürzten deutschen Übersetzung: **G. Rotter**, Ibn Ishaq. Das Leben des Propheten, Tübingen – Basel 1976, S. 85. Die weitere Traditionsbildung hat untersucht: **A. Schimmel**, Und Mohammed ist sein Prophet. Die Verehrung des Propheten in der islamischen Frömmigkeit, Köln – Düsseldorf 1981, Kap. VIII: Die Himmelsreise des Propheten. Die Hadith-Traditionen zu Abraham hat quellenmäßig zusammengestellt: **A. J. Wensinck**, A Handbook of Early Mohammedan Tradition. Alphabetically arranged, Leiden 1927 (Stichwort: Ibrahim).

46 Vgl. dazu **S. Z. Abedin**, Ahl Adh-Dhimma: Andersgläubige aus islamischer Sicht, in: Moslemische Revue 68 (1992), S. 65-82. Ebenso: **K. Duran**, Die Muslime und die Andersgläubigen, in: Der Islam. Religion – Ethik – Politik, Stuttgart – Berlin – Köln 1991, S. 125-152.

47 **H. Zirker**, Islam. Theologische und gesellschaftliche Herausforderung, Düsseldorf 1993, S. 87.

48 **H. Zirker**, aaO S. 86.

49 **H. Zirker**, aaO S. 89.

B. Perspektiven für eine abrahamische Ökumene

I. Voraussetzungen für ein ökumenisches Bewußtsein

1 **L. Gardet**, Connaitre L'Islam, Paris 1958; dt: Der Islam, Aschaffenburg 1961, S. 159. **G. C. Anawati**, Christentum und Islam. Ihr Verhältnis aus christlicher Sicht, in: A. Bsteh (Hrsg.), Dialog aus der Mitte christlicher Theologie, Mödling 1987, S. 197-216, Zitat S. 207.

2 **M. Baar**, Nahost – Auftakt zum Weltbrand oder Weltfrieden? Erbschaftsstreit zwischen Ismael und Isaak um Volk, Land und Segen, Bad Liebenzell [2]1984.

3 Vgl. dazu **N. Daniel**, Islam and the West. The Making of an Image (1960), Neudruck Edinburgh 1989. **L. Hagemann**, Christentum und Is-

lam zwischen Konfrontation und Begegnung, Altenberge 1983. **C. Colpe**, Problem Islam, Frankfurt/M. 1989, S. 11-38. **W. M. Watt**, Muslim-Christian Encounters. Perceptions and Misperceptions, London – New York 1991. **J. Waardenburg**, Islamisch-Christliche Beziehungen. Geschichtliche Streifzüge, Würzburg – Altenberge 1992.

4 Vgl. dazu neuerdings: **H. Zirker**, Die Muslime und der Jude im fingierten Religionsgespräch: Zu Nikolaus von Kues' »De Pace fidei«, in: **ders.**, Islam, S. 60-75 (s. Teil A III, Anm. 47).

5 Sichtbarer Ausdruck des Universalitätsanspruchs des Christentums ist die 1913 im schottischen Edinburgh abgehaltene Weltkonferenz protestantischer Missionsgesellschaften, bei der man von der Christianisierung der gesamten Welt in nur »einer Generation« ausging. Vgl. dazu meinen Beitrag in: Erklärung zum Weltethos. Die Deklaration des Parlamentes der Weltreligionen, hrsg. v. **H. Küng** und **K.-J. Kuschel**, München 1993, S. 89-123.

6 Eindrückliche Portraits von gegenwärtigen Reform-Muslimen zeichnet: **K. Cragg**, The Pen and the Faith. Eight Modern Muslim Writers and the Quran, London 1985.

7 **H. Küng**, Projekt Weltethos, München 1990.

8 Text dieser von Hans Küng entworfenen Erklärung in: **H. Küng – K.-J. Kuschel** (Hrsg.), Erklärung zum Weltethos (s. Anm. 5).

9 **Erklärung zum Weltethos**, S. 20.

10 **Erklärung zum Weltethos**, S. 36.

11 **Erklärung zum Weltethos**, S. 27.31.

12 Vgl. dazu: **D. Novak**, The Image of the Non-Jew und Judaism. An Historical and Constructive Study of the Noahide Laws, New York – Toronto 1983; **ders.**, Jewish-Christian Dialogue. A Jewish Justification, New York – Oxford 1989.

13 Vgl. **J. J. Petuchowski**, Art. »Noachidische Gebote«, in: **J. J. Petuchowski – C. Thoma** (Hrsg.), Lexikon der jüdisch-christlichen Begegnung, Freiburg/Br. 1989, Sp. 265-268.

14 Neuestes eindrückliches Beispiel: **E. B. Borowitz**, Renewing the Covenant. A Theology for the Postmodern Jew, Philadelphia – New York 1991, S. 188.

15 **Gates of Prayer.** The New Union Prayerbook, New York 1975, S. 703-705.

16 Diese von **Augustinus** (Sermo 112,8) gegenüber Ketzern benutzte Formel »Zwingt sie, (in die Kirche) einzutreten« hatte verhängnisvolle Auswirkungen für die Einstellung insbesondere der mittelalterlichen Kirche gegenüber allen Nichtchristen. Vgl. dazu **P. Brown**, Der heilige Augustinus. Lehrer der Kirche und Erneuerer der Geistesgeschichte, München 1973, Teil III, Kap. 21: »Disziplina«: »Augustinus ist wohl der erste Theoretiker der Inquisition« (S. 209).

17 **Y. Moubarac**, Fragen des Katholizismus an den Islam, in: H. Vorgrimler – R. van der Gucht (Hrsg.), Bilanz der Theologie im 20. Jahrhundert, Bd. I, Freiburg/Br. 1969, S. 423-456, Zitat S. 424.

18 »Christliches Bekenntnis und biblischer Auftrag angesichts des Islam«, Bielefeld 1984 (Verlag Diakrisis).

19 **P. von der Osten-Sacken**, Grundzüge einer Theologie im christlich-jüdischen Gespräch, München 1982, S. 168. Daß aufgrund dieser Einsichten auch eine Juden-Mission der Kirche im alten Stil nicht mehr zu rechtfertigen ist, hat jüngst noch einmal eindrucksvoll herausgestellt **M. Theobald**, Römerbrief, Bd. I, Stuttgart 1992, S. 315f.

20 Die Texte sind greifbar in: **R. Rendtorff – H. H. Henrix** (Hrsg.), Die Kirchen und das Judentum. Dokumente von 1945-1985, Paderborn-München 1988. Ebenso: **U. Schwemer** (Hrsg.), Christen und Juden. Dokumente der Annäherung, Gütersloh 1991. Interpretierende Einordnungen dazu von **K.-J. Kuschel**, Die Kirchen und das Judentum, in: Stimmen der Zeit 117 (1992), S. 147-162. **R. Rendtorff**, Hat denn Gott sein Volk verstoßen? Die Evangelische Kirche und das Judentum seit 1945. Ein Kommentar, München 1989.

21 **Dokumente 1945-1985**, S. 457 (s. Anm. 20).

22 Vgl. dazu die neueste Studie von **J. Zehner**, Der notwendige Dialog. Die Weltreligionen in katholischer und evangelischer Sicht, Gütersloh 1992.

23 **Was jeder vom Islam wissen muß**. Hrsg. vom Lutherischen Kirchenamt der Vereinigten Evangelisch-Lutherischen Kirche Deutschlands und vom Kirchenamt der Evangelischen Kirche in Deutschland, Gütersloh 1990, S. 184. Vgl. auch die sachlich informierende und auf ein Zusammenleben (Konvivenz) ausgerichtete Studie »Religionen, Religiosität und christlicher Glaube«, hrsg. v. der Geschäftsstelle der Arnoldsheimer Konferenz und dem Lutherischen Kirchenamt der VELKD, Gütersloh 1991.

24 **Was jeder vom Islam wissen muß**, S. 182.

25 **Was jeder vom Islam wissen muß**, S. 177.180.

26 Zur Religionserklärung des 2. Vatikanischen Konzils vgl. neuerdings: **M. Ruokanen**, The Catholic Doctrine of Non-christian Religions According to the Second Vatican Council, Leiden – New York – Köln 1992.

27 **M. Abdul al-Ra'uf**, Judaism and Christianity in the Perspektive of Islam, in: Isma'il Raji al-Faruqi (Hrsg.), Trialogue of Abrahamic Faiths, Brendwood, Maryland 1982, S. 22-28, Zitat S. 28. Eine (leider miserable) Übersetzung ins Deutsche liegt vor: Judentum, Christentum, Islam. Trialog der abrahamitischen Religionen, Frankfurt 1986.

28 **A. Sachedina**, Bedeutet die islamische Offenbarung die Aufhebung der jüdisch-christlichen Offenbarung?, in: Concilium 30 (1994), S. 260-265, Zit. S. 264.

29 Vgl. dazu den informativen Band von **L. Swidler** (Hrsg.), Muslims in Dialogue. The Evolution of A Dialogue. Lewiston, N.Y., 1992. Ebenso: **J. Hick – E. S. Meltzer**, Three Faiths – One God. A Jewish, Christian, Muslim Encounter, Albany, N.Y., 1989. **A. Falaturi – J. J. Petuchowski – W. Strolz** (Hrsg.), Drei Wege zu dem einen Gott. Glaubenserfahrung in den monotheistischen Religionen, Freiburg/Br. 1976.

30 **S. Hossein Nasr**, aaO S. 522 (s. Teil A III, Anm. 38).

31 **S. Balic**, Ruf vom Minarett. Weltislam heute – Renaissance oder Rückfall? Eine Selbstdarstellung, Hamburg ³1984, S. 108f; **ders.**, Der Islam im Spannungsfeld von Tradition und heutiger Zeit, Altenberge 1993.

32 **F. Rahman**, Art. »Islam«, in: M. Eliade (Hrsg.), Encyclopedia of Religion, Bd. VII, New York 1987, S. 303-322, Zitat S. 321.

33 Vgl. dazu die grundlegende Studie von **A. Th. Khoury**, Toleranz im Islam, München – Mainz 1980; **ders.**, Der Islam. Sein Glaube, seine Lebensordnung, sein Anspruch, Freiburg/Br. 1988, [2]1993, bes. S. 193-209. Ebenso: **W. Kerber** (Hrsg.), Wie tolerant ist der Islam? München 1991.

34 Vgl. dazu **K. Rudolph**, Juden – Christen – Muslime: Zum Verhältnis der drei monotheistischen Religionen in religionswissenschaftlicher Sicht, in: Judaica 44 (1988), S. 214-232.

35 Dieser Gedanke ist ebenfalls aufgenommen im dem konstruktiven, zum Dialog einladenden Buch von **M. Borrmans** (im Auftrag des Vatikanischen Sekretariats für die Nichtchristen): Wege zum christlich-islamischen Dialog, Frankfurt 1985, S. 12 (dt. Ausgabe).

36 **M. Borrmans**, aaO S. 9.12.

II. Was abrahamische Ökumene nicht sein kann

1 Zur Geschichte des Ökumenismus vgl. meine kleine Studie: **K.-J. Kuschel**, Leben im ökumenischen Geist. Plädoyer gegen die Resignation, Ostfildern 1991.

2 **J. Neusner**, Jews and Christians. The Myth of a Common Tradition, London 1991, bes. S. 120f.

3 Man hat bemerkt, daß zum Beispiel bei einer christlich-muslimischen Begegnung im Kontext des Weltrats der Kirchen in Broumara (Libanon) ein Text verabschiedet wurde, wo nicht mehr von »Religionen«, sondern nur noch von »Traditionen« die Rede war. Text abgedruckt in: **A. v. Denffer** (Hrsg.), Dialogue between Christians and Muslims, Bd. III (Statements and Resolutions), Leicester 1984, S. 5-11.

4 **R. Mayer** (Hrsg.), Der Babylonische Talmud, München 1963, S. 97.

III. Was abrahamische Ökumene bedeuten kann

1 Dankbar erinnere ich mich in diesem Zusammenhang eines Gespräches mit Father **Thomas F. Stransky**, dem Direktor des Tantur-Instituts in Jerusalem, am 23. März 1994 an der Universität Notre Dame (Indiana) im Rahmen der Crown-Minow-Conference. Father Stransky wies mich hier auf die Politisierung Abrahams, Hagars und Saras im gegenwärtigen israelisch-palästinensischen Konflikt hin. Nicht Abraham selber würde hier zu Worte kommen, sondern die pädagogische, politische, ja militärische Verzweckung Abrahams. Diesem Prozeß der Instrumentalisierung einer biblischen Figur gerade im heutigen Israel wäre eine eigene Studie zu widmen. Ein erster Vorstoß dazu ist: **J. Schoneveld**, Die Bibel in der israelischen Erziehung. Eine Studie über Zugänge zur Hebräischen Bibel und zum Bibelunterricht in der israelischen pädagogischen Literatur, Neukirchen-Vlyn 1987 (zu Abraham S. 134-163).

2 **C. Westermann**, Genesis 12-50, Darmstadt 1975, [3]1992, S. 45.

3 Vgl. dazu den instruktiven Aufsatz des Jerusalemer jüdischen Theologen und Mitarbeiters des Shalom-Hartman-Instituts: **T. Marx**, The Issues of

Jewish-Christian Dialogue Today, in: Studies in Interreligous Dialogue 3 (1993), S. 5-11 (H. 1).

4 **G. v. Rad**, Das erste Buch Mose, Göttingen 1987, S. 186.

5 **C. Westermann**, Genesis, Bd. II, Neukirchen-Vlyn 1989, S. 420. Vgl. zur theologischen Relevanz Ismaels auch **M. Hayek**, Le mystère d'Ismaël, Paris 1964.

6 **D. Hartman**, A Living Covenant. The Innovative Spirit in Traditional Judaism, New York 1985, S. 31.

7 **D. Flusser**, Christianity, in: A. A. Cohen – P. Mendes-Flohr (Hrsg.), Contemporary Jewish Religious Thought, New York – London 1987, S. 61-66, Zitat S. 62.

8 Vgl. **P. Lapide**, Das jüdische Verständnis von Christentum und Islam, in: M. Stöhr (Hrsg.), Abrahams Kinder. Juden – Christen – Moslems, Frankfurt 1983, S. 1-28 (Arnoldshainer Texte Bd. 17). Ebenso: **A. H. Friedländer**, Sind die Juden erwählt?, in: Judaica 43 (1987), S. 131-141. **S. Ben-Chorin**, Die Erwählung Israels. Ein theologisch-politischer Traktat, München 1993.

9 Alle Zitate **I. Greenberg**, The Jewish Way. Living the Holidays, New York 1988, S. 71f.

10 **M. Wyschogrod**, Islam and Christianity in the Perspective of Judaism, in: Isma'il Raji al-Faruqi (Hrsg.), aaO S. 13-18, Zitat S. 18 (s. Teil B I, Anm. 27).

11 Bei einem Besuch in Israel im Januar 1994 im Zusammenhang unserer Trialog-Treffen habe ich die Aktivitäten des Al-Liqa-Centers in Bethlehem kennenlernen können (Begegnungszentrum für muslimische und christliche Palästinenser), aber auch die Aktivitäten der Rainbow-Groupe in Jerusalem.

12 Weiteres dazu in meinem in Teil B I, Anm. 20, genannten Aufsatz.

13 **H. Zirker**, Islam, S. 27.36 (s. Teil A IIII, Anm. 47).

14 **H. Küng**, Das Judentum, München 1991, S. 41.

15 **M. Görg**, In Abrahams Schoß, Düsseldorf 1993, S. 174.

16 Vgl. dazu die einführende Studie von: **G. Basetti-Sani**, Louis Massignon. Christian Ecumenist, Chicago 1974; **ders.**, The Koran in the Light of Christ. Islam in the Plan of History of Salvation, Chicago 1977, S. 3-39.

17 Französischer Text: Les trois prières d'Abraham, in: **L. Massignon**, Opera minora, hrsg. v. Y. Moubarac, Bd. III, Paris 1963, S. 804-816. Englischer Text in: H. Mason (Hrsg.), Testimonies and Reflections. Essays of Louis Massignon, Notre Dame (Ind.) 1989, S. 3-20.

18 **Y. Moubarac**, Das christliche Denken und der Islam. Haupterkenntnisse und neue Problemstellungen, in: Concilium 12 (1976), S. 349-358, Zitat S. 355.

19 So unter Bezugnahme auf Massignon neuerdings auch **C. Geffré**, La portée théologique du dialogue islamo-chrétien, in: Islamochristiana 18 (1992), S. 1-22, Zitat S. 9.

20 **C. M. Martini**, Wir und der Islam, in: CIBEDO 5 (1991), S. 1-11, Zitat S. 5. Die nachkonziliare Entwicklung hat skizziert **L. Hagemann** in seinem Artikel »Katholische Kirche und Islam«, in: Islam-Lexikon, hrsg. v. A. Th. Khoury u. a., Freiburg/Br. 1991, S. 430-438. Insbesondere die

Aussagen von Papst Johannes Paul II. zu dem Juden und Christen verbindenden Glauben Abrahams und zu Abrahams Gastfreundschaft sind bemerkenswert.

21 Vgl. dazu **J. Waardenburg**, World Religions as seen in the Light of Islam, in: A. T. Welch – P. Cachia (Hrsg.), Islam. Past Influence and Future Challenge, Edingburgh 1979, S. 245-275.

22 Belege dazu bei **A. Th. Khoury – L. Hagemann**, Christentum und Christen im Denken zeitgenössischer Muslime, Altenberge 1986. Ebenso: **M. Ayoub**, Muslim Views of Christianity: Some modern examples, in: Islamochristiana 10 (1984), S. 49-70.

23 **F. Rahman**, aaO S. 321 (s. Teil B I, Anm. 32).

24 Belege ebenfalls bei **A. Th. Khoury – L. Hagemann**, aaO S. 173-189 (s. Anm. 22). Im selben Geist geschrieben sind die Beiträge der in Deutschland aktiven muslimischen Theologen **A. Falaturi**, Christliche Theologie und westliches Islamverständnis, sowie **E. Elshahed**, Die Problematik des interreligiösen Dialogs aus muslimischer Sicht, in: H. Häring – K.-J. Kuschel (Hrsg.), Hans Küng. Neue Horizonte des Glaubens und Denkens. Ein Arbeitsbuch, München 1993, S. 651-662 sowie 663-672.

25 **R. Hassan**, Feast of Sacrifice in Islam: Abraham, Hagar und Ishmael, in: A. LaCoque (Hrsg.), Dommitment and Commemoration. Jews, Christians, and Muslems in Dialogue, Chicago 1994.

26 **M. S. Abdullah**, Islam. Für das Gespräch mit Christen, Gütersloh 1992 S. 66f.

27 **M. S. Abdullah**, aaO S. 139.

28 **H. Mahmoud Azzam**, Der Islam. Plädoyer eines Moslems, Stuttgart 1981, S. 10.

29 **M. Talbi**, Hören auf sein Wort. Der Koran in der Geschichte der islamischen Tradition, in: A. Bsteh (Hrsg.), Hören auf sein Wort. Der Mensch als Hörer des Wortes Gottes in christlicher und islamischer Überlieferung. Mödling 1992, S. 119-150, Zitat S. 149.150. Eindrucksvoll ebenso die Abraham-Betrachtung von **M. Talbi**, Foi d'Abraham et foi islamique, in: Islamochristiana 5 (1979), S. 1-5.

30 Für die Übersetzung des Textes aus dem Französischen danke ich Frau Dipl. Theol. Jutta Flatters. Über christlich-muslimische Dialogaktivitäten in Deutschland informiert regelmäßig seit 1987 CIBEDO. Beiträge zum Gespräch zwischen Christen und Muslimen (Frankfurt/M.). Für den internationalen Bereich informiert seit 1975 die Zeitschrift Islamochristiana, hrsg. vom Päpstlichen Institut für arabische und islamische Studien (Rom).

31 **W. Groß**, Glaubensgehorsam als Wagnis der Freiheit. Wir sind Abraham, Mainz 1980, S. 67.

32 **M. Theobald**, Römerbrief Bd. I, Stuttgart 1992, S. 136.

33 Vgl. dazu **K.-J. Kuschel**, Wie Menschenrechte, Weltreligionen und Weltfrieden zusammenhängen, in: H. Küng – K.-J. Kuschel (Hrsg.), Weltfrieden durch Religionsfrieden. Antworten aus den Weltreligionen, München 1993, S. 171-216.

34 Vgl. dazu die neueste Studie von **J. Schwartländer** (Hrsg.), Freiheit der Religion. Christentum und Islam unter dem Anspruch der Menschen-

rechte, Mainz 1993.

35 So z. B. von: **M. Arkoun**, Der Ursprung der Menschenrechte aus der Sicht des Islam, in: H. Küng – K.-J. Kuschel (Hrsg.), Weltfrieden durch Religionsfrieden, S. 53-66 (s. Anm. 33). **B. Tibi**, Im Namen Gottes? Der Islam, die Menschenrechte und die kulturelle Moderne, in: M. Lüders (Hrsg.), Der Islam im Aufbruch? Perspektiven der arabischen Welt, München 1992, S. 144-161.

36 Vgl. dazu die neueste Studie von **J. C. Bürgel**, Allmacht und Mächtigkeit. Religion und Welt im Islam, München 1991, bes. S. 345-359 (zu den Fällen M. Mahfuz, S. Rushdie, M. Tacha). Zum neuesten Fall des wegen kritischer Koran-Interpretation angeklagten Ägypters **Nasr Hamid Abu Zaid** vgl. den Bericht von **B. Heine**, Neue Koranforschung, in: Orientierung 58 (1994), S. 73f.

37 Vgl. neben dem unter Anm. 34 genannten Band von J. Schwartländer außerdem: **J. Schwartländer – H. Bielefeldt**, Christen und Muslime vor der Herausforderung der Menschenrechte, Bonn 1992 (Hrsg. von der Wissenschaftlichen Arbeitsgruppe für weltkirchliche Aufgaben der deutschen Bischofskonferenz).

38 **Th. Sundermeier**, »Mission nach der Weise Abrahams«. Eine Predigt über Gen 12,1-9, in: E. Blum – Ch. Macholz – E. W. Stegemann (Hrsg.), Die Hebräische Bibel und ihre zweifache Nachgeschichte. FS Rendtorff zum 65. Geburtstag, Neukirchen-Vluyn 1990, S. 575-579, Zitat S. 577f. Zur gleichen Thematik: **N. Lohfink**, Die Religion der Patriarchen und die Konsequenzen für eine Theologie der nichtchristlichen Religionen, in: ders., Bibelauslegung im Wandel. Ein Exeget ortet seine Wissenschaft, Frankfurt/M. 1967, S. 107-128. Neuerdings: **W. Bühlmann**, Wenn Gott zu allen Menschen geht. Der biblische Glaube, die Weltreligionen und die Zukunft der Menschheit, Mainz 1992.

39 **G. v. Rad**, Das erste Buch Mose, Göttingen 1972, S. 138.

40 **C. Westermann**, Am Anfang. 1. Mose (Genesis), Bd. I, Neukirchen-Vluyn 1986, S. 221.

41 **G. v. Rad**, aaO S. 181 (s. Anm. 39).

42 **J. J. Petuchowski**, Melchisedech. Urgestalt der Ökumene, Freiburg/Br. 1979, S. 36.37.

43 **F. Mußner**, Nachwort. Bemerkungen eines christlichen Theologen, in: J. J. Petuschowski, aaO S. 40.

44 **C. Westermann**, Der Gott Abrahams, in: A. Bsteh (Hrsg.), Der Gott des Christentums und des Islams, Mödling 1978, S. 141-143.

45 **C. M. Martini**, Abraham. Der Weg eines Suchenden, München – Zürich – Wien 1985, S. 14.

46 **Y. Moubarac**, Fragen des Katholizismus an den Islam, S. 433 (s. Teil B I, Anm. 17).

47 Der englische Text der Rede liegt mir im Manuskript vor (eigene Übersetzung). Ich danke Prof. **Martin Stöhr**, daß er mir ihn überlassen hat.

48 Geäußert in einem Referat, das Rabbi Dr. **Jonathan Magonet** bei einer Trialog-Tagung in Köln (1.-2. 12. 1992) gehalten hat. Es liegt mir vor unter dem Titel: »Abraham und das Judentum. Tradition und Bedeutung von den Anfängen bis zur Gegenwart«.

49 Der Text ist abgedruckt in: **Forms of Prayer for Jewish Worship**, ed. by The Essembly of Rabbis of the Reform Synagogues of Great Britain, Bd. III (Prayers for the High Holidays), London 1985, S. 891.

50 **Anwar el-Sadat**, Unterwegs zur Gerechtigkeit. Auf der Suche nach Identität: die Geschichte meines Lebens, Wien-München 1978, S. 381.384.

51 **H. Schmidt**, Wir haben die gleichen Propheten, in: DIE ZEIT vom 2. April 1993.

52 **U. Avnery**, Am Grabe Abrahams, in: DER SPIEGEL 9/1994, S. 158.

53 **S. Ben-Chorin**, Die Erwählung Israels, S. 127 (s. Teil B III, Anm. 8).

54 **S. Ben-Chorin**, »Israels Luft macht radikal«, in: DER SPIEGEL 35/1993, S. 150.

55 **H. Küng**, Das Judentum, München 1991, S. 697-699.

56 **Y. Moubarac**, Fragen des Katholizismus an den Islam, S. 453 (s. Teil B I, Anm. 17).

57 **FOCUS** 45/1993, S. 261. Vgl. dazu auch das Buch des gerade für den interreligiösen Dialog hochengagierten Bruders des Königs, **Kronprinz Hassan Bin Talal**: Search for Peace. The Politics of the Middle Ground in the Arab East, London 1984.

58 Vgl. **W. Strolz**, Heilswege der Weltreligionen. Bd. I (Christliche Begegnung mit Judentum und Islam), Freiburg/Br. 1984, bes. Kap. VI: Beten in den monotheistischen Religionen. Ebenso: **P. Neuenzeit**, Juden und Christen auf neuen Wegen zum Gespräch, Würzburg 1990 (hier bes. **P. Fiedler**, Gemeinsames Beten von Christen und Juden, S. 173-194).

59 **P. Navè**, Du unser Vater. Jüdische Gebete für Christen, Freiburg/Br. 1975. Vgl. auch **P. Navè-Levinson**, Einblicke in das Judentum, Paderborn 1991, S. 227-239. Besonders reizvoll hier der kleine Dialog mit dem Apostel Paulus über Christen, Juden und Muslime, S. 255f.

60 **P. Navè**, Du unser Vater, S. 105.

61 **A. Schimmel**, Denn Dein ist das Reich. Gebete aus dem Islam, Freiburg/Br. 1978, S. 5f.

62 **W. Strolz**, aaO S. 117 (s. Anm. 58).

63 Texte von **Assisi** in: Die Friedensgebete von Assisi. Einleitung Franz Kardinal König. Kommentar Hans Waldenfels, Freiburg/Br. 1987.

64 **M. Borrmans**, aaO S. 149 (s. Teil B I, Anm. 35)

65 Vgl. dazu **Christen und Muslime beten**. Eine gemeinsame Gebetsstunde, in: A. Bsteh (Hrsg.), Hören auf sein Wort. Der Mensch als Hörer des Wortes Gottes in christlicher und islamischer Überlieferung, Mödling 1992, S. 151-165.

66 **Die Friedensgebete**, S. 43 (s. Anm. 63).

67 **Die Friedensgebete**, S. 59.

68 Zitiert in: **A. Bsteh** (Hrsg.), Hören auf sein Wort, S. 186 (s. Anm. 65).

69 **H. Küng**, aaO S. 701f (s. Anm. 55).

70 **N. Lash**, Hoping against Hope or Abraham's Dilemma, in: Modern Theology 10 (1994), S. 233-246, Zit. S. 245.

71 Laut einer Meldung der Katholischen Nachrichtenagentur vom 14. 6. 94 wurde auf der letzten Vollversammlung der röm.-kath. Kardinäle für das Jahr 2000 ein »pan-christliches Treffen« in Jerusalem und ein »Friedenstreffen mit Juden, Muslimen und Christen auf dem Berg Sinai überlegt«.

Personenregister
(ausgenommen biblische Figuren)

P

R

S

T

V

W

Z

Bücher von Karl-Josef Kuschel

nach Sachgebieten

Zur Systematischen und ökumenischen Theologie

Lust an der Erkenntnis. Die Theologie des 20. Jahrhunderts. Ein Lesebuch, München 1986, Neuausgabe München 1994 (Serie Piper 1853).

Wörterbuch des Christentums (Hrsg. zus. mit V. Drehsen, H. Häring, H. Siemers), Gütersloh Güterloher Verlagshaus Gerd Mohn 1988.

Gegenentwürfe. 24 Lebensläufe für eine andere Theologie (Hrsg. zus. mit H. Häring), München Piper 1988.

Geboren vor aller Zeit? Der Streit um Christi Ursprung, München Piper 1990 (auch in englischer, amerikanischer und italienischer Ausgabe).

Leben in ökumenischem Geist. Ein Plädoyer wider die Resignation, Ostfildern Schwabenverlag 1991.

»Ich schaffe Finsternis und Unheil«. Ist Gott verantwortlich für das Übel? (zus. mit W. Gross), Mainz Grünewald 1992, 2. Aufl. 1995.

Hans Küng: Denkwege. Ein Lesebuch, München 1992 (Serie Piper 1670).

Hans Küng. Neue Horizonte des Glaubens und Denkens. Ein Arbeitsbuch (Hrsg. zus. mit H. Häring), München Piper 1993 (auch in englischer und amerikanischer Ausgabe).

Lachen. Gottes und der Menschen Kunst, Freiburg/Br. Herder 1994 (auch in englischer und amerikanischer Ausgabe).

Zur Theologie des interreligiösen Dialogs

Weltfrieden durch Religionsfrieden. Antworten aus den Weltreligionen (Hrsg. zus. mit H. Küng), München 1993 (Serie Piper 1862).

Erklärung zum Weltethos. Die Deklaration des Parlaments der Weltreligionen (Hrsg. zus. mit H. Küng), München 1993 (Serie Piper 1958; auch in amerikanischer, englischer, finnischer, spanischer, französischer, türkischer, japanischer, italienischer und chinesischer Ausgabe).

Christentum und nichtchristliche Religionen. Theologische Modelle im 20. Jahrhundert, Wissenschaftliche Buchgesellschaft, Darmstadt 1994.

Streit um Abraham. Was Juden, Christen und Muslime trennt – und was sie eint, München Piper 1994 (auch in englischer, amerikanischer, italienischer und spanischer Ausgabe), TB-Ausgabe München 1996 (Serie Piper 2288).

Intolerant im Namen Gottes? Eine biblische Theologie der Religionen (in Vorbereitung).

Zur Theologie der Kultur

Jesus in der deutschsprachigen Gegenwartsliteratur. Mit einem Vorwort von Walter Jens, Zürich-Gütersloh Benziger-Gütersloher Verlagshaus Gerd Mohn 1978, TB-Ausgabe München 1987 (Serie Piper 627).

Stellvertreter Christi? Der Papst in der zeitgenössischen Literatur, Zürich-Gütersloh 1980.

Der andere Jesus. Ein Lesebuch moderner literarischer Texte, Zürich-Gütersloh 1983, TB-Ausgabe München 1987, ^{2}1991 (Serie Piper 625).

Weil wir uns auf dieser Erde nicht ganz zuhause fühlen. 12 Schriftsteller über Religion und Literatur, München 1985 (Serie Piper 414).

Theologie und Literatur. Zum Stand des Dialogs (Hrsg. zus. mit W. Jens und H. Küng), München Kindler 1986.

Und Maria trat aus ihren Bildern. Literarische Texte, Freiburg/Br. Herder 1990.

Wie kann denn ein Mensch schuldig werden? Literarische und theologische Perspektiven von Schuld (zus. mit U. Baumann), München 1990 (Serie Piper 1292).

»Vielleicht hält Gott sich einige Dichter«. Literarisch-theologische Portraits, Mainz Grünewald 1991, 2. Aufl. 1996.

»Ich glaube nicht, daß ich Atheist bin«. Neue Gespräche über Religion und Literatur, München 1992 (Serie Piper 1561).